한국 영어교육 140년사

한국 영어교육 140년사

김태영 지음

한국문화사

머리말

이 책이 출판되는 2023년은 우리나라에서 영어교육이 공식적으로 실시된 지 정확히 140년이 되는 해이다. 1882년 미국과 조선이 맺은 국제조약인 조미수호통상조약 체결 1년 뒤인 1883년에 세관 업무에 꼭 필요한 통번역사를 양성하기 위해 정부에서 동문학(同文學)을 설치했으니, 그로부터 140년이 흐르고 있는 것이다. 필자는 우리는 왜 영어를 배우는가 혹은 배우기 싫어지는가를 다루는 영어 학습 동기를 약 20년 넘도록 연구해 오고 있고, 여전히 주된 관심 분야는 이 분야이다. 연구를 오랜 시간 거듭하면서 얻은 한 가지 결론은 영어 학습은 탈공간, 탈시간적인 개인적 현상이 아니고, 영어를 배우는 사람이 일하고, 놀고, 먹고, 잠자는 모든 희로애락의 파노라마가 펼쳐지는 그 시간, 그 장소의 속박에서 벗어날 수 없이 역동적으로 변화하는 복합 현상이라는 점이다. 이러한 생각은 필자에게 영어를 이 땅에서는 왜 그렇게 중요하게 생각해왔고, 그 많은 학생들에게 영어가 어떤 이유로 대학입시, 취업, 승진 등 삶의 주요 변곡점에서 막대한 영향을 끼쳐 왔을까에 대한 궁금증으로 이어졌다. 한국 땅에서 영어가 모국어도 아니면서 배워야 하는 것을 우리는 당연시해 왔고, 이런 분위기에서 그동안 우리는 영어를 왜 배워야 했을까, 우리는 언제부터 영어를 배워 왔을까, 왜 영어를 배워야만 했을까, 그리고 시대에 따라서 어떠한 이유 때문에 영어를 배웠고, 각 시대에 벌어진 정치, 사회, 문화적 사건들은 영어교육에 어떤 영향을 끼쳤을까를 알아보기 위해 필자는 2010년대 중반부터 관련 논문과 책을 읽고 쓰는 작업을 짬짬이 해오고 있다.

지금껏 한국 영어교육사를 다룬 논문이나 책이 없었기에 필자가 이 책을 새삼스레 쓰는 것은 결코 아니다. 이 분야의 책이나 논문은 이전에도 출판되어 왔고, 몇 권은 필자가 이 책을 집필하는데 직접적으로 매우 큰 영감을 주었다. 일례로 권오량, 김정렬 교수님이 2011년에 집필하신 〈한국영어교육사〉는 학술적 관점에서 한국의 영어교육, 교과서, 평가방법이 어떻게 변화해 왔는지를 분석한 노작이다. 좀 더 쉬운 교양서 분위기를 풍기는 책으로는 강준만 교수님이 2014년에 쓰신 〈한국인과 영어〉도 있다. 그 외에도 일찍이 문용 선생님이 1976년에 성곡논총이라는 문집에 쓰신 '구한말의 영어교육'이라는 소논문 등 논문 형식의 글들도 조금만 검색하면 상당수 찾을 수 있다. 하지만, 이 책은 지난 140년간의 한국 영어교육에서 무엇을 어떻게 가르치고 배웠다는 것을 연대기적으로 서술하기보다는, 영어교육이 어떠한 분위기에서 이루어졌고, 왜 그런 현상이 나타났고, 그 결과는 우리들의 삶에 어떠한 영향을 끼쳤는지를 당시의 각종 사료를 폭넓게 활용하여 좀 더 넓은 관점으로 입체적으로 조망하고자 하는 시도이다.

필자는 이 책에서 지난 140년간 구한말 개화기, 대한제국, 일제강점기, 미군정기, 대한민국 수립기를 거쳐 21세기인 지금까지 이르는 결코 짧지 않은 역사 속에서 우리는 영어를 어떻게 가르쳐 왔고, 또 어떻게 배워왔는지를 다루었다. 그 당시 이 땅의 사람들은 영어에 대해서 어떤 생각과 감정을 가지고 있었는지를 살피려고 했다. 필자는 이 책을 지나치게 딱딱한 학술서도 아니지만 그렇다고 아주 쉽게 술술 읽히는 재미나는 대중서도 아닌 그 사이 어딘가에 위치하는 하이브리드 책으로 써보고자 했다. 조선 말, 식민지 조선, 그리고 대한민국에서 우리 조상들과 우리들은 어떻게 영어를 배워왔고 가르쳐 왔는지를 당시 사람들의 생각과 말이 녹아 있는 사료들을 들여다보면서 그 변화 과정을 추적해보고 싶었다. 그렇기에 이 책은 문헌분석 방법을 택하면서도 각 장(chapter)은 독립적으로 분석 기법이 약간씩 다르게 서술되었다. 각 시대마다의 일간지 혹은 서적이 달랐기 때문이었.

이 책은 140년간의 한국 영어교육의 변화 과정을 다루려 했기 때문에,

중요한 시기별로 챕터를 나누어 제시하였다. 챕터 구성상으로는 1장은 서론으로 이 땅에서 영어를 배우는 사람들에게 작용하는 심리적, 사회적 요인들이 무엇일까에 대해 설명하였고, 2장부터는 시대별 영어교육 상황을 설명하였다. 해방 이전은 개화기와 일제강점기로 구분하였으며, 해방 이후에는 주로 교육과정기에 따라 챕터 구성을 나누었다. 다만 가장 최근인 2007년 이후에는 수시로 교육과정이 개정되었으므로 9장에서는 2007년에서 2022년까지 약 15년의 영어교육 상황 당시 재임하였던 대통령 임기에 따라 구분하여 제시하였다.

책을 쓰는 작업이 이번이 벌써 권수로만 여덟 번째 작업인데, 늘 처음 시작할 때는 그냥 쉽게 대강 쓰자는 생각으로 컴퓨터 자판에 손을 얹고 집필 작업을 개시하지만, 도중에 자꾸 욕심이 생겨서 이런 저런 내용을 추가하는 등 스스로를 들볶는 작업을 또 하고야 말았다. 그렇지만 우리 땅에서 지난 140년간 영어를 배웠던 사람들, 가르쳤던 사람들, 그와 얽힌 사건 사고들을 한권의 단행본 속에 녹여 냈다고 생각하니 마음이 홀가분하다.

책을 출판하는 작업이 늘 그렇듯이 이 책 역시 필자 개인의 노력만이 있었던 것이 아님을 밝혀 둔다. 유능한 대학원 연구조교들인 박사과정 오신유, 석사과정 신희창은 이 책의 바탕이 된 필자의 개별 논문들을 집대성하여 하나의 파일로 묶어 주었고, 이후 참고문헌 정리 등 귀찮은 작업을 여러 번 철저히 도와주었다. 또한 이 저서를 구상하고 집필하는 과정에는 필자가 지난 2018년에서 2021년까지 연구비 지원을 받았던 한국연구재단 연구를 수행하는 과정에서 수집했던 각종 자료가 유용하게 사용되었음을 밝힌다. 이 저서는 2022년 대한민국 교육부와 한국연구재단의 지원을 받아 수행된 연구임(NRF-2022S1A6A4038213) 역시 밝힌다. 네이버 뉴스라이브러리는 조선일보, 동아일보를 포함한 각종 주요 일간지의 옛날 지면들에 손쉽게 접근할 수 있게 도와주었고, 일부 부족한 희귀 자료는 토론토대학교의

Cheng Yu Tung 동아시아 도서관을 포함한 북미 도서관에 보관중인 사료의 도움을 받았기에 감사한 마음이 크다. 무엇보다도 이 작업을 할 수 있는 용기를 준 것은 필자의 서울사대 은사님인 문용 선생님, 권오량 선생님을 비롯한 많은 선배 교수님들께서 이미 출판하신 한국 영어교육사 저술 덕분이었음을 고백한다. 필자는 그저 이런 선구자들의 어깨에 까치발로 올라서서 조금 더 위를 쳐다보고자 했던 난쟁이였음 역시 솔직히 고백한다.

   매번 책을 낼 때마다 오류투성이 글로 많은 분들의 심기를 어지럽히지나 않을지 걱정이 앞선다. 하지만, 적어도 이 책을 쓰고 또 수정하는 여러 날과 밤에서 필자가 성심을 다했다는 점 하나는 이 책을 읽으실 분들께 자신 있게 말씀드릴 수 있을 것 같다. 독자 여러분들의 많은 격려와 건설적 비판, 후학들의 더욱 발전된 후속 연구를 기대한다.

동문학 설립 140년을 맞이한
2023년 초 흑석동 연구실에서
김태영

차례

머리말 | 5

1장. 영어 학습의 사회적 의미 ·················13
   1.1. 영어 학습을 둘러싼 세속적 출세 지향 동기와 경쟁적 동기 ·······14
   1.2. 분신 가족주의가 투영된 영어교육 ·················22
   1.3. 보험으로서의 영어교육 ·················27
   1.4. 키치(Kitsch)로서의 영어교육 ·················32
   1.5. 문화자본으로서의 영어교육 ·················36
   1.6. 요약 ·················43

2장. 개화기 구한말의 영어교육
    - 1883년에서 1910년까지 ·················45
   2.1. 배경: 19세기 조선과 서양의 영향 ·················45
   2.2. 19세기 후반 영어교육의 확산 ·················53
   2.3. 초기 기독교 학교(Missionary School)들의 영어교육에의 기여 ····63
      2.3.1. 배재학당 ·················72
      2.3.2. 이화학당 ·················73
      2.3.3. 경신학교 ·················75
   2.4. 구한말 영어학습의 선구자들 ·················76
   2.5. 요약: 구한말의 영어 학습 열풍과 그 원인 ·················84

3장. 일제강점기 조선의 영어교육
    - 1910년에서 1945년까지 ·················87
   3.1. 배경 ·················87
   3.2. 연구 방법 ·················89
      3.2.1. 분석 대상 ·················89

3.2.2. 분석 방법 ···90
　3.3. 연구 결과 ··91
　　　3.3.1. 일제강점 초기 10년(1910~1919년): 영어교육 억압기 ············91
　　　3.3.2. 제1기(1920~1922년 초): 영어교육 재건기 ····························99
　　　3.3.3. 제2기(1922년 말~1937년): 영어교육 안정기 ······················105
　　　3.3.4. 제3기(1938~1945년): 영어교육 소멸기 ·······························116
　3.4. 요약 ···120

4장. 미군정기와 제1차 교육과정기의 한국 영어교육
　　- 1945년에서 1963년까지 ··123
　4.1. 배경 ···123
　4.2. 연구 방법 ··127
　　　4.2.1. 분석 대상 ···127
　　　4.2.2. 분석 방법 ···129
　4.3. 연구 결과 ···130
　　　4.3.1. 미군정기(1945~1954): 혼란스러운 비체계적 영어교육 ········130
　　　4.3.2. 제1차 교육과정기(1954~1963): 체계적 영어교육의 태동기 ······137
　4.4. 요약 ···148

5장. 제2차 및 3차 교육과정기의 한국 영어교육
　　- 1963년에서 1981년까지 ··153
　5.1. 배경 ···153
　5.2. 연구 방법 ··156
　5.3. 연구 결과 ···159
　　　5.3.1. 제2차 교육과정(1963.2~1973.1) ···159
　　　5.3.2. 제3차 교육과정(1973.2~1981.11) ···168
　5.4. 제2차 및 3차 교육과정이 현재 한국 영어교육에 주는 시사점 ·176
　5.5. 요약 ···178

6장. 제4차 및 5차 교육과정기의 한국 영어교육
- 1997년에서 1992년까지 ···181
- 6.1. 배경 ···181
- 6.2. 연구 방법 ···183
- 6.3. 연구 결과 ···186
  - 6.3.1. 제4차 교육과정(1981.12~1987.6) ·····················186
  - 6.3.2. 제5차 교육과정(1987.7~1992.9) ······················199
- 6.4. 제4차 및 5차 교육과정이 현재 한국 영어교육에 주는 시사점 ····210
- 6.5. 요약 ···213

7장. 제6차 교육과정기의 한국 영어교육
- 1992년에서 1997년까지 ···217
- 7.1. 배경 ···217
- 7.2. 연구 방법 ···219
  - 7.2.1. 분석 대상 ···219
  - 7.2.2. 분석 방법 ···221
- 7.3. 연구 결과 ···222
  - 7.3.1. 입시 외 일반영어 ··226
  - 7.3.2. 영어 학습매체 ··232
  - 7.3.3. 학교 영어교육 ···235
  - 7.3.4. 과외 및 입시학원 ··240
  - 7.3.5. 영어교사 및 강사 ··241
- 7.4. 제6차 교육과정이 현재 한국 영어교육에 주는 시사점 ··········243
- 7.5. 요약 ···246

8장. 제7차 교육과정기의 한국 영어교육
- 1997년에서 2007년까지 ···249
- 8.1. 배경 ···249
- 8.2. 연구 방법 ···251
  - 8.2.1. 분석 대상 ···251
  - 8.2.2. 분석 방법 ···253

8.3. 연구 결과 ··254
    8.3.1. 사교육 열풍 ··256
    8.3.2. 공교육 내실화를 위한 노력 ··264
    8.3.3. 각종 영어 시험 시행 ··270
    8.3.4. 해외 취업 및 이민 ··274
8.4. 제7차 교육과정이 현재 한국 영어교육에 주는 시사점 ············275
8.5. 요약 ··279

9장. 2007 개정 교육과정 이후 한국의 영어교육 변화
   - 2007년부터 2020년대까지 ··281
9.1. 배경 ··281
9.2. 연구 방법 ··284
    9.2.1. 분석 대상 ··284
    9.2.2. 분석 방법 ··285
9.3. 연구 결과 ··288
    9.3.1. 영어교육 경험 ··289
    9.3.2. 영어교육정책 및 인식 ··292
    9.3.3. 영어 교·강사 ··295
    9.3.4. 영어교육 커리큘럼 ··298
    9.3.5. 수험영어 ··301
9.4. 2007개정 이후 교육과정이 현재 한국 영어교육에 주는 시사점 ··305
9.5. 요약 ··309

10장. 한국 영어교육 140년의 회고와 전망 ··································311
10.1. 한국 영어교육 140년의 변화 ··311
10.2. 영어교육의 미래: 학령인구 감소와 영어교육 양극화 ············319

참고문헌 | 325

1장. 영어 학습의 사회적 의미

　우리나라에서 영어를 잘한다는 것은 오랫동안 대단하고 특별한 능력으로 인식되어 왔다. 유창한 영어 발음이 마치 '혀가 돌아간 듯 술술 나오는 사람들을 볼 때면 그렇지 못한 사람들은 왠지 주눅이 들고 그렇지 않아도 잘 안 되던 영어가 아예 입에서 떨어지지를 않는다. 이 장은 이 책의 서론으로, 시기별로 영어교육의 변화를 상세히 알아보기 전에 생각해 볼 점을 제시하는 길잡이 역할을 한다. 이 장은 왜 우리가 이렇듯 영어를 잘하고자 집착해 왔고, 그렇게 된 연유가 무엇이었는지를 다양한 사회현상적 관점에서 고찰한다. 우리나라 학생들이 겪는 입시 경쟁 속에서 강화되는 경쟁적 동기를 더 상세히 분석한 후, 보험으로서의 영어 공부와 분신 가족주의가 영어 학습기에 미치는 영향력을 살핀다. 이후 B급 문화를 일컫는 용어인 키치(Kitsch)가 영어교육에 어떻게 적용될 수 있는지를 분석한 후, Bourdieu(부르디외, 1977, 1991)의 문화자본 개념으로 영어교육을 살피도록 한다.

1.1. 영어 학습을 둘러싼 세속적 출세 지향 동기와 경쟁적 동기

외국어를 구사할 줄 아는 통역관을 양성하는 일은 근대 국가가 성립되기 이전의 전제주의 왕조 체제에서도 외교와 국제 무역의 필요성 때문에 늘 긴요한 사안이었다. 고려·조선시대의 사역원(司譯院)과 1883년에 설치된 동문학, 1886년에 설립된 육영공원의 운영 역사를 살펴보면, 실제로 말을 할 수 있고 알아들을 수 있도록 듣기와 말하기 교육이 중심이 된 직접식 교수법(Direct Method)을 적극 활용하고 있었다. 독일 외교관 묄렌도르프에 의해 1883년 설립된 동문학과 조선의 국왕 고종의 의지에 의해 1886년 설립된 육영공원 등의 공립 기관, 아펜젤러 등의 서양 선교사들이 주축이 되어 설립한 배재학당을 필두로 한 기독교 교육기관에서는 원어민 교사들이 직접 영어를 가르쳤기에 2020년대 우리나라 초·중등학교에서 시행되는 의사소통 중심의 영어교육과 매우 유사한 교육이 시행되었다.

구한말에 영어를 비롯한 외국어를 배운다는 것은 신분 상승과 윤택한 삶의 지름길로 인식되었다. 영어가 가능했던 인천 세관원이 보통의 인부들보다 4~5배의 급여를 받았다는 소문이 널리 퍼지면서 전형적인 입신양명의 의지가 영어 학습 열풍을 불러 왔고, 이에 따라 영어를 배우는 인원은 기하급수적으로 늘어나게 되었다(제2장 구한말의 영어교육 참조). 그러나 1905년 을사늑약과 1910년 한일 강제 병합 이후 닥친 엄혹한 일제강점기로 인해 영어 학습 동기에는 본질적 변화가 나타난다. 이때 경성제국대학 시험을 정점으로 하는 각종 시험에서 문법-번역 위주의 영어 시험이 포함되었고, 조선 사람들끼리의 치열한 경쟁의 도구로서 영어 시험이 사용되기 시작했다. 의도적인 우민화(愚民化) 정책을 시행했던 일본은 조선 사람들의 고등교육의 기회를 극도로 제한했고, 따라서 영어 원어민과 의사소통을 통해 무역과 외교를 할 수 있는 기회는 식민지 치하 조선인에게는 희귀한 일이었다.

이러한 맥락에서 일제 강점기 식민지 조선 사람으로서의 영어 학습은 동족끼리의 무한 경쟁, 서로 제 살을 뜯어먹는 약육강식의 입시 도구로 크게 성격이 변질되었다. 광복 후 미군정(美軍政)기에 영어를 할 수 있었던 엘리트층은 친일 여부와 별 관계없이 사회 지도층으로 편입될 기회가 있었으므로, 영어 학습의 열기는 계속 이어지게 되었다. 이후 한국전쟁과 60~70년대의 경제발전기, 그리고 87년의 6월 민주화항쟁을 정점으로 하는 80년대 중반까지 영어의 입시 도구화는 별반 달라지지 않았다.

위와 같은 과거의 사건들은 과거에 종결된 것이라기보다는 현재 진행형이라는 점에 주목해야 한다. 대학수학능력시험(이하 수능)의 영어 과목을 절대평가로 전환한 후 다소 완화되기는 하였으나 여전히 고등학교 내신 성적으로 인해 학생들은 극심한 경쟁을 경험하게 된다. 이들은 더 좋은 상위권 대학에 진학하기 위해 이른바 '너 죽고 나 살자'의 약육강식의 정서를 키우며 학급 친구들보다 조금 더 나은 성적을 받기 위해 고군분투하게 되는 것이다. 즉 우리나라에서 영어 학습 동기를 논할 때 학생들 상호간의 격렬한 경쟁적 동기(competitive motivation)를 제외하고서는 논의 자체가 힘들어 질 수 있다는 점에 주목해야 한다(Kim, 2006, 2010, 2021).

따라서 한국의 영어 학습자들에게 작용하는 특유한 학습 동기는 도구적 동기, 특히 출세 지향의 동기와 극도의 경쟁적 동기라고 볼 수 있을 것이다.[1] 1990년대 이래 우리나라에서 수행된 다수의 영어 학습 동기 연구들은 도구적 동기가 한국 학생들에게 강력하게 작용하고 있다는 것을 지속적으로 제

---

[1] 물론 외국어를 배운다는 것은 새로운 세계와 문화를 배워 세계 시민으로서의 자질을 키우는 고상한 면도 있다. 또한 외국 사람들과 영어를 매개로 하여 친구가 될 수도 있고, 영어를 잘 구사하면 외국 여행에서 큰 불편이 없다는 이점도 있다. 또한 우리나라의 과밀한 아파트촌에서 벗어나 아취(雅趣)있고 풍광 좋은 외국에서 살며 그곳의 원주민들과 격의 없이 우정을 나누고 싶은 통합적 동기(integrative motivation) 역시 존재하고 있음은 부인할 수는 없다.

시해 왔다. 그리고 도구적 동기가 1990년대와 2000년대 초반에 비해 2010년대 이후에는 꾸준히 증가하고 있는 것 역시 밝혀져 있다(Kim, 2010). 이 도구적 동기는 다시 두 가지 분야로 구분할 수 있는데, 첫째는 이전보다는 '더 잘 먹고 더 잘 살기 위해' 출세를 해야 한다는 입신양명 지향 동기이며, 다른 하나는 한정된 좋은 직장, 대학을 위해서는 다른 친구, 동료들을 짓밟고 올라서야 한다는 경쟁적 동기이다. 이 두 동기 요인은 사실 하나라고도 볼 수 있는데, 입신양명이 가능하기 위해서는 결국 남보다는 더 뛰어난 영어 실력을 갖추어야 한다는 절박한 경쟁심이 전제되어 있기 때문이다.

영어를 배울 때 작용하는 영어 학습 동기에서 도구적 동기와 경쟁적 동기는 한국 학생들에게 막대한 영향을 끼치고 있음이 증명되어 왔다. 이 두 심리 구인(construct)들은 유사하다고 볼 수도 있으나, Kim(2006, 2010)에 따르면, 영어를 배워서 취업 혹은 진학할 수 있기를 바라는 도구적 동기와는 달리 경쟁적 동기는 반드시 다른 영어 학습자의 존재를 가정해야만 성립한다고 한다. 예를 들어, '다른 학생들보다' 영어를 잘해야 취업을 잘 할 수 있다거나, '다른 경쟁자들보다' 영어 점수를 더 잘 받아야만 좋은 대학에 갈 수 있다고 느낀다면, 이러한 호전적 경쟁 심리는 같이 공부하는 다른 학생들을 경쟁자로 생각하지 않고서는 성립하기 어려운 것이다. 단순히 앞으로 취업을 잘 하기 위해서나 좋은 대학에 진학하기 위해서 영어 공부를 해야 한다는 심리가 아니라, '다른 사람들보다 더' 잘해야 그럴 수 있다는 비교의 대상이 늘 존재하는 것이 경쟁적 동기의 독특성이다. 2006년과 2010년에 4년의 시간 차이를 두고 발표된 두 논문에서 필자는 경쟁적 동기가 한국 고등학생들에게 발견되는 주된 학습 동기 구인이라는 것을 밝혔는데, 흥미로운 점은 비록 경쟁적 동기가 학생들에게 강하게 발견되기는 하였으나, 강한 경쟁적 동기가 영어 성적에 유의미한 영향을 미치지는 않았다는 것이다. 다른 학생들을 지나치게 의식하면서 영어 공부를 해도 이것이 영어

성적을 높이는 것과는 통계적 관련성이 없다는 점은 영어를 잘하려면 다른 학생들을 경쟁에서 이기려는 대상으로 생각하지 말고 오히려 협동 학습이 가능한 동료로 인식해야 한다는 것을 시사하고 있다.

우리나라 고등학교 영어 교실 상황에서 경쟁적 동기가 발견된다는 것은 사실 어제 오늘의 이야기가 아니다. 대한민국 건국 이래 한국전쟁을 겪고, 전후 재건기를 거치면서 우리나라에서는 다른 사람들보다 공부를 잘해야 대학 진학, 취업 등이 가능하다는 인식이 너무도 당연히 퍼져 있었다. 역사적으로도 책을 읽고 공부를 하는 문필가나 학생에 대해서는 사회적으로 대우해 주는 유교적 숭문(崇文)의 전통을 가지고 있기도 하다. 하지만 사실 요즘의 젊은 10~20대 학생들은 꼭 공부를 잘하지 않아도 살아가는데 심각한 지장이 있지는 않다는 것을 깨닫고 있는 경우도 많을 것이다. 우리나라도 이제는 충분하지는 않아도 복지제도가 점진적으로 확충되고 있고 소득 수준이 향상되어, 어느 직업에 종사하더라도 끼니를 심각하게 걱정하는 인구의 비율이 1950년대에 비하면 비교할 수 없을 정도로 줄어들었기 때문이다.[2] 이제는 주린 배를 움켜쥐며 번번이 수돗물로 허기진 배를 채우는 학생도 매우 드물고, 집에 TV, 냉장고, 피아노가 있는지 초등학생들에게 손 들게 하여 가정환경을 조사하는 선생님도 없으며, 기생충이 생길까봐 채변 봉투를 나눠주거나 회충이 발견되었다고 한 움큼씩 구충제를 먹지도 않는다(어쩌면 이 글을 읽는 젊은 세대 독자는 구충제라는 단어마저 생소할 수도 있다). 우리나라도 지지 정당에 따라 정치인에 대한 호불호가 많이 갈리기는

---

[2] 물론 어느 사회이던 완벽한 복지 제도를 갖추고 있지는 않고, 법과 제도의 사각지대는 늘 존재하고 있다. 사회 전반적으로 부가 확충되었음에도 사회적 부의 불평등을 나타내는 지니 계수는 점차 높아지고 있으며, 지금 이 순간에도 생활고와 빚 독촉으로 일가족이 극단적 선택을 하는 안타까운 경우도 자주 발생하고 있다. 다만 여기서 필자가 강조하고 싶은 것은 한국 사회의 전반적 빈곤의 정도가 1950년대에 비해서는 비교하기 어려울 정도로 줄어들었다는 점이다.

하지만 이제는 백골단과 전투경찰의 각목에 얻어맞거나 물고문을 당할 걱정은 하지 않고 있으니, 그럭저럭 민주주의 제도가 작동하고 있다. 또한 경제 발전 면에서도 부의 혜택이 다소 불평등하게 돌아가기는 해도, 삼시 세끼를 먹어 생존하기 위해 산다기보다는, 더 높은 이상인 자아실현을 하고 싶어 하는 사람들이 꽤 많아졌다. 꼭 명문대학, 재벌 대기업에 취업해 다른 사람들이 바라는 대로 정답과 같은 삶을 살지 않아도 생활 자체에는 심각한 문제가 없으므로, 굳이 치열하게 경쟁을 해서 수능시험을 다른 학생들보다 더 잘 치러야 할까 하는 그 당위성에는 다소 의문이 생기는 것도 사실이다.

학생들 관점에서는 굳이 좋은 대학이나 좋은 기업에 취업하지 않아도 생활 보호대상 극빈층이 되지 않음에도 불구하고 여전히 경쟁적 동기가 발견되고 고등학생들에게는 오히려 더욱 심화되는(Kim, 2010) 이유는 도대체 무엇일까? 필자는 이러한 모순적 상황에 가정과 학교의 역할이 깊숙이 개입하고 있기 때문으로 판단한다. 지금 학생들 부모들의 대부분이 1950년대 말에서 70년대 말에 태어났으며, 이들의 유년기와 청년기는 박정희, 전두환 정권의 군부독재 시절이었다. 국가는 대통령을 최정점으로 하여 실무를 담당하는 엘리트 집권층이 무지하고 통치받아야 하는 백성을 계몽해야 한다는 생각이 팽배하였고, 평등 사회였다기 보다는 권력 거리(power distance)가 높은 계층 사회였다(Hofstede, 1986). 지금 우리나라 학생들의 부모 세대는 전후 재건 혹은 산업화를 본격적으로 시작하는 시기에 출생하여, 한 반에 보통 60명이 넘는 콩나물시루 같은 교실에서 수업을 받았으며 좁은 대학문을 통과하기 위해 동시에 100만 명이 입시를 치른 세대이다. 정치적 불안정과 IMF 경제 위기 등으로 고용 안정성도 그다지 높지 않은 굴곡의 시대를 살아온 세대이기도 하다. 따라서 학생들의 부모들이 살아왔던 시대와 학생들이 살아오고 있고 또 앞으로 살아갈 시대는 질적으로 다를 것이고, 이런 면에서 세대 차이가 상당 부분 이미 존재하고 있고 앞으로는 더욱 그 격차가 심화될 것으로 예상된다. 부모들은 자신이 살아온 경험이라는 렌즈로 다음 세대를 바라볼 수밖에 없고, 따라서 지금 중·고등학생들에게도 치열한 생존 경쟁의 패러다임인 내가 살기 위해서는 다른 친구들을 꺾어야 한다는 약육강식의 생존본능을 자연스럽게 전파시킨다. 다른 아이들은 어떻든 간에 '내 새끼만은' 좋은 대학, 좋은 직장에 들어가야 한다는 부모의 소박한, 선의의 이기심이 중·고등학생들에게 전수 및 내면화되므로 이들의 경쟁적 동기가 심화되는 것이다. 2018년 말부터 방송된 JTBC 드라마 '스카이캐슬'은 이러한 극단적 경쟁의식을 잘 나타내 사회적으로 큰 파장을 일으킨 바 있다.

경쟁적 영어 학습 동기를 심화시키는 또 다른 축은 학교 제도이다. 이명박 정부 들어 국민들에게 교육 선택권을 준다는 명목으로 설립된 각종 자율고와 기존의 특목고(외고), 국제고, 특성화고 등의 다양한 학교 제도에서는 일반 고등학교에 비해 예비 신입생인 중 3학생들의 지원을 받는 시스템을 취한다. 이러한 각종 학교들은 정권의 변화에 따라 때로는 일반고로 전환되기도 하였지만 2020년대 중반인 현재에도 여전히 위세를 떨치고 있다. 이 학교들이 권위를 유지하는 가장 효과적인 방법은 여전히 명문대학 진학률, 특히 서울대 진학률이나 '의치한수약'으로 대표되는 의대, 치대, 한의대, 수의대, 약대 진학률이다. 우리 학교가 이번 입시에서 '서울대를/의치한수약을 몇 명 보냈다'는 식의 노골적 학교 소개는 다른 소개 자체가 필요 없을 만큼 한국 사회에서는 여전히 강력한 무기로 작용하고 있다. 명문대 진학률을 높이기 위해서 각 고등학교와 교사들은 학생들에게 명문대학에 꼭 입학해야 인생의 승리자가 된다는 기성세대의 이데올로기를 끊임없이 주입하고 확대·재생산시킨다. 이러한 교육환경 속에서 중학교, 고등학교 (그리고 때로는 N수생) 기간의 대부분을 이러한 입시 경쟁을 부추기는 공교육 제도 테두리 내에서 생활하는 학생들에게 경쟁적 동기가 없다면 오히려 이상할 것이다.

앞에서 설명하였듯 이미 경쟁적 동기는 학생들의 영어 성적과는 별반 상관이 없는 구인이라는 것이 밝혀졌다(Kim, 2006, 2010, 2021). 하지만 가정과 학교 안팎의 제도에 놓인 학생들에게 경쟁적 영어 학습 동기는 지속적으로 관찰되어 왔고, 이제는 고등학생뿐 아니라 대학교 학생들에게까지 다른 학생들과 끊임없이 비교하고 우열을 가르고자 하는 경쟁적 동기, 그리고 더 나아가 서로 헐뜯고 깎아 내리는 경향이 발견되고 있으니 개탄스러운 일이다. 사실 어릴 때부터 경쟁 속에 길들여진 학생들이 고등학교를 졸업한다고 해서 갑작스레 경쟁의식이 소멸될 리가 없으니 한편으로는 당연한 결과일 것이다.

필자가 대학을 다닐 때만 해도(하지만 벌써 한 세대 전 이야기이다) 대학 입학 전형은 비교적 단순했고, 1년에 한 번, 일찌감치 본인이 입학하기를 원하는 대학에 지원서를 내 놓고 12월 초에 약 11과목 정도가 포함된 학력고사를 치러 점수대로 대학에 진학하였다. 모든 학생들이 냉정하게(?) 성적순으로 입학하였기 때문인지, 일단 대학에 입학한 후 같은 과 학생들 간의 위화감은 별로 없었다. 물론 서울 학생, 지방 학생이라는 차이는 인식하고 있었지만 대놓고 출신 지역이 다르다고 서로 헐뜯는 문화는 없었다. 편입이나 전과 제도가 활발하지 않았지만, 간혹 편입으로 들어오는 학생들도 같은 학과 학생이라고 인정해주는 문화가 보편적이었다.

하지만 2000년대 중반 이후에 자주 발견되는 현상은 같은 대학의 같은 학과 학생들이라도 정시, 수시, 고3 현역으로 입학하는지, 재수생으로 입학하는지, 혹은 특별 전형, 위탁생, 편입생인지 등에 따라 '출신 성분'을 가르고 서로 비방하는 것이다. 이른바 '익게'로 불리는 인터넷 익명게시판 등은 익명의 힘을 빌려 가혹하고 잔인한 선민의식이 여과 없이 표출된다. 2010년대 중반 시사주간지 한겨레21(박성환, 황윤정, 2014)은 대학 구성원들 간에 정교한 '카스트 제도'가 작용하고 있다고 보도했다. 서울의 대표적 사립대학 중

하나인 ○○대학의 온라인 커뮤니티에 재학생이 쓴 글은 다음과 같다.

> ○○대학교 입시 결과별 골품 비교한다. 성골=정세(정시합격생), 수세(수시합격생), 정재세(재수 정시합격생), 진골=정삼세(삼수 정시합격생), 정장세(장수 정시합격생), 수재세(재수 수시합격생), 6두품=교세(교환학생으로 온 외국인 학생), 송세(○○대 국제캠퍼스생), 특세(특별전형), 5두품=편세(편입생), 군세(군인전형), 농세(농어촌전형), 민세(민주화 유공자 자녀 특별전형)…

이 밖에도 많은 대학에서 수능성적 위주로 선발된 정시합격 학생들과 수능보다는 기타 여러 요소가 종합적으로 작용하는 수시합격 학생의 알력이 존재하며, 정시생들이 수시생들을 '벌레보듯' 하는 경향이 있다고 한다(박성환, 황윤정, 2014). 이들은 수시입학생들을 '수시충(蟲)', 차상위계층 학생들을 위주로 선발하는 기회균등전형 입학생들을 '기균충', 농어촌학생들을 위주로 선발하는 지역균등전형 입학생들은 '지균충'으로, 편입생들을 '편입충'으로 서슴지 않고 부르고 있다니 개탄스러울 뿐이다.[3]

서울과 지방에 복수의 캠퍼스를 가지고 있는 대학에서는 양 캠퍼스 간의 위화감이 오랫동안 존재해 왔었지만, 위에서 지적하고 있는 점은 같은 캠퍼스 소속의 같은 학과 학생들 내부에서도 이런 '제 살 뜯어먹기' 식의 경쟁의식이 발동하고 있다는 점이다. 이 신문기사에서도 지적하고 있듯 초·중·고등학교 과정을 거치면서 늘 다른 사람들보다 더 잘해야 하고 '누군가를

---

[3] 이러한 '~충'으로 명명하기는 2020년대 한국사회의 이미 만연되어 있다. 나와는 다른 집단 중 마음속으로 경멸하는 집단들은 인간 이하의 존재언 벌레로 취급하는 현상인데, 일례로 공공장소에서 자신의 자녀들만을 우선시하는 젊은 어머니들을 경멸하는 표현으로 '맘충(mom 蟲)'이라고 하거나, 학교에서 급식을 빼먹지 않고 잘 먹는 학생들에게 '급식충'이라고 하는 등이 그러한 예로 볼 수 있다.

밟고 일어나야 한다는 강박관념만 훈련 받아온' 학생들은 이제는 학과 단위에서도 구성원들을 서열화하여 내가 너보다는 더 낫다는 안도감을 찾으려고 하는 경향이 있다. 한겨레21 기사는 다음과 같은 비판으로 글을 맺고 있다.

> 이 현상의 끝은 어디일까. 같은 '학교'라는 이유로 뭉쳐서 '학벌'이라는 성을 쌓고 해자를 짓던 동문들은 이제 같은 학교에서 벌어지는 학과 간의 서열 경쟁을 목도하고 있다. '학교'라는 단 하나의 연결고리도 희미해진 시대를 학생들은 살고 있다. 끊임없는 서열 다툼의 끝엔 개인 간의 무한 경쟁만이 남을 뿐이다. 갈수록 치솟는 서열화의 울타리는 대학을 '학생들을 외톨이로 가둔 감옥'으로 만들고 있다. 혼자 있는 감옥에서 최고인들 무슨 의미가 있을까. (박성환, 황윤정, 2014)

끊임없는 경쟁적 동기는 이제는 고등학생들의 어린 치기(稚氣)를 벗어나 대학 구성원들끼리의 내부 균열을 일으키고 있으며, 불필요한 경쟁을 통해서라도 자신의 존재의 우월감을 찾으려는 비뚤어진 마음자세가 앞으로는 어디까지 악화될 것인지 자성의 노력이 요구되는 시점이다.

1.2. 분신 가족주의가 투영된 영어교육

한국의 영어교육 역사를 관통하는 주요 키워드 중 주목할 것은 부모의 못 이룬 꿈을 자식이 대신 이루어 주었으면 좋겠다는 분신 가족주의(alter ego familism)이다. 한 세대 전에는 나는 농사를 지어도 내 자식은 대학을 보내 번듯한 직장인이 되어야 한다는 생각으로 농촌을 떠나 서울 혹은 대도시로 이주하는 이른바 이촌향도 현상이 나타났던 것도 자식은 부모의 못다 이룬 꿈을 이루어주리라는 분신 가족주의의 발현이다. 영어 학습에는 특히 부모의 염원이 강력하게 투영되는 것을 알 수 있는데, 불과 한 세대 전까지만 해도 한국의 영어교육은 전형적인 문법번역식, 교사 중심 교육으로 단어 암기, 문법 암기, 독해 지문 암기 등으로 암기 과목으로 치부되기 일쑤였고, 시험 점수를 잘 받기 위한 학교 주요 과목인 '국영수' 과목에 포함되는 것으로 인식되었다. 따라서 의사소통 능력을 높이기 위한 영어 학습이 가능한 환경이 아니었기에 '10년 영어공부를 해도 원어민 앞에서는 벙어리'라는 자조섞인 한탄을 해 왔다. 영어 벙어리가 된 부모들은 자기 자식들은 영어를 유창하게 '원어민' 수준으로 하기를 바라기에 여건이 되는 한 최고의 영어교육을 시키겠다는 생각을 하게 되는데, 이 역시 내 자식은 나보다는 영어를 잘해서 유창하게 원어민과 대화를 하고, 더 좋은 대학, 더 좋은 직장에 들어가게 하겠다는 부모의 염원이 녹아있는 분신 가족주의에 해당된다.

이들에게 유년기부터 영어를 잘 배우게 하겠다는 학부모들의 강렬한 열망은 미국식 발음을 위해서는 아무런 이론적 근거가 없음에도 불구하고 L과 R 발음을 정확하게 하게 만들기 위해서 급기야 혀 밑부분을 절단하는 설소대(舌小帶) 절제술(lingual frenectomy)을 시행하는 해프닝까지 일어나는 것이 지금의 현실이다. 아내와 아이는 영어권 국가에 체류하게 하면서 아빠는 한국에 홀로 남아 매달 막대한 생활비를 해외에 송금하는 '기러기 아빠' 현상은 2000년대 초반부터 이미 익숙한 한국 사회의 단면이기도 하다. 각종 통계 자료를 통해 우리는 사교육, 특히 영어 사교육은 초등학교 수준에서 다른 과목 사교육보다 금전적으로 많은 지출을 하며(통계청, 2014), 영어교육을 위해서 외국에 장기간 체류하는 것도 마다하지 않는 것을 알 수 있다.

부모나 학교, 더 나아가 사회 전체가 영어라는 사회보험에 자발적으로 가입하는 영어에 대한 집단 광증(狂症)은 분신 가족주의의 발현이라고 볼 수 있는데, 가족 단위에서 부모가 자식들에게 나는 공부를 잘 못해서 지금 '이 모양 이 꼴로' 살고 있지만 내 자식만은 더 열심히 공부하여 더 좋은 곳에 취직해야 한다는 성공지향의 심리가 투영되고 있는 것이다. 많은 부모들이 자녀의 성공이 마치 내 자신의 성공인 듯 착각하며, 아들은 아버지의 분신, 딸은 어머니의 분신처럼 부모의 못다 이룬 이상이 투영되어 양육되고 있다. 많은 자녀들이 부모의 이루지 못한 꿈을 성취하는 패자부활전에 뛰어든 선수와 같은 역할을 수행하는 것이다.

과도한 분신 가족주의는 지난 20여 년간 한국 사회에 각종 크고 작은 문제를 노정하여 왔다. 일찍이 2010년대 초중반 각종 '푸어(poor)'가 들어가는 한국식 영어를 지칭하는 콩글리시(Konglish) 신조어 중 하우스 푸어 다음으로 언급되었던 것이 에듀 푸어인데, 자식 교육 때문에 노후 대비가 심각하게 위협을 받는 현상을 지칭한다(임진국, 추정남, 2013). 일부 방송에서는 2010년대 중반 일부 지역이나 계층의 경우 자녀 사교육비에 매달 300~500만원을 사용하고 생활비는 마이너스 통장이나 은행 대출을 받아서 사는 경우도 있다고 보도하였다(MBC PD 수첩, 2014). 2010년대 중반 이후 2020년대까지 영어교육을 둘러싼 분신 가족주의는 영어 유치원, 이른바 '영유'의 유행에서 크게 확산되고 있다. 어릴 때 영어에 노출되어야 영어를 원어민 수준으로 할 수 있다는 믿음은 서울 강남권을 중심으로 한 영어 유치원의 난립을 가져오고 있다. 2020년 10월 한국경제신문의 보도에 따르면 영어 유치원의 연평균 학원비는 이미 4년제 대학 1년 등록금의 두 배를 상회하고 있으며, 서울을 기준으로 등록된 유아 영어학원(영어 유치원) 중 30%가 강남, 서초 지역에 집중된 것으로 나타났다. 이중 수업료가 가장 비싼 학원은 1개월 학원비가 224만원에 달하는 것으로 나타났다(한국경제신문, 2020). 이와 같이 분신 가족주의를 신봉하는 부모들의 자녀 양육의 부담은 상상을 초월하고 있다.

이러한 분신 가족주의의 기저에는 내 가족, 내 자식은 영어를 잘해서 취업도 근사하게 해야 하는 반면, 다른 가족들은 그래서는 안 되고 늘 경계해야 한다는 마음, 즉 이기적인 경쟁적 동기가 깔려 있음에 주목할 필요가 있다. 근사한 명문대학이나 대기업 직장은 나와 피를 나눈 내 자식에게만 허락되어야 하는 것이지, 다른 집 아이까지 끼어든다면 내 자식, 더 나아가 우리 가족의 자리가 위태로울 수 있다는 상시적 경쟁의식이 도사리고 있는 것이다. 이렇듯 분신 가족주의는 가족이기주의에서 기인한 경쟁적 동기(competitive motivation)를 내부에 배태하고 있음에 유의해야 한다.[4]

분신 가족주의는 좁은 의미로는 한 가정의 아들딸이 아버지, 어머니가 꿈꾸던 제 2의 인생을 대신 살며 빼어난 영어 실력을 갖추어 남들보다 더 월등한 사회적 지위, 즉 출세해야 한다는 열망을 반영한다. 협의의 분신 가족주의는 국가 차원으로도 확대될 수 있는데, 이때는 1960~80년대의 수출 지상주의, 개발도상국 시절의 마음자세인 국가 경쟁력 담론과 결부된다. 1993년에 집권한 김영삼 정부 시절부터 본격적으로 언론에 등장한 국가 경쟁력, 국제화 담론은 영어를 배워야 국제화되는 것이고, 영어를 할 수 있어야 우리나라의 상품을 해외에 팔 수 있다는 수출 지상주의 개념과 강력

---

4 분신 가족주의는 비단 영어 학습에만 적용되는 것은 물론 아니다. 학교에서 배우는 모든 과목에 적용되는 개념이며 특히 국어, 영어, 수학과 같은 주요 교과목에는 강력하게 개입하고 있는 개념이다. 각 가정이 각개 약진해서 더 풍요로워져야 한다는 세속적인 생각은 국제적으로는 한국의 높은 교육열로 미화되어 잘 알려져 있다. 예를 들어 2011년 시행 TIMSS 수학 영역 결과를 살펴보면 1995년부터 2011년까지 시행된 5번의 국제 수학 평가에서 한국은 5번 모두 계속 학생들의 수학 실력이 향상된 국가 중 하나였으며(1995년 581점, 1999년 587점, 2003년 589점, 2007년 597점, 2011년 613점), 참여 국가 중 초등 4학년은 수학에서 세계 2위(50개 국가 중), 과학은 세계 1위, 중학교 2학년은 수학이 세계 1위(42개 국가 중), 과학은 세계 3위로 나타났다(Mullis, Martin, Foy, & Arora, 2012). 최근 통계인 2020년 자료 역시 이와 유사하게 초등학교 4학년의 경우 수학 3위, 과학 2위로 나타나고 있다(한지원, 2020). 흥미로운 점은 수학과 과학에 대한 학생들의 흥미에서는 등수에 차이가 다소 있으나 모두 국제 평균보다 낮은 하위권을 차지하였다는 것이다(한국교육과정평가원, 2012). 분신 가족주의의 이데올로기 기치 하에 내 가족의 안녕과 번영을 놓고 경쟁하는 비장한 상황에서 흥미나 재미를 바라는 것은 애초부터 어려운 일인지도 모른다.

하게 결부된다. 좁은 의미의 분신 가족주의가 내 가정이 다른 집보다 더 잘 살아야 하며 영어 공부는 이를 더 빨리 이룩하는 지름길이라는 생각이 깔려 있는 것과 마찬가지 맥락에서, 넓은 의미의 국가 분신 가족주의는 전통적 유교윤리인 군사부일체(君師父一體)에 드러난 것처럼 확대된 가정으로서의 국가를 지향하고 있다. 또한 우리나라가 다른 개발도상국보다 더 잘 살고 풍요로워지기 위해서는 다른 나라와 경쟁하여 더 많이 수출하고 달러를 더 끌어와야 한다는 내 나라 이기주의, 국가 지상주의와 밀접하게 결부되어 있다. 다행히도 지난 약 50여 년간의 대한민국의 국가 분신 가족주의는 대외적인 성공을 거두어 왔다. 작게는 내 가족이 다른 가족보다 잘 살아야 하는 것이고, 크게는 우리 조국과 민족이 다른 나라나 이민족들보다 더 잘 살아야 하는 것이 분신 가족주의 이데올로기인 것이다. 이러한 분신 가족주의에 입각한 성공을 효과적으로 쟁취하기 위해서 영어가 중요한 도구로 기능한다.

영어가 분신 가족주의 속에서 작용하고 있다는 점은 2018학년도 수학능력시험부터 도입된 영어 절대평가 이후 최근의 다양한 변화 양상에서 나타나고 있다. 사교육 과열을 방지하고 영어 격차를 줄이기 위한 취지에서 도입된 영어 절대평가는 전반적으로 실패하고 있는 것으로 나타나고 있다. 서울경제(2021)의 보도에 따르면 이른바 '국영수'라는 주요 고등학교 교과목에서 이제는 영어에 대한 비중이 감소하고 수능 및 내신 점수에서 국어와 수학이 더욱 강조되는 현상이 실제로 벌어지는 것은 사실이다. 그러나 영어 절대평가의 난이도 조절 실패로 인해 일관성 없는 난이도를 대비하는 수험생 입장에서는 마음을 놓을 수 없기 때문에 오히려 영어 사교육비는 매년 증가하는 것으로 나타나고 있는 것에 주목해야 한다. 예를 들어 2021학년도 수능에서는 지나치게 쉽게 출제된 영어 과목에서 1등급 비율이 12.66%로 2018학년도 도입 이후 가장 많은 1등급 비율이 나타났다. 이는 가장 어려웠다는

2019학년도 수능 영어의 1등급 비율인 5.3%를 두 배 이상 상회하는 것으로 난이도 조절이 그만큼 어렵다는 것을 방증하고 있는 것이다. 결국 2021년 상반기 기준 학생 1인당 영어 사교육비는 21만 7천원으로 일반 교과 중 최대를 기록하였다(서울경제, 2021). 이렇듯 교육부에서 표방하는 사교육비 절감을 위한 영어 절대평가 제도 도입 후에도 사교육비가 역설적으로 증가하는 것은 영어에서 높은 등급을 획득하여 자녀의 상위권 대학 진학을 도모하려는 부모의 분신 가족주의가 투영되고 있는 것을 나타내는 것이다.

정리하자면 우리나라에서 영어 공부는 개인적인 차원의 문제가 아니다. 좁게는 한 가정의 안위를 책임지는 학생 개인의 경쟁이고, 넓게는 우리나라를 더 잘 사는 선진국으로 만들기 위한 비장미가 깃든 국가 간 전쟁으로서의 의미를 지닌다. 이 현상의 내부에는 분신 가족주의라는 이데올로기가 작용하고 있음에 유의해야 할 것이다.

1.3. 보험으로서의 영어교육

앞서 지적했듯 우리 한국인들에게 영어 구사력은 치열한 내부 경쟁의 도구로서 기능하고 있다. 영어는 경제력으로 인식되며(이홍수, 2011), 부모의 사회경제적 능력이 자녀의 영어 능숙도에 영향을 미친다는 이른바 잉글리시 디바이드(English divide)도 이미 익숙한 개념이 되었다. 김태영(2013, 2020)은 한국 초·중등학생들의 영어 학습 동기에서는 대부분의 학생들이 초등학교에서 중학교로 상급 학교로 진학하면서 학습 동기가 떨어지고, 앞으로 영어를 배워서 무엇을 하고 싶은지에 대한 미래의 구체적인 언어 자아(language self)가 없이 막연히 남들이 영어를 배우니까 따라 배운다는 태도를 가지고 있다고 지적하였다. 이는 마치 가난하지만 미래에 혹시 모를 필요 때문에 보험을 드는 우리들의 자화상과 크게 다르지 않다. 미래 사회에 대한 보험으로서 일단 영어는 배워두면 언젠가는 활용할 수 있다는 것이 우리 시대 한국 사회에 널리 퍼져 있는 믿음 중 하나이다.

2011년 우리나라의 영어 사용 실태 조사를 수행한 사단법인 한글문화연대와 한겨레말글연구소의 결과는 보험용으로서의 영어가 우리나라에서 어떤 역할을 하고 있는지를 단적으로 보여주고 있다. 이들은 전국의 7개 권역과 성별, 연령별 분포를 고려하여 층화 무선 표집법(stratified random sampling), 즉 무작위로 추출한, 우리나라 성인 남녀 1000명(만 25~54세)을 대상으로 영어 사용 실태를 조사하였다. 아래의 신문기사를 보자(최원형, 2011).

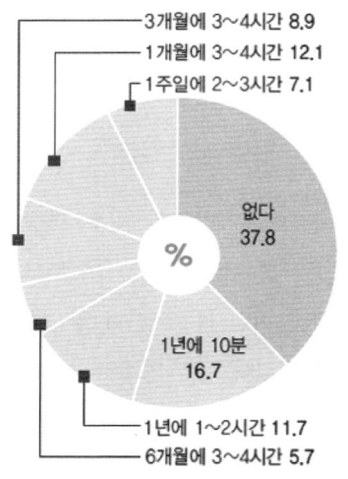

이번 조사 결과에서 가장 눈에 띄는 부분은, 영어구사 능력에 대한 사회적 기대와 실제 영어를 쓰는 실태 사이에 거리가 크다는 점이다. 최근 1년 동안 초보적인 인사말을 제외하고 문장 단위로 영어를 말하거나 글로 쓰거나 영어 문서를 읽은 경우는 얼마나 되는지 물어본 결과, 조사 대상자의 20.3%가 '없다'고 대답했고, '1년에 2~3회 가량'이 20.1%로 뒤를 이었다. 조사 대상자의 40% 가량이 영어 사용 빈도가 가장 낮은 항목들을 고른 것이다. 최근 1년 동안 일을 하면서 외국인과 영어로 말하며 의사소통을 한 시간이 얼마나 되는지 묻는 질문에도 '없다'(37.8%)가 가장 많았으며, '1년에 10분 정도'(16.7%)가 그 뒤를 이었다. 영어를 사용해야 할 경우가 주로 어떤

영역이냐는 질문에는 '인터넷 로그인할 때, 이메일 주소 적을 때 말고는 그럴 일이 없다'는 응답이 40.1%로 가장 높게 나타났다. '인터넷에서 영문 자료를 검색하거나 번역하는 일'이라는 응답이 25.2%로 뒤를 이었다. '말로 상담하거나 발표, 강의, 제안하는 일'은 11.9%에 그쳤다.

약 10년이 경과한 2019년 한국교육개발원의 평생학습 개인실태조사 연구에서도 유사한 통계 결과가 나타나는 것은 주목할 만한데, 2019년 기준으로 한국 20세 이상 성인 4700명을 대상으로 실시한 통계 결과는 '영어를 전혀 사용하지 않는 경우'가 57.5%, '한 달에 한 번 미만'이 16.7%인 반면, '매일 혹은 거의 매일'은 4.4%에 불과한 것으로 나타났다(KOSIS, 2020). 결국 영어를 일상생활에서 거의 사용하지 않는 한국인이 70%를 상회하는 것을 알 수 있다.

물론 〈표 1.1〉에서는 연령대별, 학력별, 월가구소득별로 영어 사용빈도에 확연한 차이가 발생하고 있음을 간과하면 안 될 것이다. 예를 들어, 가구소득별로 500만원 이상의 월소득이 있는 경우에는 '영어를 전혀 사용하지 않는다'고 응답한 경우가 49.7%로 절반 정도이나, '월소득 150만원 미만'의 경우에는 90.5%에 이르러 절대 다수가 영어를 사용하지 않고 있음이 나타나고 있으며, 이는 영어가 사회·경제계층에 따라 차별적으로 사용되고 있음을 보여주는 증거일 것이다(1.5절 문화자본으로서의 영어 참고). 그러나 한국의 전체 성인 인구를 전반적으로 볼 때 이들이 영어를 일상생활에서 빈번히 사용하고 있지 않다는 점은 〈표 1.1〉에서 확연히 입증되고 있다고 볼 수 있다.

<표 1.1> 영어 사용빈도 (2019년 기준)

특성별(1)	특성별(2)	영어 사용빈도				
		전혀 사용하지 않음	한달에 한번 미만	적어도 한 달에 한번	적어도 일주일에 한번	매일 혹은 거의 매일
전체	소계	57.5	16.7	10.1	11.3	4.4
성별	남자	53.3	17.1	11.0	13.1	5.5
	여자	61.8	16.2	9.2	9.4	3.4
연령별	25~34세	35.7	18.3	15.4	19.4	11.2
	35~44세	42.2	21.1	14.4	15.7	6.6
	45~54세	54.7	19.3	10.9	11.8	3.2
	55~64세	70.8	15.0	6.5	6.7	1.1
	65~79세	88.2	7.4	2.3	1.9	0.2
학력별	중졸 이하	91.6	5.8	1.3	1.2	0.2
	고졸	66.0	17.5	8.2	7.1	1.2
	대졸 이상	37.7	20.0	15.0	18.5	8.7
경제활동 상태별	취업	52.8	17.2	11.2	13.4	5.4
	실업	54.4	20.5	10.1	9.2	5.9
	비경제활동	73.2	14.1	6.7	5.0	0.9
월가구소득별	150만원 미만	90.5	5.3	2.1	1.1	1.0
	150~300만원 미만	73.7	12.9	6.6	5.6	1.3
	300~500만원 미만	55.9	18.3	11.2	11.0	3.6
	500만원 이상	49.7	17.8	11.3	14.7	6.6
지역별	서울 및 광역시	55.8	16.5	12.0	11.8	3.9
	중소도시	56.8	16.6	8.4	12.2	6.0
	농어촌	64.6	17.2	9.3	7.3	1.7

위의 통계 내용과 궤를 같이하는 주장을 21세기 초 김영명(2000, 2007)이 한 바 있다. 그는 "우리나라의 영어 수요는 실수요가 아니라 가수요"라고 단언한다. 당장에 필요성이 절실해서 배우는 것이 아니라 만약에 있을지도 모르는 그 희박한 가능성에 매달려 막대한 시간과 자금을 투자한다는 것이다. 다음은 일간지에 그가 기고한 기사 중 일부이다.

... 한 마디로, 우리의 영어 수요는 실수요가 아니라 가수요이다. 가수요가 또 다른 가수요를 낳고 그것이 또 가수요를 낳고 하는 악순환이 바로 우리 영어 열풍의 참모습이다. 이런 가수요는 영어가 가진 막강한 힘 때문에 일어났지만, 우리 사회가 가진 항구적 위기의식, 정신적 사대주의, 휩쓸리기 쉬운 문화, 지나친 경쟁 이데올로기와 상업주의, 그리고 학벌주의와 못 말리는 교육열 때문에 급기야 '정신 나간' 수준에까지 이르렀다. 교육부나 대선 주자들이 영어 사교육을 줄이기 위해 공교육에서 이를 흡수하겠다는 구상들을 내놓는데, 이것은 사태의 본질을 잘못 본 것이다. 해야 할 일은 영어교육의 공급을 늘리는 것이 아니라 그 가수요를 줄이는 것이다. 영어 공교육을 늘리면 우선 그에 따라 다른 과목들이 피해를 볼 것이니 교육 과정의 파행을 가져올 수 있다. (김영명, 2007년 11월 22일)

이러한 담론을 생각해 본다면, 한국 사회의 영어교육에 대한 사회적 노력은 당장의 실용적 목적이 있기 때문이라기보다는 마치 보험을 드는 사람들의 심리처럼 비록 지금 당장에는 필요가 없더라도 나중에 혹시라도 필요한 시기가 오면 사용할 수 있기 위해서는 배워야 한다는 생각이 도사리고 있음을 알 수 있다. 더 흥미로운 사실은 이러한 보험으로서의 영어 학습의 필요성 자체를 영어를 배우는 학생들이 생각하고 판단하기보다는 학생 각 개인은 판단을 유보한 채, 부모가 어린 학생들에게 강요하는 양상이 관찰되며, 더 나아가서는 국가 차원에서도 모든 학생들에게 초등학교 3학년에서 고등학교 3학년까지 영어를 학습하게 강제함으로써 최소 10년에 걸친 영어 장기 보험에 강제 가입시키고 있다고도 볼 수 있다. 보험을 드는 사람의 마음과도 같이 미래 사회에서 도태되지 않으려면 영어를 조금이라도 열심히 해야 한다는 심리가 우리나라에서 영어를 배우는 학생이나 그 부모들에게 모두 작용하는 것이다.

긴장하지 않고 영어 의사소통을 조리 있게 할 수 있기를 바라는 것은 자녀를 둔 모든 부모의 소망일 것이다. 그러나 아동들마다 언어에 재능이 있는 경우와 그렇지 않은 경우가 구분되며, 모든 아동들이 영어 영재가 될 필요는 없을 것이다. 영어 혹은 언어 재능이 있어 그것을 더욱 발전시키는 것은 바람직하고 장려할 일이나, 언어적 재능 대신 다른 재능이 탁월한 아동에게 영어 역시 뛰어나게 잘 구사할 수 있도록 채찍질하는 것은 과도한 기대일 수 있으며, 이는 '영어도 잘하면 좋다'는 일종의 보험으로서의 영어 개념이 부모에게 작용하고 있기 때문으로 볼 수 있을 것이다.

1.4. 키치(Kitsch)로서의 영어교육

Howatt(2004)의 서양 외국어 교육사를 살펴보면 근대 이전에 외국어를 배울 수 있던 계급은 봉건체제 내에서 신분이 높은 귀족 계층에 국한될 만큼 외국어 학습은 지배계층의 지적 유희였다. 산업화 이후에도 라틴어나 그리스어와 같이 고전어를 배우는 것은 경제적 형편이 넉넉하지 않다면 불가능한 일이었고, 유럽 여러 나라의 언어를 배울 수 있는 계층도 중산층 이상이나 되어야 가능한 일이었다. 이러한 상황은 우리나라도 예외는 아니어서 중국 사서삼경으로 대표되는 한문 교육은 양반 자제들에게 주로 국한되었고, 고려와 조선의 사역원을 중심으로 행해졌던 역관(譯官) 양성 교육 대상자도 중인 이상에 한정되었다. 이를 고려하여 본다면 전통적으로 외국어를 배우고 사용할 수 있었던 계층은 신분제 사회에서 중류층 이상에만 국한되는 일이었고, 중인 이하의 천민들에게는 교육의 기회, 특히 외국어 교육의 기회는 원천적으로 봉쇄되어 있었다고 하여도 과언이 아닐 것이다.

그러나 이러한 전근대적인 상황은 1882년 조미수호통상조약 이후에 급속도로 변화하여 사회 신분이 매우 미천하고 빈한한 가정 배경을 가진 자라도 이 책 제2장에 서술한 대한제국 주미 대리공사 이하영의 생애가 잘 보여주듯 영어를 몇 마디 할 줄 알면 벼락출세의 기회를 잡게 되는 세상이 된 것이다. 서양 선교사들이 조선 각지에 설립한 기독교 학교에서도 영어 교습이 널리 퍼져 세속적 출세를 꿈꾸었던 청년 이승만을 비롯한 많은 야심가들이 영어 공부에 공을 들였다. 우리나라 역사상 신분 질서와 무관하게 외국어 교육이 이루어진 것은 갑오개혁이 시행된 1894~1895년이 처음이었고, 외국어는 더 이상 일부 중상류 계층만이 배울 수 있는 에덴동산의 금단의 열매가 아니라, 누구든 정성과 노력을 기울인다면 배울 수 있는 대중성을 획득하게 된다. 결국 대대로 억눌려왔던 속박과 가난의 굴레를 무너뜨리면서 '너만 잘 사냐, 나도 잘 살 수 있다'는 상향적 평등주의가 영어 학습에 반영되기 시작한 것이다.

이러한 측면에서 우리나라의 영어교육은 키치(Kitsch) 문화의 속성을 가지고 있다. 키치는 "엘리트 스타일을 값싸게 대량으로 모방해낸 제품을 의미한다"(강준만, 2011, pp. 866-867). 즉 세련된 일류의 진품이 아니라, 그럴싸하지만 B급의 '짝퉁'이 키치인 것이다. 피카소나 르노와르의 유화 작품은 재벌도 소유하기 힘든 고가일 것이나, 대량으로 컬러 복사해서 액자에 끼워 파는 모조품, 즉 키치는 극빈층이 아니고서는 대부분의 사람들이 원한다면 한두 점 정도는 구입할 수 있고 실제로도 걸어 둘 만큼 만만한 것이다. 구한말 이래 누구나 영어교육을 받을 수 있고, 누구나 노력한다면 영어를 매개로 상류 사회로 진입할 수 있다는 믿음은 영어교육의 보편화, 키치화(kitsch化)가 확산된 것이라 할 수 있다.

일제 강점기가 끝나고, 일본군의 무장 해제를 위한 명목으로 북위 38도선 이남에 진주한 미군의 정치, 즉 미군정 시대와 한국전쟁을 거치며 우리나라에서는 영어를 구사할 줄 아는 사람과 그렇지 못한 사람 간의 심리적 격차는 점점 심해져 갔다. 영어를 '혀를 굴려가면서' 빼어나게 구사하지는 못해도, 어느 정도는 구사하는 모습 자체는 영어를 전혀 모르거나 잘 못하는 사람들에게는 좌절과 동경의 이중적 감정을 불러일으키기 십상이다. 이러한 이유 때문에 아예 영어를 모르는 사람들에게 영어를 조금이라도 말할 수 있는 (혹은 그런 척 하는) 사람들은 더 대접을 받고 편의를 도모할 수 있었던 것이다. 불과 얼마 전까지만 하더라도 우스갯소리로 "서울 시내에서 운전하다가 교통 신호 위반으로 경찰에게 걸리면 동양계 미국인인 것처럼 영어를 하면 경찰들이 기가 죽어서 그냥 보내주더라" 하던 시대였던 것이다. 또한 여전히 미국에서 청소년기를 보내고 한국에서 연예 활동을 하는 이른바 아이돌 스타들이 방송에서 영어로 몇 마디만 하면 방청석을 메운 우리 청소년들이 환호성을 치며 열광한다. 사실 복잡하고 심오한 내용에 대해서 영어로 의사표현을 하는 것도 아니고 그저 일상적인 용어 몇 마디인 생활영어 수준의 표현도 '혀를 굴려가며' 맛깔나게 하는 모습을 보면서 우리나라 남녀노소는 영어에 대한 동경을 키워나가는 것처럼 보인다.

영어에 대한 막연한 동경은 영어교육의 키치화를 확산시키고 있다. 일부 상류계층이나 미국 등의 영어권 국가에 연고를 지닌 사람들은 형편이 허락하는 한 미국, 캐나다, 영국, 호주 등지에서 직접 원어민을 통해 영어를 배우고 있는 것이 사실이다. 민족의식이나 국가의식이 희박한 일부 계층이나 연예인들은 원정 출산을 통해 미국 시민권을 자녀에게 쥐어 주기 위해 눈물겨운 노력을 하는 것이 지금의 현실이다. 한국인 부모에게 태어나서 외국에 일부러 나가 생활하면서 영어를 배우거나 학창시절에 교환학생, 어학연수를 경험하는 일체의 활동 등은 한마디로 고비용 고효율의 영어교육 방식인 것이다. 영어 실력 자체로만 따져 볼 때에 영어가 활용되는 현지에서 경제적 궁핍함이 없이 현지인들과 어울리며 영어를 습득할 수 있다면 바람직한 상황일 것이다. 이 경우에는 영어 학습이 키치가 아니라 진정한 '명품 럭셔리', '왕족' 교육이 되는 것이다. 하지만 상당한 경제력이 뒷받침되거나 특수한 환경에 처한 사람들(예: 해외공관원, 외국주재원, 대학원 석·박사 유학생)이 아니고서는 이러한 비용을 감당하기 어렵거나 감당하더라도 부모는 늙어서 '에듀 푸어'의 나락으로 떨어지는 막대한 부작용이 따른다. 결국 고비용을 감내할 수 없는 절대 다수의 우리나라 사람들은 막연히 이런 비용을 감당할 수 있는 상류층을 부러워하면서, 그것보다는 좀 효과가 떨어지지만 그래도 효과가 나쁘지는 않은 차선책을 도모하게 된다. '뱁새가 황새 따라가려다 가랑이 찢어지기' 싫은 평범한 사람들이 심사숙고한 결과는 그나마 이들이 감당할 수 있는 수준의 다양한 형태의 사교육과 방과후 수업 등으로 대표되는 유연한 공교육으로 표출되는 것이다. 영어회화 학원, 중·고등 영어 내신 학원, 학습지, 전화영어, 인터넷 강의와 회화, AI 영어교육용 챗봇, 메타버스 증강현실 영어교육, 영어 과외 등은 차선책의 영어 사교육 방법이며, 공교육 틀 안에서 학교 영어교사 혹은 영어회화 전문강사 등의 방과후 수업 역시 키치로서의 영어교육 성격이 강하다. 아이가 열심히 공부하고 학운도 따른다면 뛰어난 영어 실력을 키울 수도 있는 것이므로, 부모 입장에서는 키치로서의 사교육, 공교육이라도 계속 붙잡고 의지할 수밖에 없는 것이다.[5] 나중에 에듀 푸어가 될지 모른다는 걱정이 앞서는 평범한 우리 땅의 학부모들에게는 럭셔리 영어교육은 자녀에게 못 시켜 주더라도 그나마 합리적인 선에서 교육할 수 있는 키치 영어교육이 유일한 선택지로 남아 있는 상황이다.

보드리야르(1991)가 통찰한 바와 같이 키치는 사회계층 변동의 가능성이

---

5   물론 부모의 불안한 심리를 악용하는 사교육 업체들의 공포 마케팅도 키치로서의 사교육 영어의 번창에 일조한다. 예를 들어, 정상적인 교육과정의 난이도를 훨씬 뛰어넘는 어려운 영어 문제를 학생에게 풀어보게 하고 그것을 못 맞추면 마치 아이가 크게 뒤처져 형편없는 낙오자가 되었다는 듯이 으름장을 놓는 사교육 업체의 상술이 부모와 아이들의 사교육 의존성을 심화시킨다는 것은 널리 알려진 사실이다.

있는 열린 사회에서만 존재한다. 신분 질서가 고착화된 경직된 사회에서는 키치의 존재 이유가 없다. 예를 들어 신분질서가 고착화된 조선 후기의 천민 층이 중국어나 일본어를 배울 수 있었다고 하더라도 역관으로 등용될 가능성이 전혀 없었으므로, 오늘날과 같이 사교육을 통한 외국어 학습, 즉 키치 심리가 발동할 수가 없는 것이다. 결국 상류 계층의 문화와 라이프스타일을 선망하여 이른바 '너만 누리냐, 나도 그 정도는 (저렴하게) 누릴 수 있다'는 시샘의 심리학이 작용하는 것이 영어교육 키치화의 가장 핵심일 것이다. 값싸고 효과적인 키치로서의 영어교육이 성공한다면, 그리고 많은 학생들이 영어교육을 통해 의사소통 능력을 훌륭히 배양할 수 있다면, 키치와 명품 럭셔리 영어교육의 격차는 줄어들 것이다. 보드리야르가 진단하듯이 현대 소비 사회는 키치가 진품을 전복시킬 가능성이 상존하고 있고, 무엇이 진품 인지 무엇이 키치인지를 알기 힘든 상황이 곧잘 발생한다. 영어교육에서도 고비용 고효율의 럭셔리 영어교육 대신 저비용이지만 나름대로 중간 이상의 효율을 얻을 수 있는 다양한 방식들을 통해 교육을 통한 계층의 이동, 즉 인생 역전의 상시적 기회가 가능한 열린사회를 지향해야 할 것이다. 이와 같은 맥락에서 키치로서의 영어교육은 고비용 고효율의 '명품 럭셔리' 영어 교육을 능가할 수 있다는 전복의 희망을 유지할 수 있게 하며, 이는 최근 사회 문제로 대두되고 있는 영어 격차(English divide)를 줄일 수 있다는 점에서 긍정적 측면이 있다.

1.5. 문화자본으로서의 영어교육

1950년대의 한국 전쟁 이후의 전후 복구기 및 1960년대 박정희 정권 이후에 본격화된 산업화, 근대화 과정에서 우리나라 사람들에게 널리 확산된 것은 상향식 평등주의였다. 이른바 '사촌이 땅을 사면 배가 아프다'는 속담처럼 주위 사람들과 자신의 처지를 늘 견주어 보는 것이 일상화된 한국인들에게는 영어를 구사할 수 있다는 점은 1950년대 한국전쟁 이후의 최대 우방국인 미국의 앞선 제도, 정치, 문화를 직접 접할 수 있는 수단을 갖췄다는 의미로 각광을 받았고 행여나 남에게 뒤질세라 경쟁하듯 영어를 열심히 배웠다. 물론 권오량과 김정렬(2011), 강준만(2014), 김영철(2011a, 2011b)은 일제수탈기에도 영어 열풍이 있었다는 점을 지적하고 있으나,[6] 일제하의 교육, 특히 고등교육은 최고위 엘리트 계층에만 한정되어 있었다는 점에서 한국전쟁 이후 보편화된 영어 열풍과는 다른 성격을 갖고 있다고 보는 것이 타당할 것이다.

1950년대 이후 우리나라의 근대화 과정은 압축 성장으로 요약할 수 있다. 강준만(2011)과 유시민(2014)은 유럽에서는 200년 동안 이룩했던 근대 산업화 과정을, 미국은 단 200년 만에, 그리고 한국은 한 세대인 30년 만에 성취하였다는 점을 강조한다. 끼니를 걱정하던 세계 최빈국 국민들이 바로 다음 세대와 손자 세대에서는 선진국 반열에 올라 복지국가를 지향하는 고도성장의 모습은 한국을 제외한 다른 국가에서 발견하기 힘들다. 한 세대를 전후로 하여 급속 성장이 가능했던 그 이면에는 높은 교육열이 있는데, 누구든 열심히 공부하면 좋은 학교에 진학할 수 있고, 좋은 학벌이 취업이나 삶 자체에 긍정적 영향을 끼친다는 믿음은 한국인들에게 본인의 경험 및 사회 담론을 통해 계속 확산되어 왔다. 성공적인 산업화 과정은 고등 교육의 확산과 동시에 이루어졌으므로 이 둘은 정비례 관계로 인식되어 왔으며, 좋은 학교에

---

[6] 흥미롭게도 일제 강점기에 일본 유학생들이 선택한 전공 중 가장 많은 것은 영어영문학이었다. 강준만(2014, p. 50)에 의하면 1926년 동아일보 집계에는 영어영문학 전공 일본 유학생 수가 486명, 법률 전공자는 351명, 사회학 112명, 문학 52명, 철학/종교 49명, 수학/물리 42명, 정치/경제 24명이라고 한다.

진학하는 경우에 더 나은 연봉, 일자리가 보장된다는 인식은 현재까지 한국의 기성세대에 널리 퍼져있다.

학벌을 통한 신분의 상승, 그리고 취업 기회의 확대는 공부를 수단화시키는 결과를 초래하였고, 학교 성적을 잘 받아 좋은 대학에 진학하고, 취업을 잘 하는 것은 이제는 학생 본인의 노력만으로는 좀처럼 힘든 일이 되어가고 있는 듯하다. 이미 약 20년 전에 수행된 최샛별(2004)의 연구는 우리나라에서 영어 실력이 단지 개인의 노력만 아니라 가족의 총체적인 노력이 투입된 총력전의 결과라는 것을 문화자본론적 시각에서 명료하게 제시하고 있다. 중·고등학교의 주요 교과목인 국어, 영어, 수학 중 유독 영어에 대해서는 부모의 경제력이 크게 작용하고 있음이 이 연구 결과 나타났는데, 그 이유는 한국 사회에서는 여전히 영어가 '능력과 성공보장의 아이콘'으로 인식되고 있기 때문이라고 한다. 최샛별은 교차분석을 통해 우리나라 대학생들이 영어에 대해 느끼는 자신감이 (부모의) 월 평균 소득 및 생활수준, 부모의 학력, 아버지의 직업과 유의미한 관련성을 맺고 있음을 제시하였다. 조사가 실시되었던 2002년 당시 '부모의 월 소득이 500만원 이상인 경우' 영어에 대해 자신있다고 응답한 학생들이 29.2%였으나, '부모의 월 소득이 150만원 미만인 집단의 경우'에는 영어에 대해 자신있다는 응답은 불과 9.9%에 불과하였다. '아버지의 학력이 대학원 졸업 이상인 집단'에서는 31.1%의 학생들이 영어에 대해 자신감을 보였으나, '아버지 학력이 중학교 이하인 경우'에는 13.9%만이 자신있다고 응답했다. 어머니의 학력 역시 유사한 결과를 보여, '대학원 졸업 이상인 경우' 학생 중 38.9%의 학생이 영어에 대해 자신감을 보인 반면, '어머니가 중학교 이하의 학력을 지닌 경우' 불과 12.1%만의 학생만이 자신있다고 하였다. 아버지의 직업군 별로는 '전문직에 종사한다고 응답한 경우'에는 29.7%가 자신있다고 한 반면, '아버지가 농어업에 종사하는 경우'의 학생들은 단 6.7%만이 영어에 자신있다고 하였고, '아버지가 무직인 경우'에는 5.7%만이 자신감을 보였다.

7년 후 최샛별과 최유정(2011)은 한국 사회에서 영어가 차지하는 위상을 성인 남녀 705명을 대상으로 확대 조사하였다. 이 논문은 우리나라에서 영어에 대한 사람들의 인식은 상류층이 예술과 문화에 대해서 인식하는 것과 얼마나 유사한지를 살피는 것이 주된 목적이었다. 연구 결과, 영어는 문화예술과 마찬가지로 참여 대상자들의 사회계층이 하류층에서 중류층으로, 또 상류층으로 올라감에 따라 중요도가 증가하는 것으로 나타났다. 주목할 점은 문화예술에 대한 투자는 하류층일수록 유의미하게 감소하는데 비해, 자녀를 위한 영어교육 투자는 상류층과 하류층 사이에 유의미한 차이가 발견되지 않았다. 〈표 1.2〉는 최샛별과 최유정(2011)이 조사한 문화예술 및 영어교육에 대한 참여자들의 투자 의향을 보여준다.

〈표 1.2〉 문화예술 및 영어교육에 다한 투자 의향
(최샛별과 최유정, 2011, p. 228에서 재인용)

항목	문화예술		영어	
	평균	표준편차	평균	표준편차
해당 항목에 수입의 몇 퍼센트까지 투자할 의향이 있는지(%)	8.82	7.692	13.19	10.040
상류계급	10.81	8.856	14.40	9.431
중간계급	8.98	7.674	13.03	10.127
하류계급	7.93	7.248	14.31	10.188
기타	6.86	6.934	11.47	9.405
F값 (*<.05)	2.807*		-	

〈표 1.2〉는 수입 대비 몇 퍼센트까지를 지출할 용의가 있는지를 묻는다는 점에서 월 지출액을 직접 묻지 않았다는 점에 유의할 필요가 있다. 즉, 상류층이나 하류층이 동일한 비용을 지출하는 것은 아니라는 의미이다. 하지만, 주목할 점은 문화예술에 대해서는 하류층으로 갈수록 더 적은 비용을 지출하는 경향이 있는 반면, 영어에 대해서는 하류층이나 상류층이나 통계적인

차이가 없었다는 점이다. 즉, 문화예술 활동에 대해서 우리나라 사람들은 각자의 경제력에 따라서 여유가 있다고 생각하면 더 지출할 용의가 있는 반면, 스스로의 생활이 궁핍하다고 판단되면 이러한 비용을 줄이겠다고 생각하고 있음을 알 수 있다. 그러나 영어에 대한 지출은 계층과 무관하게 월 소득의 일정 비율을 할애하겠다는 경향이 나타난다. 물론 앞 절(節)의 키치(Kitsch) 논의의 연장선상에서 상류층은 영어 학습에 대해 원어민 과외 등의 고비용 고효율을 택할 가능성이 높은 반면 하류층은 실용적이고 저비용인 학원 혹은 학습지 과외 등을 선호하는 등의 질적인 차이는 존재한다(최샛별, 2004). 그러나 이 논문에서 저자들이 던지는 질문은 "왜 문화예술에 대한 지출 퍼센트는 계층이 낮아질수록 줄어드는데 비해, 영어에 대한 지출 퍼센트는 동일한가?"이다. 이는 한국 사회에서 문화예술은 계층에 따라 이른바 상류 문화(예를 들어, 고전음악, 고급 스포츠(골프, 승마 등)와 대중문화(유행가요, TV로 중계되는 대중 스포츠(프로야구, 축구, 농구 등))의 구분이 고착화되어 비교적 명확하게 구분되고 지출 수준도 달라지고 있음에 비해, 영어는 상류층의 경우에는 현재의 유복한 삶을 지속시키기 위한 노력이며, 반면 하류층 역시 상류층의 삶에 편입되기 위한 투쟁과 경쟁의 수단으로 여전히 유효하기 때문이다.

최샛별(2004) 및 최샛별과 최유정(2011)이 지적한 대로 위와 같은 결과는 한국 사회에서 영어가 문화자본(cultural capital)으로 작용하고 있음을 제시하고 있다. 문화자본의 개념은 프랑스 사회학자인 Bourdieu(부르디외, 1984, 1986)에 의해 도입되었다. 그는 19세기 서구 사회에서 마르크스가 주목했었던 경제 자본의 불평등한 분배와 소유의 문제를 확대하여, 사회의 상류층이 전유하고 있는 문화 및 언어적 취향과 선호도 역시 전수되며, 이러한 취향은 계층을 구분하며 필요시 경제적 가치로도 전환될 수 있는 자본 기능을 지닌다고 한다. 이를 Bourdieu는 문화자본으로 정의하고 있다. 이러한 맥락에서 영어를 어렵지 않게 구사할 수 있는 계층은 그렇지 못한 계층에 비해 더 교양있고, 세련된 정신적 문화자본을 획득하고 있다고 여겨지는데, Bourdieu(1977)는 그의 저서 〈재생산〉에서 이러한 정서적 문화자본은 가정이라는 사회 제도 속에서 공고화되고 각 가정간의 불평등이 심화된다고 밝히고 있다. 흥미로운 것은 이른바 상류층의 취향을 반영하는 문화자본은 그 자체가 본연의 가치를 내포하고 있는 것이 아니라, 그것이 가치있고 고상하다고 인식하는 사회적 통념 때문에 형성된다는 점이다. 예를 들어, Bourdieu의 견해에 의하면 클래식 음악이 BTS나 블랙핑크와 같은 K-pop 스타들이 부르는 대중가요에 비해서 더 '교양있다'고 볼 필연적인 근거가 없으며, 이러한 차별은 이미 확립된 계급적 질서가 사회 구성원들 마음속에 내재되어 형성된 아비투스(habitus)[7] 때문이라고 한다. 환언하면, 상류 계층, 그리고 이들에게 공유된다고 믿는 문화자본은 그것의 필연적, 내재적 가치가 있는 것이 아니라, 단지 취향을 반영하는 임의적인 다름(arbitrary difference)에 지나지 않는다. 이처럼 본래 임의적인 구분에 지나지 않는 문화자본이 사회 전반적인 파급력을 갖게 되는 것은 제도화된 사회 속에서 그것을 공인하고 그것에 대해 가치를 부여하는 시스템이 구축되었기 때문이다.

한국 사회에서 영어 구사능력은 기업에서는 취업의 기준으로 작용하고 있고, 대학에서도 국제화라는 명목으로 전공과목을 영어로 강의하라고 독려하고 있으며, 영어로 논문을 작성하여 국제논문을 출판해야 한다는 것은 영어라는 문화자본에 대한 사회적 제의화(祭儀化, ritualization) 과정이다. 이 과정을 통해 영어는 이미 오랫동안 우리 사회에서 제도적 승인을 받아 왔다. 또한 문화 자본의 전수 과정은 1차적 사회화의 장(場)인 가정에서 가장 명시

---

[7] 아비투스(habitus, 습속, 習俗)는 Bourdieu 자신은 물론이려니와 후대의 학자들마다 일관된 정의를 내리지 않고 있으나, 개괄적으로는 사회구성원 각자의 사고와 행동을 규정하는 구조화된 규범 혹은 체계를 의미한다.

적 형태로 발현되므로, 가정의 경제력, 부모의 직업, 사회 계층 등은 학생들의 영어 능력에도 직접적인 영향을 미치게 되는 것이다. 미군정과 한국전쟁, 그리고 전후 산업화·근대화 과정 속에서 우리나라에 깊숙이 관여한 미국은 우리들에게 영어실력은 세계 최강국인 미국의 선진 문물을 누구보다도 빨리 받아들일 수 있는 도구이며, 유행의 첨단을 걸을 수 있는 매우 중요한 문화자본이라는 인식을 주기에 충분하였다. 윤지관(2002), 강내희(2005) 등은 이러한 사회적 맥락 속에서 영어는 우리나라에서 동경과 욕망의 언어, 이국적이고 세련된 언어, 더 나아가 권력의 언어가 되었다고 주장한다. 영어 학습은 제도화된 강력한 문화자본으로 기능해 왔고, 영어 학습 동기는 이 문화자본을 획득하고자 하는 가감 없는 인간 욕망의 표출일 것이다.

필자는 2006년과 2010년 논문(Kim, 2006, 2010)과 2015년, 2020년 저서(김태영, 2015a, 2020)에서 우리나라 사회에 만연한 학벌주의가 학생들에게 불필요한 경쟁심을 유발하여 급기야는 경쟁적 동기(competitive motivation)를 발생시키고 있음을 밝힌 바 있다. Bourdieu(1984, 1986)의 관점에서 보면 한국 사회에서 영어는 중요 문화자본이므로, 자본의 힘을 극대화시키기 위해서 다른 사람들보다 더 많은 자본을 소유하고 싶어하며, 이 소유욕은 필연적으로 경쟁심을 수반하게 된다. 필자의 연구 결과 이러한 경쟁적 동기는 반드시 꺾어 눌러야 하는 상대방이 있어야 존재할 수 있는, 타자(他者)를 전제로 한 학습 동기로서 현재까지 우리나라를 제외한 다른 나라에서 구체적인 학습 동기 구인(construct)으로 밝혀지지 않은 한국 고유의 심리 구인이다. 예를 들어 '다른 친구들보다 더 좋은 대학에 가야 하니까 영어 공부를 한다', '다른 사람들과 경쟁해서 이기기 위해서 영어 공부를 한다' 등은 대표적인 경쟁적 영어 학습 동기 관련 문항들이다. 흥미로운 것은 이러한 경쟁적 동기는 학생들의 영어 성적과는 무관한 것으로 밝혀졌다는 점이다. 즉 경쟁적 동기는 건전한 학습 동기가 아니라 치열한 학벌 중심, 대학 서열 중심의 한국의 고등학교 상황을 반영한 부정적 심리 상태인 것이다.

1.6. 요약

이 장에서는 한국에서 영어를 배울 때 작용하는 학생들 그리고 학부모의 심리 상황에 대해 한국 사회의 고유한 속성을 중심으로 고찰하였다. 출세지향적 경쟁적 동기, 분신 가족주의로서의 영어교육, 보험으로서의 영어교육, 키치(Kitsch)로서의 영어교육, 문화자본으로서의 영어교육 등은 우리나라에서 영어가 공식적으로 가르쳐진 1883년 이래 현재까지 140년간 오랜 시간을 통해 형성되어 현재 그 모습을 드러내고 있는 중요한 심리 구인이다. 왜 이렇듯 고유한 심리적 현상들이 한국 영어교육에서 나타나고 있는지에 대해서 이제 다음 장인 제2장 구한말의 영어교육에서부터 하나씩 시대별로 고찰하며 그 실마리를 찾아보도록 한다.

2장. 개화기 구한말의 영어교육
- 1883년에서 1910년까지

    본 장은 한국에 영어가 도입된 1880년대부터 일본에게 강제 병합된 1910년까지 약 30년간의 영어교육과정을 다룬다. 한국의 영어교육은 19세기 한국사회에 영향력을 행사했던 서양과 초기 영어 원어민과의 만남으로 시작한다. 한국에서 영어교육이 급속히 확산된 계기는 근대화과정에서 관공서에 취직하고자 하는 욕망, 또 이를 통한 신분상승의 열망에서 비롯되었다. 이러한 역사적인 배경에 기반하여, 본 장에서는 19세기 후반에서 20세기 초기 10년간 개화기 한국의 영어 학습의 본질에 대한 논의를 하고자 한다.

2.1. 배경: 19세기 조선과 서양의 영향

    이 절에서는 한국의 영어교육이 시행되기까지의 배경 지식에 해당되는 역사적 사건들을 종합적으로 제시하고자 한다. 1392년 이성계는 고려시대 신진사대부들로부터 정치적인 지지를 받아 조선을 개국하여 스스로 왕좌에 올랐으며, 이후 조선의 제1대 태조가 되었다. 비록 무관이었던 이성계가 강력한 군대의 후원 하에 왕좌에 오르게 되었지만, 무력만으로 국가를 존속하는 것은 불가능하였고, 중국 송(宋) 시대의 유학자 주자(1130~1200)가 개창한 성리학에 기반한 신진사대부 세력과 결탁하여야 했다. 고려 말 유입된 성리학은 이후 조선의 건국 이념으로 채택되었으며, 이후 500년간 사상적 배경을 제공하였다. 성리학자들은 중국 고전문학과 유교 철학에 대한 소양을 쌓았으며, 공맹 사상에서 발전된 주자의 사상적 계승자를 자처하여 조선을 중화사상의 기반 하에 이해하여 작은 중화사상의 나라인 소중화(小中華)로 스스로를 규정하였다. 고려시대였던 958년부터 관리 등용을 위해 시행되었던 과거제도는 조선시대에도 그대로 계승되어 이후 모든 수험자들은 유교 경전과 중국 시문학에 대한 소양을 학습하여 관직등용을 위해 평가되었다. 대부분의 성리학자들은 자신의 지식과 경륜을 세상에 펼치기 위해 관직 등용을 위해 노력하였으며, 이는 세속적 출세를 위한 과거 시험 준비에 수년 혹은 수십년을 매달리게 하는 폐단을 낳기도 하였다. 이러한 과정을 통해 선발된 관리를 고려 및 조선에서는 다양한 관청에서 활용하며 국가 통치의 기반으로 삼았는데, 유교 경전과 중국 문학에 대한 지식은 다방면에 적용되어 확장될 수 있다는 믿음이 당시 널리 퍼져 있었기에 이들은 성리학의 바탕 하에 정치제도 및 국가 운영과 관련된 다양한 범주의 실용지식을 습득하였다.

조선왕조는 1392년부터 1910년까지 약 500년 이상 존속하였으며 이는 상대적으로 긴 기간이다. 비교하자면, 영국 현 윈저 왕조는 1714년 하노버 가문(House of Hanover)을 시작으로 현재 윈저 가문(House of Windsor)까지 약 300년을 존속하고 있음을 알 수 있다. 또한 중국에서도 제국의 존속 기간은 명(明)(1363~1644)은 300년 미만이었으며, 청(淸)(1636~1912)도 마찬가지였다. 16세기 말, 일본의 침입으로 시작된 임진왜란, 정유재란과 같은 전란에도 불구하고, 조선은 통치 체제를 유지하며 전세계적 기준으로도 장기간 집권에 성공하였다. 이렇듯 하나의 왕조가 장기간 지속된다는 것은 기존의 주자학, 즉 성리학에 입각한 통치 철학의 정당성을 입증하고 있는 것으로 인식되었기에, 당시 조선의 위정자들은 전세계적인 변화와 세계사의 흐름에 둔감한 채 중국 중심의 세계관에 기반한 전근대적 사상을 고수하게 되었다.

그러나 18세기 영국에서 시작된 산업혁명으로 서양 세계는 동양과 제3세계 국가에 대한 식민지 건설을 확장하고 있었으며, 대영 제국은 이른바 해가 지지 않는 19세기 패권 국가로 공고히 자리매김하게 된다. 기타 유럽 국가들 역시 대영 제국의 성공을 성급히 모방하며 제국주의적 확장을 지속하였다.

당시 조선의 북방한계선을 압록강과 두만강으로 공유하는 중국이 영국과의 일련의 외교적 마찰과 전쟁에 얽혀 있었다는 사실은 한국 영어교육사에서 중요하다. 중국으로 유입되는 막대한 아편으로 인한 누적된 무역 적자로 인해 발발한 영국과 중국의 전쟁은 후대에 제1차 및 2차 아편전쟁(각각 1839~1842과 1856~1960)으로 명명되었는데, 이 전쟁 결과, 난징 조약이 체결되었다. 이는 중국이 서구 열강과 맺은 첫 번째 불평등 조약으로, 영국에 배상금과 치외 법권을 부여하고, 홍콩을 양도해야 하는 내용을 담고 있다. 제1차 아편전쟁 당시 영국인은 불과 69명의 사상자가 나온 것과 비교하여, 청나라는 약 18,000명의 사상자가 나온 것으로 추정되는데(Martin, 1847), 이러한 현격한 차이는 주로 탄약이나 무기 등 영국과 중국 간의 극명한 산업화의 정도 차이로 설명할 수 있다(Platt, 2018). 영국 해군이 최신식 군함을 사용하여 포격하는 것에 비해 중국군의 무기는 무력하였고, 결국 산업화 차이는 중국의 압도적 패배를 안기게 된 것이었다. 그 결과 맺게 된 난징 조약이라는 외교적 수모를 견디며, 청나라는 산업혁명이 국가 근대화에 필수적이며, 중국에 조속히 적용될 필요가 있음을 체감하게 된다. 청나라는 통상교류 및 서양문물 도입을 더 촉진시키기 위해, 1863년 베이징에 동문관(同文館)을 설립하였으며, 주로 상인계층의 자녀들이 선발되어 영어, 프랑스어, 러시아어 등을 배웠다.

봉건적인 에도(江戶) 막부 혹은 도쿠가와(德川) 막부 시대부터 메이지 유신으로 시작된 현대적 일본 제국에 이르기까지, 일본도 정치적으로 일련의 변화를 겪었다. 쇼군(將軍) 도쿠가와 이에야스(德川 家康)(1543~1616)가 1600년대에 세운 에도 막부는 도쿠가와 집안의 적장자에게만 세습되었다. 명목상의 국가수반인 일본 천황[1]은 실질적 정치 권한이 없었고, 도쿠가와 집안 출신의 쇼군이 일본의 모든 열도에 대한 실질적 통치권을 장악하였다. 에도 막부의 통치기간 내내, 서양과의 무역은 최소화되었고, 네덜란드에서 온 상선들만이 1639년부터 1854년까지 선별적으로 나가사키 항구 출입이 허용되었다. 서양 문물은 제한된 범위 내에서 네덜란드에서 온 학문이라는 뜻의 난학(蘭學)이라는 명칭으로 학문적으로 연구되는 수준에 그쳤다. 그러나 미국 해군제독 Matthew C. Perry(1794~1858)는 지속적으로 일본의 개항을 요구하였고, 도쿠가와 막부와 장기간의 협상 후, 1854년 3월 8일 카나가와(현재 요코하마) 개항에 성공하였다. 일부 막부 옹호 세력의 저항에도 불구하고 도쿠가와 막부는 메이지 천황을 중심으로 한 왕정복고 운동인 메이지 유신(明治維新)으로 정치 권력을 상실하게 되고, 사이고 다카모리와 기도 다카요시를 포함하여 젊은 정치인들은 현대기술 및 미국으로 대표되는 서양 문물에 대한 적극적 수용 방침을 결정하게 된다. 이들은 일본의 전근대성을 서양식 계몽주의로 극복하여 유럽식 시스템을 확립하여야 한다고 믿었으며, 아시아로 대표되는 전근대적 사회에서 벗어나 유럽에 편입되어야 한다는

---

1 일본의 왕을 지칭하는 용어는 한국에서 역사적, 정치적 다양한 이유로 일왕(日王) 등의 표현이 사용되나, 일본 내의 표현과 영어식 표현인 황제(emperor)를 고려하여 이 책에서는 천황으로 통일하여 사용하도록 한다.

이른바 탈아입구(脫亞入區)론을 주장하는 세력으로 발전하였다. 이러한 사회개혁주의자들의 전폭적 지지로 젊은 메이지 천황은 왕권 중심의 일본 근대화에 박차를 가하였고, 이후 천황을 중심으로 한 일본 제국은 중앙집권 시스템으로 '국가를 부유하게 하고, 병력을 강화하자'는 부국강병(富國强兵)의 슬로건 아래 일본 근대화는 한층 그 속도가 빨라졌다.

이렇듯 조선을 둘러싼 동아시아 인접 국가들의 급속한 지정학적인 변화에도 불구하고, 조선은 전통적인 외교 파트너인 중국을 제외하고 타 국가와 외교관계를 맺지 않았다.[2] 조선은 공식적으로 쇄국정책으로 명명되는 은둔 정책을 펼쳤다. 이러한 정책은 조선시대 전반에 걸쳐 지속되었으나, 19세기 프랑스 군과의 무력 충돌이었던 병인양요(1866년) 및 미국 상선 제너럴 셔먼호와의 충돌과 소각 사건(1866년)으로 인해 당시 국왕이었던 고종과 실권자 흥선대원군의 쇄국정책은 더욱 강화되었다. 19세기 중반 서양 국가들은 산업 혁명이 거의 완료된 시점이었고, 선교와 무역 측면에서 해외 영토를 확장하고 국가세입을 증진시키려는 활발한 노력을 하였기에(Ross, 2017), 여전히 쇄국정책을 고수하던 조선은 서양 열강이 진출할 수 있는 새로운 교두보로 간주되고 있었다.

한반도에서 기독교 포교 과정에서 천주교와 개신교를 망라한 기독교 선교사들이 박해를 받았다는 점 역시 당시 조선 상황을 이해하는데 유의미한 정보를 제시한다. 전술하였듯, 조선시대 공식적 정치 철학은 공자와 맹자에 의해 주창되고 주희에 의해 정교화된 성리학이었고, 이 사상에서 군주는 정치 체제의 정점에 있는 왕이며 스승이며 어버이였다. 즉, 이른바 군사부일체(君師父一體)로 대표되는 슬로건과 같이 왕을 향한 충성심은 스승에 대한

---

2 그러나 근접한 거리로 인한 현실적인 필요성으로 비공식적으로 일본, 몽골, 위구르, 만주와 류큐(현 일본의 오키나와)와 국제무역은 지속적으로 행해졌다. 조선시대 사역원에서는 이러한 언어의 통역가들이 양성되었다(정광, 2014).

존경심을 넘어 부모에 대한 효도와 동일시되었고, 군주에 대한 충성은 공적인 층위, 부모에 대한 효성은 개인적 층위에 해당한다(Park & Müller, 2014). 성리학자들의 이러한 사회질서에 대한 인식은 기독교 사상과 본질적인 모순을 배태하고 있었다는 점에 주목해야 하는데, 기본적 기독교 개념들(예: 하느님, 삼위일체 등)은 왕을 향한 충성과 부모를 향한 효도가 우선시되는 기존 전통을 노골적으로 파괴하는 것으로 여겨졌다. 왕이나 부모에 대한 복종은 지극히 현세의 윤리임에 비해 신에 대한 믿음을 중심으로 두는 기독교 사상은 천국의 윤리로 간주되어 성리학적 질서와 모순되는 것으로 인식되어, 궁극적으로는 조선 왕조의 안정성을 전복시키는 위험한 사상으로 인식되었다.

이러한 위험성에 대한 조선 왕조의 경계심은 결과적으로 19세기 전반기 천주교 신자들에 대한 철저한 박해로 이어졌다. 처음에는 주로 조선에 들어온 초기 로마 가톨릭 신부들을 대상으로 박해가 행해졌다. 그러나 이러한 대대적인 박해가 행해지기 전 1세기 이상 조선에서는 로마 가톨릭의 교리와 사상에 대해 신중하지만 호의적인 태도가 발견된다. 17~18세기 당시 조선의 성리학자들, 특히 실학자들은 서양의 선진문물에 관심을 보이며 기독교에 대한 수용적 입장을 취하였다. 서양문물과 문화 그리고 지리에 관한 책들은 중국 청 왕조를 통해 수입되었으며, 기록에 의하면 조선에는 이승훈이 중국 베이징에서 1784년 최초로 천주교 세례를 받아 신자가 되었으나, 19세기에는 전술한 바와 같이 천주교 교세 확장은 군주제를 심각하게 위협하는 것으로 여겨졌기에 대규모 박해와 이로 인한 순교가 이어지게 되었다.

19세기 쇄국정책은 이어지는 프랑스와 미국과의 전쟁으로 더욱 강화되었고, 조선 왕조의 가톨릭 신자에 대한 탄압 또한 계속되었다. 조선에서 로마 가톨릭을 향한 전국적이고 체계적인 박해는 대규모의 순교로 이어졌는데, 1866년 병인박해에서 조선은 프랑스인 성직자 12명 중 9명을 처형하게 된다. 프랑스 신부인 펠릭스-클레어 리델(Félix-Clair Ridel)은 한국에서 중국으로 피신하였고, 프랑스에 이러한 대립을 보고하며 구원 요청을 하게 되었다. 1866년 10월, 조선 거주 프랑스 선교사들을 보호하기 위한 명목으로 인도차이나 반도에서 출항한 프랑스 해군 함대 일곱 척은 조선 서해안의 강화도를 기습 점령하였다. 그들은 프랑스 선교사 박해에 관한 책임자 처벌과 한국과 프랑스 간의 통상조약을 요구했다. 그 당시 어린 국왕 고종을 대신하여 섭정을 한 흥선대원군은 프랑스의 요구를 철저히 무시하였고, 강화도에 주둔하여 후퇴하는 프랑스 해군에 맞서 군사작전을 명하였다. 조선군은 프랑스 해군을 불시에 기습하여 세 명이 사망하였고, 전쟁의 실익이 적다고 판단한 프랑스군은 강화도에서 철수하였다.

미국의 통상 요구 역시 같은 해인 1866년 큰 사건으로 비화하였는데, 이른바 제너널 셔먼 호 사건이다. 1866년 8월 미국 상선 제너럴 셔먼 호가 대동강을 거슬러 올라가 일방적으로 통상을 요구하던 중 현 북한(조선민주주의공화국)의 수도인 평양에서 평양 군민의 화공으로 불타버린 사건이 그것이다. 제너럴 셔먼 호는 평양에서 끊임없이 통상 교역을 요구했으나, 이는 명백히 당시 조선의 공식적 쇄국정책을 위반하는 것이었다. 미국 선원들과 조선군 관료들 간의 외교 협상에도 불구하고, 섭정인 흥선대원군은 선박이 바로 떠나지 않으면 모든 해외 선원들은 처형을 면치 못할 것이라는 강경책을 전달하였다. 그러나 대원군의 명령은 선박에 있는 미국 선원들에게 올바르게 전달되지 못했고, 제너럴 셔먼 호는 태도 변화 없이 계속 통상을 요구하게 된다. 그 결과 양측의 불화는 군사 충돌로 이어졌고 결국 평안도 관찰사 박규수의 지휘 하에 이 선박은 불타 침몰하였고 모든 선원들은 처형되었다. 1866년부터 1868년까지 미국은 계속해서 제너럴 셔먼 호의 선원들의 생사여부 확인과 만일 생존할 경우 미국으로 돌려보낼 것, 그리고 미국과 조선 간의 통상조약을 체결할 것을 요구하였지만, 조선은 이를 거절하였다.

이렇듯 조선과 미국 간의 상호관계가 악화일로를 치닫는 가운데, 조선과의 외교관계 수립 및 제너럴 셔먼 호 사건에 대한 공식적인 사과를 목적으로 일본 나가사키 항구에서 출항한 다섯 척의 함대가 강화도로 향하였다. 조선 정부는 이들의 요구를 수용하지 않았고, 1871년 6월 10일 미 해군은 강화도의 여러 지역을 공격했고, 최신식 함포로 무장한 미국은 손쉽게 강화도를 점령한다. 그러나 조선의 공식적인 쇄국정책은 수그러들지 않았고, 병력을 지속적으로 강화도에 주둔시키기에는 한계를 느낀 미 해군은 1871년 7월 3일 중국으로 회항하게 된다. 이 사건은 이후 신미양요 혹은 1871년 조미(朝美)전쟁으로 불리게 된다.

신미양요는 실질적으로는 조선의 완벽한 패배였다. 이는 미 해군의 화력으로 대표되는 서양 근대화 산업혁명의 위력을 보여주는 상징적인 사건이었다. 그러나 1871년 흥선대원군은 "외세를 물리치자"는 척화비(斥和碑)를 세우며 서양세력에 대한 결사 항전 의지를 표명하였다. 한반도 전역 200개 이상의 지역에 척화비들을 세우며, 흥선대원군은 한국의 자주와 독립을 지키기 위해 쇄국정책을 고수하고자 하는 확고한 의지를 재차 확인하였다.

비록 조선은 서양의 통상요구로부터 초연한 '은둔의 나라(hermit kingdom)'로 남기를 바랐지만(Griffis, 1882), 미국이 중국을 끌어들여 통상 교역에 협조하라는 압력을 넣는 것에 대해서는 무시할 수 없었다. 미국은 사대교린으로 대표되는 중국 중심의 동아시아 역학관계를 알고 있었기에 신미양요 이후에는 중국을 통한 간접 압박으로 전술을 변경한 것이다. 결과적으로 1882년 4월부터 5월까지 미국과 조선 간의 외교 협상이 시작되었고, 마침내 미국을 대표하는 로버트 윌리엄 슈펠트(Robert William Shufeldt) 제독과 한국을 대표하는 전권대사 신헌, 부전권대사 김홍집이 통상교역 14개 조항에 비준하였다. 이른바 조미수호통상조약으로 불리는 '조선과 미국간의 평화, 우호, 무역과 항해 조약'은 1882년 5월 22일부터 1910년 8월 29일 일본이 한국을 강제병합하는 순간까지 미국과의 기본적 외고 문서로 작용하였다.

　조미수호통상조약 당시 조선에는 영어 통역관이 전무하였으므로, 당시 조약은 청나라에서 파견된 당소의가 이중통역을 하였다는 점에 주목해야 한다(권오량, 김정렬, 2011; 김태영, 2016a). 조선 사절단 대표 신헌, 김홍집은 조선 정부의 요구 사항을 한문으로 종이에 적었고, 당소의는 그 내용을 영어로 번역하여 미국 교섭 대표에게 전달하였고, 미국 역시 영어로 당소의에게 요구 사항을 전달하면, 그는 한문으로 적어 조선 대표들에게 필담 형식으로 의사소통을 하였다. 조선인에 의한 직접적 통역이 불가능하여 청나라에서 파견된 중국인에게 국가 외교 문서 작성과 조약 체결을 맡긴 셈이었으니 이는 서양 언어에 대한 당시 조선의 무지와 국제적 안목의 결여를 상징적으로 보여준 사건으로 볼 수 있을 것이다.

2.2. 19세기 후반 영어교육의 확산

　조선은 미국과의 통상조약을 체결한 직후, 유럽 열강 국가들(예: 영국, 독일, 러시아, 프랑스 등)에게 조미수호통상조약과 같은 수준의 조약들을 체결해 달라는 압력에 시달리게 되었다. 이 과정에서 조선이 서양과의 무역 및 외교를 위해 외국어 학습의 필요성을 인지하는 데에는 오랜 시간이 걸리지 않았다. 전술하였듯 조선은 개국 이래 제한된 범위의 국제 교역을 위해서 중국, 일본, 몽골과 여진(청)의 언어로 소통 가능한 소수의 역관을 양성해왔다(정광, 2014). 그러나 이러한 역관들은 조선 인접 국가에 한정되어 있었으므로 서양 언어가 가능하지 않았다는 결정적 한계가 존재하였다. 조선은 16세기 청나라에서 최초로 서양인과 접촉하였으며, 19세기 서양 알파벳 문자에 대한 학문적인 지식이 조선 지식층에 점차 확산되었다(김영철, 2011a). 그러나 조선은 관립 통번역학교인 동문학이 1883년, 종합 고등기관인 육영공원이 1886년 설립된 후에야 영어 및 다른 유럽 언어에 관한 체계적인 훈련이 이루어지게 된다.

중국이 아편전쟁에 패배한 후 설립된 동문관은 1862년 베이징에서 개설되었고, 당시 중국에 머물던 독일의 상인, 학자, 외교관이었던 Möllendorff(묄렌도르프,1848~1901)는 1883년 조선 제물포(현 인천)에 동문학을 설치하게 된다. 그는 조선 조정에서 외교정책 고문을 맡았으며, 주로 세관에서 일하는 외국어 통역관 양성을 목표로 동문학을 주도적으로 설립하였다. 이후 동문학에서는 영국인 전기기술자인 핼리팩스(T. E. Halifax)가 교장으로 초빙되었으며, 영국에서 교육받은 중국인 교사 두 명(당소의, 오중현)이 그를 도와 영어교사로 근무하였다(박부강, 1974; Choi, 2006). Choi(2006)에 의하면, 동문학에서의 교육은 1년 단기코스였으며, 학생들은 주로 영국 교과서로 배웠다. 동문학에서 학생들은 실용적으로 활용 가능한 영작문과 회화를 모두 배웠을 것으로 추정된다. Choi(2006)에 의하면, 학생들은 단어 및 철자와 마찬가지로 하루는 영어 문장구조를, 다음 날은 단어를 집중적으로 배워야만 했다. 이를 통해, 동문학에서의 주요한 교수방법은 문법번역식 교수법(Grammar-Translation Method; GTM)인 것으로 추정된다. 흥미로운 부분은 핼리팩스와 보조교사 2인이 모두 한국어가 불가능하였으므로 영어 몰입(English immersion) 교육과 유사하게 학생들과 교사간의 의사소통은 영어로 이루어 졌음에도 불구하고, 교육 방식은 문법번역식 방식이 사용되었을 것으로 추정된다는 점이다. 당시 언어 교수법은 직접식 교수법(Direct Method)이 알려지기 전이었으므로 유일한 교수 방법으로 중세 라틴어와 그리스어 교수법에서부터 사용되었던 문법번역시 교수법 이외에는 알려진 것이 없었을 것이기 때문이다.

미국 장로교 선교사 녹스(George W. Knox)는 1883년 미국에 보낸 그의 서신에서 동문학과 관련된 조선 상황을 다음과 같이 보도하였다.

> Advice from Corea states that an English school has been established in the capital, with English-Chinamen as teachers, and already has seventy students. It is purposed to engage Americans or Englishmen as teachers as soon as possible. Evidently the Coreans feel the importance of Western learning.
> [수도에 영어 학교가 설립되어 영국 출신 중국인 교사가 이미 70여 명의 학생을 가르치고 있다. 이 학교에서는 미국인 혹은 영국인 교사들을 고용하려고 한다. 조선인들은 서양식 학습의 중요성을 명백히 인식하고 있다.] (김영철, 2011a, p. 240)

그러나 동문학 설립의 주요 목적을 고려해 볼 때, 졸업생들은 서양 열강과의 통상에 수반되는 관세의 징수 및 무역 세관 업무를 신속히 처리하기 위한 수준의 영어와 한국어 통역에 집중하였으며, 이에 따른 단기 속성 과정으로 교육이 진행되었음에 주목해야 한다. 통상 교역과 관련된 많은 영어 단어와 문장들을 정확하게 해석하는 1년간의 집중훈련 과정이라는 점에서 동문학의 영어교육은 특수목적영어(English for specific purposes; ESP)의 한 예로 볼 수 있다.

비록 동문학에서 문법번역식 교수법을 사용했지만, 전술하였듯 핼리팩스, 당소의, 오중현 등과 같은 영어에 능통한 외국인 교사들이 이러한 교수법을 기꺼이 받아들인 점은 주목할 만하다. 문법번역식 교수법의 특성 상, 공식적인 문장구조와 영어 어휘목록 암기를 지나치게 강조했지만 동문학에서 교사와 학생 간의 의사소통은 영어로 이루어졌다. 이는 교사가 한국어 능력이 없었던 것에 기인한다. 즉, 동문학에서는 영어몰입교육(English immersion)과 비슷한 교육이 이루어졌음을 암시한다[3].

역사적으로 동문학은 1886년 육영공원(育英公院, 영어로는 Royal English School) 설립을 위한 기틀을 마련한 기관으로 평가된다. 동문학의 주된 목적은 한영 통역관을 양성하여 제물포 세관을 포함한 영어회화를 요하는 여러 관청에 파견하기 위함이었다. 즉, 동문학은 실질적인 통역관 양성을 강조하는 소규모 속성 교육과정이었다. 예를 들어, 동문학의 첫 번째 졸업생인 남궁억(1863~1939) 선생은 1883년 9월부터 1884년 1월 30일까지 네 달 동안만 동문학에서 수학한 후 졸업하였다(문용, 1976). 보통 동문학 졸업생들은 관세청을 포함하여 다양한 정부기관에서 관청 관리로 임용되었다. 그들 중 몇 명은 육영공원의 보조교사로 선발되기도 하였다. 따라서 동문학은 단기간이었지만, 한영 통역 양성을 위한 최초의 공립 기관으로써 비교적 성공적으로 운영되었던 것으로 보인다(문용, 1976).

고종은 1880년대 중반까지 실질적 통치권자였던 아버지 흥선대원군과는 달리, 조선의 근대화에 깊은 관심을 보였다. 한미 양국간의 조미수호통상조약 체결 직후인 1883년 고종은 그의 신하이자 외척이었던 민영익(1860~1914)을 외국과의 우호 친선 증진을 목적으로 하는 보빙사 전권대신으로 미국으로 파견하였다. 배를 타고 샌프란시스코에 도착한 민영익과 그의 부하 동료들은 미국 전역의 주요 도시들을 방문했으며, 뉴욕에서 미국 대통령 아서(Chester A. Arthur)를 만나 알현하였다. 아래 〈그림 2.1〉은 당시 미국 신문에

---

3   김영철(2011a)에 의하면 동문학에서는 유능한 영어 원어민들이 직접식 교수법을 사용하여 가르쳤다고 하나 이는 실제 이들간의 의사소통이 영어로 주로 이루어졌다는 점 때문에 그렇게 분류한 것으로 볼 수 있겠다. 조선의 최초 영어학습자 고영철은 중국에서 기본적인 영어훈련 과정을 마친 후, 동문학의 관리자로 임명되었고(김영철, 2011a, p. 182), 동문학에 재학 중인 학생들과 영어교사들 간의 소통을 돕는 역할을 담당하였다. 이 과정에서 고영철은 때로 조선인 학생들과 영어 원어민 사이에 잠정적인 문제가 생길 때 통역관으로 중재 역할을 수행하였다.

실린 고종의 보빙사 일행이 뉴욕에서 체스터 아서 미국 대통령을 만나 조선식 예법으로 큰 절을 올리는 장면을 생생하게 묘사하고 있다. 당시 미국 신문에서는 이러한 동양의 고유한 인사법에 지대한 흥미를 보였으며, 상대방 국가원수를 대하는 경우 이외에는 이러한 예법을 하지 않는다고 보도하고 있다(이기환, 2018).

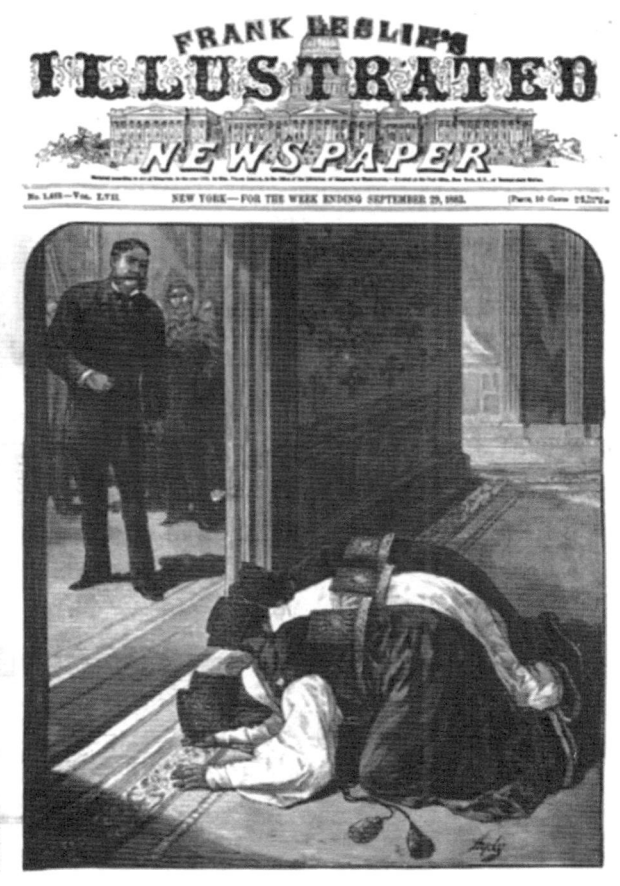

〈그림 2.1〉 미국 체스터 아서 대통령에게 큰 절을 하는 조선 보빙사 일행
(출처: 선교신문 https://missionnews.co.kr/news/583233)

이후 보빙사 일행은 유럽으로 이동하여 서양문명을 몸소 체험하였다. 조선에 돌아온 민영익은 서양식 학제를 갖춘 고등교육기관을 설립할 것을 고종에게 강력히 권고했고, 그 결과, 고종은 1884년 9월 육영공원 설립을 승인하였다(문용, 1976). 그 당시 조정 중신들 역시 다양한 분야를 학습할 수 있는 젊고 재능 있는 청년들을 선발하여 이들에게 서양 각국의 언어 및 문명에 관한 지식을 습득할 것을 제안하였다(김영우, 1997).

육영공원은 영어교육을 핵심으로 한 최초의 서양식 종합 고등교육기관이었다. 동문학은 조선의 주요 항구 세관에서 일하는 한영 통역관을 양성하는 것이 목적이었으므로 종합적인 고등교육을 제공하지는 않았다. 고종이 1884년 육영공원 설립을 승인하였으나, 실제 설립은 1886년으로 다소의 시간차가 존재하는데, 이는 당시 혼란스러웠던 조선 정치 상황과 관련 있다. 주지하듯 1884년 갑신정변으로 인해 급진개화파가 잠시 정치 실권을 잡았으나 3일만에 진압되어 청 중심의 보수세력이 집권하여 서양 언어와 문물을 가르치는 육영공원 설립이 지연된 것이다. 또한 종합 고등교육기관을 운영할 유능한 교수진 역시 부재한 상황이었으므로, 조선 정부는 미국에 외교서신을 보내 선발된 조선 청년들에게 영어를 가르칠 수 있는 교육받은 젊은 미국인 파견을 요청하였다. 미 국무부에서는 조선의 요청을 검토한 후, 세 명의 대학 졸업생들을 선발하여 1886년 서울로 파견하였다. 1886년 7월, 뉴욕 유니온 신학교(Union Seminary) 졸업생 길모어(G. W. Gilmore), 벙커(D. A. Bunker), 헐버트(H. B. Hulbert)가 조선에 도착하였고, 9월 23일 육영공원을 개교하며 조선 근대 교육에 주도적인 역할을 하였다(김영우, 1997).

동문학과 비교했을 때, 육영공원의 교육과정은 더욱 체계적이었다. 육영공원 교육과정 법령을 살펴보면, 좌원과 우원 양원 시스템으로 운영되었다. 좌원에는 과거 시험을 통과하고 언어적 재능이 있는 자 중 연소한 자 10명만 입학할 수 있었다. 우원에는 양반 상류층 자제 15~20세 중, 총명한 20명의 청년들이 입학할 수 있었다. 조선 정부는 육영공원의 교육비 전액을 부담하여 선발된 학생들에 대한 무상 교육이 실시되었다. 학업기간은 정해져 있다기 보다, 3년마다 시행된 시험을 통과하는 경우에는 졸업하였고 정부 기관에 관리로 임용될 수 있었다.

Choi(2006)에 의하면, 미국인 교사 세 명뿐 아니라 중국인 영어교사 한 명과 동문학 졸업생 역시 육영공원에서 영어교육을 위해 노력하였다고 한다. 고종 또한 육영공원을 설립 운영하는 것에 지속적인 관심을 보였으며, 학생들의 졸업 시험에도 직접 참석하였다고 한다(김영철, 2011a). 육영공원 교사 중 한 명인 Gilmore는 학생들이 유년기 때부터 한문교육에 익숙하였고 과거시험을 준비하며 원리원칙에 입각한 학습 습관이 잘 유지되었으므로, 육영공원 초기 열 달 동안 3,000 단어를 암기하는 등 현저히 빠른 속도로 영어 단어를 배운다고 전했다. 학생들의 언어적 재능을 알아본 모든 교사들은 가르치는 것에 심혈을 기울였다(박부강, 1974). Gilmore(1892)는 그가 1886년 조선에 도착하자마자 겪었던 상황에 대해 다음과 같이 언급하고 있다.

> Houses had been bought and partly prepared for our occupation, school-buildings and quarters for the scholars [i.e., students] were well underway, and everything looked promising. However, the proverbial slowness of the Orient harassed us, and it was the last week in September before we got to work. The pupils belonged to the nobility and were appointed by the king. Thirty-five were named as our first class, of whom thirty began attendance on the exercises. We found that not one of them knew a word of English so that we had to begin with the alphabet. Three interpreters were attached to the school, one for each of the teachers [i.e., Mr. Gilmore,

Mr. Bunker, and Mr. Hulbert]. There we found helpful at the start, though we could soon have dispensed with their services. … The scholars learned very rapidly. Their memories had been developed by the study of Chinese. Our teaching was by daily praxis. As soon as the scholars had learned a small vocabulary, natural science and mathematics were brought before them, and they learned English through these channels. (Gilmore, 1892, pp. 229-230).

[집을 구입했기에 부분적으로는 수업을 위한 준비가 마무리되었다. 학교 건물이나 학자들, 즉 학생들을 위한 숙소도 충분히 준비되어 있어 모든 것이 잘 되어가는 것 같았다. 그러나 동양에서 흔히들 말하는 느린 일처리가 우리를 성가시게 하였고, 업무를 시작하기 전은 벌써 9월 마지막 주가 되었다. 학생들은 양반 계층에 속했으며, 왕에 의해 임명된 학생들이었다. 우리의 첫 수업에는 35명이 임명되었으며 그 중 30명이 실제 참가하기 시작했다. 그들 중 단 한 명도 영어단어 하나를 아는 사람이 없었기에 우리는 알파벳부터 가르쳐야 했다. 학교에는 총 세 명의 통역사들이 있었으며, 각각의 교사들(즉 길모어, 벙커, 헐버트)을 위해 한 명씩이 배정되어 있었다. 초기에는 통역사들의 도움이 유용하였지만, 학생들이 워낙 빨리 학습했기에 우리는 그 서비스를 곧 중단할 수 있었다. 학생들의 기억력은 이들이 한자를 학습했기에 빠르게 발달되었다. 우리는 매일매일 가르쳤다. 학생들은 기초적인 단어를 배우자마자 자연과학과 수학을 배우게 되었으며, 이런 교과목들을 통해 그들은 영어를 배우게 되었다.]

육영공원에서의 모든 교육이 영어로 진행되었다는 점은 주목할 만하다. 이는 세 명의 미국인 교사들이 한국어에 관한 지식이 거의 없었다는 점에 기인한다. 교내에 동문학 출신 통역관이 있었지만, Gilmore(1892)의 진술에 따르면 통역은 초기에만 간헐적으로 필요했을 뿐 대부분은 영어로 의사소통이 이루어진 것을 알 수 있다. 육영공원에서 수행된 교육은 전반적인 고등교육을 목적으로 하였기 때문에 동문학 출신 통역관들이 적극적으로 올바른 통번역을 수행하기에는 역부족이었을 것으로 추측된다. 동문학에서 일 년 혹은 더 짧은 기간 동안 세관 업무에 필요한 특수목적의 영어를 학습한 통역관들 입장에서 볼 때, 육영공원에서 가르치는 고등 수학 및 자연과학, 사회과학의 제반 교과목들을 한국어로 오류 없이 통역하는 것은 매우 힘들었을 것이기 때문이다. 내용중심 언어교수(content-based language teaching) 형태로 영어몰입교육이 진행된 점 역시 주목할 만하다. Gilmore가 언급하였듯 학생들이 필수 영어단어와 영어 문장 구조를 습득한 후, 다양한 학교 교과목 내용을 영어로 의사소통 한 것으로 보인다. 이와 같은 역사적 맥락을 고려한다면, 육영공원에서의 교육은 목표언어를 목표언어 그 자체로 가르치는 직접식 교수법(Direct Method)(Richards & Rodgers, 2014) 혹은 몰입교육(Immersion education)(Cummins, 1992)과 유사한 것으로 추측된다.

박부강(1974)에 의하면 육영공원에서의 교육과정 고등교육 전반을 목표로 하였기에 영어교육에 국한된 것이 아니라 서양 제반 학문들도 포함되었다고 한다. 학생들의 영어실력이 향상됨에 따라, 학교 교육과정은 경제학, 역사, 정치학과 지리학 등을 포함하여 확장되었다. 육영공원에서 활용된 교과서는 미국에서 (일본을 경유하여) 직접 수입되었다.

하지만 육영공원에서의 영어교육은 오래 지속되지 못하였고, 1893년 폐지되어 영국인 교사 허치슨(W. F. Hutchison)이 설립한 영어학교에 합병되었다(박부강, 1974). 위에서 언급하였듯, 좌원에 입학한 학생들은 이미 과거에 급제한 정부 관료였기 때문에, 그들은 취업용 영어를 배울 필요가 없었다. 또한, 우원에 입학한 학생들 역시 열심히 공부해 육영공원을 반드시 졸업해야만 하는 상황도 아니었다. 개화기 조선에서는 영어에 대한 사회적 수요가 매우 컸으므로, 학생들이 일정 수준의 영어능력을 가지고 있기만 하면, 상당한 급여가 제공되는 다양한 직종에 어렵지 않게 취업할 수 있었기 때문이다.

즉, 육영공원 초기 영어교육에 대한 열망이 교사와 학생 모두에게 매우 컸던 것에 비해 근대화 과정에서 필요했던 영어에 대한 사회적 수요가 역설적으로 육영공원 교사와 학생들이 영어교육에 매진하기 어렵게 만든 것이다. Gardner(1985)에 의하면, 입신양명 등 사회적 지위를 획득하여 풍요로운 삶을 영위하려는 도구적 동기(instrumental motivation)가 높은 학생들은 그들의 필요가 충족되면 영어 학습을 지속하려는 동기가 현저히 감소한다. 이러한 사회적 분위기와 더불어, 정부 예산 편성의 어려움 역시 육영공원 폐지를 앞당긴 면이 있다. 낙심한 세 명의 미국인 교사(길모어, 헐버트, 벙커)는 교직을 사임하였으나 이들은 조선에 서양식 교육을 도입한 선구자로 평가할 수 있을 것이다(Paik, 1929).

요약하자면, 동문학보다도 육영공원은 훨씬 더 체계적, 종합적 고등교육 과정을 편성 및 운영했다는 점에서 역사적 의미를 지니고 있다. 무엇보다 육영공원의 설립은 조선인들에게 서구식 고등교육을 소개하기 위한 정부 차원의 최초의 시도였다. 또한 영어몰입교육을 통한 영어 학습이 이루어졌다는 점에서 21세기에도 시사점을 주고있다 하겠다. 1894년 육영공원은 재편성되어 허치슨의 영어학교를 거쳐 한성영어학교로 개편되었다. 20세기로 접어들기 직전 서울에는 외국어를 가르치는 다양한 관립학교들이 설립되기 시작했다. 일본어학교(1891년), 중국어학교(1891년), 프랑스어학교(1895년), 러시아어학교(1896년), 독일어학교(1898년)가 차례로 설립되었다(이광숙, 2014). 그러나 이러한 외국어학교들은 모두 하나로 통합되어, 1906년 서울에 한성외국어학교로 통합 운영되었으나, 1910년 한일 강제 병합 이후 지원이 급감하다가 결국 1911년 11월 1일 일본 내규 257조에 따라 식민지 조선의 관립 외국어학교는 폐지되었다.

학생들은 관립 외국어학교에서 5년간 영어교육을 받았으며, 다른 서양 언어들(예: 독일어, 프랑스어, 러시아어 등)도 역시 5년의 수학기간을 두었다. 신입생과 재학생 수에 비해 졸업생 수는 현저히 적었다는 점에 주목할 필요가 있는데, 이광숙(2014)은 이러한 차이를 1900년대 사회적 분위기에 기인한다고 진술하였다. 전술하였듯 학생들은 영어를 배우고자 하는 도구적 동기가 영어학습을 지속하려는 내재적 동기보다 현저히 높았다. 다시 말해, 대부분의 학생들은 학교를 다니면서 좋은 취업 기회가 생기는 경우에는 영어학습을 중단하고 취업을 택하였던 것이다. 이러한 세속적 도구적 동기는 이후 전개되는 일제강점기와 그 후의 미군정기를 거쳐 현대 대한민국 민중들의 영어학습의 가장 큰 이유가 되었다.

2.3. 초기 기독교 학교(Missionary School)들의 영어교육에의 기여

육영공원을 설립하려는 대중과 정부의 노력 이외에도, 19세기 기독교 서양 선교사들이 한국 영어교육에 결정적인 역할을 하였다는 점 역시 주목해야 할 것이다. 최초의 기독교 선교는 1794년 중국인 신부 주문모가 조선에 들어왔을 당시로 거슬러 올라간다. 기독교의 유일신 사상은 조선의 건국 이념으로 뿌리내렸던 성리학의 토대를 위협하는 것으로 여겨졌다. 그 결과, 초기 가톨릭 신앙은 조선 정부로부터 극심한 박해를 받았다. 한국천주교주교회의(2018)에 따르면, 네 개의 주요 박해(즉 1801년 신유박해, 1839년 기해박해, 1846년 병오박해, 1866년 병인박해)로 인해 적어도 1800명의 조선인들이 순교했을 것으로 추정된다.

조선에서 로마 가톨릭이 급속히 전파되었던 것과 비교하면, 개신교는 1880년대가 되어서야 비로소 활발하게 전파되기 시작했다. 1882년 조미수호통상조약 이후, 일군의 미국인 기독교 선교사들이 조선에 입국하여 기독교를 전파하기 시작했다. 조선에서 개신교의 전파는 로마 가톨릭과는 다른 방식으로 전개되었다. 선교사들은 교회를 통한 직접 포교가 아닌, 교육과 의학을 위해 서양식 학교들을 먼저 설립하여 교육을 통한 간접 선교 방식을 채택하였다. 이에 따라 1880년대부터 수많은 기독교 교육기관이 설립되기 시작하였다(김영우, 1997). 이러한 학교들에는 배재학당(1885년 아펜젤러[H. G. Appenzeller] 설립), 이화학당(1886년 스크랜튼[Mary F. Scranton] 설립), 그리고 경신학교(1886년 언더우드[H. G. Underwood] 설립) 등이 포함된다. 한편, 최초의 서양식 병원인 제중원은 1885년 미국 의료선교사 알렌(Horace Newton Allen, 1858~1932)에 의해 설립되었다.

이러한 기독교 학교들은 영어를 의사소통 및 교육 언어로 사용하였다. 선교사들은 한국어에 능숙하지 않았으며, 특히 의학 관련 전문용어에 대한 한국어 지식은 전무하였다. 또한, 그 당시 조선에는 서양 선진 문물과 개념에 상응하는 단어 자체가 존재하지 않은 실정이었다. 따라서 동시대에 설립된 육영공원과 마찬가지로, 기독교계 학교에서는 직접식 교수법과 영어몰입 교육 방식에 의해 영어가 교수언어로 사용되었다. 초기 기독교 선교사들이 교육과 의학을 기독교 전파의 방편으로 활용하였기에, 성경공부(Bible study)는 학교 교육과정에 포함되는 경향이 있었다. 이러한 기독교 학교에서는 성경 과목 뿐 아니라 중등교육 교과목들(예: 수학, 물리학, 화학, 위생교육 등)을 모두 영어로 가르쳤다. 또한, 미국 학교문화의 영향으로 토론식 수업이 권장되었다. 이광숙(2014)에 의하면, 이러한 기독교 학교들은 당시 조선 학생들을 미래 기독교 선교사들로 양성하고 훈련하기 위한 장기적 비전을 지니고 있었다.

고종 역시 서양식 교육기관 설립을 후원하였다는 점에 주목해야 한다. 그는 미국인으로 대표되는 서양 기독교 선교사들에게 개인적인 호의를 지니고 있었으며, 그의 신하 민영익과 다른 고위 관료들도 역시 서양 중심의 개화에 대해 우호적인 태도를 지니고 있었다. 무엇이 고종의 친미, 즉 미국으로 대표되는 서양세력에 대해 우호적인 태도의 원인이 되었는지는 불명확하지만, 두 가지 요인이 있을 것으로 추정된다. 첫 번째 요인은 1882년 조미수호통상조약의 '거중 조정(the good offices)' 항목이었다. 조미수호통상조약의 1조 내용은 다음과 같다.

> Article 1.
> There shall be perpetual peace and firendship between the President of the United States and the King of Chosen and the citizens and subjects of their respective Governments. If other powers deal unjustly or oppressively with either Government, the other will exert their good offices on being informed of the case, to bring about an amicable arrangement, thus showing their friendly feelings.
> 제1조.
> [이후 대조선국 군주와 대미국 대통령 및 그 인민은 각각 모두 영원히 화평하고 우애있게 지낸다. 타국의 어떠한 쿨공평이나 경멸하는 일이 있을 때에 일단 통지하면 서로 도와주며, 중간에서 잘 처처하여 두터운 우의를 보여 준다.]

고종은 위의 거중 조정 항목을 중시하며, 유사시 전쟁 혹은 외교적 난제가 발생할 경우 미국이 조선을 보호해주는 등 적극적 군사 원조를 할 것으로 기대한 것 같다(한홍구, 2006). 그는 1910년 한일 강제 병합 직전까지도 미국이 조선에 군대를 파견하여 줄 것으로 믿었다. 그러나 그의 순진무구한 기대와는 반대로, 미국은 위의 항목을 양국간의 구속력이 없는 상투적 외교문구로 치부했을 뿐이었다[4].

고종이 조미수호통상조약의 거중 조정 문구에 대한 과도한 기대와 함께 미국에 대해 호의적인 태도를 강화시킨 또 다른 이유는 민영익 암살 미수 사건을 들 수 있다. 1884년 우정국(현 우체국) 개국 축하연에 발생한 갑신정변에서 명성왕후의 친척이자 1883년 보빙사로 미국에 파견되었던 민영익은 괴한의 칼에 가슴 등을 맞아 과다 출혈로 생명이 위독하게 되었다. 지혈과 봉합 등의 의료 기술이 없었던 한의사들은 이러한 상황에 대해 속수무책이었고, 당시 입국한지 얼마 되지 않았던 서양 의료 선교사 알렌(Horace N. Allen)은 민영익에게 응급 수술을 하여 기적적으로 완쾌된 것이다. 이러한 서양 선진 의학기술은 고종과 명성왕후에게 깊은 인상을 주었으며, 특히 미국을 다른 서구 열강보다 더 선호하게 되는 계기가 된다. 알렌은 그의 일기에 당시 정황을 다음과 같이 상세히 기록하였다.

> December 5, Friday, 1884
> ⋯ We retired about 10:30 but had barely gotten ⋯ in bed when a great shout of many men was heard. Our gate here was violently rung, and a foreigner kept calling for me.
> I went into the sitting room and found Mr. Scudder, Secretary to the U.S. Legation, with a note for me from Mr. Paul G. von Moellendorff urging me to come to his place at once as he had a dying man on his hand. Mr. Scudder then explained that that evening the foreign officials were all in attendance upon a dinner party at the foreign office (Moellendorff) and that an alarm of fire was heard and Min Yong Ik, one of the most prominent Corean

---

4　조선에 각국 공사관을 개방한 외국 국가들 중에서도 미국은 가장 먼저 먼저 공사관을 철수하였다. 이는 일본과 비밀리에 맺은 가쓰라 테프트 밀약에 의한 것이었는데, 이 밀약에서 미국은 일본이 조선을 차지하는 것을 승인하였으며, 이에 따라 일본은 미국의 필리핀 지배를 승인하였다(Esthus, 1959).

nobleman, cousin to the Queen, ran out to see where the fire was and was cut down with a sword by an unknown person. This Min Yong Ik was the Ambassador to the U.S., a progressive man and one in favor of foreign relations.

… I found the patient [Min Yong Ik] in a horrible condition all blood and gore and attended by fourteen Corean doctors who made great objections to my hemic measures. … I tied the bleeding temporal artery, put a silk suture in the divide temple, two in the cartilage of the ear, four in the neck, and two deep silver ones in the back. (pp. 407-409)

[1884년 12월 5일 금요일

… 우리가 퇴근하고 10시 30분경 침대에 눕자마자 남자들의 큰 고함소리를 들었다. 이곳 문은 굳게 닫혀있었고 외국인들은 나를 계속 부르고 있었다.

거실로 들어서자 미국 공사관 비서 스카더 씨가 묄렌도르프 씨로부터 받아온 메모를 전달받았는데, 거기에는 죽어가고 있는 남자를 데리고 있으니 즉시 그에게 오라고 나를 재촉하고 있었다. 스카더 씨는 이날 밤 외무성(묄렌도르프) 만찬에 외국 관리들이 모두 참석해 있었으며, 그때에 화재 경보가 들렸고 명성황후의 사촌 중 한 명인 민영익이 화재 장소를 확인하기 위해 뛰다가 낯선 사람에게 칼을 맞았다고 설명했다. 이 민영익 주미공사는 진보세력이었으며, 대외 개방에 찬성했던 인물이었다.

… 나는 그 환자(민영익)가 피투성이가 된 심각한 상태라는 것을 발견했고, 나의 과감한 치료방식에 크게 반대하는 14명의 조선인 한의사들이 치료하고 있었다.

… 출혈이 있는 측두동맥을 묶고, 분리된 관자놀이에 비단 봉합기를 넣고 귀 연골에 2개, 목에 4개, 등에는 은으로 된 깊은 봉합기를 2개 넣었다.] (pp.407-409)

March 27, Friday, 1885
Today I was called to treat the King and Queen for the first time. They are just recovering from the varioloid and asked me to remove the sequence, which in the King is a trouble of his throat, and the Queen has a swelling in her ear. It was not satisfactory as I could not see them. Having simply to depend upon the statement of a nobleman who came for them. (p. 457)
[1885년 3월 27일 금요일
오늘 나는 처음으로 고종과 명성왕후를 알현하게 되었다. 그들은 유사천연두를 앓다 막 회복하는 단계에 있었는데, 왕은 그의 목 안에 남아있는 잔병을 제거해 달라고 부탁했다. 왕은 목에 문제가 있고, 여왕은 귀에 붓기가 있었다. 내가 그 문제들을 직접 진료할 수 없었기 때문에 만족스럽지 않았다. 단순히 그들을 위해 온 신료들의 설명[왕과 왕후의 증세에 대한 설명]에 의존해야 했었다.] (457쪽)

May 29, Friday, 1885
This morning I have on a dressing gown made of quilted silk of a changeable bronze color sent as a present from the King and Queen. …
The hospital is doing well. The petition which I sent in was kindly granted in a spirit very favorable to me. … (Allen, 1991, pp. 466-467)
[1885년 3월 29일 금요일

오늘 아침 나는 왕과 왕후로부터 선물로 받은 찬란히 빛나는 청동색의 누빔 실크로 만든 드레스 가운을 입고 있다.

…

병원은 잘 되어가고 있다. 내가 보낸 탄원서는 매우 호의적으로 받아들여졌다.] (Allen, 1991, pp. 466-467)

알렌의 일기에 서술된 바와 같이, 고종은 민영익의 회복 이후 서양 의술에 대해 우호적인 태도를 보였다. 왕의 적극적 지지와 후원으로 19세기 후반 조선에서는 알렌의 병원을 필두로 한 서양식 교육기관과 문화가 융성하게 된다.

당시 구한말 조선인들은 오래지 않아 국제교류 및 무역에 영어가 필수 언어라는 점을 깨닫게 되었다. 다음은 대한제국의 학부(學府) 협판(현 교육부 차관) 고영희가 영어의 파급력에 대해 강조한 것이다.[5]

… 구주(유럽) 각국 어학으로 언(言)하면, 영문은 만국상회상(萬國商會上)에 통용하는 어(語)이오, 법문(法文 프랑스어)은 교제상의 성용(盛用)이요, 지어덕문(至語德文 독일어) 하야는 군법과 군제에 매우 긴요하야 세계에 제일이라 할 만하다. … (한성순보 1898년 9월 17일, 김영철, 2011b, p. 82)

류영익(1994) 역시 20세기 초 조선에서 간행된 신문기사에서 미국에 대해 당시 조선인들이 품고 있던 호의적 태도를 강조하고 있다. 미국 시민권을

---

5 고영희 자신도 역관 가문 출신으로 중국어 역관 고진풍을 아버지로 두어, 자신은 일본어 전공으로 과거 제도를 통해 1867년 역과(통역시험) 2등으로 관직에 등용되었다. 그는 개화기 및 일제강점기 친일파로 1910년 한일 강제 병합을 의미하는 경술국치를 주도한 경술국적, 즉 경술년의 나라의 도적으로 민중들의 분노를 샀다.

획득하고 필립 제이슨(Philip Jaisohn)으로 개명한 서재필(1864~1951)은, 조선 계몽의 수단으로써 독립협회를 조직하였으며 1896년 독립신문을 간행하였다. 독립신문은 1896년 4월 7일부터 1899년 12월 4일까지 3년 8개월 동안 발행되었다. 상당기간 미국에서 유학하며 머물던 서재필과 윤치호가 독립신문을 발행하였으므로, 이들의 친미적 태도는 신문기사와 사설에서 계속 강화되었다. 다음 독립신문 사설 발췌문은 당시 조선인들의 친미 성향을 잘 나타내고 있다.

> 이 나라(미국)에서는 의리로 주장을 삼고 정치상과 권리상에 모든 일들을 천리와 인정에 합당하게 만든 풍속과 사업이 많은 고로 천복을 받아 지금 이 나라가 부하기로 세계에 제일이요 화평한 복을 누리기로 세계에 제일이라. (독립신문, 1897년 10월 16일, 류영익, 1994, p. 73인용)

영어에 대한 호의적 관심이 전국적으로 증폭되자, 많은 조선인들이 기독교 자체보다는 영어를 배우고자 하는 일념으로 전국에 설립되던 기독교계 학교에 다니기 시작하였다. 기독교 학교 교사들은 초기 미국 출신 선교사들이었으나 시간이 지나 졸업생이 생기면서 해당 학교에서 영어를 학습했던 한국인 졸업생들로 대체되었기에, 영어를 원어민에게 배울 수 있다고 생각하여 기독교계 학교를 찾는 조선인들의 숫자는 감소하게 되었다. 기독교 학교의 본래 목적은 무료 영어교육이 아니라 기독교 신앙을 전파하는 것이었다. 따라서 원어민에 의한 영어교육은 임시방편적 성격이 있었으며, 서양 선교사들은 기독교 전파에 더 초점을 두는 방식으로 변화해 갔다. 예를 들어 배재학당은 1902년 영어교육 비중을 줄이고 1903년에는 영어수업 자체를 폐지하는 조치를 취하였다. 그러나 이러한 조치는 영어 학습을 목적으로 배재학당에 등록하던 조선인 학생들의 급감을 초래하였고 급기야는 배재학당 운영에 타격을 줄 정도로 입학생 감소 현상이 현저하게 나타나게 되었다.

결국 20세기 초 배재학당에서는 영어교육을 다시 시행하게 된다(Paik, 1929).

위의 역사적 사실들을 고려할 때, 전반적으로 19세기 기독교계 학교에 재학했던 조선인들의 영어학습 동기는 주로 도구적 동기였음을 알 수 있다. 다시 말해서, 그들은 신분귀천과 무관하게 보수가 좋고 안정적인 직업을 얻기 위해 영어를 배웠던 것이다. Cho(2017)에 따르면, 19세기 후반 갑오개혁 전까지의 조선은 계급에 따른 엄격한 신분제를 강행했으며, "인구의 90%를 차지한 평민 계층은 양반의 폭정에 끊임없이 고통받았다"(p. 46). 그는 다음과 같이 기술하였다.

> [U]nder such circumstances, mobility desires continued to grow, and English was one of the very few tools available to commoners to change their future. With an increasing number of English-Korean interpreters achieving both a title and wealth through English alone, English was legitimatized and validated as a golden tongue for the general public. (Cho, 2017, p. 46)
> [그러한 상황에서, 신분상승에 대한 욕구는 계속 증가했고, 영어는 평민들이 그들의 미래를 바꿀 수 있는 몇 안 되는 도구들 중 하나였다. 영어 하나만으로 벼슬과 부를 동시에 거머쥔 영한 통역사들이 늘어나면서 일반인들에게 영어란 황금처럼 빛나는 언어로 정당화되고 당연시되었다.] (Cho, 2017, p. 46)

대부분 미국인이었던 서양 선교사들의 최종 목표는 교육을 통한 기독교 전파였다. 그러나 이들을 통해 영어몰입교육과 직접식 교수법으로 영어교육이 진행되면서 조선 민중들 사이에 영어를 통한 중등교육이 확산되었다. 이러한 이유로, 19세기 후반에서 20세기 초반의 기독교계 미션스쿨들은 구한말 조선의 근대화 과정에 중요한 역할을 담당하였다.

다음 하위 섹션들에서는 주요 기독교 학교 세 곳인 배재학당, 이화학당, 경신학교에서 이루어진 교육 및 교육과정을 요약하고자 한다.

2.3.1. 배재학당

감리교 선교사 아펜젤러(Henry G. Appenzeller, 1853~1902)는 남학생들을 위해, 1885년 2월 서울에 조선 최초의 기독교 학교인 배재학당(현 배재고등학교, 배재대학교)을 설립하였다. 김영우(1997)는 이 학교의 설립목적은 조선 청소년들에게 영어를 가르치기 위함이라고 소개하였지만, 아펜젤러(n.d.)는 정규 학교 교과목에 대한 지식을 잘 갖춘 교양인을 양성하는 것을 목표로 하였다. 배재학당 설립 2년 후인 1887년에는 재학생이 67명으로, 1889년에는 82명으로 늘었다(Paik, 1929, p. 129). 고종이 친히 '유능한 인재를 배양하는' 배재(培材)학당이라는 학교 교명이 적힌 액자를 전해주며 공식적으로 학교를 인가하였다는 점에 주목할 필요가 있다. 조선정부는 이 학교에서 유능한 학생들을 선발하여 관직에 임명하였다(Paik, 1929). 고종이 배재학당에 보인 각별한 관심은 구한말 조선 전역에 널리 퍼졌고, 이는 배재학당 입학 희망자 증가에도 긍정적인 영향을 주었다.

배재학당의 주요 과목들은 영어로 교수되었다. 배재학당에 다녔던 조선인들은 조선시대 내내 뿌리깊이 작용하였던 신분제를 뛰어넘는 출세나 성공을 염두에 두고 영어 학습에 임했던 중인 혹은 상민 계층이었던 것으로 보이는데, 이는 육영공원에 재학했던 학생들이 주로 양반 계층의 관리 혹은 자제들이었던 것과는 대비된다. 미국 감리교를 기반으로 한 배재학당은 기존 신분제와는 무관하게 학생들 모두에게 영어를 학습할 수 있는 기회를 균등하게 제공하였다. 배재학당에서 영어를 배우는 것이 안정적인 직업이나 승진 즉, 부를 획득하기 위한 지름길로 인식되었다는 것은 1886년 아펜젤러의 기록에서 명확히 나타난다. 이 글에서 아펜젤러는 조선인들의 영어에 대한 열정을 다음과 같이 기술하였는데, 결국 조선인들의 영어 학습 열망은 관직을 얻어(to get rank) 출세하기 위함이라고 그는 보고 있다.

> The enthusiasm for the study of English has always been great among the Koreans. A little knowledge of the new tongue [i.e., English] was and still is a stepping stone to something higher. Ask a Korean 'why do you wish to study English?' and his invariable answer will be 'to get rank.' (cited in Paik, 1929, p. 129).
> [조선인들 사이에서 영어 공부에 대한 열정은 항상 대단했다. 새로운 언어[즉, 영어]에 대한 약간의 지식은 예나 지금이나 좀 더 높은 지위를 위한 발판이다. 한국인에게 '왜 영어를 공부하고 싶습니까?'라고 물으면, 그들의 변함없는 대답은 '벼슬을 얻기 위해서'일 것이다.] (Paik, 1929, p. 129 인용)

2.3.2. 이화학당

1886년 5월 31일, 스크랜튼(Mary F. Scranton, 1832~1909)은 서울 정동에 이화학당을 설립하였는데, 이 학교가 한국 근대 여성교육의 효시이다. 스크랜튼은 다음과 같은 회고록을 남겼는데, 최초의 학생이 명성왕후의 통역관이 되기 위해 등록한 양반의 측실이었다는 점이 흥미롭다.

> It began with one scholar. She was the concubine of an official who was desirous his wife should learn English, with the hope that she might sometime become an interpreter for the Queen. (The Korean Repository, January 1896, cited in Paik, 1929)

[학교는 한 학생으로부터 시작되었다. 그녀는 관리의 첩으로, 그는 그의 아내가 언젠가는 왕비의 통역사가 될 수 있기를 희망하며 영어를 배우기를 바랐다.] (1896년 1월, 코리안 리포지터리(The Korean Repository), Paik, 1929 인용)

초기 이화학당의 교육과정은 주로 주기도문이나 다양한 찬송가를 영어로 가르치는 것이었으나, 영어문법, 수학, 한국어, 음악, 역사, 서예 등이 교과목에 포함되며 커리큘럼이 점차 정비되었다. 교수언어는 주로 영어로 진행되었으며 필요시 한국어가 사용되기도 했다. 이화학당에서 영어로 수업이 진행된 데에는, 당시 대부분 서양식 교육기관의 사정과 마찬가지로 영어교육 자체에 대한 강조라기보다는 교수자 대부분이 미국 선교사였기에 한국어로는 충분한 내용전달이 어려웠기 때문이다(문용, 1976). 이는 이화학당 초기 졸업생 김롯세(Kim Rosa)의 아래와 같은 회고록 발췌문에서 입증된다.

처음 학교에 들어오니까 소꼽질을 하게 되고 주기도문 또는 찬송가를 영어로 가르쳐 주고 차츰 선생이 늘고 여러 가지 과목이 늘어갔으며, 모든 것은 처음부터 통역도 쓰지 않고 선교사들이 대뜸 영어로 가르쳐 주었다. (문용, 1976, p. 631)

20세기 초, 이화학당은 영어교육을 거듭 강조하면서 지속적으로 성장해 갔다. 1908년 9월 17일자 황성신문에 따르면, 이화학당은 조선 여성들을 대상으로 이들이 초등, 중등, 고등교육을 망라하는 종합적인 서양식 근대교육을 받을 수 있도록 여학생들을 모집한다고 밝히고 있다. 초등교육 및 중등교육 수준에서는 영어를 학교 교과목으로 배웠고, 대학 수준의 고등교육에서는 영문학이 교수되었다. 이처럼 이화학당은 19세기 말과 20세기 전반기에 한국 여성교육의 효시로 영어교육에서도 획기적 공헌을 하였다.

2.3.3. 경신학교

1886년 미국 장로교 선교사 언더우드(Horace G. Underwood, 1859~1916)는 서울 정동에 경신학교(현 연세대학교)를 설립하였다. 이 학교는 당시에는 언더우드학당(Underwood School)으로 알려졌으며, 기독교를 전파하고 청년들을 교육하기 위한 목적으로 설립되었다. 그는 20명의 고아들을 위해 기숙학교를 운영하였으며, 이 기숙학교가 경신학교로서 한자와 간단한 영어회화를 가르치기 시작했다. 배재학당 및 이화학당과는 달리, 이 학교에서 영어는 교육과정의 핵심이 아니었다. 언더우드의 아내 릴리어스 호튼 언더우드(Lillias Horton Underwood)의 회고록에서 알 수 있듯이 영어 못지 않게 한문 교육에 치중하고 있음을 알 수 있다.

> ··· After breakfast follow a few English lessons (we have decided to teach very little English, as the best experience of the oldest missionaries in the field is against it), and a Bible lesson. These recitations are interspersed with short recesses and the afternoons are given to play and study hours, and Chinese, which is the most important factor in the education of Koreans. (Underwood, 1890, cited in Paik, 1929, p. 131)
> [... 아침 식사 이후 약간의 영어수업과 성경수업이 진행되었다 (우리는 여기 오신지 오래되신 선교사님들이 누차 강하게 반대하셨기 때문에, 영어는 최소한으로 가르치기로 결정하였다. 이러한 [성경] 암송들은 짧은 휴식 시간 중간에 배치되었고, 오후에는 놀거나 공부할 수 있는 시간이 주어졌으며, 특히 조선인들에게 가장 중요한 학업 요소인 한자 공부할 시간이 주어졌다.] (Underwood, 1980, Paik, 1929, p. 131 인용)

김영우(1997)는 영어가 경신학교 교과목 중 가장 중요한 것이었다고 언급하고 있으나, Paik(1929)은 구한말의 근대 교육제도에서 사각지대에 있었던 고아들을 보육하고 교육시키는 것이 경신학교의 본질적 역할이었다고 평가하고 있다. 그러나 초기 설립 이념과는 다소 다르게 1901년부터 경신학교 역시 영어교육에 방점을 두고 새롭게 운영되기 시작하였다.

각 학교마다 경중의 차이가 존재하나, 지금까지 소개한 서양식 기독교계 학교 세 곳에서는 영어를 중요한 과목 중 하나로 교수하였고, 많은 경우 교수언어로 영어가 채택되었다. 1890년 릴리어스 호튼 언더우드 여사의 기록에 의하면, 미국 선교사들은 조선에 설립한 기독교계 학교에서 영어를 우선적으로 가르친 것에 대해서 회의적인 관점을 가지고 있었다. 배재학당의 사례에서 설명하였듯, 당시 조선 청년들은 주로 영어만을 배우기 위해 학교를 다녔기에 어느 정도 영어로 의사소통이 가능한 정도의 영어 구사력을 갖추게 되는 경우에는 서슴지 않고 학교를 그만 두는 현상이 심화되었기 때문이다. 그러나 이러한 문제점에도 불구하고 학교 운영상의 현실적 문제로 인해 기독교계 학교에서는 영어교육 프로그램이 계속 운영되었던 것을 알 수 있다.

2.4. 구한말 영어학습의 선구자들

전술한 바와 같이 구한말 근대화기에 동문학과 육영공원 등으로 대표되는 공립 영어교육기관과 배재학당 등의 사립 기독교 학교에서 영어를 배웠던 조선인들은 영어를 철저히 출세를 위한 수단, 즉 도구적 동기가 유발되어 영어 학습을 했음에 주목해야 한다. 또한, 이들을 교육했던 서양 선교사나 초기 조선인 영어(보조)교사들이 청년들이 서양 문화, 특히 영어권 문화에 대해 호의적 태도를 형성하는데 지대한 영향을 미쳤음은 명약관화할 것이다. 이선미(2003)에 의하면, 20세기 전환기에 영어를 배웠던 영어 선구자들은 전문 통번역사로 일하거나, 구한말 다양한 관공서의 공무원으로 임명되었다.

구한말 영어를 통해 명성을 얻은 인물들의 일화는 당시 조선인들에게 충격적인 사건으로 받아들여졌는데, 1894년 갑오개혁을 기점으로 신분제가 폐지되기 직전까지 출세하기 위해서는 과거 급제를 통해 관직에 등용되거나 중인 계층에서는 상업을 통해 부를 쌓는 정도만이 가능했었기 때문이었다. 그러나 동문학, 육영공원, 배재학당 등의 영어고육 기관을 통해 영어가 가능해진 젊은 학생들은 비교적 손쉽게 관직에 등용되거나 관공서에 취업하게 되었고, 이는 대다수의 조선인들에게는 선망의 대상으로 인식되었다. 영어로 '스타' 수준으로 유명해진 인물들 중 가장 극적으로 출세한 인물은 아마도 이하영일 것이다(전봉관, 2006). 그는 몰락한 중인 신분으로 중국과 일본 등에서 장사를 하다 동업자의 배신으로 몰락한 후 1884년 9월 나가사키에서 부산으로 오는 배에서 의료선교를 위해 조선으로 입국하던 알렌을 만났다. 한국어를 전혀 모르던 알렌과 영어를 전혀 모르던 이하영이 어떻게 의사소통을 하였는지는 알 수 없으나, 이하영은 극히 제한된 영어 지식에도 불구하고 일단 요리사로 알렌의 곁에 머물렀다. 그 후 알렌에게는 극적 사건이 발생하였는데, 전술하였던 민영익 암살미수 사건이다. 그가 민영익을 응급수술하고 이후 조정에서 왕과 왕비를 알현하는 모든 장면에 이하영은 통역관으로 그의 곁을 지키게 된다. 당시 궁궐에 출입하기 위해서는 민간인은 출입이 불가능하므로, 관직을 가진 관리가 되어야했기에, 이하영에게는 급작스레 외아문주사, 현재의 외교부 5급 공무원 직위가 내려졌다. 여전히 영어가 미숙하기는 했으나, 이하영은 알렌이 영어와 손짓발짓으로 뜻을 전달하면 어전에서 고종황제 내외에게 그 뜻을 한국어로 통역하기 시작했다.

이후 그는 알렌을 수행하며, 초대 주미공사 박정양의 외교단에 포함되어 대한제국주미공사 서기관으로 1887년부터 미국 생활을 하게 된다. 2년 이상 미국에 체류하면서 그는 영어도 더 능숙해지고 주미공사관에서 주최하는 연회에도 빠짐없이 참석하면서 각국 외교관의 부인과 딸들과 춤을 추는 등 화려한 외교관 생활을 하게 된다. 1889년 귀국한 그는 웅천 현감, 흥덕 현감의 지방 군수직을 거친 후 5년 만에 중앙 정계로 복귀하여 외아문참의(현 외교부 차관보)로 승진 발령된다. 그 후 그는 한성부 관찰사(현 서울시장)와 일본 주재 공사를 역임한 후 1904년 47세에 외부대신(외교부 장관)에 임명된다. 이하영은 그 후 친일행각을 벌이며 일제강점기에는 사업가로 변신하여, 지금도 명절 등 특별한 행사가 있을 때 신는 흰색 고무신을 조선에서 최초로 제작 판매한 대륙고무주식회사를 설립한다(전봉관, 2006).

이하영의 성공 스토리는 집안 배경, 재산 등이 보잘 것 없는 인물이라도 영어를 조금이라도 할 수 있다면 성공할 수 있다는 실제 사례를 보여주었기에 당시 조선인들에게 널리 회자되었던 것이다. 이하영 이외에도 영어를 통해 입지전적 성공을 거둔 인물들에는 이승만, 윤치호를 비롯한 많은 근대 개화기 인물들이 있다(Kim, 2021). 이렇듯 영어를 배우면 공무원 임용이 손쉽게 되고, 이를 통해 세속적 출세가 가능하다는 민중들의 인식은 위와 같은 몇몇 영어로 '벼락출세' 한 인물들의 일화가 널리 퍼지면서 조선 전역에 영어 학습의 도구적 동기를 강화하였다. 아펜젤러가 진술했듯이, 영어를 배우는 주된 이유는 학문이나 종교적인 신념 때문이 아니라, 관직에 등용되는 등 취업이나 승진을 위함이었다(Paik, 1929). 때문에 영어로 어느 정도 의사소통이 가능한 수준이 되면 대부분은 영어 학습을 즉시 그만 두고 적절한 직업을 구하기 바빴던 것이다. 특히 1894년 갑오개혁으로 관리 등용을 위한 과거제도가 공식적으로 폐지되었고 기존의 사농공상의 신분제도가 철폐되었으므로 관직에 등용되기 위한 지름길은 외국어, 특히 영어를 학습하는 것으로 당시 조선인들은 인식하였던 것이다.

이렇듯 19세기 후반과 20세기 초, 조선의 사회 정치적 환경에서는 영어에 대한 열망은 자연스러운 현상이었다. 1900년 조선에 와 있던 일본 외무성 관리 시노부 준페이(信夫淳平)는 그의 저서 한반도에서 다음과 같이 진술하였다.

> The British Minister to Korea reported the financial situation of Korea two years ago, and among them, mentioning tuition fees spent on foreign languages, he stated that "Koreans have the superb linguistic ability in the East and their enthusiasm toward foreign language education must be second to none. Thus, only 14 years have passed since foreigners have entered Seoul, but Koreans' command of English is incomparable to that of Beijing people. Chinese and Japanese cannot exceed Koreans in terms of excellent command of English." I believe this is by no means a hyperbole. (信夫淳平, 1901, p. 126)
> [2년 전 주한 영국 공사가 한국의 재정 상황을 보고했는데, 그 중 외국어 수업료를 언급하면서 "한국인들은 동양에서 뛰어난 언어 능력을 가지고 있고 외국어 교육에 대한 열정은 누구에게도 뒤지지 않을 것이다. 따라서 외국인이 서울에 들어온 지 14년밖에 되지 않았지만 한국인의 영어 실력은 베이징 사람들과 비교할 수 없을 정도다. 중국인과 일본인들은 조선인들의 뛰어난 영어 실력을 능가할 수는 없다"고 말했다. 나는 이것이 결코 과장이 아니라고 믿는다.] (시노부 준페이[信夫淳平], 1901, p. 126)

이어 그는 구한말 조선인들이 외국어를 배우기 위해 노력하는 이유를 계속 설명하고 있는데, 결국 조선인들의 외국어 학습은 국제정세에 따라 조선에 영향력을 갖는 국가의 언어를 배우기 위한 것이고, 이러한 출세 지향적 태도는 언어 학습 자체에는 악영향을 끼칠 수밖에 없다는 지적을 하고 있다.

> Imagine that Spanish, Italian, Turkish, or Greek embassies are established in Korea. In this case, foreign language schools teaching the above languages will be founded immediately. It is also extremely odd to find the fluctuation in the number of students enrolled in one specific language school. If Japan exerts influence on the Korean government, the Japanese language school is inundated with students, and if Russian power is on the rise, the Russian school is favored. Thus, perhaps the best way to measure the differential influence according to power nations surrounding Korea would be to analyze the vicissitudes of the foreign language schools. … Can we educate outstanding individuals in this atmosphere? It would only result in training mediocre interpreters. (시노부 준페이[信夫淳平], 1901, p. 127)
> [한국에 스페인, 이탈리아, 터키 또는 그리스 대사관이 설립되었다고 상상해 보라. 이 경우 위의 언어를 가르치는 외국어학교가 즉시 설립될 것이다. 한 특정 어학원에 등록한 학생의 수가 일정치 않고 요동친다는 것도 매우 이상하다. 일본이 한국 정부에 영향력을 행사하면 일본어학교에 학생들이 넘쳐나고, 러시아 세력이 부상하는 추세라면 러시아어학교가 유리하다. 따라서, 아마도 한국을 둘러싼 강대국들 중 어떤 나라의 영향력이 현재 어떠한가를 알아보기 가장 좋은 방법은 해당 언어 외국어학교들의 변화가 어떠한가를 분석하는 것일 것이다. … 이런 분위기에서 우수한 사람들을 교육할 수 있을까? 이는 단지 그저그런 통역사 정도만

양성시키는 결과만 가져올 것이다.] (시노부 준페이[信夫淳平], 1901, p. 127)

　거시적 관점에서, 조선후기 영어열풍은 사회적 다윈주의(social Darwinism)의 관점에서 설명될 수 있는데, 사회적 다윈주의는 "가장 강하고 적응력이 빠른 인간만이 사회에서 두각을 나타낼 수 있다는 이데올로기(an ideology that suggests only the strongest and best-adapted humans should excel in society)"로 정의될 수 있다(Cho, 2017, p. 44). 역사적으로 19세기에서 20세기 초반은 사회적 다윈주의가 득세하였던 시대였는데, 구미 제국주의 열강의 제3세계 침탈, 나치 독일의 홀로코스트 등은 우세한 유전자를 지닌 민족이나 국가가 그렇지 못한 곳을 정복하거나 말살하는 것에 대한 사상적 정당성을 제공하였던 것이다. 사회적 다윈주의는 일본에도 영향을 미쳤으며 그 결과 '미개한' 동아시아 국가들에게 앞선 문물을 제공하고 사회의 진보를 촉진하기 위해 일본이 나서야 한다는 생각을 당연시하게 하였고, 이는 19세기 한국을 정복해야 한다는 정한론(征韓論)과 20세기 태평양전쟁으로 비화된 대동아공영권(大東亞共榮圈) 등의 위험한 사상의 뿌리가 된다.

　사회적 다윈주의는 한국에서 영어학습의 선구자로 알려진 여러 인물들에게도 막대한 영향을 끼친 것으로 보인다. 예를 들어, 윤치호는 미국에 도착한지 일년 후인 1889년 12월 7일부터 1943년 10월까지 영어일기를 작성하였다. 윤치호는 50년 이상 영어일기를 꾸준히 작성하였고, 초대 대한민국 대통령 이승만 역시 1904년부터 1944년까지 영어일기를 작성한 것은 단지 영어 학습이나 글쓰기 연습을 위한 목적이 아니었다(Lew, Oh, Fields, & Han, 2015). 전술하였듯 당시 구한말 조선인들에게 영어는 세계에서 가장 영향력 있는 국가인 미국을 대표하는 문명개화의 언어로 여겨졌고 이러한 생각은 한국어와 영어의 문화자본의 차이로 인식되어, 더 진보한 영어가 논리적 사고와 사상을 표현하는 것에 한국어보다 우월하다는 사회적 다윈주의로 이어졌다는 점에 주목해야 한다. 이는 1893년 작성된 윤치호의 영어일기 발췌문에서 다음과 같이 다소 과격하게 표현되어 있다.

> To me, a tremendous and interesting fact is that 10 millions of Africans, through circumstances beyond their control, have come in possession of one of the richest and noblest languages in the world-the English. Perhaps they have been amply paid, as a race, for their servitude in this one invariable gift. (Yun Chi-Ho Diary, February 17, 1893, cited in Cho, 2017, p. 49)
> [나에게 놀랍고 흥미로운 사실은 바로 천만 명의 아프리카인들이 자신들이 통제할 수 없는 상황[즉 강제적인 노예생활]을 통해 세계에서 가장 부유하고 고귀한 언어 중 하나인 영어를 구사하게 되었다는 것이다. 아마도 그들은 이 하나의 변치 않는 선물인 영어 때문에 인종적으로 그들이 과거에 했던 봉사[노예생활]에 대해 충분히 보상받았을 것이다.]
> (윤치호 일기, 1893년 2월 17일, Cho, 2017, p. 49 인용)

윤치호는 아프리카계 미국인들이 경험한 극심한 인권 침해였던 노예제도를 위 발췌문에서 손쉽게 정당화하고 있다. 윤치호의 사회적 다윈주의 관점에서는 '세상에서 가장 부유하고 고귀한 언어'인 영어를 배웠다는 단순한 사실만으로 그들이 겪은 노예제도의 고통이 충분히 보상받았다며 정당화하는 논리를 제시하고 있다. 그는 조선이 미개하고 힘없는 봉건국가일 뿐이라고 생각하였다. Cho(2017)에 따르면, 윤치호에게 영어는 그가 설정한 상상의 공동체(imagined community)(Norton & Kanno, 2003)였던 미국에 접근할 수 있는 언어였으며, 가망 없는 조선 땅에서 벗어날 수 있게 해 주었던 언어였던 것이다.

구한말 영어에 대한 열풍은 사회적 다윈주의가 투영된 것으로 볼 수 있는데, 영어가 미국에서 사용되는 언어이고, 세계 강대국의 언어이므로 이 언어를 배우는 것이 조선에서 출세하고 취직, 승진하는 것에 유리할 것이라는 인식과 맞닿아 있다. 위의 시노부 준페이가 지적하듯 사실 이것은 엄밀히 볼 때 '영어' 자체에 대한 열풍이라기 보다는 권력, 힘에 대한 선망이었으며, 이러한 '권력을 지닌 언어'에 대한 지향이었던 것이다. 따라서 출세를 하기 위해서는 어떠한 언어라도 자신에게 도움이 되는 것이라면 학습을 하는 조선인들의 태도에 대해 시노부 준페이는 지적하고 있는 것이다.

이와 관련하여 이른바 을사 5적의 수괴로 알려져 있는 친일파 이완용이 전술하였던 최초의 관립 고등교육기관이었던 육영공원에서 영어를 배웠던 영어통(通)이었다는 점은 시사하는 바가 크다. 그는 영어 구사력을 활용하여 1887년 초대 미국공사 박정양을 보좌하여 워싱턴 D.C.의 대한제국주미공사관의 정3품 당상관 벼슬인 참찬관에 임명되어 미국 생활을 하였고, 이후 독립협회에도 참여하여 미국과 같이 부강한 국가가 되어야 한다는 연설까지 하는 등 친미파의 행적을 보인다. 그러나 그는 1905년 전후 가쓰라-테프트 밀약(Teft-Katsura Agreement)[6]으로 대한제국을 배신한 미국과 결별하고 일본과 결탁하여 대한제국의 외교권을 일본에 넘긴 을사늑약을 주도하여 체결하고, 결국 1910년 한일강제병합을 성사시키는 등 치욕적 역사의 주역이 되고 만다. 이러한 이완용의 인생 행로에는 힘과 권력에의 추구 열망이 녹아 있는 것으로 볼 수 있는데, 결국 미개한 조선 민족을 계몽할 수 있는 세력은 미국

---

6 가쓰라-테프트 밀약은 1905년 7월 29일 당시 미국 육군 장관 윌리엄 테프트와 일본 제국 총리대신 가쓰라 타로가 토쿄에서 회담한 대화를 지칭한다. 이 대화는 1924년까지 보안으로 지정되어 알려지지 않았는데, 이후 공개된 내용에 의하면, 미국은 일본의 대한제국에 대한 지배권을 승인하는 대신, 일본 역시 미국의 필리핀에 대한 지배권을 승인하는 내용을 담고 있다. 이 상호합의로 인해 미국은 대한제국의 외교에 개입하지 않게 되었고, 같은 해 11월 17일 을사늑약이 체결된다.

이든 일본이든 상관없고 이러한 권력에 순응하는 것이 사회적 섭리에 부합한다는 사회적 다원주의를 평생동안 실천한 인물로 볼 수 있는 것이다.

2.5. 요약: 구한말의 영어 학습 열풍과 그 원인

제2장을 마무리하면서 왜 개화기 이후 20세기 전후의 구한말에 수많은 조선인들이 영어 학습에 열광하였는지 그 원인을 정리할 필요가 있을 것이다. 10세기 중반 고려 광종때 처음 도입된 과거제도는 1894년 갑오개혁으로 공식적으로 철폐되기까지 약 천 년간 한국인들의 삶에 깊숙이 관여했던 국가 주도의 시험제도였다. 이러한 관리 등용시험을 통해 기존 사회 통치 계급인 양반 계층은 자신들의 독점적 지위를 강화해갔고, 원칙적으로 천민을 제외한 양인(良人) 계층은 과거제도에 응시하여 정치권력의 획득과 이를 통한 부의 축적을 갈망하였던 것이다. 과거제도는 사서오경으로 대표되는 중국 경전에 대한 암기 및 이해력을 바탕으로 한 필기시험을 통해 지원자의 능력을 객관화하여 평가하였고, 과거 제도의 핵심이었던 문과 시험의 초시, 복시, (국왕 앞에서 치루는) 전시 이렇게 3단계로 구분하여 최종적으로 석차가 결정되는 등 엄격하고 체계적 절차를 지니고 있었다. 비록 조선 말엽으로 갈수록 각종 시험 부정이 횡행하는 등 적지 않은 부작용이 있었으나, 전반적으로 과거제도는 체계성을 가지고 운영되었고, 조선의 국가 운영을 좌지우지하는 중대한 시험으로 인식되어 경제적 여건이 되는 양인 계층에서는 과거 시험을 짧게는 몇 년, 길게는 수십년간 준비하여 응시하였고, 실패하는 경우 재응시를 거듭하였다. 과거시험에는 연령제한이 없었기 때문이다.

그러나 19세기 중후반으로 접어들며 1876년 일본과의 통상조약인 강화도 조약, 1882년 미국과의 통상조약인 조미수호통상조약 등 개화의 물결은 조선에도 밀려와, 더 이상 구체제 질서를 수호하기 위한 국가 시험인 과거제도의 운영 유지가 어렵게 된다. 기존의 과거제도를 통한 관리 임용은 유지되고 있었으나, 전술한 이하영의 사례와 같이 신분질서에서 벗어나 영어 능력으로 출세 및 관직에 등용되는 사례들이 나타났으며, 이러한 예외적 사례는 조정에서 설치한 동문학, 육영공원과, 서양 선교사에 의해 설치된 배재학당, 이화학당 등의 미션 스쿨을 통해 배출되는 영어 능통자들에 의해 더 이상 예외적인 출세 사례로 간주되지 않게 되었다. 개혁적 성향을 지닌 친미파 고종과 그의 조정에서는 영어 능통자가 등용되고 있었으며, 이완용의 사례에서 알 수 있듯 기존에 등용된 관리들도 영어 연수를 위해 육영공원에 입학하는 사례도 자주 발견되었다. 결국 구체제의 상징이었던 과거 제도는 1894년 갑오개혁이 시행되며 폐지되었으며, 신분제 역시 전면적으로 폐지되어 적어도 제도상으로 조선은 만민이 평등한 사회로 변모하게 되었다.

 조선시대 과거제도 폐지는 주목할만한 사회 변화를 불러왔다. 과거에 급제하여 출세하거나 관리로 임명되었던 지배층 양반은 점차 그 세력을 잃게 되었는데, 그들의 아들들은 더 이상 과거 제도를 통해 관직 등용이 불가능하게 되었기 때문이다. 결국 1894년 이후에는 양반 계층도 각종 정부 주도의 관립학교 교육을 통해 관직 등용을 모색하게 되었으며, 영어학교는 이중 관직 등용을 위한 등용문으로 인식되어 많은 인기를 얻게 된다. 이 점은 1894년 이전과 다른 양상으로 볼 수 있는데, 그 이전에는 양반 계층 이하 계층이 영어학교에 입학하는 것이 일반적이었으나 갑오개혁 이후에는 모든 사회계층이 영어교육에 대한 관심을 기울이게 된 것으로 변화한 것이다.

 이러한 사회변화는 영어의 도구성을 더욱 가속화하는 결과를 초래하는데, 영어를 통해 부와 명예를 획득하고자 하는 사회적 욕망이 표출되었기 때문이다. 물론 영어 학습에 국한된 현상이라기보다 교육 자체가 이러한 현실적 이유 때문에 이루어진다는 것은 부인할 수 없는 사실일 것이다. 그러나 영어의 경우는 세계 최강국인 미국의 언어이고, 이를 통해 관직에 더 쉽고 빠르게 진입할 수 있다는 믿음은 개화기, 구한말에 조선 사회 전반에 널리 퍼졌다는 점에서 다른 교과목에 비해 사회적 욕망이 집중적으로 투영되었다고 보는 것이 타당할 것이다. 이러한 세속적 출세 욕구는 다음 장에서 살펴볼 일제강점기의 영어교육에서도 지속된다.

3장. 일제강점기 조선의 영어교육
- 1910년에서 1945년까지

3.1. 배경

강준만(2014)은 한국인에게 영어란 권력이자 종교이자 공포라고 정의하면서, 한국사회에서 생존을 위해 필요한 무기라고 규정한다. 한국에서 태어난 아이는 원어민과 같이 유창한 영어를 구사하기 위해 유치원부터 영어를 특별활동으로 배우거나(장미순, 2014), 이른바 영어 유치원에 대학등록금보다 비싼 수업료를 내고 수업을 듣고 있다(한국경제신문, 2020). 아이들뿐만 아니라 불혹을 넘긴 많은 직장인들도 승진을 위해 TOEIC 학습에 전념한다(한겨레 21, 2013; 한국경제신문, 2022). 이와 같이 영어는 한국인들의 삶의 방식에 오랫동안 영향을 끼치고 있다.

그렇다면 과연 언제부터 한반도에서 영어 열풍이 시작된 것일까? 제2장에서 상술하였듯 조선 시대를 규정짓던 봉건적 신분제가 철폐된 갑오개혁(1894년)을 포함하는 개화기에 영어는 새로운 문명과 질서의 상징으로 일반 민중들에게 인식되었으며, 사회계층 상승을 위한 영어교육의 열망은 급속도로 확산되어 갔다(김태영, 2015a; KBS 역사저널 그날, 2013; Kim, 2021). 이러한 시대적 맥락 하에 조선 최초의 영어학교인 동문학이 1883년에 설립되었으며, 1886년에는 최초의 관립 영어교육 기관인 육영공원이 설립되어 동문학의 맥을 잇게 된다. 또한 서양 선교사들이 잇달아 영어교육 기관을 설립하여, 1885년에 배재학당, 1886년에 이화학당이 개교하였다(김영서, 2009; 김영철, 2011a, 2011b; Kim, 2021).

한국의 근·현대사에서 대한제국시대를 영어교육의 맹아기(萌芽期)라고 본다면, 우리나라 역사에 있어서 통한의 시기인 일제강점기의 영어교육은 '암흑기' 혹은 '질식 상태'로 간주되어 왔다(김영서, 2009; 석희선, 1993). 그 이유로는, 일제는 조선을 식민통치하는데 있어 우민화정책을 펴 한국인을 식민통치를 위해 필요한 '충량(忠良)한 황국신민'으로 만들기 위해 필요한 최소한의 교육만을 제공했기 때문이다. 당시의 식민 교육은 교사들이 학생들에게 일방적으로 지식을 제공하고 암기를 강요하는 것이었으며(이시용, 2001; 이혜영, 윤종혁, 류방란, 1997), 이는 학생들의 문제의식이나 창의성을 배양하는 것과는 거리가 먼 것이었다. 일제강점기의 영어교육 역시 이와 같은 교육의 전반적 퇴행과 맥을 같이하고 있는데, 조선의 영어 학습이 말하기 중심이었다면 일제강점기는 문법과 독해를 강조하는 문법번역식 방법(Grammar-Translation Method; GTM)이 우선시되었다(Choi, 2006).

문법번역식 방법은 그 정도의 차이는 있으나 2020년대에도 그 잔재를 일부 중등학교에서 찾아볼 수 있는 바, 이러한 현상의 기저에는 일제강점기의 영어교육 방식의 영향이 있다고 보인다. 구한말의 육영공원이나 서양 선교사가 세운 각급 학교에서 널리 교수되었던 직접식 교수법(Direct Method)이 계속 유지되었다면 문법번역식 교수법은 우리나라에서 찾아보기 힘들 것이기 때문이다.[1] 일제강점기의 영어교육 분석은 이러한 맥락에서 그 의의를 찾을 수 있다. 하지만 일제강점기의 영어 학습 상황에 대해 집중한 연구는 많지 않고, 권오량과 김정렬(2011)의 〈한국영어교육사〉나 김영철(2011a, 2011b)과 강준만(2014) 등의 단행본 등에서도 이 시기는 영어교육사 중 극히 일부분으로만 다뤄지고 있어 체계적인 학술 연구가 필요한 시점이다.

따라서 본 장(chapter)에서는 조선일보와 동아일보 기사를 시기별로 분석하여 국권이 피탈된 일제강점기 조선인들에게 영어가 어떻게 인식되었고, 일제의 영어교육 정책은 조선인들에게 어떠한 영향을 미쳤는지를 고찰하는 것을 연구 목적으로 한다. 이를 위해 본 장에서는 일제강점기인 1920년에 창간되어 1940년에 연달아 폐간된 양대 민족 신문이었던 조선일보와 동아일보 신문기사를 중심으로 문헌연구 방식을 활용한 간접연구 방식을 취하여 분석하도록 한다.

3.2. 연구 방법

3.2.1. 분석 대상

본 장에서는 1920년 3월 5일과 4월 1일 각각 창간된 조선일보와 동아일보가 1940년 8월 10일 동시에 폐간되기까지 총 21년 동안 영어의 사회적, 교육적 위치를 알아보는 것을 연구 목표로 한다. 필자는 조선일보와 동아일보의 전자 아카이브에 접속하여 검색어를 '영어', '영어교육', '영어 강습',

---

1   물론 영미권 선교사들이 영어 이외의 언어를 못했기 때문에 직접식 교수법 말고는 다른 방법이 불가능했고 이들 역시 당시 유행하던 문법번역식 교수법을 사용했다는 증거가 있기 때문에 문법번역식 교수법이 일제 때문만으로 보기 힘들다는 반론이 가능하다. 하지만 당시 일본 본토에서는 H. S. Hornby를 위시한 많은 원어민들을 적극적으로 초빙·고용하면서 원어민에 의한 의사소통 중심의 교수법을 도입했던 것을 고려한다면 조선인에 대한 정책적 교육 차별이 존재하였다고 보는 것이 타당할 것이다.

'영어 학교'로 지정하여 검색하였고, 총 148편의 신문기사가 검색되었다.

연구 자료 다각화(data triangulation, Lincoln & Guba, 1985) 목적으로 필자는 일제 강점기 시대에 관한 문헌 검색을 학술연구정보서비스(RISS: Research Information Service System) 및 강준만(2014), 김명배(2006), 김영철(2011a, 2011b), Kim(2021) 등의 단행본 내용 분석을 병행하여 신문기사의 내용과 비교 대조하는 후속 작업을 시행하였다.

3.2.2. 분석 방법

본 장에서는 조선·동아일보가 창간된 1920년부터 폐간된 1940년까지 각 신문에 실린 영어 혹은 영어교육 관련 기사를 중심으로 시기별 분석을 수행하였다. 이에 해당하는 세부 분류 기준은 아래의 〈표 3.1〉과 같다.

〈표 3.1〉 일제 강점기시대의 영어의 사회교육적 위치 분류기준

기준	세부 분류 기준
시기별	1920년 ~ 1940년 (총 21년) 제1기 (1920~1922년) 영어교육 재건기 제2기 (1922년 말~1937년) 영어교육 안정기 제3기 (1938~1940년) 영어교육 소멸기

위의 〈표 3.1〉에서 제시한 바와 같이 연도별 분석은 이 장을 위해 수집한 조선·동아일보가 1920년도에 창간하여 폐간되는 1940년도까지 신문기사 148편의 발간 연도를 바탕으로 3기로 나누었다. 경술국치, 즉 한일 강제 병합은 1910년이나 1919년까지는 일제의 무단통치 기간으로 조선인들에 대한 철저한 억압이 계속되었고, 연구의 대상인 양대 민족지가 창간되지 않아 이 시기는 본 장에서는 간략하게 시대적 맥락을 다루는 정도로만 국한하였다. 이 연구의 제1기는 양 신문사가 창간된 1920년부터 제2차 조선교육

령이 시행되는 해인 1922년까지 약 3년 동안의 기간이었다. 제2기는 1922년 말부터 일제가 20세기 아시아 최대 규모의 전쟁이었던 중일 전쟁을 일으키며 제국주의 해외 침탈을 본격화하기 시작하는 1937년 7월 7일까지 약 15년으로 정하였다. 마지막으로 제3기에 해당하는 기간은 1937년 7월부터 신문이 폐간되는 1940년 8월까지의 약 3년간이 해당된다.

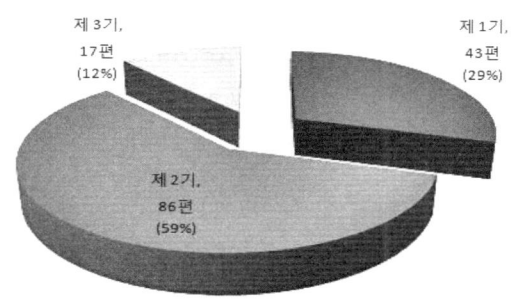

〈그림 3.1〉 일제강점기 시기별 신문기사 수

각 시기별 발췌한 신문기사의 수는 위에 제시한 〈그림 3.1〉과 같다. 영어교육과 관련된 신문기사 143편 중 43편(29%)이 일제강점기 제1기에 실렸으며, 86편(59%)이 제2기에, 나머지 17편(12%)이 제3기에 실렸다. 제2기에서 영어교육 관련 신문기사가 가장 많이 실리게 된 이유는 아마도 이 기간이 가장 길기도 하였지만 이 기간 동안 나타난 다양한 일제의 교육정책 변화에 기인한 것으로 판단된다.

3.3. 연구 결과

3.3.1. 일제강점 초기 10년(1910~1919년): 영어교육 억압기

대한제국의 외교권이 박탈된 을사늑약이 체결된 1905년부터 일본인들은 교육을 통한 친일 사상을 조선인들에게 가르치려는 정치적인 임무를 띠고 대한제국 공립학교의 학감과 교감으로 부임해 왔다(김영서, 2009). 당시의 조선인들은 일본인 교사를 통해 영어를 학습해야 하는 암담한 상황에 놓이게 되었다(이복희, 여도수, 2001). 일제의 초대 조선총독 테라우치(寺內正毅)는 1911년 8월 제1차 조선교육령을 제정하여 학교제도를 전면적으로 개편하였다. 제1차 조선교육령에서 보통고등학교의 교육과정에 영어를 선택 과목으로 설정하고 교수용어도 일본어로 선정하였으며, 관립 외국어학교를 없애고 영어교육의 기회가 대폭 축소되었고, 전문학교의 교육수준에서는 영어가 교과목에서 제외되었다(박거용, 2008; 이광숙, 2014; 이복희, 여도수, 2001; 이혜영 외 2인, 1997). 따라서 제1차 조선교육령에 의해 동문학, 육영공원을 거치며 명칭 변경에도 불구하고 그 역사를 유지하던 관립한성외국어학교는 폐교되었으며, 모든 조선 민중을 보통학교, 고등보통학교, 여자고등보통학교, 실업학교, 사립학교 등의 편제 하에 일괄적으로 통제하였다.

제1차 조선교육령은 조선인들의 교육 연한을 초등교육 4년, 중등학교 2~4년으로 규정하였다. 고등교육기관에 속하는 전문학교는 3년 혹은 4년 동안 운영할 수 있도록 규정하였으며, 대학은 설립할 수 없도록 제한하였다. 점차 시간이 흐르면서 일본의 통제는 더 엄격해졌는데 이는 조선 우민화 정책의 하나로 볼 수 있다. 1915년 3월에 개정된 사립학교 규칙을 보면, 학교는 총독부의 허가 없이 설립할 수 없었으며, 설립된다 하더라도 교원의 인사권을 일본이 장악하여 일본어에 능통한 교원만 임용할 수 있었다(이종배, 1969, p. 175, 김영철, 2011b 재인용). 우리 민족의 교육뿐만 아니라 삶 전반에 대한 일본의 탄압은 결국 1919년 고종의 인산(장례)일을 기점으로 거국적인 3·1 운동을 낳게 되었다.

위와 같은 억압적 사회 분위기 속에서 일제 강점기 초기인 1910년대를

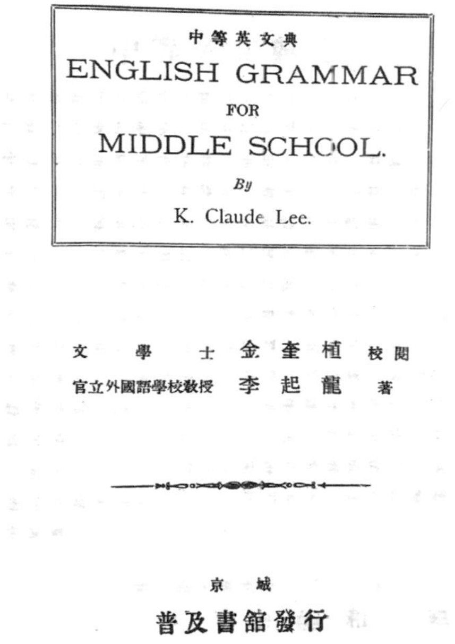

〈그림 3.2〉 이기룡의 〈중등영문전〉 표지

통틀어 영어 학습은 대폭 축소되는 현상을 토인다. 공교육 기관에서 영어 수업 시간이 줄어들었고 그 시간을 일본어가 대체하였다. 공교육의 영어교육 기회가 박탈됨에 따라 부족한 영어교육의 기회는 이 당시에 출판된 몇 권의 영어 독학 참고서들이 대체하게 된다. 독립협회에서 활동하던 정교 선생이 1910년 〈영어독학(英語獨學)〉을 출간하였으나 영어 참고서이기에 본격적인 영어교과서 혹은 문법서로 보기 어렵다(한학성, 2010). 한국인이 저술한 최초의 영어문법책은 관립한성외국어학교 졸업생이자 같은 학교의 영어교사였던 이기룡이 1911년에 저술한 〈중등영문전(English Grammar for Middle School)〉으로 여겨진다(강준만, 2014; 이광숙, 2014, 한학성, 2010). 이기

Contents.

Section I.— Classes and modifications of the Parts of Speech.

Chapter.	Page.
I. The noun	1
1. Classes of nouns	1
2. Number	5
3. Case	9
4. Gender	16
II. The Pronoun	19
1. Classes of Pronouns	19
2. Personal Pronouns	20
3. Possessive Pronouns	25
4. Adjective Pronouns	27
5. Relative Pronouns	30
6. Interrogative Pronouns	33
III. The Adjective	36
1. Classes of adjectives	36
2. Pronominal Adjectives	37
3. Quantitative Adjectives	41
4. Qualifying Adjectives	45
5. Comparison	46
IV. The Article	51
1. Classes of Articles	51
2. The Indefinite Articles	52
3. The Definite Articles	55
V. The Verb	61
1. Classes of Verbs	61
2. Person and Number	64
3. Conjugation	66
4. Tense	72
5. Voice	85
6. Mood	87
7. Verbals	101
VI. The Adverb	110
VII. The preposition	117
VIII. The Conjunction	121
IX. Interjection	123

Section II.— The sentence.

I. Elements of the Sentence	124
II. Kinds of the Sentences	136

〈그림 3.3〉 이기룡의 〈중등영문전〉 목차

룡의 〈중등영문전〉은 서울의 보급서관이라는 출판사에서 1911년 8월 17일 발행되었으며, 내용은 전적으로 규범문법(prescriptive grammar)에 기준을 둔 영어문법책이다(그림 3.2, 3.3 참조). 이 책은 각 챕터마다 문법의 품사별 설명이 있고 그 후에 연습 문제 및 복습 문제가 수록되어 있어 문법서 겸 학습서의 역할을 겸하고 있음을 알 수 있다. 이기룡의 이 책은 학생들이 중상급 이상의 수준이 되어야 학습할 수 있는 내용으로 초보자들보다는 영어를 상당기간 학습한 학생들(예: 한성외국어학교 영어 전공 학생들)의 교재로 보는 것이 타당할 듯 하다(한학성, 2010).

이어 같은 해에 윤치호가 〈영어문법첩경(英語文法捷徑)〉을 출판하였다. 윤치호는 이 책에서 이기룡의 책보다 더욱 세부적인 문법 설명을 시도하고 있는데, 특히 그는 영문법을 도식화하여 통사론적 설명을 시도하고 있다는 점이 특이하다(한학성, 2011). 아래 〈그림 3.4〉와 〈그림 3.5〉는 윤치호의 〈영어문법첩경〉의 표지와 목차 일부이다.

〈그림 3.4〉 윤치호의 〈영어문법첩경〉 표지

英語文法捷徑目次 (1)	英語文法捷徑目次 (2)
目次 (CONTENTS.)	第四章 句語의分析法과圖形法 　　Diagrams 12
第一編　Book I.	第一課　越過動詞와目的詞의圖形 　　Diagrams of the Transitive 　　Verb and its Object 12
第一章　文法入詞　　　　　　　頁 　　Parts of Speech 1	第二課　不越過動詞의圖形 　　Diagrams of the Intransitive 　　Verb 15
第二章　單語와句語 　　A Word and a Sentence 4	第三課　景況動詞의圖形 　　Diagrams of the Verb-to-be ... 16
第一課　單語와句語의分別 　　Difference between a Word 　　and a Sentence 4	第四課　補助動詞의圖形 　　Diagrams of the Auxiliary 　　Verbs 20
第二課　句語의部分 　　The Parts of a Sentence 4	第五課　句飾의釋義와圖形 　　Diagrams of Prepositional 　　Phrases 22
第三章　動詞의種類 　　Kinds of Verbs 6	第五章　初學須知 　　What a Beginner Ought to 　　Know 25
第一課　動作動詞 　　The Active Verb 6	第一課　動詞의語時
第二課　景況動詞 　　The Verb-to-be 8	
第三課　補助動詞 　　The Auxiliary Verb 9	

〈그림 3.5〉 윤치호의 〈영어문법첩경〉 목차 일부

　　1915년 관립한성외국어학교 출신 영어교사 문명진이 〈무사자통영어독학(無師自通英語獨學)〉, 1917년 장두철이 〈무선생영어자통(無先生英語自通)〉을 출판하였다(그림 3.6, 3.7 참조). 1910년대 초반에 출판된 이기룡과 윤치호의 책들이 영어문법에 대한 학술적 설명을 시도한다는 점에서 입문서라기보다는 문법 학습 성격이 강한 책임에 비해, 1910년대 후반으로 갈수록 책 제목이 '선생 없이 영어를 스스로 배우는 법'의 의미를 포함하고 있는 것은 당시 극도로 제한된 영어교육의 기회에서 스스로 공부해야만 하는 조선인들의 상황이 더욱 열악해지고 있다는 현실이 반영된 것으로 이해할 수 있다.

　　〈그림 3.6〉과 〈그림 3.7〉은 한밭교육박물관에서 소장하고 있는 문명진

의 〈무사자통영어독학〉의 표지와 앞 부분에 포함된 내용 일부이다. 〈그림 3.6〉에 이 책의 영어 제목인 〈English Taught Without a Teacher〉에 제시되었듯 이 책은 영어교사 없이 전적으로 독학을 통해 영어를 배울 수 있게 구성된 것임이 명시되어 있다. Lesson 1이 시작되는 〈그림 3.7〉 상단 우측에 나타나 있듯 영어, 한국어, 중국어로 3개 언어가 병기되어 있는 것이 특징적이며, 영어 단어 아래에는 한글로 영어 단어의 소리를 적어 둔 것 역시 특이하다. 영어 발음 기호 대신 한글로 최대한 유사하게 영어 단어의 소리를 재현하는 것이 가능하기는 하나, 영어의 고유한 소리나 억양을 제시하기에는 한계가 명백해 보인다. 따라서 이러한 책으로 영어 구문의 해석이나 번역 수준이 가능했을 것으로 보이나, 원어민과의 의사소통이 가능했던 구한말의 영어교육 수준을 달성하기에는 어려웠을 것으로 추측된다.

〈그림 3.6〉 문명진의 〈무사자통영어독학〉 표지

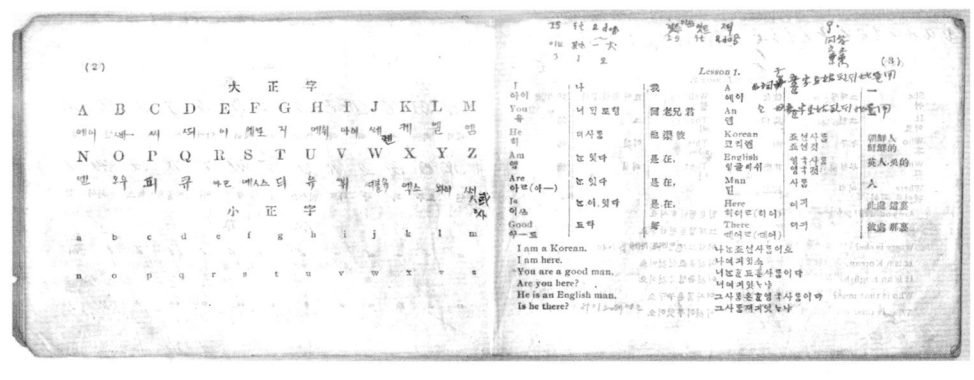

〈그림 3.7〉 문명진의 〈무사자통영어독학〉 내용 일부 (한밭교육박물관 소장)

이러한 명확한 한계점에도 불구하고 문명진의 〈무사자통영어독학〉은 당시 조선인들에게 효과적인 영어 자습서로 인식되었음이 특이한데, 1921년 7월 3일 매일신보의 독자구락부(讀者俱楽部; '독자 클럽'이라는 의미)라는 칼럼에는 다음과 같은 글이 실려 있다.

〈발췌 3.1〉 독학하기 좋은 영어 서적은 〈무사자통영어독학〉
수 일 전에 본란으로 영어 배우기에 적당한 서적을 물으신 것은 곧 내가 대답하려 합니다. 영어도 독학에 필요한 서적은 경성부 남대문통 1정목 17번지 회동서관에서 발행한 〈무사자통영어독학(無師自通英語

獨學)이란 책이 영어 초학자에게 적당합니다. 가격은 60전이올시다.
(매일신보, 1921, 7월 3일)

식민지배 초기 10년 동안 일제 통치를 전후르 하여 많은 조선인들의 일본 유학이 급증하였다는 점 역시 주목할 만한 사회적 변화이다. 당시 일본은 미국 문화를 상당수 받아들인 상태였기에 조선인 일본 유학생들을 통해 식민지 조선에 간접적으로 영어와 미국 문화에 대한 정보가 괄목할 정도로 유입되었던 것 역시 주목할 점이다. 조윤제(1967)를 인용하며 박부강(1974)은 1910년대 당시의 많은 소설에는 주인공이 기국 유학을 준비하거나 이미 유학을 가 있는 인물로 묘사되고 있다는 점을 광범위한 미국 문화 유입의 근거로 들고 있다. 또한 1906년 발표한 우리나라 최초의 신소설인 이인직의 〈혈의 누〉와 1912년 발표된 최찬식의 〈추월색〉에서도 주인공들 모두 혹은 일부가 미국으로 유학하는 것을 고려해 본다면(박부강, 1974), 1910년을 전후로 하여 조선에서는 미국 문물을 동경하고 영어를 학습하고자하는 열망이 민중들에게 급속도로 확산되고 있었음을 알 수 있다.

3.3.2. 제1기(1920~1922년 초): 영어교육 재건기

1919년 3·1 운동을 통해 일제의 3대 조선총독 사이토(齋藤實)는 한국인들의 반일감정을 잠재우기 위해 이른바 '문화정치'를 내세워 제1차 조선교육령에서 한국인들의 교육을 억압했던 학교 규제를 완화하였다. 그는 학교 규제 개편 임시방안을 토대로 1922년에 일제는 제2차 조선교육령을 공포하였다. 제2차 조선교육령에서는 한국의 교육재정과 일본의 교육재정을 동일하게 편성하여 한국인의 보통학교 수업연한을 기존 4년에서 2년 증가시켜 일본인과 같은 6년으로 연장하였다. 고등보통학교는 3~4년에서 5년으로 연장되었다.

또한, 고등보통학교의 선택과목이던 영어를 필수과목으로 개편하였으며, 여자고등보통학교에서는 외국어를 선택과목으로 도입하였다. 이러한 교육과정 개정을 통해 제1차 조선교육령 시기에 폐지되었던 전문학교에서의 외국어 수업은 다시 부활하여 영어를 학교에서 교육받을 수 있는 길이 열리게 되었다(동아일보, 1921a). 외국어(영어) 과목이 필수과목으로 변경되면서, 외국어 과목 시수 또한 일본어 과목 시수와 유사해졌다. 고등보통학교 1학년의 경우에는 외국어 수업시수가 6시간, 일본어 및 한문 교육시간이 8시간이었으며, 2~3학년의 수업시간은 외국어 7시간, 일본어 6시간이었다.

그러나 영어학습의 기회가 모든 학교와 조선인들에게 동일하게 적용된 것은 아닌 것으로 보이며, 경성(서울) 시내를 비롯한 대도시에서 제한적으로 시작된 것으로 보인다. 〈발췌 3.2〉의 동아일보(1921b) 기사를 보면, 학생들이 학교 측에 영어를 학습할 수 있도록 해달라고 동맹휴학을 하였으나, 학교 측에서는 동맹 휴학에 가담한 학생들 모두 정학처리를 한다는 정학 명령서를 발송하였다.

〈발췌 3.2〉 육십팔명을 정학
고양군 숭인면 청량리에 있는 경성 공립농업학교에서는 지나간 19일에 일 학년에 일본인 여섯 명과 조선인 네 명을 제하고는 그 외 68명이 전부 동맹휴학을 하였는데 이제 그 동맹 휴학을 행한 이유를 드는데, 첫째 영어를 가르쳐줄 일, 둘째 교정을 넓혀줄 일, 셋째 시간을 이행할 일 등인데 이에 대하여 … 학교 편에서는 단연히 거절하였음으로 전교학생 68명은 즉시 책보를 싸가지고 집으로 돌아갔다. 학교 편에서는 그 후 여러 가지로 의논한 결과 지나간 이십일일에 그 학생들의 집으로 모두 정학 명령서를 보내었다더라.[2] (동아일보, 1921b, 10월 23일)

문화정치 시대에 조선인과 일본인들의 교육정책이 표면적으로는 평등하게 바뀌었다 할지라도, 위의 기사와 같이 조선인들에게 교육적인 제한이 존재했었다. 그러므로 당시 조선인들의 중·고등교육 취학률은 일본인들과 비교하면 터무니없이 낮았을 뿐만 아니라(이혜영 외 2인, 1997), 인구에 비해 학교시설이 턱없이 부족하였다. 아래에 제시한 〈표 3.2〉는 동아일보 신문기사 내용을 표로 정리한 것이다.

〈표 3.2〉 평양 소재 각급학교 모집 및 지원 현황 (동아일보, 1921c, 9월 24일)

학교명	모집생(명)	지원자(명)
보통학교(초등교육)		
제일공립보통학교	150	200
제이공립보통학교	120	250
제삼공립보통학교	120	210
여자보통학교	200	314
숭덕보통학교	120	300
광성보통학교	150	300
합계	860	1,573
중등학교(중등교육)		
숭실중학교	225	390
광성고등보통학교	150	450
관립고등보통학교	150	489
합계	525	1,329

〈표 3.2〉에서 알 수 있듯, 평양 소재 보통학교에 입학하려는 학생 수는 전부 합하여 1,573명이었지만, 학교에서 수용할 수 있는 인원은 총 860명으로 지원자 중 절반만이 보통학교에 입학할 수 있었다. 마찬가지로 중등학교에서는 총 모집생이 525명이지만 지원자 수는 모집인원의 약 3배에 근접하는 것을 알 수 있다. 이러한 입시경쟁은 일제7- 학력에 따른 고용 및 임금에

---

2 신문기사의 맞춤법이 현대 한글 맞춤법과는 다르므로, 이 책에서는 기사의 내용 및 어조에 변형이 없는 한도 내에서 현대 맞춤법으로 통일하였다.

차등을 두는 제도를 시행한 것에 따른 결과이다. 더 좋은 직업과 고임금을 위해 보통학교와 고등보통학교로 진학하려고 했지만, 당시 조선인들에게는 초등교육에 해당되는 보통학교 입학은 물론 중등 교육기관에 진학할 기회가 많지 않았다. 또 하나 유념해야 할 것은 당시 평양은 부산과 더불어 조선의 제2대 도시의 위상을 지니고 있었으며 일제강점기 초엽이었던 1920년에는 73,855명, 일제강점기 말엽인 1944년에는 총 인구가 34만명에 이를 정도로 많은 주민들이 거주하던 대도시였다는 점이다(이정섭, 2017). 그럼에도 불구하고 1921년에 현재의 초등학교에 단지 1,573명, 중학교에 1,329명만이 지원했다는 점은 교육은 당시 식민지 백성의 의무사항이 아니라 유복하고 여건이 되는 일부 계층에게만 해당된 특혜적 성격이 강했다는 점을 나타내고 있다.

일제에 의해 제공되던 영어교육 공급과 수요의 불균형을 해소하는데 기여한 것은 조선인들이 자발적으로 개설한 야학 및 영어 강습회였다. 이 시기의 많은 신문기사에서 영어 야학회와 영어 강습회 같은 새로운 영어교육 강좌가 자발적으로 개설되었음을 확인할 수 있다.

영어 야학회와 영어 강습소와 같은 새로운 형태의 영어교육시설은 영어를 학습하려는 일반인들과 학생들을 위해 서울을 포함하여 평양, 춘천, 가평, 인천, 남원, 여주, 광주, 대구, 마산, 원주, 부산 등 전국 각지에 개설되었다.

아래의 신문기사에 제시되었듯, 선교사와 원어민 의사 및 교육을 받은 한국인들이 교사가 되어 전국 각지의 야학에서 학생들을 가르쳤다. 영어 학습을 하고자 하는 학생들의 열기는 뜨거웠는데, 영어 야학회가 개강한 지 9일 만에 약 70여 명이 넘는 학생들이 신청할 정도였다. 특히, 부산 교육계의 현상을 회고한 〈발췌 3.4〉과 〈발췌 3.5〉의 동아일보(1921d, 1921e) 기사를 보면 영어야학의 인기를 실감할 수 있다. 아래의 동아일보 기사 내용에는 3개월 동안 부산에 야학회가 6개 소나 신설되었고, 각 야학회마다 지원자가 많아 교실 수용에 어려움을 겪었으나, 향학열은 왕성했다는 내용이 나타나 있다.

〈발췌 3.3〉 춘천영어야학회
강원도 춘천군 예배당에서는 미국선교사 테일러씨와 정명 여학당 교사 지달원씨가 영어야학회를 주최하여 이번 달 8일부터 개회되었는데 일주일에 4번으로 정하고 개회시간은 오후 여덟시부터 아홉시까지다. 교사는 선교사 테일러씨와 야소교병원 의사 힐씨와 동병원 남궁건씨 인데, … 현재 출석인원이 70여명에 달하였으나, 점점 증가 중이며, 장차 청년회도 조직된다고 한다. (동아일보, 1920, 6월 17일)

〈발췌 3.4〉 동래영어강습회
시대의 요구를 따라 영어의 필요성을 절실히 느끼는 동래청년 등은 동래고등보통학교 영어과 강사 현양운씨의 연빙을 기회로 하여 영어강습회를 개최하고 … 매일 5~6시부터 동교 내에서 개학한다더라. (동아일보, 1921d, 4월 16일)

〈발췌 3.5〉 야학회 발흥을 축(祝)하며 지속을 망(望)하노래[바라노래
… 최근 수 삼개월간에 야학회가 6개소나 신설되었도다. 부산 청년회의 경영에 속한 노동야학회와 영어야학회 실업 보습야학회는 개학한지 일개월내에 지원자가 일로 증가되어 그 성적이 우량하며, 부산진여자청년회의 경영에 속한 부산진여자야학회는 개학한지 2개월 미만이나 지원자 칠십여 명에 달하여 교실 수용난의 상태에 이르렀으며 초량 우지제씨의 발기(發起)로 설립된 초양부인야학회는 개학한지 일개월 만에 팔십여 명의 지원자가 있으며, 초량 소년 권학회 여자 야학부는 개학한지 삼개월 내외에 사십여 명의 지원자를 수용하야 전부가 요외의 성황을 정하게 되었다. … (동아일보 1921e, 11월 08일)

이 시기에는 세속적 출세를 위하여 영어를 학습하고자 하는 인구가 점증함에 따라, 영어교육의 대상도 더욱 확장되었다. 특히, 전통적인 체제의 가정이나 사회에서 억압받아 왔던 여성들에게도 영어 학습의 기회가 주어졌다. 당시 조선·동아일보 기사에서는 여성들을 대상으로 하는 야학 기사가 많이 발견된다. 예를 들어, 1921년 미국의 감리교회 여성들의 후원으로 설립된 우리나라 최초의 사회복지기관인 태화여자관(현 태화기독교사회복지관)은 여성들에게 영어를 포함하여 일어, 한문 산술 강습회를 열어 학령기에 교육을 받지 못한 여성들에게 학문의 기회를 제공하였다.

〈발췌 3.6〉 태화여자관 야학과 개설
일찍이 학교 교육을 받지 못한 일반 가정부인을 위하여 보통상식을 넣어주고자 태화여자관에서 강습회를 열어서 영어와 일어와 한문과 산술을 가르친다함은 본보의 이미 알린바, 그 후 입학자가 많아 도저히 주학(晝學)만으로는 다 수용할 수 없으므로 다시 야학부를 설치하고 … 가르친다. (동아일보, 1921f, 5월 18일)

1920년에서 1922년 사이의 영어교육에서 주목할 점은 일제가 표방한 문화정치로 인해 공교육에서 영어를 학습할 기회가 1910년대에 비해 확대되었으나, 이러한 공교육을 통해서 영어 의사소통 능력을 본격적으로 신장시키기는 어려웠다는 점이다. 또한 1919년 3·1운동에 외국인 영어 선교사들이 많이 가담하였다는 첩보를 입수한 일제는 공식적으로는 아니었으나 여러 구실을 내세워 조선에서 외국인 선교사들을 강제 추방하는 정책을 추진하게 된다. 박부강(1974)에 의하면 3·1운동 전인 1916년의 외국인 선교사의 숫자가 460명이었음에 비해, 1922년에는 173명으로 대폭 감소했다고 한다. 따라서 영어 선교사를 통해 사립학교에서 영어교육을 받을 기회는 식민지 조선에서 더욱 축소될 수밖에 없었고, 1920년대 이후 일본인 영어교사가 문법번역식 교수법으로 영어를 가르치는 경향이 강화되는 원인으로 작용하게 되었다.

위에 제시한 신문기사를 종합하여 살펴보면, 제2차 조선교육령에 의해 문화정치로 교육 혜택이 1910년에 비해 다소 확대되기는 하였으나, 공교육을 통한 영어교육 기회는 여전히 조선인들에게 크게 제한되어 있는 것을 알 수 있다. 학령기 조선인 모두가 다 영어를 학습하기를 바란다고 하여 학습의 기회가 제공되지는 않았으며, 심지어 일부 학교에서는 학생들의 영어 학습권을 묵살할 뿐만 아니라 학생들이 더 이상 학교에서 배움을 익히지 못하게 처벌하는 등의 폭압적 성격마저 존재하고 있음을 알 수 있다. 이렇듯 억눌린 영어학습 기회는 자발적으로 조직된 영어 야학회나 영어 강습에 의해 불완전하지만 어느 정도 보완되고 있음을 알 수 있다. 또한, 영어를 학습하려는 학습자 집단은 취학연령의 젊은 학생뿐만 아닌 여성들로도 그 범위가 확산되었다.

3.3.3. 제2기(1922년 말~1937년): 영어교육 안정기

1922년 제2차 조선교육령이 공포된 후 조선인들에 대한 교육적 억압이 완화되었다. 이에 따라 일제는 식민지 유일의 종합대학인 경성제국대학(현 서울대학교)을 1924년에 설립하였다. 일본 본토에 단지 7개만 설립되어 있던 제국대학이 조선에도 설치된 것이다. 이 대학은 식민 통치를 위한 핵심 세력으로 양성되어 졸업 후에는 총독부 요직에 배치되어 세속적 출세를 할 수 있다는 점에서 조선인들 사이에 대단한 인기를 누렸다. 그러나 1945년에 해방되기까지 21년간 존속하였던 경성제국대학을 졸업한 조선인은 단 810명에 불과하였다(전봉관, 2005). 이 대학에 진학하기 위해서 치러지는 입학시험에 영어가 포함되며 영어의 필요성은 나날이 강조되었다. 당시의 영어

시험은 일본어를 영어로 번역 및 작문하고, 또 영어를 일본어로 해석하는 형식의 시험이었으므로 영어 능력 뿐 아니라 일본어가 모국어 수준으로 능통해야 고득점이 가능했다. 이렇듯 경성제국대학의 영어 시험 형식이 복잡한 구문으로 이루어진 영일/일영 번역 형식을 취하였으므로, 어휘의 암기, 문법과 번역이 위주가 된 문법번역식 교수법이 더욱 유행하게 된 것이다. 1926년 Underwood 박사의 기록은 이렇듯 변해버린 식민지 조선의 영어교육 상황을 묘사하고 있다.[3]

> ... [I]t is not surprising that 'the best teacher of English Grammar in the city of Seoul' should be an individual who cannot speak English intelligently but who has thoroughly mastered the puzzles and trick questions of the examinations for the advanced school in this subject.
> ['서울시에서 영어문법을 가장 잘 가르치는 교사'는 영어를 지적으로 구사할 수 있는 사람이 아니라, 영어 과목에서 고등교육기관 입시 최고 난이도의 골치 아픈 문제를 완전히 마스터한 사람이라는 것은 놀랄 일이 전혀 아니다.] (Underwood, 1926, p. 237; 박부강, 1974, p. 98에서 재인용)

영어에 대한 조선 사회의 요구는 조선·동아일보 신문기사에도 반영되어 있다. 예를 들어, 동아일보는 1920년 8월 21일자 신문 1면에 국문과 영문 사설을 병치하고 하단에는 다양한 회사 소개를 한자와 영문으로 병기한 것이 이채롭다. 또한 동아일보는 1923년, 조선일보는 1925년에 지속적으로

---

3   Horace Horton Underwood(1890~1951)는 구한말 조선에 의료선교로 입국하여 광혜원(현 세브란스병원의 전신)을 설립한 Horace Grant Underwood(1859~1916)의 아들이다.

영문란을 신문에 배치하여 주목받는 이슈에 대해 영문으로 제시하고 있다. 1925년 10월 20일 조선일보는 많은 독자들의 요구에 부응하기 위해 영문란을 새로 개설하며, 이것이 찬란한 아침의 나라에서 의견을 개진하는 장으로 활용하기를 바란다는 희망을 피력하고 있다.

또한 이 시기에는 학교의 수준이나 위상을 높일 수 있는 하나의 수단으로 영어교육을 인식하고 있다는 것을 조선일보와 동아일보 기사에서 알 수 있다(동아일보, 1925a; 조선일보, 1925a). 〈발췌 3.8〉의 1925년 조선일보에서는 이화학당(현 이화여자대학교)을 '영어와 음악에 이름난 이화여학교'라고 소개하고 있으며, 〈발췌 3.7〉 동아일보에서는 부내남녀중등학교의 자랑거리로 영어교육이 다른 학교보다 뛰어나다는 점을 들고 있다.

〈발췌 3.7〉 우리 학교 자랑꺼리: 부내남여중등학교특색
우리학교(=부내남여중등학교)는 역사적으로 자랑거리가 있습니다. 금년으로 창립된 지 만 사십년인데 그간에 조선의 문명한 교육의 원조이지요. … 그리고 학교의 내용으로 자랑 할 것은 그곳에야 다 마찬 가지지만, 직원이 일치단합하야 교육에 성의 있는 것과 영어가 다른데 보다 나은 점이 자랑거리가 되는지요? … (동아일보, 1925a, 1월 1일)

〈발췌 3.8〉 영어, 음악에 이름난 이화여학교
서양 촌이라는 별명을 듣는 정동 속 골목 안에는 이화정의 옛터가 아직도 남아 있고 그 안에는 삼사층의 양옥이 가지런히 서있으니 이것이 곧 이화학당이올시다. … 그 학교(이화학당) 학생들은 다른 학교에 비교하여 영어와 음악에 큰 장기를 가졌다 합니다. … 대학 예과쯤 되는 학생들은 영어로 회화가 능통하고… (조선일보, 1925a, 1월 28일)

그러나 제2차 조선교육령 시행 직후, 모든 학교에서 영어교육이 원활하게

진행된 것은 아니었다. 농업, 상업, 공업과 같은 특수성을 지닌 학교에서는 각 학교에 해당하는 과목을 이수하기 때문에 다른 보통고등학교에 비해 영어 수업 시간이 현저히 적었다. 이에 관해 아래에 제시된 〈발췌 3.9〉를 보면, 농업학교에 다니는 학생들이 농업실습의 시간을 줄여 영어 수업 시간을 늘려 달라는 탄원서를 학교 측에 제출하는 등 영어 수업을 열망하는 기사를 찾아 볼 수 있다. 학생들은 영어 수업 시수를 늘리면 재학 중 영어 능력을 향상시키고 졸업 후 더 안정적인 직업을 갖고 더 나은 생활을 보장하는데 큰 도움이 되리라고 여겼던 것이다.

〈발췌 3.9〉 청량리 농교생도 전부 무기정학
기숙생과 통학생이 탄원서 동요될 때 희생자를 위하여 일학년 기숙생 정일수, 김연풍 두 생도가 주모자가 되어 지난 이십육일 오후 네시경 권정안 외 세 명과 협의하여 영어시간을 일주일에 세 시간을 더 늘리고 그 대신으로 매일 두 시간씩 있는 농업실습을 줄일 것과 학교의 내용을 더욱 충실히 할 것과 일학년 담임 재등(齋藤: 사이토) 교사의 교수방법이 불충분한 것 등을 들어 결의문을 짓고… (동아일보, 1924a, 7월 2일)

보통학교와 고등보통학교뿐만 아니라 영어야학회와 영어강습회를 통해서도 전국적으로 영어 학습이 유행하였다(조선일보, 1923). 또한, 교육정책에서 소외받는 계층의 한국인들에게도 중학교에 입학하기 어려운 사람들에게 수학과 영어와 같은 주요 과목들을 가르쳐주기 위해 '수학원'이라는 새로운 형태의 교습소가 〈발췌 3.10〉과 같이 처음으로 등장한다(조선일보, 1925b).

〈발췌 3.10〉 경성 수학원, 수리와 영어를 교수
경성수학원 수리와 영어를 교수 시내 본당이 정목에 있는 경성수학원은 정식으로 중학교에 입학키 어려운 사람에게 중요한 과목을 교수하야

1년 반 만에 졸업을 주기로 된 것인바 그 과목은 대개 수리학과 영어 등이오. 그 강사는 원장삼포의 명산 하종원씨 외 각 대가들이라더라. (조선일보, 1925b, 4월 5일)

교사에게 교실과 같은 현장에서 교육을 받는 야학회나 강습소를 제외하고, 또다른 영어 학습의 수단 역시 생겨났다. 이 새로운 방법은 '통신영어'라 하여 영어를 배우기 희망하는 자들에게 독학교재를 우편으로 보내 스스로 학습할 수 있는 기회를 제공하였다. 이 통신영어는 1924년에는 통신 교수 보급회가 설립되면서 영어 강의록을 매월 한 번씩 독자들에게 발행·제공해 주며 영어 독학기관으로서 역할을 돈독히 하였다(동아일보, 1924b).

〈발췌 3.11〉 통신영어보급회 시내 장사동에 생겼다
영어연구에 많은 노력을 하는 이규홍씨는 우리에게 영어 독습 기관이 없음을 개탄하여 시내 장사동에 조선 통신 영어 보급회를 두고 조선문으로 매월 한 번씩 영어강의록을 발행한다더라...(이하생략)... (동아일보, 1924b, 2월 4일)

한편, 영어를 배우려는 사람들이 늘어가면서, 영어권 국가로 유학을 간 학생들까지 세간의 주목을 받게 되었다. 특히 미국으로 유학 간 학생들의 기사가 자주 보도되고 있는데, 예를 들어, 동아일보 (1923a, 1923b, 1923c)에서는 고등학교 교사로 재직 중인 최 군과 한성은행의 행원으로 은행사무직에 종사하던 이태영 군이 미국의 대학에서 공부하거나, 이화학당에 교사로 재직 중인 홍에스더 양이 미국 켄터키 주에 있는 학교로 유학을 간다는 내용 등이 발견된다.

동아일보와 마찬가지로, 조선일보도 미국 유학생들의 기사를 게재하고 있다. 1926년 기사를 보면, 이화여자전문학교를 졸업하고 다년간 학교에서

음악과 영어를 교수한 박 양과 이화여자전문학교 예과를 졸업하여 중국 남경에 있는 대학교에서 영문과에 재학 중인 이 양이 미국으로 유학을 떠난다는 내용이 발견된다(조선일보, 1926). 미국으로 유학을 떠나는 사람들이 점차 늘어가면서, 언론에서는 유학생을 이상적인 엘리트의 모습으로 표현하고 있다. 이는 일제 강점기의 조선 청장년층에게 미국에 대한 동경을 줌과 동시에 영어 학습에 대한 필요성을 지속적으로 일깨우는 역할을 수행한 것으로 볼 수 있다.

영어에 대한 열망과 영어권 국가 유학의 환상이 점철되며, 당시 많은 수의 학생들이 영어를 전공하고자 하였다. 〈발췌 3.12〉에 제시되었듯 당시 일본 동경 부근 학교에 재학 중인 조선유학생 약 2천여 명 중 영어를 전공하는 학생이 486명으로 가장 많았다(동아일보, 1926).

〈발췌 3.12〉 영어전공 최다
일본 동경 시내와 시외에 있는 조선 유학생 일만 삼천 명 중에 완전한 학교에 학적을 둔 학생이 겨우 이천이십일 명으로 … 그들의 전공 방면을 소개하면 다음과 같더라.
영어과 486명 법률과 351명 사회학과 122명 정치·경제학과 24명 철학, 종교, 물리학과 32명 … (동아일보, 1926, 1월 29일)

영어를 배우러 유학을 떠난다는 것은 선진 문물을 배우는 엘리트가 되어 입신양명의 가장 빠른 길이라는 인식은 20세기 식민지 조선에 크게 유행했던 것임을 알 수 있는데, 이는 우리 역사상 최초의 신소설이었던 1908년 발표된 이인직의 〈혈의 누〉와 최초의 근대 장편소설인 1918년에 출간된 이광수의 〈무정〉에 잘 나타난다. 〈혈의 누〉에서는 일본인 군인에게 양육된 고아 옥련이 희망의 땅으로 묘사된 미국으로 유학을 떠나는 행복한 결말이 제시되어 있으며, 〈무정〉에서도 주인공 이형식과 김선형은 결혼하여 미국

시카고 대학을 졸업한 후 귀국하여 민족계몽에 앞장서는 것으로 묘사되고 있다. 한국 근대 문학에서 역사적 입지를 지니고 있는 이 두 문학 작품 모두에서 미국은 강대국이나 정의로운 민주주의 선진국으로 묘사되고 있으며, 이는 당시 조선 민중들이 미국에 대해 가지고 있던 호의적 이미지가 투영된 것으로 볼 수 있다. 이러한 미국에 대한 동경과 언론을 통한 호의적 이미지의 증폭은 일제강점기 내내 영어에 대한 열풍을 지속시키는 원인이 되었다.

이렇게 미국 유학과 영어에 대한 관심이 날이 갈수록 높아지면서, 이 시기에는 의사소통 중심의 영어교육에 대한 수요 역시 증가하고 있음을 발견할 수 있다. 이는 당시 공교육에서 일본인 영어교사가 문법번역식 교수법에 의해 비실용적 영어 과목에 집중하였던 것과는 대조적 양상을 보인다는 면에서 주목할 만하다. 조선중앙기독교 청년회는 자발적으로 원어민을 초빙하여 실제 발음법을 배우는 강의를 개설하였으며(〈발췌 3.13〉), 함흥 기독교 청년회 역시 원어민 발음법을 익히는 양상이 관찰된다(〈발췌 3.14〉). 2020년대에도 나타나는 공교육과 사교육의 대조적 모습이 약 100여 년 전에도 유사하게 관찰되는 양상이 흥미롭다.

〈발췌 3.13〉 영어발음교수 청강은 무료
조선중앙기독교청년회 교육부 주최로 금요일 외에 동회관내에서 고등 상업학교 교수 크롤리씨를 청하여 영어 실제 발음법을 교수할 것 이라는데 고등보통학교 삼학년 정도 이상 학생에 한하여 청강하게 할 것이며 청강은 무료라더라 (동아일보, 1924c, 9월 26일)

〈발췌 3.14〉 영어발음강좌
함흥 기독교청년회에서는 금반구경차로 내한한 경성고등상업학교 강사 에취 에스 크롤리씨를 청하야 십구일부터 이십일일까지 매일 일곱 시

반부터 해회관 내에서 영어 발음법 강좌를 개최하리라는데 … (동아일보, 1925b, 3월 20일)

1920년대 중반 이후에는 기존의 영어 학습에 새로운 방법이 도입되는 것을 알 수 있다. 이는 라디오 방송국의 개국과 검은색의 원반형 레코드판을 이용한 영어 학습의 시작이다. 1927년 2월 16일 사단법인 경성방송국이 정식으로 개국하면서 한반도에도 라디오 방송을 이용한 영어 강좌가 시작되었다. 초기 방송 프로그램부터 영어 강좌가 편성되어 있다는 점이 이채롭다. 당시 실질적인 방송 시간이 6시간 30분 정도에 지나지 않았던 것을 감안하면 그 비중이 작지 않았음을 알 수 있다(이상길, 2012). 또한 통신 영어 강좌 역시 조선인들의 영어교육에 대한 열망에 힘입어 크게 유행을 하게 된다.

〈그림 3.8〉 이노우에(井上) 영어 강의록 광고

〈그림 3.8〉은 일본 쇼와 4년, 즉 1929년 11월 16일 동아일보 1면 하단에 실린 이노우에(井上) 영어강의록 광고 화면이다. 우측 하단의 문구를 보면, "청년의 등용문인 각종 시험도 영어가 으뜸이다", "영어를 모르고는 레벨에 달할 수 없다", "이번 가을이야말로 입교 영어를 정복하라" 등 지금의 영어학원 광고의 주요 메시지와 큰 차이가 없음을 알 수 있다. 영어학자 겸 사전편찬자였던 이노우에가 1929년 사망한 후에도 이 영어 강좌는 계속 공격적인 판매를 이어갔다. 1930년대에는 당시 보급되기 시작하던 SP 음반

레코딩 기술을 이용하여 통신 영어 사업을 확장시키고 있다. 〈그림 3.9〉는 1936년 3월 29일 조선일보 1면 하단에 실린 이노우에 영어강좌 광고인데, "청소년제군! 이 봄이야말로 입신의 무기 영어를 정복하시라"며 1개월이면 영어를 읽을 수 있고, 2개월이면 영어를 쓸 수 있으며, 3개월이면 영어를 말할 수 있다고 광고하였다.

〈그림 3.9〉 이노우에 레코드 영어 광고

1930년대에도 영어 학습 열기는 계속되었다. 이는 대대적 신문 광고와 미국 유학생들의 귀국 등에 힘입은 바가 크다. 영어 열풍에 따라 안정적인 직장을 가지고 있는 식민지 조선 청년들도 영어를 학습하여 더 좋은 취업의 기회를 얻기 위해 직장을 사직하고 영어를 전공하고자 하는 고민상담도 발견된다(조선일보, 1934a).

1920년대 조선 각지에서 원어민의 영어 발음을 익히고자 하는 영어발음 강좌가 성황리에 개최되던 양상은 1930년대에 더욱 활발한 구어 중심의 영어웅변대회로 발전한다. 이러한 움직임은 새로운 것이라기보다는 과거

구한말의 배재학당, 이화학당의 구어 중심의 영어교육의 명맥이 이어진 것으로 볼 수 있다(제2장 구한말의 영어교육 참조). 일제강점기에 최초로 보도된 영어웅변대회는 1923년 경성고등상업고등학교 주최의 학생 영어 웅변대회였다(동아일보, 1923d). 1930년대 들어 영어웅변대회 기사는 매우 많이 발견된다. 〈발췌 3.15〉와 같이 1932년 남녀 중등학교에 재학 중인 학생들을 대상으로 전 조선 남녀중등교 영어웅변대회가 열렸으며, 16개의 학교가 참가하였다(동아일보, 1932). 또한 1933년 연희전문학교와 1934년에는 이화전문학교에서도 영어웅변대회를 여는 등 영어에 대한 막대한 관심을 보였다. 또한, 〈발췌 3.16〉과 같이 1934년에는 여학생을 대상으로 한 영어웅변대회가 열렸다(조선일보 1934b).

〈발췌 3.15〉 제 일회 전조선 남녀중등교 영어웅변대회
연희전문학교 주최 본사 후원의 제 일회 전조선 남녀 중등학교 영어웅변대회를 오는 십구일 오후 칠시 반부터 열 터인데 … 참가학교는 기보한바와 같이 전 조선에서 16개교로서 벌써부터 자못 성황을 예기한다. (동아일보, 1932, 11월 17일)

〈발췌 3.16〉 조선어. 영어. 여학생 웅변대회
이화전문학교에서는 금년가을에 첫 번으로 전조선여자중등학교생도의 조선어와 영어의 두 가지 웅변대회를 개최한다. 영어부는 구월 이십팔일 조선어부는 그 이튿날 이십구일로 변사는 이 학교에서 한부에 한 사람씩으로 하고 변론시간은 십분이라 하며 참가지 원교에서는 변사의 성명생년월일과 연제와 그 내용의 초고를 오는 유월 말일까지 학교당국으로 제출하여 주기를 바란다고 한다. (조선일보, 1934b, 5월 23일)

또한 1930년대에 영어는 대중과 더욱 밀착되는 양상을 발견할 수 있다.

1920년대부터 시행되었던 영어웅변대회와 더불어 영어연극도 1931년과 1932년도에 연희전문학교와 이화전문학교에서 활발하게 개최되고 있음을 발견할 수 있다. 영어 연극 기사 중 가장 앞서 발견되는 것은 〈발췌 3.17〉에 나타나듯 1923년의 정신여자 중·고등학교의 전신인 정신여학교 학예회 기사인데(동아일보, 1923e), 이 영어 대화극은 연희전문학교와 이화전문학교보다 약 9년 정도 시기적으로 앞선 것을 알 수 있다.

〈발췌 3.17〉 정신학예회
시내연지동 정신여학교에서는 오는 십오일에 학예회를 개최하고 일반 손님을 마저 학교의 내용과 학생들의 살림을 소개하며 희망하는 어른께는 진열한 여러 가지 물품을 즉석에서 팔기까지 한다하며 학예회의 순서는 아름다운 음악으로 비롯하여 일본말과 영어의 대화극도 있고. …
(동아일보, 1923e, 12월 9일)

위와 같이 제2기인 1922년에서 1937년까지 동아일보와 조선일보 신문기사를 통해 당시의 영어에 대한 식민지 조선인들의 인식에 대해 살펴보았다. 이 시기에는 영어가 대학 입시 시험의 과목으로 채택되었고, 이를 바탕으로 영어를 학습하고자 하는 사람들이 급증하였다. 영어를 학습하고자 하는 사람들로 인해 영어 학원, 독학교재, 경성방송국의 라디오 영어, 이노우에 강좌를 필두로 한 통신강좌 영어 등 다양한 형태의 학습소와 매체들이 발흥하게 된다. 또한, 1910년에서 1920년대 초기와는 다르게 이 시기에는 일부 사립 전문학교를 중심으로 하는 의사소통 중심의 영어 말하기의 중요성이 확산되고 있음을 알 수 있다. 1920년대 중반부터는 원어민을 강사로 초빙하여 학생들에게 발음 교육을 하는 수업이 진행되었고, 이는 1930년대 들어 영어 웅변대회 및 영어연극 등으로 더욱 다채롭게 확산됨을 알 수 있다.

3.3.4. 제3기(1938~1945년): 영어교육 소멸기

본 장에서는 일제강점기 제3기의 기점을 1938년으로 설정하였다. 그 이유는 제2차 조선교육령에 의해 문화정치를 표방한 제2기에 비해, 제3차 조선교육령이 공포된 1938년부터는 조선어와 영어 모두 공교육 수업 시수를 급격히 감소시키는 교육적 변화가 발생하였기 때문이다. 1929년 뉴욕증시의 폭락으로 촉발된 세계 경제 공황으로 인해, 1930년대 초에는 전 세계적으로 경제 위기와 사회적 불안감이 커지고 있었다. 일제는 이러한 경제 공황을 대외 침략 정책을 통해 식민지를 확대함으로써 해결하려 했다. 그리하여, 일제는 1931년 9월 중국 만주를 기습 침략 및 점령한 만주사변을 일으켰고, 잇달아 1937년 중일 전쟁, 1941년 태평양 전쟁으로 주변국들에게 큰 고통을 준 제국주의 정책을 전개한다. 조선에서는 전쟁 군수물자를 충당하기 위해 이전까지의 문화통치 체제에서 억압적 민족 말살 통치 체제로의 전환이 일어난다.

이에 따라 일제는 조선인들의 민족정체성을 말살하고 일본천황의 신민(臣民)이라는 인식을 시키기 위해 '황국신민화' 정책을 펼쳤다. 특히 1940년대에 일제는 조선인들에 의해 운영되었던 조선일보와 동아일보를 폐간시키기에 이르렀고, 이를 기점으로 언론 탄압을 시작하였을 뿐만 아니라 교육적 억압도 시도하였다. 1938년 제3차 조선교육령을 통해, 필수 과목이었던 조선어 과목을 선택 과목으로 개정하고 영어 과목 시수를 축소시켰다. 1943년에 반포한 제4차 조선교육령에서는 일제의 전시체제로 인해 전문학교 이상의 수업연한을 단축하는 등의 학제개혁을 단행하였다. 2차 세계대전의 패색이 짙던 1945년 5월에는 급기야 전시교육령을 공포하여 모든 학생들을 군사조직화하여 교육 본연의 의미를 상실하게 된다. 본 장에서 제3기로 구분한 1938년부터 1940년까지 식민지 조선의 영어교육에는 이와 같이 암울한 시대 배경이 작용하고 있음을 고려해야 한다.

그러나 1938년 8월 제3차 조선교육령이 공포되기 전까지는 영어 학습에 관한 신문기사와 광고들을 많이 접할 수 있다. 먼저, 영어교육에 관한 광고로는 이노우에 통신영어학교가 지속적으로 영어는 이 시대에 요구되는 언어이며, 입신출세를 원한다면 학습해야 한다는 주장하며 광고를 하고 있다(동아일보 1938a). 또한 1933년 4월 18일 설립한 경성의 한영고등학원(현 한영고등학교)에서는 영어수업을 신설하여 대학예과어 입학 희망하는 자를 위하여 영어를 가르치기로 하였다는 기사가 발견된다(동아일보, 1938b). 이와 같은 사실로 보아, 제3차 조선교육령이 시행되기 이전까지 영어교육이 여전히 활발히 이루어지고 있음을 알 수 있다.

그러나 1938년 8월 공포된 제3차 조선교육령 이후 영어교육은 급격한 쇠퇴를 겪게 된다. 전술하였듯, 각급 학교의 조선어는 이전까지 필수과목에서 선택과목으로 그 지위가 격하된 반면, 일본어, 일본사, 체육 등의 교과가 강화되는 등의 변화가 있었다. 이러한 변화 중 영어교육과 관련하여 주목해야 하는 것은 중학교 교과목에서의 영어의 위상 변화이다. 제3차 조선교육령에서 규정하는 중학교 학과목으로는 '수신, 공민, 국어, 한문, 역사, 지리, 외국어, 수학, 이과 실업, 도화, 체조'였는데, 의국어는 '중국어, 독어, 불어, 또는 영어'로 한다는 단서 조항이 있었다. 따라서 제3차 조선교육령 이전까지는 영어과목이 외국어 중 필수 과목으로 교수되었으나, 1938년 이후에는 지리적 인접성 때문에 점진적으로 중국어가 영어의 독점적 지위를 대체하게 된다. 따라서 영어교육은 큰 제약을 받기 시작하였다. 1939년 일제의 학무국(현 교육부에 해당)은 각 전문학교 입학시험에서 영어 시험을 폐지하기로 결정하였다. 전문학교에서도 영어는 입시뿐만 아니라 교육과정에서도 전면적 폐지 수순을 밟게 된다. 앞 절에서 언급하였듯이, 이화여자전문학교는 1930년대부터 영어웅변대회 개최 등 영어의 의사소통 기능 활성화를 위해 노력하였으나, 총독부는 1941년부터 이 학교의 영어교육을 폐지시켰다(박부강, 1974).

이러한 교육정책 변화의 원인은 당시 세계 정세에 기인한다. 당시 유럽을 중심으로 시작된 2차 세계대전에서 주축국으로 독일과 이탈리아와 동맹을 결성한 일본 입장에서는 식민지 백성들에게 잠재적 적국의 언어인 영어를 적극적으로 교수할 이유가 없었기 때문이다. 따라서 일본 본토에서는 영어교육에는 본질적 변화가 없었으나, 식민지 조선에서는 1938년 이후 공교육에서 중등 영어교육을 감축하도록 하는 이중적 결정을 내리고 있다. 〈발췌 3.18〉의 동아일보(1939) 기사는 영어 학습이 일본 본토에서는 지속적으로 시행되고 있는 반면, 조선(한국)에서만 영어 과목이 감축되었다는 결정을 보도하고 있다. 결국 군국주의화 되어가는 일본은 교육을 통해 내선일체, 즉, 일본 본토 국민들과 식민지 백성들 간의 일체감을 조성하기 위하여 일본어 교육의 강화와 한국어 말살 정책, 중등영어교육 억압 정책을 펼치게 된다.

〈발췌 3.18〉 영향이 크다
학무국 당국으로서는 신중히 고려한 끝에 실시하느니 만큼 틀리다고는 생각할 수 없습니다. 그러나 지금까지 중요시하던 입학시험 과목중의 하나이던 영어가 없어진 것이니 물론 영향 주는 바가 없다고는 할 수 없겠지요.
첫째로, 조선만 실시하는 것이라 내지(일본 본토)에 가서 입학하려는 학생에게는 불리하다 아니할 수 없을 것이며 둘째로, 내지에 있는 학생 중에 영어 실력이 부족한 학생은 조선내의 상급 학교를 많이 찾아올 것입니다. 그리고 폐지된 영어 대신 다른 과목을 치중해서 입학을 결정하게 될 터이니 그에 따르는 입학 경쟁이 어떤 방향을 보여줄지는 이것도 벌써부터 주목될 것 같습니다. (동아일보 1939, 7월 15일)

본 장에서 규정한 제3기는 제2기에 비해 일제의 제3차 조선교육령에 따라 영어교육이 제한되었다. 따라서 1938년 8월 제3차 조선교육령이 시행된 이후부터 영어는 쇠퇴의 길로 접어들었다고 볼 수 있다. 일제는 새롭게 개정한 제3차 조선교육령을 토대로 한국인들의 교육을 '일본식'으로 전면 개정하는 등 모든 교육면에서 '황국신민화' 교육을 실시하여 민족 고유성을 말살시키려 하였다. 또한, 조선의 각급 학교에서 영어 수업 시수를 대폭 축소하고 입시에서 영어 과목을 폐지함으로써 학생들이 영어라는 언어를 공식적으로 배울 수 있는 기회를 박탈하려고 하였다. 이러한 조치는 조선인들이 영어를 학습해야 하는 이유도, 목적도 없게 만들려는 의도로 보인다.

조선·동아일보가 폐간된 1940년 8월 이후 일제는 본격적인 군국주의 국가의 길을 걷게 된다. 1941년 12월 8일 미국 하와이 해군기지였던 진주만을 폭격함으로써 미국과의 전쟁에 돌입하게 된 일제는 당연한 수순으로 영어 수업을 대폭 감축하였다. 1941년 이전부터 오랫동안 조선에 체류하던 서양 선교사들은 1930년대 말부터 신사참배 거부를 빌미로 조선에서 강제 추방 혹은 자발적으로 이주하게 되어, 1942년 6월에는 연희전문학교를 운영하던 Horace Horton Underwood(한국명: 원한경)를 마지막으로 영어를 구사할 수 있는 모든 서양 선교사가 조선에서 철수하게 된다. 미국과 본격적인 전시상태에 돌입하였으므로 당시 미국으로의 유학이나 여행은 당연히 전면 금지되었으며, 이미 1930년대 말부터 서양 서적 등도 조선에 반입이 금지되었다. 이와 같이, 일제의 억압적인 상황이 지속됨에 따라서 일제 말엽의 영어교육은 크게 위축되었다. 고광만 등의 일부 조선인 영어교사만이 암암리에 영어로 영어 수업을 진행하였다는 증언 등이 발견될 뿐 영어교육의 암흑기가 1945년 해방 직전까지 지속되었다(박부강, 1974).

1945년 8월 15일 일제의 항복 선언으로 갑자기 맞이하게 된 해방 직후 38도선 이후에 진주하게 된 미군 태평양 육군 최고지휘관 더글러스 맥아더

(Douglas MacArthur) 장군은 9월 7일 포고령 제1호를 발표하였고, 그중 제5조의 내용은 다음과 같다.

> 제 5조: 군정기간 중 영어를 가지고 모든 목적에 사용하는 공어(公語)로 함. 영어와 조선어 또는 일본어 간에 해석 및 정의가 불명 또는 부동(不同)이 생(生)한 때는 영어를 기본으로 함. (김영철, 2011b, p. 304)

일제의 패망으로 도래한 해방 정국에서 영어는 한층 더 강화된 공용어의 지위를 가지고 남한 민중들에게 강렬하게 각인되며, 미군에 의한 통치인 미군정 시대가 전개되었다.

3.4. 요약

본 장의 목적은 일제 강점기 시대의 영어는 사회적, 교육적인 측면에서 어떠한 위상을 지녔는지 알아보는데 있었다. 따라서 이 장에서는 조선·동아일보가 창간된 1920년에서 폐간된 1940년까지 21년간 양대 신문에 실린 영어 관련 기사 148편을 수집 및 분석하여 3기로 구분하여 고찰하였다.

본 장에서는 1920년부터 1922년 초의 제1기는 영어교육 재건기, 제2차 조선교육령이 공포된 1922년 말부터 1937년의 제2기는 영어교육 안정기, 1938년부터 신문사가 폐간된 1940년에 해당하는 제3기는 영어교육 소멸기로 총 세 시기로 구분하였다. 우선, 제1기에서는 선택 과목이던 영어 과목은 보통학교와 고등보통학교에서 필수 과목으로 지정되었으며, 고등교육을 받기위해 치러야 하는 입시 과목으로 채택되었다. 이와 같이 영어 과목의 교육적 위상이 높아져 가면서 영어 수업 시수가 부족한 학교에서는 학생들이 학교 측에 영어 시수를 늘려 달라는 요청을 하였으며, 영어교육에 자부심을 가진 학교에서는 특화 교과목으로 영어를 내세웠다.

그러나 이 당시 학교시설 부족과 우민화정책에 내밀려 상당수의 한국인들이 정식교육을 받지 못하였다. 영어 학습을 통해 새로운 취업의 기회를 찾을 수 있다는 인식에 기인한 경쟁적 영어 학습 동기로 젊은 조선인들은 영어 학습에 매진하게 되었다. 이에 따라, 영어 야학회, 영어 강습소와 같은 자발적 학습 공간이 생겨났다. 그 당시 교육의 수혜를 받지 못했던 여성들까지 참여했던 것으로 볼 때 영어 학습은 범국민적 현상임을 알 수 있다.

제2기인 영어교육 안정기는 영어교육의 부흥기로 볼 수 있다. 경쟁적 동기는 더욱 강화되어 상급 학교 입시를 위해서 혹은 취업 기회를 넓히기 위해 영어를 배우려는 양상이 신문에서 자주 발견된다. 영어 야학회, 영어 강습소는 물론 현재 사교육의 원류로 볼 수 있는 영어교육 '학원' 신문광고 역시 발견된다. 또한 이 시기에는 다양한 통신 강의와 라디오 영어 강의도 성행하였다. 영어 열풍은 원어민을 초빙하여 영어 발음법을 교수 받거나, 영어 웅변대회, 영어 연극과 같은 다양한 활동들도 발견되었다. 이 시기에 있어서 영어를 다양한 방식의 수업 혹은 영어를 활용한 활동들이 등장하면서 일제강점기 시대의 영어가 꽃피는 시기라고 볼 수 있다.

그러나 제3기에서는 조선의 정치사회적 환경이 급격히 변화하였고, 이에 따라 영어교육이 소멸하게 된다. 제3차 조선교육령이 공포된 이후 영어 과목은 수업에서 필수과목에서 선택과목 또 점진적으로 교수금지과목으로 변모하였다. 또한 일본의 진주만 공습으로 미국과의 전쟁이 시작된 1941년 이후에는 모든 서양 선교사들이 조선에서 축출되며, 영어 교수는 대폭 축소되는 암흑기를 맞이하게 된다.

앞에서 살펴본 바와 같이, 조선·동아일보 양대 일간지에 나타난 일제강점기의 영어의 사회교육적 위치는 조선에 대한 일제의 정치적 책략에 따라 결정되었다. 제1기 영어교육 재건기부터 제3기 영어교육 소멸기까지 식민지 시대의 조선인들에게 영어는 진학과 취업을 가능하게 하는 중요한 도구로 기능하였다. 즉 사회의 상층 계급을 차지하고 있던 일본인들로부터 더 나은 '사회적 지위' 혹은 '임금'을 얻어 보다 유복한 삶을 영위하기 위한 조선인들의 몇 안 되는 유력한 수단이었던 것이다. 이러한 당시의 교육상은 약 100여년이 경과한 현재의 영어교육과도 유사점이 발견된다. 대학입시의 주요 교과목으로서의 영어, 또한 취업 및 승진을 위한 TOEIC 혹은 OPIc 영어학습 등은 더 나은 미래를 위한 경쟁의 도구로 영어가 여전히 기능하고 있으며 일제강점기의 상황과 사회교육적 유사성을 찾을 수 있는 것이다.

4장. 미군정기와 제1차 교육과정기의 한국 영어교육
- 1945년에서 1963년까지

4.1. 배경

제국주의 일본으로부터 해방된 후, 점령군 미군이 인천에 상륙한 1945년 9월 8일부터 대한민국 정부가 수립되었던 1948년 8월 15일까지 한국은 미국의 정치경제적 원조를 받았고, 그 시기는 미군에 의한 정치가 시행된 기간을 의미하는 미군정기(美軍政期)로 불린다(김영서, 2009). 1945년 설립된 미군정청은 북위 38도 이남에서 대한민국 정부가 1948년에 수립되기 전까지 실질적인 임시정부의 역할을 하게 된다. 즉, 미국은 한반도를 일제 식민 통치로부터 해방시켰지만, 1945년 9월부터 1948년 8월까지 실권을 장악한다. 또한 대한민국 정부가 수립된 이후에도 '남조선 과도 정부'라는 이름 하에 막후 세력으로 간접적 정치 권력을 행사한다(손인수, 1992). 미군정청은 해방 후 혼란스러웠던 정국에서 정부의 역할을 대리하여 남한을 통치하였는데, 이때 미국 유학 경험이 있던 소수의 사람들이 미군정청과 남한 민중의 의사소통 및 친선을 도모하기 위한 가교 역할을 하게 된다. 이에 따른 반대 급부로 그들은 우선적으로 정계에 진출할 수 있는 특권을 독점하게 된다(손인수, 1992; 이정규, 2003). 일제강점기 일본은 식민지 백성에 대한 우민화 정책의 일환으로 고등교육은 물론이고 초등교육 역시 치열한 경쟁을 통해 선별적으로 받게 했었다. 따라서 해방 직후 미군정기에 영어를 잘 구사했던 사람은 희소한 인재였기 때문에 정계에 진출함과 동시에 세속적인 부를 독점할 수 있는 기회를 얻게 된 것이다(강준만, 2009). 이렇듯 영어로 의사소통이 가능했던 인사가 사회적으로 각광받는 분위기가 조성되었고, 독립운동 후 잠적하여 원양어선 항해사로 일하던 신성모가 영어 능력을 인정받아 일약 국방부 장관으로 발탁되기도 한 것은 그 단적인 예로 볼 수 있다(강준만, 2011, 2014). 이러한 사례는 해방 직후 권력 수단으로써의 영어의 위상을 보여주는 것이다.

한국에서 영어가 권력 수단이 될 수 있었던 또 다른 이유는 대한민국 초대 대통령 이승만의 영어 사랑을 꼽을 수 있다(강준만, 2014). 제2장의 개화기 영어교육에서도 잠시 언급되었듯 이승만은 배재학당 졸업생으로 영어 공부에 매진하여 아펜젤러를 비롯한 미국 선교사들의 알선으로 미국 유학을 하였고, 미국 체류 중 오스트리아인 프란체스카 도너와 국제 결혼하여 영어가 능통했던 인물이다(역사문제연구소, 1998). 즉 그가 영어와 관련된 긍정적 경험이 많다는 사실은 대한민국에 영어 열풍을 가중시켰던 부수적 이유로 꼽을 수 있다. 오늘날에는 뉴스 기사로 언급되지도 않을 정도로 사소한 영어교육 관련된 기사들이 신문지상에 게재되었으며, 당시 영어강습에 주력했던 YMCA에 1950년대 말까지 수강생의 수가 매년 20만 명에 육박했던 현상들은 그 당시 영어에 대한 대중들의 높은 관심을 방증한다(강준만, 2014). 영어교육에 대한 노력은 개별 민중의 차원뿐 아닌 각종 학회 및 단체의 창립으로도 이어졌다. 1952년에는 한미재단(American-Korean Foundation)이 설립되고, 1954년에는 한국영어영문학회가 창립되어 유학생 선발과 영어 학술 활동이 본격적으로 시도되었다(김영서, 2009). 이와 같은 시기에 문교부(현 교육부)는 제1차 교육과정을 공포하여 불완전했던 미군정기와 그 뒤를 잇는 교수요목기의 교과 내용과 교수방법을 체계적으로 개편하였다. 이어 1960년에는 이전까지의 미국 교과서를 개작 및 보완하는 수준이었던 영어교과서를 실생활 위주로 난이도를 낮추어 전면 개정하여 우리나라 교육 풍토에 부합하게 하려는 시도가 이루어지기도 하였다(황영순, 2014). 이러한 제1차 교육과정은 이후의 국가 주도 교육과정 수립과 일련의 개정 과정의 초석으로 기능하게 된다(권오량, 2013).

황영순(2014)은 우리나라의 영어교육과정은 사회언어학 측면에서 학습자를 둘러싸고 있는 정치, 문화, 정책, 그리고 외세의 영향을 받아왔다고 강조하는데, 이는 특히 해방 이후 제1차 교육과정기까지를 설명하는데 시사점을 준다. 전술하였듯 해방 이후 미군정, 대한민국 정부수립, 한국전쟁 등의 현대사의 격랑은 우리나라 영어교육에도 지대한 영향을 미쳤으므로 당시의 사회문화적 맥락에 대한 이해는 초기 영어교육과정을 명확히 파악하는데 유용하다.

이에 본 장에서는 일제 식민통치 말엽 제2차 세계대전을 겪으며 전면 금지되었던 영어교육이 해방 후 미군정기에 다시 급부상하며 새로운 영어교육 체제가 어떻게 형성되고 발전되었는지를 고찰하기 위해 미군정기부터 제1차 교육과정까지의 영어교육을 다룬다. 이를 위해 본 장에서는 당시 주요 사건들의 개요를 제시하는 정보인 신문기사를 연구자료로 활용하였다. 네이버 뉴스 라이브러리와 조선일보 전자 아카이브에 접속하여 당시 시대를 대표했던 3대 민간 신문사인 경향신문, 동아일보, 그리고 조선일보 기사들을 중심으로 문헌연구 방식을 활용한 2차 연구방식이 채택되었다(Brown & Rodgers, 2002). 일제 말엽 강제 폐간되었던 동아·조선일보는 해방후 차례로 복간되었다. 또한 1946년 10월 6일 경향신문이 창간되어 본 장에서는 제3장의 일제강점기의 동아일보 및 조선일보에 추가하여 경향신문까지 분

석 대상으로 포함하였다.[1]

　신문 자료 분석을 통해 연구에 포함되는 시기인 1945년에서 1963년 초까지를 1기와 2기로 구분하였다. 1기는 미군이 인천에 상륙하여 미군정청을 설립했던 1945년 9월 8일부터 제1차 교육과정이 공포되기 이전인 1954년 4월 19일까지로 8년 7개월에 해당된다. 2기는 제1차 교육과정이 시작된 1954년 4월 20일부터 2차 교육과정이 공포되기 직전인 1963년 2월 14일로 8년 10개월에 해당된다. 이러한 기간 구분은 김영서(2009)와 문은경(2005)의 선행연구의 분류에 따른 것이다. 김영서(2009)는 미군정기 이후 대한민국 정부 수립, 그리고 한국전쟁이 발발하고 휴전이 이루어진 이후 상당 기간 동안 미국의 교육 원조로 남한 지역에서 미국식 교육이 이루어졌으므로, 이 기간을 하나의 시기로 통합하여 미군정기로 지칭하고 있다. 문은경(2005)은 제1차 교육과정부터 문교부의 통제 하에 국가 교육 체계가 정비되었기에 그 이전과 이후의 영어교육은 질적인 변화가 있다고 하며, 이에 따라 그 전을 1기, 그 후를 2기로 구분하고 있다. 따라서 이러한 선행연구의 분류법에 따라 본 장에서도 관련 신문기사 중 영어교육 관련 내용을 1기와 2기로 크게 구분하여 1기는 미군정기, 2기는 제1차 교육과정기로 명명하기로 한다. 구체적으로 이 장에서는 미군정기부터 제1차 교육과정기까지 당시 우리나라의 사회문화적 요인들이 교육과정과 어떤 역동적 관계를 지니며 발전했는지를 탐구하는 것을 연구 목적으로 한다. 이 장의 연구 문제는 다음과 같다.

1　신문의 이름은 1906년 프랑스 천주교 신부였던 플로리앙 드망쥬가 창간한 주간지 〈경향신문〉을 계승하였다. 이 신문은 1906년 10월 19일에서 1910년 12월 30일까지 간행되었으며, 순 한글판으로 제작되어 애국계몽운동에 영향을 준 것으로 평가받고 있다(한국민족문화대백과사전, 2022). 그러나 1946년 창간되어 지금까지 이르고 있는 경향신문은 20세기 초반에 발간되었던 주간지 경향신문과는 별개의 신문으로 보는 것이 타당할 것이다.

첫째, 신문기사를 통해 분석된 미군정기의 영어교육은 어떠한 특징이 있는가?

둘째, 신문기사를 통해 분석된 제1차 교육과정기의 영어교육은 어떠한 특징이 있는가?

4.2. 연구 방법

4.2.1. 분석 대상

본 장에서는 1945년 9월 8일부터 1963년 2월 14일까지 우리나라에서 발생한 시기별 역사적 사건이 영어교육에 어떠한 영향을 미쳤는지를 고찰하여 영어교육과정에 대해 심도 있게 이해하는 것을 그 주된 목적으로 한다. 필자는 '영어', '영어강습', '영어교육', '영어학교'를 검색어로 지정하여 그 당시에 발간되었던 3대 일간지인 경향신문, 동아일보, 조선일보 기사를 검색하였다. 영어교육과 밀접한 관련이 있는 자료를 수집하기 위해 필자는 먼저 제목에 '영어'가 포함된 신문기사들을 수집했다. 1차로 분류된 자료를 검토하여, 영어교육과 밀접한 관련이 없는 것으로 판단된 기사들은 이 연구의 분석 자료에서 제외했다.

〈표 4.1〉은 최종적으로 본 장에서 사용된 기사의 수를 시기와 신문사에 따라 분류한 것이다. 이 장의 연구를 위해 최종적으로 수집된 총 기사의 수는 262편이다. 〈표 4.1〉과 같이 미군정기에 비해 제1차 교육과정기에 영어교육과 관련된 신문기사가 66편에서 196편으로 급증하고 있음을 알 수 있다.

<표 4.1> 각 시기별 신문기사 수

시기	경향신문	동아일보	조선일보	합계
미군정기	19	23	24	66
제1차 교육과정기	72	73	51	196
합계	91	96	75	262

<그림 4.1>은 시기별 수집된 기사 자료의 비율과 수치를 제시하고 있는데 제1차 교육과정기의 기사가 미군정기보다 296% 이상 증가했음을 알 수 있다. 이는 일제강점기와 한국전쟁을 거친 후 국정이 안정화되어 영어교육 역시 급격히 활성화되었기 때문으로 추측할 수 있다.

<그림 4.1> 각 시기별 신문기사 수와 비율

역사 사료를 수집하고 분석하는 방법으로 문은경(2005)은 1차 자료는 사건의 사실을 보여주는 원자료이고 2차 자료는 1차 자료에서 나타난 사건을 설명하고 해석하는데 타당성을 보완하는 관련 문헌과 학술자료라고 하였다. 또한 Creswell(2013)은 수집된 자료의 다각화(data triangulation)는 연구 주제에 대해 다면적 해석을 제공할 수 있다고 강조한다. 따라서 본 장에서 분석된 1차 자료는 상기한 262편의 신문기사이며 2차 자료는 미군정기부터 제1차 교육과정기와 관련 있는 문헌인 강준만(2014), 김영철(2011a, 2011b), 김영서(2009), 권오량과 김정렬(2011), 손인수(1992) 등의 학술 단행본이 해당된다. 각 시기에 사용된 2차 자료는 <표 4.2>에 정리되어 있다. 신문기사 자료는 역사적 자료로서 사회문화적 현상 탐구의 자료로 사용되지만, 기사가 편집자의 의도에 따라 편향된 기준으로 작성되었을 가능성을 배제할 수 없다

(Franzosi, 1987). 이러한 문제는 연구의 타당성에 문제를 줄 수 있으므로, 편향성을 배제한 채 사회문화적 현상을 해석하기 위해 연구자료를 다양하게 사용할 필요가 있다(Barranco & Wisler, 1999; Franzosi, 1987). Barranco와 Wisler(1999)는 2개 이상의 신문사 자료를 사용하여 다각적으로 기사를 분석, 평가해야 한다고 주장한다. 따라서 본 장에서는 1차 자료로 경향신문, 동아일보, 조선일보를 사용하였고 2차 자료인 문헌자료를 통해 1차 자료를 보완적으로 평가하여 연구의 타당성을 높일 수 있도록 노력하였다.

4.2.2. 분석 방법

본 장에서는 미군정과 제1차 교육과정 각 시기별로 어떤 사건 및 현상들이 대두되었는지 먼저 살피고, 기사에서 제시되는 핵심 사건들이 당시의 사회 현상들과 맺고 있는 의미를 해석하고자 수집된 1차 자료인 신문기사와 2차 자료인 학술 단행본 자료를 질적 연구 분석법 중 하나인 근거이론(grounded theory)에 기반하여 분석하였다. 자료 분석에 사용된 수집된 기사 원자료들 중 한자어로 된 기사들은 모두 한글로 변환 후 전사하였다.

이 장의 연구에 사용된 코딩 방식은 자료를 읽어 나가며 반복적으로 도출되는 주제 혹은 특징적 현상을 분류하는 코딩 방식을 사용했으며(Dörnyei, 2007; Hood, 2009), 이는 근거이론(grounded theory)적 접근 방식과 맥을 같이 한다(Charmaz, 2014; Strauss & Corbin, 1998). 먼저 열린 코딩(open coding)을 통해 수집된 자료를 반복적으로 읽어가며, 특징적인 내용을 기록하며 특징적인 주제명을 부여한다. 다음으로 축 코딩(axial coding)을 통해 열린 코딩에서 부여한 비슷한 주제어를 가진 기사들을 분류하고 상위 단계의 주제어를 부여하며 상위 주제어 간의 위계를 체계화한다. 마지막으로 선별 코딩(selective coding)을 통해 축 코딩에서 분류된 기사 중 의미 있는 기사 내용을 선별하여 분류하고 2차 자료로 전술한 학술 단행본자료와 비교 분석하며 선별된 기사를 해석하여 의미를 부여하는 과정을 거쳤다.

〈표 4.2〉는 1차 교육과정에 사용된 열린 코딩명과 축 코딩명 그리고 2차 자료를 정리한 것이다. 1차 교육과정의 코딩 결과 1) 영어교육 문제점에 대한 인식, 2) 영어교사의 문제점과 교사교육, 3) 영어교과서 개편으로 주제가 도출되었다. 열린 코딩은 신문기사 자료만으로 코딩명을 정하고 축 코딩은 2차 자료를 바탕으로 신문기사를 해석하여 코딩명을 정하였다. 축코딩과 관련된 신문기사 내용을 선별코딩으로 정리하여 일부는 본 장의 발췌문으로 사용하여 2차 자료와 함께 자료를 해석하여 본 장의 연구 결과에 반영하였다.

〈표 4.2〉 제1차 교육과정기 코딩명칭과 2차 자료

제1차 교육과정기		
열린코딩	축코딩	2차 자료
· 영어발음 문제 · 영어교수방법 문제 · 학생들의 영어실력 감소	영어교육에 관한 문제인식	강준단, 2014; 교육신문사, 1999; 권오량, 김정렬, 2011; 김영서, 2009; 김태영, 2016a; 김태영, 김지영, 2017; 문은경, 2005; 피정만, 2011; 황영순, 2014.
· 불충분한 영어교사 수 · 영어교사의 자질부족 · 교사교육 프로그램 확립	영어교사에 관한 문제점과 교사교육	
· 교과서 난이도 하향조절필요	영어교과서 개편	

4.3. 연구 결과

4.3.1. 미군정기(1945~1954): 혼란스러운 비체계적 영어교육

4.3.1.1. 영어에 능통한 인재 육성의 필요성

일제 식민지로부터 해방된 직후 북위 38도 이남에 진주하게 된 미군은 일본군의 무장 해제에 주력하며, 혼란스러운 사회질서를 바로잡고자 다방면으로 노력하였다. 1945년 해방 직후 미국은 한국교육위원회를 조직하고 한국은 미국의 교육 원조를 받아 임시방편의 학제를 공포한다. 따라서 한국 교육사에서 1945년 8월에서 1946년 9월까지 1년간의 이 시기는 긴급조치기로 분류된다. 이후 미군정청은 공포된 학제를 재정비하여 교육에 필요한 핵심 교수요목을 고시하게 되어 후속하는 이 시기는 교수요목기로 구분되며 한국전쟁 이후 제1차 교육과정이 공포되기 전까지 지속된다(권오량, 김정렬, 2011). 전술하였듯 본 장에서는 김영서(2009)와 문은경(2005)의 분류에 따라 긴급조치기와 교수요목기를 모두 포괄하는 명칭으로 미군정기라는 용어를 사용하였다.

해방 이후 남한에서는 영어와 관련된 활동이 급증했는데, 그 원인은 미군정의 실시와 이승만 대통령의 영어 편향을 들 수 있다(강준만, 2014). 당시 미국의 원조에 절대적으로 의존했던 남한에서 친미 성향을 보이는 사람들은 더 많은 미국의 후원을 얻을 수 있었다. 예를 들어, 기독교와 친미파 총장이 재임 중이던 서울 시내의 사립대학들은 미국의 원조로 급성장했던 반면, 민족자본으로 설립되었던 기타 사립대학들은 상대적으로 완만한 성장세를 보였다. 예를 들어 당시 고려대학교 제2대 총장인 유진오가 취임 직후 하버드대학 교환교수로 10개월간 체류하며 미극과의 관계 개선을 위해 취한 노력을 보더라도, 당시 한국 대학들에 미친 미국의 재정적, 교육적 원조의 중요성을 알 수 있다(역사문제연구소, 1998). 이처럼 미국의 원조가 사회 전반에 미쳤던 당시 상황은 한국 사회에서 영어가 더욱 중요하게 인식되게 하였다. 그러나 미군정 실시 후 급속히 일어나고 있던 과도한 영어 열풍에 대해 〈발췌 4.1〉과 같이 동아일보는 미국의 군사적 조치가 일본의 잔재를 척결하는데 일조했으나, 우리의 실정과 맞지 않는 부분과 미국 유학생들과 기독교인들이 과거의 친일 행적에 대한 체계적 검증 절차 없이 지나치게 쉽게 등용된다는 점을 비판하고 있다.

〈발췌 4.1〉 일구축(日驅逐)은 미군(美軍)의 선물(膳物)
불편한 점=조선 사정을 이해 못하고 급속히 미식으로 개조하려고 하기 때문에 우리의 실정과 맞지 않는 점 예를 들면 민중의 여론을 충분이 심사하지 않고 포고를 발령하였다가 여론이 일어난 후에 수정 또는 개정하는 것, 또 일체 수속에 영어문이 필요한 것, 미국 유학생과 기독교도를 편용하며 인물 등용에 인재 본위가 아니고 저명(著名) 본위인 것. (동아일보, 1946, 8월 13일)

이승만 대통령이 1948년 8월 24일에 비준한 한미군사협정은 앞으로 영어를 잘하는 인재가 우대받는 시대가 될 것임을 더욱 확고히 하였다. 영어웅변대회에 대통령상이 수여되고, '오케이 사진관' 등의 영어 상호가 증가했던 당대 분위기도 이 시대적 분위기를 입증한다(강준만, 2014). 미군정기에 보도된 영어교육 관련 신문기사 66편 중 37편(56%)이 영어 강좌, 영어 연극 및 영어 웅변대회와 같은 영어 활동이었다는 사실은, 당시 국가 전반적으로 영어에 대한 관심이 증폭되고 있었음을 나타낸다. 이 중에서도, 영어 웅변대회에 관련된 기사가 16편이었다는 사실은 주목할 필요가 있다〈발췌 4.2〉참조〉. 이는 비록 대화가 아닌 일방적 독백 형식이기는 하나 영어 웅변대회라는 형식을 통해 영어 말하기 활동을 독려하고자 하는 사회상이 반영되어 있기 때문이다. 또한, 고등학생과 대학생을 대상으로 학교 차원에서 진행하는 대회 외에 대통령이 직접 후원하는 웅변대회가 있었던 것을 고려하면, 영어 관련 활동에 대한 정부의 의지를 엿볼 수 있다. 교수요목기에 제시된 영어과 '교수사항'에는 '간단한 영어토론, 연설, 극 등을 연습시킴'이라는 내용이 명시되어 있다. 권오량과 김정렬(2011)은 이러한 명시가 (실제로는 불가능한 목표라 하더라도) 적어도 명목상으로는 실천적 구어중심의 영어교육을 지향했다는 것을 보여준다고 하였다.

〈발췌 4.2〉 학도영어웅변대회(學徒英語雄辯大會) 16일(日)부터 시공관(市公舘)서
학도 영어 웅변대회 16일부터 시공관서: 중앙학도호국단에서는 오는 십육일부터 삼일간에 걸쳐 시내시공관에서 제일회 전국남녀학도 영어 웅변대회를 개최키로 하였다 한다. 그런데 참가 범위도 각 시도에서 선발된 고등학교 학생 남녀 각1명과 매 학교에 1명씩으로 되어있는데 연제는 시사문제로서 자유로 선택하게 되어있다. (경향신문, 1954, 3월 11일)

영어 웅변대회 외에도 영어학습 증진 활동으로 영어 학교와 영어강습이 다수 발견된다. 그 당시 설립된 영어학교로 경찰영어학교, 부녀자 영어학교, 미군 영어학교가 있었고, 영어강습회로는 영어 성경 연구회, 교사교육 연구회, 부녀 영어강습회가 기사에서 검색된다. 일제강점기부터 시작된 영어 웅변대회나 영어 연극과 같은 영어학습 증진 활동은 미군정기와 제1차 교육과정기에도 다시 등장하고 있다. 하지만 미군정기가 일제강점기 및 제1차 교육과정기와 비교해서 영어학습 증진 활동에서 차이를 보이는 부분은 군인과 경찰에게도 영어를 활발히 교육시켰다는 점이다(〈발췌 4.3〉 참조).

〈발췌 4.3〉 군사영어학교설립(軍事英語學校設立)
군정청 국방국에서는 "식크"대장 통솔 하에 군사영어학교를 설립하고 영어를 수업시키기로 되었다. 이들 학생은 극방군직원 122명과 경무국 지원 12명 도합 144명으로 미국에 국방군 교수의 통역일을 맡아 보게 된다 한다. (동아일보, 1945, 12월 28일)

미군정이 실시되면서 '조선 인민에게 고함'이라는 제목의 공고문이 대중에게 선포되었다. 이 공고문 6개 조항 중 다섯째 조항에는 미군정 기간에는 영어가 공용어로 사용되며, 한글과 영문 두 문서의 상이점이 발견되면 영어 원문을 기본으로 더 우선시 한다는 내용이 포함되어 있었다(손인수, 1992). 따라서 남한 민중과 미군 사무관 사이에 영어로 통역해 줄 군인과 경찰의 수요를 채우기 위해서 미군정기에는 군사와 경찰의 영어교육 관련 기사가 빈번히 발견된다는 특징이 있다(〈발췌 4.4〉 참조). 이러한 상황은 대한민국 정부 수립 2년 후 발발한 한국전쟁 기간에도 계속되고 있는데, 〈발췌 4.4〉의 동아일보 1951년 기사는 전쟁 원조를 위해 남한에 증강 배치된 미군과 UN군의 의사소통을 위해 경찰관들에게 영어교육을 시행한다는 기사이다. 이 당시 영어를 유창하게 구사할 수 있는 사람들이 필요했지만, 그 수요를 채우지 못해 직전까지 친일파로 배척당했던 한국인 중에 영어를 구사할 수 있는 사람이라면 과거 행적과 무관하게 공직에 등용되기도 하였다(손인수, 1992). 이러한 사실은 많은 국민들에게 영어를 유창하게 구사하는 것은 과거 행적을 불문하고, 신분과 출신을 넘어서 세속적 출세의 기회가 열릴 수 있다는 점을 각인시키는 계기가 되어 친일잔재 청산이라는 숙제를 후대에 떠넘기는 계기가 되었다. 이에 따라 영어학습의 중요성은 더욱 부각되었다.

〈발췌 4.4〉 한미친선촉진(韓美親善促進) 경관영어강좌개최(警官英語講座開催)
국내에 들어와 있는 많은 외국군인에게 언어하통으로 편리를 보태줌이 없고 또한 이로 인하여 서로 착오가 생기어 한미친선에 적지 않은 지장을 내케 됨에 비추어 오는 8월1일부터 1개월간 경남경찰학교에서 미국인 강사 및 한국인 영어교원을 초빙하여 경찰관에 대한 하계 영어 강좌를 개최하리라 하는데, 경찰당국에서는 경찰관 외에 일반의 수강도 환영하

고 있다 하며 상세한 것은 시내보 영동경찰학교에 문의하여 주기 바란다
고 한다. (동아일보, 1951, 7월 31일)

4.3.1.2. 난이도가 고려되지 않은 영어교과서 및 교재

일반인들의 영어에 대한 지대한 관심과는 대조적으로 미군정청에는 한국의 재건을 위한 철저한 사전준비도 없었고 전문가들 역시 몹시 부족했다. 그 결과, 미군정청 미군의 5%만이 한국의 정치에 관여하게 되고, 미군정청 교육 담당관은 교육 전문가가 아니었던 미국 군인 Lockard 대위가 임명되었다(이정규, 2003). 또한, 미군정청 자문기관이었던 조선교육심의회 위원 총 62명 중 외국 유학 출신 한국인은 46명, 미국인은 11명이었으므로 실질적으로 한국의 상황을 잘 알고 있는 국내파 한국인들은 5명에 불과한 상황이었다(역사문제연구소, 1998). 따라서 이들은 한국의 상황을 정확히 파악하여 교육과정을 수립하는데 태생적 한계를 지니고 있었다(오욱환, 2000).

영어교사와 영어교과서가 절대적으로 부족하다는 점 역시 크고 작은 문제를 발생시켰다. 교육 전문가가 아닌 미군 대위 1인이 남한 모든 지역의 교육을 책임지고 있었다는 사실은 당시 절대적으로 부족했던 교육 전문가의 실태를 여실히 나타내고 있다. 이로 인해, 해방 후 어수선한 사회 환경에서 휴교되었던 학교가 다시 개교하여도 교육이 정상화되기는 매우 어려웠다. 교원 수를 2년 안에 185% 증가시키고, 단기간에 교과서를 출판해야 하는 힘든 상황 속에서 실제 학생들의 수준을 고려하지 않은 영어교과서로 교육이 이루어지기도 했다(김영서, 2009). 김태영과 김지영(2017)은 교수요목기의 중학교 1학년에서 고등학교 3학년 영어교과서를 분석한 결과, 이 시기의 교과서는 학습자의 수준을 고려하지 않았으며 한 교과서 내에서도 어휘, 문법, 독해 지문의 연계성과 체계성이 떨어짐을 밝히고 있다.

〈발췌 4.5〉 영어교재배급(英語敎材配給)
영어교재가 민간물자 배급 계획안에 의하여 입하되어 남조선 각 중등학교에 배급된다. 이 교재는 미국 각 중등학교에서 사용하고 있는 것으로 동화, 시사 문제 등을 취급한 것이므로 각 초급중학교에 매학교 50부씩 고급중학교에는 각 학급에 40부씩 할당하였다. (동아일보, 1948, 7월 6일)

〈발췌 4.6〉 영어주보배급(英語週報配給) 중등교교과용(中等校敎科用)으로
문교부에서는 미국서 수입한 중학교 생도들도 볼 수 있는 쉬운 영어주보를 영어교과서로 쓰고자 배급 중이라는데 그 내용은 동화, 시사문제 등을 취급한 것이라 한다. (경향신문, 1948, 7월 6일)

　신문기사의 내용을 살펴보면 미국에서 사용하고 있는 교재 또는 기독교 영어 주보가 우리나라 각급 학교에 배부되어 학교에서 영어교과서로 사용되었음을 알 수 있다(〈발췌 4.5〉와 〈발췌 4.6〉 참조). 미국학생들의 모국어인 영어로 쓰인 교과서를 같은 학년의 한국 학생들에게 활용한 상황은, 교육전문가의 부재로 인해 학습자의 수준이나 교재의 난이도를 고려하지 못하던 당시의 시대적 한계를 그대로 드러내고 있다.
　환언하면, 해방 이후 남한에 미군이 주둔하게 되면서 남한은 미국의 원조에 의존하였고, 미군과의 의사소통의 필요성이 급증하였다. 또한, 친미 성향 인사들이 관직 등용의 기회를 갖게 되면서 영어의 중요성은 한층 높아지게 되었다. 이에 따른 당시 영어교육의 특징으로 영어 강좌, 영어 연극 및 영어 웅변대회의 활동이 폭발적으로 증가하였고, 해방 후의 혼란스러운 좌우익의 사상 대립 및 한국전쟁 등의 국가적 변란으로 인한 군인과 경찰의 영어실력을 향상시키기 위한 영어교육 기관 역시 설립되었다. 당시 미군정과 대한민

국 초대 대통령 이승만의 영향 역시 영어 수요 급증에 일조했음이 신문기사에 나타나고 있다. 그러나 해방과 한국전쟁에 따른 어수선했던 시대적 상황으로 이렇듯 급증하는 영어 수요를 체계적 뒷받침할 교육 전문가와 교과서는 매우 부족했던 실정 역시 당시 신문기사에서 발견되고 있다.

4.3.2. 제1차 교육과정기(1954~1963): 체계적 영어교육의 태동기

4.3.2.1. 영어교육의 문제점에 대한 반성

미군정기와 1948년 대한민국 정부 수립 후 1950년에 발발한 한국전쟁 등으로 오랜 기간 우리나라의 교육은 체계적으로 시행되지 못했다. 임시방편으로 미군정기에 교육에 대한 긴급조치와 교수요목 제정으로 학제를 정비하는 큰 틀에서의 시도 정도만이 이루어지던 우리나라의 교육 상황은 제1차 교육과정 수립으로 획기적 변화를 맞이하게 되었다. 1954년 4월 20일에 문교부령 제35호로 최초로 공포된 국가 수준의 교육과정은 공식적으로 '교과중심'의 제1차 교육과정으로 명명된다(권오량, 김정렬, 2011). 제1차 교육과정에서는 미국의 원조를 받아 시행된 이전의 교육과정의 문제점들을 파악하여 독자적이고 체계적인 영어교육이 최초로 시도되었다. 아울러 영어교육이 지향해야 할 바와 적합한 교수법에 대해서도 비교적 심도 있는 토론이 신문 지상을 통해 이루어지며 앞으로의 영어교육에 대한 방향성을 모색하게 된다. 특히 조선일보는 일련의 사설을 통해 당시 직면했던 영어교육의 문제를 공론화하고 해결 방안을 피력했던 것은 주목할 만하다. 〈발췌 4.7〉의 신문 사설은 문법번역식 수업에 대한 비효율성을 지적하고 실용적으로 영어를 사용하기 위한 영어교육의 필요성에 대해 역설하고 있다.

〈발췌 4.7〉 영어교육(英語敎育)의 긴급문제(緊急問題): 표준발음(標準發音)에 대(對)하여
··· 영어교사의 자질과 수, 교재와 교수 시설 및 제반 여건 중에서 가장 기본적인 발음 문제에 관하여 일언하기로 한다. (···) 해방 후 등장한 영어는 "산 영어"요 "소리 있는 영어"다. "산 영어"의 교육에 대하여 강조할 가장 기본적인 문제는 더 말할 것도 없이 발음인 것이다. 영미인이 우리에게 희망하는 것은 무엇보다도 명확한 발음인 것이다. ··· 먼저 정확한 발음을 배워야 한다. (조선일보, 1954, 9월 20일)

〈발췌 4.7〉에서는 한국인의 영어 발음 문제를 지적하며 정확한 발음을 배워야 할 것을 강조하고 있다. 문은경(2005)은 제1차 교육과정기의 영어교육을 담당했던 일선 학교 영어교사들에게 여전히 일본식 영어가 잔존하여 영어 발음의 문제가 제기된바, 이를 해소하기 위해 미국식 발음을 습득할 것이 권장되었다고 한다.

제1차 교육과정에서도 교수요목기의 교수법인 문법번역식 교수법과 청화식 교수법(the Audiolingual Method)이 지속적으로 사용되고 있었다. 교수요목기와의 차이는 제1차 교육과정기에는 당시 교육심리학에서 크게 유행하던 행동주의 및 구조주의를 학교 교육에서 수용하여 암기와 반복 훈련에 기반하여 어휘와 문법적 구조를 학생들에게 학습시켰다는 점이다(권오량, 김정렬, 2011). 결국, 행동주의 등으로 이론적 뒷받침이 되었으나, 미군정기에 미군과의 원만한 교류를 위해서 구어 중심 영어교육이 절실했음에도 결국 일제강점기부터 시행되어 왔던 문법번역식 수업에서 탈피하지 못했음을 알 수 있다(김태영, 2016a; 황영순, 2014; Kim, 2021). 다음의 동아일보 기사는 일제강점기에 해석에 의존했던 영어교육 방법을 비판하며 번역식 교육의 비효율성을 지적하고 있다. 또한, 교사들의 발음 문제를 지적하며 더 나은 영어 발음을 위한 훈련을 해야 할 것을 당부하고 있다.

〈발췌 4.8〉 현행외국어교육(現行外國語敎育)의 시비(是非)
전국적으로 영어, 기타 대부분의 외국어교사가 쓰고 있는 교수법은 일제 시대의 것을 그대로 답습하고 있는 현상인데 아마 이것은 일제가 우리에게 남겨준 최악의 것 가운데 하나일 것이다. (…) 영어 공부한 대학생이 간단한 회화 한마디 편지 한 장 자유롭게 못 쓰는 결과가 어디서 온 것인가? (…) 전적으로 교수법이 나빠서 학생들이 병이 든 것이므로 책임은 우리 외국어교사들이 져야 한다. (…) 도대체 대부분의 영어교사가 영어회화를 하지 못한다는 사실부터 비극이다. (동아일보, 1957, 10월 4일)

당시 서울대학교 교수가 쓴 〈발췌 4.8〉은 일제강점기부터 이어져 온 비효율적인 영어교수법을 비판하며 학생들의 회화 실력의 저하와 함께 영어교사의 영어회화 실력을 문제점으로 지적하고 있다. 〈발췌 4.9〉 역시 일제강점기의 영어교육 방법을 비판하고 번역 교육에 사용되는 교재를 문제 삼으며 실생활에 필요한 영어교육을 실시하고 영어발음을 향상시켜야 한다는 의견을 피력하고 있다.

〈발췌 4.9〉 진보(進步)냐 퇴보(退步)냐 英語敎育(영어교육)에 對(대)한 잡감(雜感)
퇴보냐 진보냐 (…) 일제 시대의 학생들이 공부한 방법은 대체로 단어와 난문 해석에 주력을 기울였다. (…) 그러나 근자의 영어교육 방향은 이와 전연 다르다. (…) 번역 교육도 때로는 필요하지 않을까만 영어교실에 있어서 난해한 교재를 영어를 통하여 학생들에게 이해시키려는 노력은 종종 교수로 하여금 비 효과적이 되게 하는 일이 많다. (…) 교사는 자기 발음의 단점을 아는가? (…) 영어교원들은 녹음기나 전문가

앞에서 일학년생으로서 자신의 발음을 훈련할 필요가 있지 아니할까.
(조선일보, 1955a, 7월 10일)

하지만, 이상의 기사에서 공통적으로 다루었던 정확한 영어발음을 연습하고 실생활에 필요한 회화를 학생들에게 교육해야 한다는 주장과는 달리 영어 문법과 독해의 필요성을 강조하는 기사 역시 발견된다. 문은경(2005)은 일제강점기 대학입시 시험을 위한 문법과 독해 교육이 제1차 교육과정기에도 유지되었다고 지적한다. 〈발췌 4.10〉의 기사는 대학입시를 앞둔 수험생들이 알아야 할 영문법을 현직 고등학교 교사가 정리하여 제시하고 있다. 이러한 기사내용은 그 당시 대학입시에서 영문법이 매우 중요하게 다뤄졌다는 것을 제시하고 있다.

〈발췌 4.10〉 대학입시(大學入試)를 앞두고: 영어(英語) 문법(文法)을 철저(徹底)히: 김숙동(이화여고 교사)
입시영어문제의 반 내지 3분의 1을 차지하는 영문법에서 수험생들이 반드시 충분히 익혀 두어야 할 항목은 무엇인가를 적어 보기로 한다. 영문법 문제 하면 으레 동사에 관한 것이 (…) 시제에 관한 문제부터 (…) 조동사에서는 should와 would의 특별 용법 (…) 수동태의 문제에 있어서는 (…) If가 생략되는 경우(…) (조선일보, 1959a, 1월 26일)

〈그림 4.2〉는 제1차 교육과정기에 출제되었던 '대학입학자격 국가고사'의 영어문제이다(조선일보, 1962, 12월 14일 게재). 문제는 총 30문제로 영어발음 강세, 철자, 어휘, 올바른 영작 고르기, 빈칸 추론, 독해로 구성되어 있음을 알 수 있다. 특히 독해 문제는 10문제로 가장 많았는데, 이를 통해 당시 대학 입학시험에서는 실용영어보다 단어, 문법, 독해 영역이 중시되었다는 것을 알 수 있다. 또한 시험의 환류 효과로 인해 당시 중등학교에서의 영어

교육 역시 말하기나 듣기 등의 구어보다는 문어 중심 교육이 이루어졌음을 알 수 있다.

31. Choose the one which has the primary accent on the first syllable.
① deficiency ② elevator
③ violin ④ significant
32. Choose the pair of words which are correctly spelled.
① Piece, truly ② saterday, frequent ③ resume, presure
④ Pamflet, cousin
33. Choose the wrong plural form.
① tooth····teeth ② toy····tyrs
③ sheep····sheep
④ roof····rooves
(34-37) Choose the one which is similar in meaning to the underlined phrase.
34. She made up her mind to go to United States to study.
① hoped ② decided ③ was anxious ④ was willing
35. John was sick and could not take part in the meeting yesterday.
① participate in ② attend to
③ speak at ④ hold
36. You had better learn this poem by heart.
① study hard ② recite
③ memorize ④ appreciate

47. Choose the pair of sentences which can be connected with the word unless.
(1) I will not give you mine. You give me yours.
(2) I am staying away. The doctor said I must do so.
(3) He is better. He will be here.
(4) He is very old. He is quite strong.
48. Choose the correct translation.
「내일 날씨가 좋으면 나는 피크닉 가겠다.」
(1) If it is fine tomorrow, I will go on a picnic.
(2) If it would be fine tomorrow, I will go on a picnic.
(3) If it were fine tomorrow, I will go on a picnic.
(4) If it will be fine tomorrow, I will go on a picnic.
49. Choose the suitable one. When a friend is indiffernt to our advice, we feel
(1) happy. (2) sorry.
(3) confident. (4) grateful
50. The proverb, "strik while the iron is hot", implies :
(1) Take things as they come.
(2) Troubles never come singly.
(3) iron gets hot, if you keed striking it.
(4) Seize the chance when it comes.

(51—54) Read the following and answer the questions :

Dear Jane,
Jean, Paul and I went to the movies last night and saw Hamlet, which is based on Shakespeare's Play of the same name.
It is a tragedy because it ends unhappily with most of the main characters dying, not like a comedy where everything ends happily. Hamlet was the son of the king of Denmark, but the king was murdered by his own brother Claudius, who later became king himself and married Hamlet's mother. In the end Hamlet kills Claudius and avenges his father's death. We liked the movie very much.
Love from
MARY

51. The name of the person to whom this letter was written is
(1) Jane. (2) Mary.
(3) Jean. (4) Paul.
52. The reason why the play is called a tragedy is that
(1) it is funny.
(2) it was written by Shakespeare.
(3) it is dramatic.
(4) it ends with most of the characters dying.
53. The number of the characters in the play that are mentioned here is
(1) three. (2) four.
(3) five. (4) seven.
54. The relation of Claudius to Hamlet is
(1) father. (2) father-in-law.
(3) uncle. (4) brother.

〈그림 4.2〉 대학입학자격 국가고사

영어 문해력 중심의 대학입시를 거쳐 선발된 당시 대학생들은 대학 입학 이후에도 주로 원서를 읽고 학술적 영어에 필요한 문어 중심의 영어 능력이 필요했다. 이러한 현실적 필요성 때문에 〈발췌 4.11〉 기사에서는 학생들이 영어 독해력을 길러야 할 것을 강조하면서 중·고등학교 교과서의 개편을 요구하고 있다. 그 당시 신문기사를 통해 어떻게 교육을 해야 학생들이 영어를 잘 할 수 있는지에 대해서 전문가들이 의견을 제시하고 토론했던 것으로 보아 영어교육에 대한 사회적 관심은 직전 시기인 미군정기와 마찬가지로 매우 높았다는 것을 알 수 있다.

〈발췌 4.11〉 영어교육(英語教育)의 반성(反省): 영어영문학회(英語英文學會) 토론회(討論會)에서 저하(低下)되는 학생실력(學生實力): 근본적(根本的) 검토(檢討)가 긴요(緊要)
(…) 아직도 영어를 실제로 활용할 수 있는 사람은 극소수에 지나지 않는다. (…) 가장 긴급한 것은 대학에서의 전공 부문 원서를 이해케 하는 데 제1차적인 목표를 두어야 하면 그 목적의 달성을 위해 먼저 독서력에 중점을 두어야 한다. (…) 그 다음 교과과정(커리큘럼)과 교과서 문제에 들어가서 중고교부터 교재의 개편이 시급하다는 점을 들고 같은 고교 졸업생이라 할지라도 영어실력의 차가 현저하며 또 일반영어 교재가 대개 그 수준이 너무 높다고 지적되었다. (조선일보, 1959b, 7월 2일)

이상에서 분석한 신문기사 중 일부는 당시 영어교육의 문제로 일제강점기의 잔재인 문법번역식 교수법을 탈피하여 구어 중심의 영어를 가르쳐야 한다고 주장하고 있다. 그러나 일선 고등학교와 대학입시, 또한 대학에서의 영어 원서 독해력을 중시하는 입장에서는 구어보다는 문해력 향상이 더 중시되어야 한다는 상반된 입장을 취하고 있음을 알 수 있다. 따라서 영어교육에 대한 두 가지의 상반된 입장인 구어 대(對) 문어 중심 교육에 대한 의견이 공존하고 있음이 신문기사 분석 결과 나타나고 있다.

4.3.2.2. 영어교사의 문제점과 미흡한 교사교육

영어 발음, 영어 교수법, 교과서와 관련된 문제 외에도 예비교사들의 낮은 교사채용시험 점수와 영어교사 구인의 어려움을 보도하는 기사 역시 발견된다. 〈발췌 4.12〉에서는 해방 후 유학생이 많아졌지만, 여전히 유능한 영어교사는 절대적으로 부족하다는 것을 지적하고 있다. 이는 당시의 교원 수급 상황과 관련 있는데, 해방 직후 우리나라에서는 중등교원의 수가 부족하여 이를 해소하기 위해 1947년부터 교원 임시 양성소가 설치되었다(권오량, 김정렬, 2011). 미군정기와 제1차 교육과정기 모두 교원 충원율이 매우 미흡하였기에 당시에는 교원 확보에 집중하였다. 중등 교원양성을 위한 사범대학 교육 및 교원 자격증 제도가 엄격한 자격요건 검증 없이 시행되었고, 이로 인해 교원의 자질과 전문성에 문제가 있다는 비판이 역시 제기되었다(교육신문사, 1999). 이미 앞 절에서 살펴 보았듯 〈발췌 4.7〉에서는 교사들의 영어 발음을 향상시키기 위한 노력이 필요하다는 것이 언급되고 있고, 〈발췌 4.8〉에서는 교사들이 여전히 일제강점기의 교육법을 답습하고 있다는 점이 지적되고 있다. 또한 〈발췌 4.13〉에서는 영어교사 채용 응시자들이 영문과를 졸업했음에도 불구하고 교사 채용 시험에서 낮은 점수를 받는 영어교사의 본질적 자질 부족 문제를 제기하고 있다.

〈발췌 4.12〉 구(求)하기 어려운 영어교사(英語教師)
영어는 널리 보급되었다고 보겠는데, 그와 반대로 고등학교나 대학에서 우수한 영어교사를 찾아내기란 여간 어려운 일이 아니라 하니 이상한 현상이다. (…) 해방 후 그렇게 미국유학생이 많다고 하지마는 그들 중 영문학이나 영어학에 뚜렷이 두각을 나타낸 신진이 없는 모양이다.
(조선일보, 1955b, 8월 5일)

〈발췌 4.13〉 중(中)·고교영어교사채용시험(高校英語教師採用試驗)
19명중(名中)에 50점이상(點以上)이 겨우 육명(六名)
경북도 당국이 시행한 중·고교 영어교사 채용시험 결과 단 2점을 받은 응시자가 수두룩하여 관계자를 당황케 하고 있다. 일반대학 영문과 4년을 졸업하고 2급 정교사자격증을 가진 19명의 응시자에 대해서 시행한 이번 시험에서 시험결과가 너무나 불량하여 60점의 합격선을 50점으로 내려 겨우 6명의 합격자를 내었다. (경향신문, 1961, 8월 5일)

당시 문교부(현 교육부)에서는 영어교사들의 자질이 부족한 문제를 해결하기 위해 교사교육을 위한 단기 강좌를 개설하여 교사의 자질을 향상시키고자 했다. 이러한 강좌들은 영어교사들의 발음 개선을 주된 목표로 삼았는데, 이 시기 상당수의 영어교사들이 일제강점기에 교육을 받아 일본식 영어 발음을 답습하며 문법번역식 수업을 시행했기 때문이었다(황영순, 2014). 결국, 일제 잔재에서 벗어나고자 했었던 한국의 교육은 이러한 영어교사들을 재교육하는 것이 급선무로 인식되었다. 문교부는 제1차 교육과정을 공포하기 전, 중·고등학교 영어교사의 재교육을 위해 외국어 학원을 설치하여 전국의 중·고등학교 영어교사에게 수강하도록 독려하기도 했다(경향신문, 1953, 4월 1일). 영어교사교육을 위한 강좌 내용은 영문법, 영작문, 영어독해 교수법, 영어 발음, 영문학, 영어학 등 다양했다. 또한, 1953년 10월에는 교육공무원 자격검정령이 공포되어 교원 자격증이 10년으로 규정되고 갱신할 때는 재교육을 받도록 했다(교육신문사, 1999).

〈발췌 4.14〉 영어교사(英語教師)의 FLI수강수속(受講手續)은?
문: 저는 모 중학교 영어교사입니다. 일전 어떤 신문에서 서울대학교 내 문리과 대학에 있는 "에프 엘 아이(FLI)"에 중·고등학교 영어교사도 수강할 자격이 있다고 하였는데 여기서 수강하려면 그 수강 수속을 어떻

게 취하여야 하며 수강 기간은 얼마나 되는지 알으켜 주십시오. (서울 아현생)

답: "에프 엘 아이"에 수강할 수 있는 사람은 첫째 외무부에서 발행된 외국여행 "패스"를 가진 사람, 둘째 외국대학의 입학 허가서를 가진 사람, 셋째 정부에서 해외에 파견하기로 된 공무원들, 넷째 중·고등학교 외국어교사 등인데 정원관제상 중·고등학교 외국어교사는 자리가 있어야 수강이 허용됩니다. 수강 기간은 3개월이며 수강 수속은 수강 신청서에 이상 네 가지 조건을 증명할 수 있는 서류를 구비하여 신청하면 됩니다. (문교부 비서실 이병수) (조선일보, 1957, 7월 23일)

〈발췌 4.14〉는 한 중학교 교사가 서울대학교 어학연구소(FLI, 현재의 언어교육원)에 수강 문의를 한 내용이다. FLI는 영어교사의 훈련, 정부에서 해외에 파견하는 유학생들과 일반인의 어학 훈련 등을 담당했으며(동아일보, 1963, 4월 2일), 현재는 언어교육원으로 명칭이 변경되어 운영되고 있다. 이처럼 제1차 교육과정기에는 다양한 수준의 영어교사 (재)교육을 알리는 기사들과 프로그램에 문의 기사가 발견되고 있다.

4.3.2.3. 영어교과서 개편

이 시기의 학교 영어교육에서 발견되었던 문제는 부족한 교사의 수와 교사의 실력 외에도 학생들 수준과는 적합하지 않은 교과서였다. 제시된 〈발췌 4.15〉와 〈발췌 4.16〉 기사는 중학교 교재의 내용이 지나치게 난해하여 교과서 개편이 시급하다는 내용을 보도하고 있다. 전술하였듯 해방 이후 미군정기와 교수요목기에는 미국의 원조를 받아 미국의 동일 학년 학생들이 사용했던 교과서를 수입하여 사용하거나 미국 선교사들을 통해 들여온 교회 주보를 교과서로 사용하기도 하였다. 김태영과 김지영(2017)의 교수요목기의 중학교와 고등학교에서 사용했던 교과서의 가독성을 분석한 연구에 따르면, 이 시기 우리나라에서 사용되었던 영어교과서는 미국의 역사와 문학 그리고 영시를 다루고 있으며, 그 지문의 수준은 대학생 이상의 수준임을 밝힌 바 있다. 어려운 내용의 교과서를 교육하여 학생들의 실력을 향상시키고자 했던 기대와 달리 교사들의 영어 발음의 문제와 영어의 실제 사용의 어려움(〈발췌 4.7〉, 〈발췌 4.8〉), 학생들의 영어실력의 저하(〈발췌 4.11〉), 영어교사의 부족한 실력(〈발췌 4.13〉)이라는 부정적 결과가 초래된 것이다.

〈발췌 4.15〉 너무 어려운 중학(中學) 영어교과서개편(英語敎科書改編) 내후년(來後年)엔 쓰도록
개편 취지는 현 영어교과서가 너무 어렵고 내용이 충실하지 못하여 그 결함을 덜기 위한 것이라고 하는데, 현 교과서가 너무 어렵다는 것을 단적으로 말해주는 것으로는 사용 단어(어휘)수가 1, 2, 3년용을 합해 1,500개범위내에 있어야 하는데 약 5,000개나 된다는 점, 그리고 (…) 읽기에만 치중되어 있어 실용에 큰 도움을 주지 못하고 있다는 점을 들고 있다. (…) (동아일보, 1958, 8월 23일)

〈발췌 4.16〉. 바꾸게 된 영어교과서(英語敎科書): 쉽고 생활(生活)에 맞는 내용(內容)으로
(…) 암기나 번역 위주가 아닌 학습을 꾀하여 보고자 문교부에서는 내년 신학기를 기해서 우선 중학생용 영어독본을 완전히 새로운 것으로 바꾸게 되었다. (…) 우선 학생들이 쉽게 이해할 수 있는 교과서를 만들자는 것이다. 현재의 교과서들은 대체로 너무 어렵다. 문장의 내용이 우리 생활과는 동떨어진 것이기 때문에 어린 학생들이 이해하기 힘들다. (…) (조선일보, 1959c, 12월 3일)

〈발췌 4.15〉 및 〈발췌 4.16〉과 같은 신문기사들은 기존의 교과서의 문제로 제기되었던 암기와 번역 위주에서 탈피하여 학생들이 쉽게 이해할 수 있는 교과서로 난이도를 하향 조정했다는 것을 보도하고 있다. 그러나 권오량과 김정렬(2011)에 따르면 이 시기에 실제로 개정된 교과서는 학생들의 의사소통보다는 여전히 문법구조를 익히는데 중점을 두고 있었으며, 당시의 미국 구조주의(structuralism)와 행동주의(behaviorism) 심리학의 영향으로 암기와 연습 중심의 학습 위주였다고 비판한다. 문은경(2005)은 교수요목기와 제1차 교육과정기의 교과서를 비교했을 때 교과서 내의 연습문제, 지문, 교재의 소재에 큰 차이가 없어 제1차 교육과정 교과서에서 여전히 미흡한 점이 발견된다고 했다. 이는 충분한 사전 조사가 없었고, 교과서 제작에 대한 전문지식이 여전히 부족한 상황에서 제1차 교육과정에서 요구하는 점을 충분히 고려하여 교과서를 개정하는 것은 현실적으로 불가능하였던 당시의 시대적 한계로 보인다. 하지만 이러한 과도기적 시행착오를 거치며 후속했던 제2차 교육과정 영어교과서에서는 다양한 소재의 영어지문을 수록하고 더 풍부한 문법 용례와 읽기, 듣기, 말하기, 쓰기의 기능을 함양할 수 있는 다양한 활동이 포함되었다(권오량, 김정렬, 2011).

    제1차 교육과정기의 사회문화적 배경에 따른 영어교육의 특징을 살펴보자면, 이 시기에는 영어교육과 관련한 다양한 문제점이 대두되었다는 것에 주목해야 한다. 문법번역식 수업과 한국인 영어교사의 영어발음에 대한 지적 그리고 영어교사의 자질이 부족하다는 기사가 자주 발견된다. 이것은 일본식 영어의 잔존과 당시 구조주의와 행동주의 심리학의 영향이 반영된 것으로 보인다. 교사의 수와 자질의 문제를 신속히 해결하고자 교사 재교육을 위한 단기 강좌가 개설되었다. 또한, 영어교과서가 미국 교과서 지문을 답습하여 우리나라 학생들에게 어렵고 청취나 회화가 아닌 독해 위주, 번역 학습에 초점이 있다는 문제가 지속적으로 제기되었다. 반면 현실적인 독해 중심의 영어 원서 강독의 필요성으로 여전히 회화보다는 문법과 독해력 증진을 위한 학습이 필요하다는 현실론 역시 대두되었다.

제1차 교육과정 후기에는 4·19혁명과 이승만 대통령의 하야, 그에 따른 제2공화국 수립, 그 직후 박정희 소장이 주축이 되어 감행한 5·16 군사정변과 제3공화국의 수립 등의 정치적 격변이 잇따랐다(피정만, 2011). 4·19혁명 이후의 2대 대통령 윤보선과 총리 장면을 비롯한 정치인들 역시 영미권 국가에 유학하여 영어에 능통한 사람들이었고, 미국에 의한 강력한 정치적 개입과 우리나라의 경제적 의존 역시 지속되었다. 제2공화국이 5·16군사정변으로 불과 1년 후 붕괴되고, 이후 수립된 제3공화국은 경제개발 5개년 계획의 시행 및 수출지향 정책을 지속적으로 추진하였다. 이에 따라 영어는 이제 국가 중흥을 위한 통상(通商)의 공용어로서 더욱 각광을 받게 된다(강준만, 2014). 교육과정 역시 1963년에 제1차 교육과정의 문제점을 보완하여 보다 체계성을 갖춘 제2차 교육과정으로 개편되었으며, 이와 함께 영어교과서 역시 개정되었다(김영서, 2009). 이 내용은 후속하는 제5장에서 다루도록 한다.

4.4. 요약

본 장에서 필자는 우리나라가 일제 식민지에서 해방된 후 영어가 사회와 국가 정책의 흐름에 따라 사람들에게 어떻게 인식되었으며, 사회문화적 배경이 우리나라 영어교육에 어떤 영향을 주었는지를 고찰하였다. 이를 위해 1945년부터 1963년 초까지의 기간을 교수요목기를 포함하는 미군정기와 제1차 교육과정기로 나누어 당시의 신문 자료를 분류하고 영어교육과 관련된 주요 역사적 사건을 학술 문헌 자료들을 통해 비교 분석하였다.

본 장의 내용을 정리하면 다음과 같다. 미군정기 우리 교육은 일본 제국주의 교육을 청산하고 민족의 자존심을 회복하고자 하였으나, 체계적 교육을 시행하기에는 태생적 한계가 있었다. 이는 당시 열악했던 경제 상황으로 미국의 원조에 의존해야 했고, 정치적으로는 1945년부터 1948년 정부 수립까지 미군의 직접 통치하에 있었기 때문이었다(이혜숙, 2008; 정성호, 박명림, 장상환, 강인철, 1999). 초대 대통령 이승만이 영어를 즐겨 사용했고 영어를 구사할 수 있는 일부 계층이 막강한 권력을 독점하는 것을 목도한 대중들은 영어교육의 필요성을 절감하게 되었다(강준만, 2011, 2014). 이 당시 신문에서는 영어 웅변대회, 영어연극, 강습회와 같은 영어 관련 활동들을 알리는 기사들이 다수 발견된다. 특히 군인들과 경찰들을 대상으로 하는 영어교육 기관의 설립을 알리는 기사들은 주목할 만하다. 이렇듯 미군정기에 미국의 영향력으로 영어 학습은 민중들에게 세속적 출세를 위한 도구로 인식되었으며, 영어에 대한 전국민적 관심을 증폭시키는 결과로 이어졌다.

그러나 준비 미흡으로 미군정기와 교수요목기의 우리나라 영어교육은 많은 문제점이 노정되었고 이는 신문기사에도 자주 발견되었다. 본 장에서는 미국의 원조로 미국에서 사용된 교과서와 교회 주보를 학교에 배포했다는 기사들을 발견할 수 있었다. 또 다른 문제로 당시 우리나라에서는 일본의 잔재를 청산하고자 노력했으나 학생들을 가르치는 교사들은 이미 일제강점기에 교육을 받았으므로 당시의 일반적 교수법이었던 문법번역식, 독해 위주의 교육을 답습하게 된다. 이러한 문제점들은 이후 제1차 교육과정기의 신문기사에서도 발견되고 있다.

제1차 교육과정이 제정되고 미군정기의 교육 문제점들이 제기되면서 영어교육의 목적과 효과적인 교육 방법에 대한 전문가들의 의견 역시 신문 지상에서 발견되었다. 신문 사설은 대부분 대학교수나 학교 교사들에 의해 작성된 것들로 일본식 영어 발음의 문제, 구어 위주의 영어 구사의 어려움,

학생들의 영어실력 저하, 교사들의 실력 문제, 난해한 교과서, 그리고 문법 위주의 교육 문제를 지적하고 있다. 그러나 이러한 영어교육의 바람직한 지향점 설정은 사회적 합의에 이르지 못하였고, 이상적으로는 회화 중심의 영어교육을 해야 한다는 주장이 있었으나, 실제로는 대학입시를 위한 기존의 문법 및 독해 위주의 학습을 여전히 많은 학생과 교사들이 답습하고 있었다.

이렇듯 제1차 교육과정에서 영어교육에 대중들이 더욱 큰 관심을 갖게 되었던 이유로는 1950년대 전후 대중들의 높은 교육열이 반영된 것으로 볼 수 있다(강준만, 2009; 오욱환, 2000). 사실 입시 열풍의 시작은 '대학생 병역 연기 조치'로 한국전쟁 중에도 자식을 보호하기 위해 대학에 보낸 것에서 시작되었다(김영서, 2009). 이러한 입시 열풍은 영어교육에도 지대한 영향을 미쳤고 학생들의 입시 준비를 위해 문법번역식 수업을 진행한 것으로 보인다. '대학입학자격 국가고사'뿐만 아니라 당시 미국 심리학계의 영향을 받아 행동주의와 구조주의를 기반으로 한 암기식 어휘와 문법 교육 역시 한국의 영어교육에 영향을 미쳤다(권오량, 김정렬, 2011).

많은 영어교육 전문가들은 일제강점기부터 자행되었던 문법번역식 수업의 폐해와 더불어 그 당시 교육을 받은 영어교사들의 발음과 의사소통능력 그리고 교원 자격시험에 문제를 제기했다. 결국, 교사들을 재훈련시키기 위해 현직 교사들을 대상으로 한 다양한 강습회와 공개강좌가 개설되고 신문을 통해 학생들을 모집하는 기사가 다수 발견되었다. 교사 문제와 함께 난해한 교과서의 문제점을 지적하는 신문기사도 발견되었다.

미군정기와 제1차 교육과정의 교육적 특징을 오늘날의 영어교육에 비추어 볼 때, 미군정기부터 이어진 높은 영어교육열은 2020년대까지도 계승되고 있음을 알 수 있다. 미군정기에 발견되는 세속적 출세를 위한 영어 학습은 지금도 토익 등으로 대표되는 공인영어 점수를 획득하기 위해 고군분투하는 취업준비생의 모습과 크게 다르지 않기 대문이다. 당시의 영어 학습은 중학생 이상에 국한되었던 것에 비해 현재는 초등학생과 더 나아가서는 유치원생들까지 이른바 영어 유치원이라는 명목으로 다양한 영어 학습을 하고 있기에, 영어교육을 받는 연령층은 오히려 대폭 확대되고 있다(문화일보, 2019; 서울신문, 2022; 한국경제신문, 2020).

5장. 제2차 및 3차 교육과정기의 한국 영어교육
   - 1963년에서 1981년까지

5.1. 배경

앞에서 살펴본 바와 같이 우리나라의 영어교육은 정권과 시대적 배경에 지속적으로 영향을 받아왔다(강만철 외 5인, 2000; 신동일 & 심우진, 2011). 신동일과 심우진(2011)은 "새 대통령의 취임과 더불어 교육정책, 교육과정, 혹은 입시의 새로운 변화가 꾸준히 실행되었기 때문에 교육과정 혹은 교육 시기의 분류가 새 정부의 재임 기간과 상관성이 높았다고 유추된다"(p. 257)고 한다. 또한 교육에 대한 국민들의 관심이 높은 만큼, "정권이 바뀔 때마다 혹은 교육 행정 책임자가 바뀔 때마다 입시 제도는 예외 없는 수정이나 변화의 대상이 되어 왔다"(강만철 외 5인, 2000, p. 201). 제4장에서 살핀 바와 같이, 1945년 해방 이후의 20여 년의 기간만 보더라도, 미군정기라는 특수한 정치적 상황 속에 영어는 권력 수단으로의 위상을 보여 주었으며, 특히 대한민국 초대 대통령 이승만의 영어 선호에 힘입어, 우리 사회에 영어 열풍은 더욱 가중되었다(김태영, 김지영, 2018). 이후 1960년 4·19혁명을 거쳐 탄생한 제2공화국의 윤보선 대통령 집권기를 거쳐, 1961년 5·16 군사정변으로 집권한 박정희 정권에서는 새마을 운동과 1972년 10월 유신과 같은 커다란 정치적 격변을 겪었으며 이는 영어교육을 포함한 교육과정 개편과 운영에도 심대한 영향을 끼쳤다(안정희, 배성아, 2013).

본 장에서는 미군정기와 제1차 교육과정 이후, 경제적, 사회적, 문화적으로 큰 격변의 시대였던 1960~70년대의 사회적 현상들과 당시의 영어교육 간에 어떠한 상호관계가 나타나는지를 다룬다. 국내에서 발간된 4대 주요 일간지 기사를 통해 제2차 및 3차 교육과정은 어떠한 사회 분위기 속에서 배태되었으며 당시 국민들에게는 어떻게 인식되었고, 이는 이후에 계속 추진되었던 제4차 이후의 교육과정에 어떠한 영향을 끼쳤는지를 살피는 것을 이 장의 주된 목적으로 한다.

제2차 교육과정은 1963년 2월부터 1973년 1월까지 총 9년 11개월에 해당하며, 제3차 교육과정은 1973년 2월부터 1981년 11월까지 총 8년 9개월에 해당한다. 이 시기는 박정희 정권의 제3공화국(1962년~1972년)과 제4공화국(1972년~1979년)과 상당부분 중첩되는 기간으로, 제2차 및 3차 교육과정을 포괄하는 본 장은 우리나라 현 영어교육 상황에도 시사하는 바가 크다. 왜냐하면 제2차 및 3차 교육과정 중 본격적으로 정착된 국가 주도 대학입학 시험과 그에 따른 학생들의 탈동기(demotivation)가 심화되었으며, 정권 교체에 따라 심대하게 영향을 받는 종속적 영어과 교육과정 및 평가체계는 2020년대인 현 시점에도 여전히 해소되지 않은 채로 상당 부분 잔존하기 때문이다.

제2차 교육과정이 시작되던 당시 국내는 4·19 학생운동과 5·16 군사정변으로 인한 정치·사회적 격변기였으며, 국제적으로는 미국과 소련간의 냉전 체제, 우주 경쟁 심화에 따른 과학기술의 중요성이 부각되었다. 1960년대 초기 박정희 군사 정부는 이른바 '조국 근대화'라는 슬로건 하에 재건

국민운동을 추진하였고, 그 일환으로 1962년에 각 도에 교육대학이 1개씩 설치되었다. 또한, 신입생 선발에 공정성을 가하기 위한 대학입학 예비고사와 중학교 평준화 시책에 따른 중학교 무시험제와 같은 입시제도 변화도 발생하였다(강준만, 2009; 한국문화민족대백과, r..d.).

새마을 운동과 1972년 10월 유신을 기점으로 제3차 교육과정이 시작되었으며, 이 시기에 중학교, 국민학교(현: 초등학교), 일반계 및 실업계 고교의 교육과정이 차례로 개정되었다. 영어과 교육 목표 또한 이전의 문법번역식 교수법에 의존하며 독해, 작문, 문법, 회화를 개별적으로 학습하는 것이 아니라, 종합적 학습을 통한 독해력을 기르는 것이 강조되었으며, 의사소통능력에 중점을 두는 계기가 되었다(권오량, 김정렬, 2011; 신동일 & 심우진, 2011). 제3차 교육과정에서는 '자아실현과 국가발전 및 민주적 가치를 함양함'을 전체 교육목표로 삼고, 중학교 절대평가 및 고교 평준화 정책(1974)이 도입되는 등 우리나라 교육사에서 적지 않은 변화가 있었다.

이처럼 제2차와 3차 교육과정은 앞 장에서 살펴보았던 교수요목기와 제1차 교육과정의 영어교육 결과에 기반하여 교수법, 교육목표, 교육과정 등 다양한 측면에서의 변화를 도모하였다. 특히 제2차와 3차 교육과정 시기 중에 미국을 중심으로 유행했던, 듣기와 말하기를 강조하는 청화식 교육법(audiolingual method)이 도입되며, 이를 반영하기 위한 교과서들이 발행되지만, 여전히 의사소통능력보다는 문법 위주의 고사 중심 강의식 수업이 강조되었다는 한계점은 여전히 남아 있었다. 전술하였듯 본 장에서 다루는 1960~70년대의 영어교육과 신문기사에 투영된 당시의 사회의 반응은 현재의 영어교육 현상을 심층적으로 이해하는 것에 도움이 된다. 이는 이 시기의 영어교육에 드러나는 입시위주, 조기영어에 대한 사회적 담론, 학생들의 영어학습 탈동기 등은 현재 영어교육에도 여전히 상수(常數)로 작용하는 중요 문제들이기 때문이다. 따라서 본 장에서는 과거의 영어교육에 대한 정확한 이해를 토대로 현재에도 잔존하는 영어교육의 문제점들을 역사적으로 재조명하며 향후의 방향성을 모색하고자 한다. 이를 위해 본 장에서는 제2차 교육과정(1963.2~1973.1)과 제3차 교육과정(1973.2~1981.11)의 고유한 정치·사회적 맥락 하에 변화된 영어교육 특징 및 한계점들에 대해 심층적으로 이해하는 것을 주 연구 목적으로 한다. 본 장에서 설정한 구체적 연구 문제는 다음과 같다.

첫째, 신문기사를 통해 분석된 제2차 교육과정의 영어교육은 어떠한 특징과 한계점을 지니는가?
둘째, 신문기사를 통해 분석된 제3차 교육과정의 영어교육은 어떠한 특징과 한계점을 지니는가?
셋째, 신문기사를 통해 분석된 제2차 및 3차 교육과정의 영어교육은 현재의 영어교육에 어떠한 시사점을 주는가?

5.2. 연구 방법

본 장의 분석 대상 기간은 양차의 교육과정에 해당하는 1963년 2월부터 1981년 11월까지로 한정된다. 2023년 기준 현재 약 60여 년 전의 우리나라 영어교육의 상황을 분석하고 있으므로 앞 장과 마찬가지로 이 장에서도 역사적 연구방법을 취한다(Cohen, Manion, & Morrison, 2000). 이를 위해 제2차 및 3차 교육과정의 특징과 변화를 추동한 역사적 사건들을 신문기사를 중심으로 문헌연구 방식을 활용하였다. 해당 시기에 대한 객관적 파악을 위해, 1차 자료로는 당시에 발간되었던 4대 일간지 신문들을 확인하였으며, 경향신문, 동아일보, 매일경제 및 조선일보의 전자 아카이브에 접속하여 검색어를 '영어', '영어교육', '영어교실' '학교 영어'로 지정하여 검색하였다. 그 후 신문 자료로는 영어교육과 다소 거리가 있거나 전혀 관련이 없는 광고성 기사는 제외한 후 재분류하였다. 이를 위해 기(旣) 수집된 1차 자료에 해당되는 신문기사들은 2차 자료인 Kim(2021), 김영철(2011a, 2011b), 권오량과 김정렬(2011) 등을 포함한 다수의 한국의 영어교육 역사 관련 서적들을 기반으로 재해석되고 종합적으로 분석되었다. 아래 〈표 5.1〉은 최종적으로 본 장에서 사용된 기사의 수를 시기와 신문사에 따라 분류한 것이다. 본 장의 연구기간인 제2차 및 3차 교육과정 기간에 해당되는 관련 기사의 수는 총 302편이었다. 〈표 5.1〉과 같이 제2차 교육과정에 비해 제3차 교육과정에 영어교육 관련 신문기사가 115편에서 187편으로 대폭 증가하였음을 알 수 있는데, 이는 영어교육에 대한 사회적 관심이 점진적으로 증가하고 있음을 나타내는 수치이다.

〈표 5.1〉 각 신문사별 기사 수

기간	경향신문	동아일보	매일경제	조선일보	총
제2차 교육과정	41	49	8	17	115
제3차 교육과정	57	81	26	23	187

〈표 5.2〉는 제2차와 3차 영어교육시기에 신문기사에서 반복적으로 발견되는 우리나라 영어교육 내용을 공통된 주제별로 분석한 결과이다. 먼저 대분류 항목으로 1) 학교교육 및 개발, 2) 입시 및 진학, 3) 사교육, 4) 실용영어, 5) 기타로 구분하였다. 이후 학교교육 및 개발은 1) 어린이 및 초등학교 영어교육, 2) 중·고등학교 영어교육, 3) 교사 재교육 및 교수법 연구, 4) 교과서 및 교육과정 개편으로 소분류화 하였다. 입시 및 진학은 1) 고등학교 입시와 2) 대학교 입시로 나누었으며, 제2차 및 3차 교육과정기의 두드러진 특징 중 하나인 사교육을 따로 분류하여 신문기사에서 드러났던 당시 공교육의 어려움들과 그에 따른 사교육 시장의 확대 문제를 조명하였다. 이외

실용영어는 1) 영어회화 및 웅변, 2) 실습기자재, 3) 유학으로 구체화하여, 특히 기술발전에 따른 영어 학습 자료의 다양화와 점진적인 유학생 증가 등 당시의 사회적 현상을 유목화 하였다. 이와 같이 본 장에서는 〈표 5.2〉의 대분류 및 소분류 기준들을 참고하여 해당 교육기간 사이의 유의미한 차이를 보여주는 주제들을 중점적으로 탐구하였다.

〈표 5.2〉 제2차 및 3차 교육과정의 신문기사 분류

대분류	소분류	2차 해당 신문기사		3차 해당 신문기사		2, 3차 기사 수 증감
		빈도수	백분율	빈도수	백분율	백분율
학교 교육 및 개발	어린이 및 초등학교 영어교육	10	8.70%	35	18.72%	▲10.02%
	중·고등학교 영어교육	14	12.17%	20	10.69%	▼1.48%
	교사 재교육 및 교수법연구	13	11.30%	12	6.42%	▼4.88%
	교과서 및 교육과정개편	19	16.52%	22	11.76%	▼4.76%
입시 및 진학	고등학교 입시	4	3.48%	4	2.14%	▼1.34%
	대학교 입시	11	9.56%	19	10.16%	▲0.6%
사교육	과외 및 학원	6	5.22%	11	5.88%	▲0.66%
실용 영어	영어회화 및 웅변	32	27.83%	37	19.79%	▼8.04%
	실습기자재	0	-	16	8.56%	▲8.56%
	유학	0	-	4	2.14%	▲2.14%
	기타	6	5.22%	7	3.74%	▼1.48%
	합계	115	100%	187	100%	-

〈그림 5.1〉은 시기별 수집된 기사자료수의 증감을 〈표 5.2〉의 소분류에 의거하여 제시하고 있다. 전술하였듯, 전반적으로 기사 수는 2차에 비해 3차에서 증가하고 있는 것을 알 수 있으며, 특히 '어린이 및 초등학교 영어교육', '실습기자재' 부문에서 제2차 교육과정 기사 수 대비 3차에서의 두드러지는 기사 수의 증가를 볼 수 있다. 이는 후술하겠지만, 1970년대에 들어서

면서, 점차 초등학생들이 포함된 조기영어로의 관심이 확대되고, 국가의 산업기술 발달에 따라, 학교뿐만 아니라 개인을 위한 카세트 및 영어회화 자료가 판매되었기 때문으로 볼 수 있다. 또한, 우리나라가 점진적인 경제적 성장을 거치면서, 유학생의 수가 증가하였으며 이에 대한 대중의 관심도가 높아진 요인도 작용하는 것으로 보인다.

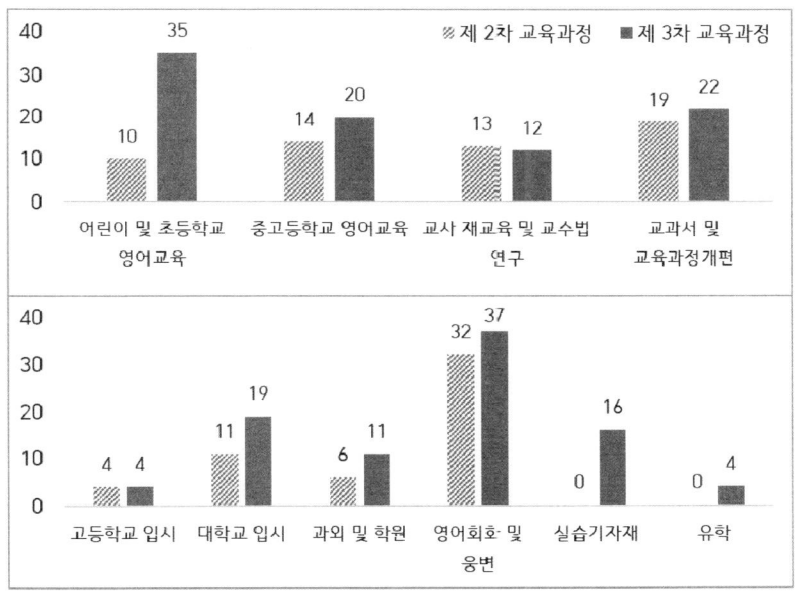

〈그림 5.1〉 제2차와 3차 교육과정의 주제별 기사 수 증감

5.3. 연구 결과

5.3.1. 제2차 교육과정(1963.2~1973.1)

5.3.1.1. 제2차 교육과정의 특징

(1) 청화식 교수법의 도입과 발전

앞선 제4장에서 상세히 고찰하였듯, 해방 이후 18년간 미군정기(교수요목기)와 제1차 교육과정을 거치면서, 우리나라는 교육 전반에 걸쳐 여러 난관에 봉착하게 되었다. 국가적으로는 6·25 전쟁과 휴전 성립 직후 경제가 복구되지 않은 관계로 교육 전반에 대한 충분한 투자가 이루어지지 못했다. 하지만 이 시기에도 높은 교육열로 인한 상급학교 진학이 주 관심사가 되어, 이미 입시 위주 교육이 만연해 있었다. 이로 인해 영어교육 또한 암기 위주, 단순한 문법 규칙을 바탕으로 영어를 모국어로 해석하는 문법번역식 교수법이 지속되었다(권오량, 김정렬, 2011; 문은경, 2005). 〈발췌 5.1〉은 영어교육 발전을 위해 열린 세미나 내용을 언급하고 있으며, 해방 이후 20년간의 영어교육을 반성하며, 중·고교 영어교육의 정상화를 위한 토론이 있었음을 알 수 있다. 또한, 세미나에서는 대학입시 영어 출제방식이 고교 영어교육에 끼치는 폐단과 앞으로의 입시 영어 출제에 대한 새로운 방법들을 모색하고 있음을 알 수 있다.

〈발췌 5.1〉 英語敎育(영어교육) 20年(년)의 反省(반성)
초기[해방직후] 영어교육의 목적은 歐美文化(구미문화)를 받아들이기 위한 수단으로서만 영어교육이 등장했으므로 日本(일본)과 마찬가지로 완전히 讀解力(독해력)만을 위주로 한 교수법에 치중하여 文法(문법)과 번역만이 중시되어... 사운드 트레이닝과 聽力(청력)·表現力(표현력)테스트를 大入(대입)출제에서 다루지 않는 한 中高校(중고교)의 會話(회화)와 프로덕숀(表現力(표현력))위주의 영어교수법이란 백년이 흘러도 공염불에 불과하다는 점... (동아일보, 1966, 9월 1일)

해방 직후 초기 영어교육은 독해력 향상을 위주로 한 교수법에 치중하여 문법과 번역만이 중시되어 왔다. 또한, 〈발췌 5.2〉를 통해, 단순한 암기식 입시 위주 교육은 중·고등학교를 거쳐 대학을 졸업 시까지 십여 년간 영어를 공부했음에도 불구하고 막상 외국인들을 만났을 때 의사소통에 어려움을 겪게 되는 것이 외국어 교육의 맹점이라 비판받았음을 알 수 있다. 학교에서의 영어교육이 문법과 독해력에 주안점을 두고 있기 때문에 이를 해결하기 위해서는 '회화 교육 시간의 비중을 높여야 하지 않겠느냐'는 우려 역시 발견된다.

〈발췌 5.2〉 현실에 맞게 교육시키토록: 大學(대학)나와도 技術(기술)없어 失業(실업)
우리나라의 다음 세대를 짊어질 2세들의 교육문제는 한시도 도외시 될 수 없는 큰 문제가 아닐 수 없다... 중·고등학교 더 나아가서 대학을 나오도록 십여 년간 영어를 공부해 온 사람이 막상 외국인을 만나면 자기의 의사표시 한 번 못하고 당황해야 하는 난센스를 흔히 볼 수 있다. 이것은 곧 현재 실시되고 있는 외국어 교육에 있어서의 맹점인바, 학교에서의 교육이 거의 文法(문법)과 讀解力(독해력)중심의 시간 배당이고 보면 당연한 귀추이기도 한다. 이러한 문제를 시정하기 위해서는 회화 교육 시간의 비중을 높여야 하지 않겠느냐 하는 것이다... (경향신문, 1970, 3월 20일)

제2차 교육과정과 이전 교육과정의 가장 큰 차이가 있다면 영어 교수법을 다각화하려 시도했다는 점이다. 제1차 교육과정의 교과서는 "내용이 너무 어려우며 듣기 말하기 읽기 쓰기의 순서로 엮어진 것이 아니라 '읽기'에만 치중되어 있어 실용에 큰 도움을 주지 못하고 있다는 점(동아일보, 1958)" 때문에 비판받았다. 이에 따라 제2차 교육과정 영어교과서는 구어체 표현들을 주로 포함시키며, 많은 반복을 통한 문장 암기와 연습을 학생들에게 제공하도록 편찬되었다(김영서, 2009). 제2차 교육과정에서는 교육목표에서 듣기와 말하기를 읽기와 쓰기보다 더 우선에 두어, 이전까지의 단순한 반복을 통한 암기식 학습을 지양하였다. 대신 의사소통을 강화하는 구어 능력, 즉 듣기와 말하기를 강조하며 자연스럽게 청화식 교수법이 도입되었다(권오량, 김정렬, 2011).

그러나 청화식 교육법이 실제 교육 현장에서 구현되기에는 많은 현실적 제약이 존재하였다. 예를 들어, 영미권 실생활 경험을 토대로 영어 교과를 운영할 것이 요구되었지만, 의사소통의 대상이 될 만한 영어 모국어 화자를 실생활에서 찾기 어려웠을 뿐 아니라, 교과서상의 단순한 대화문만을 반복적으로 따라 읽고 암기하는 것으로는 정확한 구두 훈련이 되지 못했다. 또한, 이러한 훈련이 정확하게 진행되는지를 확인할 수 있는 유능한 감독관 역시 부재한 실정이었다(김영서, 2009). 결국 이러한 학습 이론과 교실 현장에서의 괴리를 극복하기 위해 의사소통 능력을 강화하려는 교사 재교육이 다각적으로 시행되었음을 알 수 있다.

제2차 교육과정에는 듣기와 말하기를 중심으로 하는 생활 영어 사용능력이 강조됨에 따라 〈발췌 5.3〉과 같이 현직 중·고등학교 교사들에 한하여 미국으로 연수를 보내는 등 국가적 차원에서의 지원도 발견된다. 또한, 국제 교환교육 협의회를 통하여 선발된 현직 고등학교 영어교사 2명이 위스콘신 대학원에서 6개월간 영어교수법을 훈련받으며, 보다 더 실제적인 청화식 교육법을 위해 녹음테이프 등 미국 현지에서 영어교육 도구들을 지원받은 사례도 보도되고 있다(동아일보, 1969a). 또한, 〈발췌 5.4〉와 같이 교사들뿐 아니라 학생들의 의사소통 능력을 증진하기 위한 노력 역시 지속되었다. 학생들 개개인의 실제적 영어 구사 능력 함양을 위하여, 아래 〈발췌 5.4〉에 제시되듯, 한미 토론대회 및 전국적으로 다수의 웅변대회가 시행되었음을 알 수 있다.

〈발췌 5.3〉 英語敎師(영어교사) 연수생결정
… 美國(미국)에 파견하는 現職中高敎(현직중고교) 英語敎師(영어교사) 장학 연수생이 결정되었다… 뉴욕에서 간단한 예비교육을 받은 후 美國(미국) 東部(동부)의 선정된 大學(대학)에서 四(사)주일동안 영어교수법 훈련을 거쳐 약 二(이)주일 반 동안 美國(미국)가정에서 생활하면서 산 영어를 배우는 기회를 갖는다. (동아일보, 1971, 7월 19일)

〈발췌 5.4〉 韓美高校生(한미고교생) 討論大會(토론대회)
시사영어사에서는 月刊(월간) 高校英語(고교영어) 창간에 즈음해서 韓美高校生(한미고교생) 친선 討論大會(토론대회)를 계획하고 있다… 토론제목은 1. 國際理解(국제이해)를 증진시키려면 2. 高校生(고교생)이 민주주의에 공헌하려면 의 兩者擇一(양자택일)이다. 참가자격 및 인원=男女韓美高校生(남녀한미고교생) 5명씩… (경향신문, 1963, 3월 7일)

(2) 영어교육 대상의 확대 논의: 국민학교 영어 조기 교육

전술한 바와 같이 제2차 교육과정이 현 영어교육에 끼친 영향은 적지 않다. 이 당시 국민학교에서의 음성적 영어 교습 확대 문제가 경향신문에 보도되고 있는데, 이는 현재까지도 우리나라에서는 영·유아를 대상으로 하는 영어 유치원, 영어 캠프 및 다양한 사교육 시장, 조기유학 등으로 유지되어 오고 있다는 점에 주목할 필요가 있다.

〈발췌 5.5〉 국민교서 英語(영어)수업
서울시 교육위원회는 8일 국민교생들에게 정규수업시간에 영어를 가르

친 경기국민학교 강희준 교장, 계성국민학교 김경희 교감을 직위해제토록 두 학교의 재단에 통고했다. 두 사립 국민학교는 개주 2시간씩 3학년 이상의 어린이들에게 영어를 가르쳐왔다... 대부분의 사립국민학교가 영어수업을 하며 일부 공립국민학교는 6학년생에게 영어 과외수업을 공공연히 시키고 있다는 정보에 따라 장학진을 총동원, 이의 단속에 나섰으며 앞으로 적발되는대로 해당 교사와 교장을 직위 해제할 것이라고 경고했다. (경향신문, 1969, 12월 8일)

당시 국민학생들을 대상으로 하는 영어 과외 및 지속되는 외부 영어 활동 등은 치열한 중학 입시에 둘러싸여 암암리에 유지되었다. 강준만(2014)이 지적하듯 '국민학교 과외', '무즙 파동[1]', '고교 입시 문제 유출사건', '창칼 파동[2]' 등 중학교 입시를 위한 치열한 경쟁이 가속화되어 이 폐단을 일소하기 위해 정부에서는 1968년 7월 15일 중학교 무시험 추첨 배정제를 발표하였다. 중학교 무시험 추첨은 초기 운영 방식이 복권의 숫자를 뽑듯이 손으로 뽑는 방식을 채택했었다(〈그림 5.2〉 참조). 중학교 무시험 추첨 배정제는 이른바 '뺑뺑이 세대'를 양성한다 하여 당시 기성세대들 중에서는 반대하는 여론들이 있었으나, 점차 정착되어 갔으며 1974년도 이래 도입되어 현재까지 한국 교육제도의 큰 틀을 이루고 있는 고등학교 무시험 추첨 전형, 즉 고교 평준화 정책의 시발점이 된다.

---

1   무즙파동: 1964년 12월 7월 전기 중학입시의 공동출제 선다형 문제 가운데 보기 중 하나였던 무즙도 복수 정답으로 인정해 달라는 사건이다. 이 문항을 오답 처리함으로써 지망 중학교에 불합격한 학생들의 학부모들은 시위와 동시에 이 문제를 법원에 제소하였고, 결국 법원은 무즙 역시 정답으로 인정하여 기존에 불합격된 학생 38명을 경기중학 등에 추가 입학시키면서 일단락되었다. 이 파동으로 서울시 교육감 등 89명이 사표를 제출했다.

2   창칼파동: 1967년 중학 입시에서 미술 문제 중 정답이 두 개라는 것이 파동이 되어 경기, 서울 중학교 불합격 학부모 549명은 소송을 제기해 대법원 상소까지 했지만 결국 불합격 처리된 사건이다.

〈그림 5.2〉 1969년 2월의 중학교 쿠시험 추첨
(출처: 국가기록원 http://theme.archives.go.kr/viewer/common/archWebViewer.do?singleData=Y
&archiveEventId=0049286988)

그러나 국민학생들의 과외수업은 잠시 감소하다가 국민학교 영어 과외 및 영어 외부 활동 등으로 다시 증가세가 유지되었다. 특히 서울 상류층 아동들의 경우, 중학교 영어 및 수학을 미리 배우기 위한 선행 과외 학습이 이들이 재학하던 사립 국민학교 주변에 널리 퍼졌다(경향신문, 1971).

이후에도 초등 영어에 대한 사회적 요구는 계속되었으며, 국가적으로는 논란이 많은 초등학교 조기 영어교육에 대해 외국어 교육 시범학교 선정이라는 대안이 제시되기도 하였다.[3] 결국 1973년 시·교육 위원회 당국자는

---

3   "63년도에 제정하여 8년 만에 교육과정심의회를 거쳐 확정된 전면적인 개정에 따라 72년부터 국민학교는 전 교과서를 완전 개편하게 되며, (…)이와 더불어 초등학교 중 외국어 교육 시범학교를 선정하여 특별활동시간에 영어를 가르쳐 효과가 좋으면 전 국민학교에 확대하기로 하였다." (매일경제, 1971, 1, 29)

1968년 발표된 중학 무시험 입학과 연동하여, 앞으로의 중학까지의 의무교육 연장에 대비하여 국민학교 영어 과외 및 특별활동 수업에 관해 "특별 과외 시간에는 학교장의 재량에 따라 영어 수업을 해도 무방하다"고 발표하게 된다(경향신문, 1973a). 이러한 움직임들은, 추후 문교부(현 교육부)가 1981년 10월 13일에 공식화한 국민학교에서의 영어교육[4]의 발단이 된다.

5.3.1.2. 제2차 교육과정의 한계

제2차 교육과정은 원칙적으로 문법과 독해력을 위주로 한 문자 영어보다는 듣기와 말하기를 강조하는 음성 영어를 중시하였으며, 이를 뒷받침할 수 있는 교사 재교육, 실제적 경험을 위한 웅변대회 등 제도적 노력과 변화를 추구하였다. 하지만 이 교육과정도 다른 시기와 마찬가지로 학교 교육 현장의 한계 및 시대적 상황의 변화 등으로 인해 후속하는 교육과정 개정을 모색해야 하는 기로를 맞이하게 된다.

〈발췌 5.6〉의 내용과 같이, 문교부의 단어 수 제약이 있었음에도 불구하고, 2차 교육과정에 따라 제작된 100여 종의 영어교과서는 교과서 간 각 단어들의 사용 빈도 및 공통단어가 달라 지역 간, 학년 간, 학생 간의 객관적인 실력평가가 어렵다는 비판을 받았다. 교과서의 극심한 다양성과 포함하는 내용 및 그 수준 편차가 심하며, 외적으로 표방하던 음성영어 중시와는 달리 실제로는 여전히 문법 중심이라는 비판에 따라 후속했던 제3차 교육과정에서는 기존 69종 160권에 이르는 교과서가 4종 9권의 책으로 대폭 축소되었다.

---

4 문교부는 외국어 교육 강화방안의 일환으로 초등학교에서의 영어교육을 실시하도록 하며, 다음 해인 1982년 신학기부터 초등학교 4-6학년 학생들이 특별활동 시간을 통해 주 1시간 정도씩 영어를 배우게 하는 정책을 발표했다(동아일보, 1981a, 10, 13).

〈발췌 5.6〉 一線敎師(일선교사)들이 겪었던 敎科課程(교과과정)의 問題點(문제점)

… 각종 영어교과서가 文敎部(문교부)의 制限單語數(제한단어수)에 近接(근접)하고 있으나 學年別(학년별)로 규제된 단어가 교재에 따라 상이, 다른 교과서를 사용하는 학생간의 學年間 不均衡(학년간 불균형)이 일어나며 한 單語(단어)의 사용 빈도가 고르지 못하고 교과서 간의 共通單語(공통단어)가 적어 客觀的(객관적)인 실력평가가 어렵다고 지적했다… (동아일보, 1969b, 11월 8일)

〈발췌 5.7〉 學年(학년)·分野別(분야별) 1種(종)씩 中(중)·高(고) 英語(영어)교과서 單一化(단일화)
會話(회화)위주로 改編(개편), 種類(종류)많고 水準差(수준차)커…
문교부는 3일 69종 160책으로 되어있는 중·고등학교 영어교과서를 4종 9책으로 그 수를 대폭 줄이고 내용도 현재의 문법중심에서 회화중심으로 개편, 내년부터 사용키로 했다… 현행 영어교과서의 종류가 너무 많아 내용이나 수준에 격차가 심해… (경향신문, 1973b, 8월 3일)

제2차 교육과정 영어교육의 난점은 교과서의 문제에서만 그치지 않았다. 〈발췌 5.8〉은 한 미국인 교수가 직접 체험한 우리나라 영어교육의 난점을 지적한 내용이다. 발췌 내용에 따르면 베이비붐으로 입학생이 증가함에 따라, 각 수업의 학생 수가 많아 개개인에 대한 지도가 어려웠을 뿐 아니라, 영어 수업의 실제 목표가 의사소통 중심 교육이 아니라 입시 중심이어서 영어 학습의 목적의식이 희박하다는 점을 지적하고 있다.

〈발췌 5.8〉 韓國(한국)에 있어서의 英語敎育(영어교육) 問題點(문제점)
… 첫째 한국의 英語敎育(영어교육)은 大學(대학)入試(입시)를 목표

로 하고 있기 때문에 文法(문법)이나 해석이 主(주)가 되어 있다. 그래서 英語(영어)敎育(교육)에 있어 가장 중요한 오랄코취(會話(회화)지도)가 결핍되어 있다는 것이다. 둘째 대개의 中(중) 高校(고교)에는 學級(학급)의 學生數(학생수)가 많아 個個人(개개인)에 대한 지도가 어렵다. 셋째, 英語敎育(영어교육)에 필한 여러 가지 補助資料(보조자료)가 不足(부족)하다. 넷째로 英語敎育(영어교육)을 재미있게 진행시킬 수업의 분위기가 좀처럼 생기지 않는다는 것이고, 다섯째로는 학생들 간에 "왜 英語(영어)를 배워야 하는가"하는 目的意識(목적의식)이 희박하다는 것이다... (동아일보, 1965, 2월 13일)

즉, 제2차 교육과정의 맹점은 청화식 교수법을 적극적으로 도입하여 가르칠 수 있으며, 의사소통 기능이 강화된 수업을 운용할 수 있는 교사들이 충분하지 않았다는 점이다. 또한, 지나치게 많은 교과서와 그에 따른 교과서 수준 차이에 따라 학생들의 영어 실력을 전국 규모로 객관적으로 평가하기에는 어려움이 많았다는 점 역시 2차 교육과정의 한계로 들 수 있다(동아일보, 1969b). 또한, 영어문법, 독해, 단어 암기 위주의 입시준비 및 영어학습에 대한 목적의식 결핍과 이에 따른 학생들의 영어학습 탈동기화를 제2차 교육과정기의 맹점으로 꼽을 수 있겠다(동아일보, 1965; 최덕인, 김태영, 2013; Kim, 2012).

5.3.2. 제3차 교육과정(1973.2~1981.11)

5.3.2.1. 제3차 교육과정의 특징

(1) 영어 교수법 및 교재의 발전

제2차에서 3차 교육과정으로의 변화는 우리나라 사회의 정치, 경제적 환경 변화에 따른 후속 조치로 볼 수 있다. 우리나라는 1970년대 경제 구조의 중공업화를 추진하면서 당시 개발도상국 중 으리나라를 비롯한 홍콩, 싱가포르, 타이완 등은 수출지향 정책을 가속화하게 된다(장경호, 2013). 이에 따라 각 기업에서는 자연스럽게 영어에 대한 실질적 요구가 급증하게 되었다. 수출 위주의 기업체들은 자체 영어교육을 시행했던 것은 물론[5], 사설 영어회화 학원들이 학생과 직장인들로 호황을 누리게 된다(강준만, 2014). 뿐만 아니라 〈발췌 5.9〉와 같이, 상급학교로의 입학을 위한 입시 문제대비 문법위주의 학습에 기인한 의사소통 능력의 결핍은 제2차 교육과정과 마찬가지로 지속적으로 비판받아 왔으며, 이를 토대로 우선적으로는 영어교수방법론 및 교사 재교육의 필요성이 대두되었다. 다시금 이러한 사회적 요구에 맞추어, 문교부는 〈발췌 5.10〉과 같이 말하기와 듣기 위주의 교육을 시행하기 위한 실험학교를 운영하였다.

〈발췌 5.9〉 중학英語(영어)교육 듣기 · 말하기 위주로
중학교로부터 대학졸업에 이르기까지 10년에 걸쳐 영어를 배우고도 의사소통 하나 제대로 할 수 없는 반벙어리를 면치 못하는 것은 초기 학습단계인 중학교의 영어교육방법부터 근본적으로 틀려있기 때문이라는 중앙교육연구원의 연구결과가 나왔다... 일상생활영어의 강화를 위해 영어교사들이 가르치는 용어도 영어로만 쓰는 등 영어는 영어로 가르쳐야 한다는 것이다... (동아일보, 1979a, 7월 10일)

---

5 〈全職員(전직원)에 英語(영어)교육〉 "디자인 포장센터는 유엔개발계획사업의 하나로 연구원들에 대한 해외연수교육을 자주 실시하고 있는데 어학실력 부족으로 충분한 효과를 거두지 못하는 경우가 많아 전 직원을 대상으로 영어교육을 실시하게 됐다. 회사의 김희덕 이사장이 아침부터 직접 가르치는 바람에 꾀를 피울 수도 없어 출석율이 100%인데다 분위기도 진지해서 교육효과가 높았다." (경향신문, 1978a, 6, 27)

〈발췌 5.10〉 내년부터 中高校(중고교) 英語(영어)교육 改善(개선): 말하기와 듣기 위주로

문교부는 17일 내년(1979년)부터 중·고등학교 영어교과서의 개편과 함께 영어교육방법을 말하기와 듣기 위주로 개선키로 하고 전국 11개 시·도에 16개 실험학교를 지정, 운영키로 했다... 이제까지 영어교육이 문장 해독에만 치중, 중·고교 6년간 대학을 졸업해도 국제사회 진출에 어려움을 겪고 있는 폐단을 시정하기 위한 것이다. (경향신문, 1978b, 10월 17일)

또한, 듣기와 말하기를 강조하는 수업 내용의 원활한 진행을 위하여, 고등학교 영어교사들은 회화, 발음, 작문, 독해, 문법 등으로 분야를 나누어 전문화해야 한다는 의견도 발견된다(동아일보, 1981b). 당시 교육부에서는 학생들의 의사소통 결핍에 대한 비판을 토대로 지속적으로 교사들의 해외연수를 확대하고, 교과교재를 확충하는 등 영어교육 환경 개선에 많은 노력을 기울였다(경향신문, 1982a; 동아일보, 1982a). 더불어 전국 11개 시·도에 16개 실험학교를 지정·운영하며, 도시와 농촌, 지역 간의 운영 효과를 분석한 후 전국 각 중·고교에 이를 확대 실시하며 중고교에서 생활영어를 강화하려는 노력을 계속하였다(경향신문, 1978b; 동아일보, 1981c).

제3차 교육과정의 영어교육은 특히 당시의 국가 경제 발전과 산업기술력 증대에 힘입어, 영어학습 활동에 대한 새로운 교수 도구의 도입이 두드러진다. 예를 들어, 교실에서 뿐만 아니라 학생 개개인이 직접 영어를 듣고 말하기를 가능하게 하는 카세트테이프가 판매되고, 어학 실습실 기자재, 녹음기 및 슬라이드를 이용한 시청각 교재를 출간하는 출판사들이 급증하였다(동아일보, 1978; 매일경제 1981). 또한, 고전 명작 영화의 영어 대사를 반복적으로 청취함으로 이른바 '산 영어' 익히기가 가능한 회화교재도 제작되어 판매되는 등[6], 일반인들의 영어학습 열기가 고조되었다. 〈그림 5.3〉은 1980년 2월

7일 동아일보 1면 아래 우측에 게재된 영어 카세트테이프 중학, 고교 영어강좌 및 라디오 방송 영어회화 광고이다.

〈그림 5.3〉 1980년 초 각종 영어회화 및 카세트테이프 광고

이와 더불어, 점차 경제 성장에 따른 국민적 교육수준이 높아짐에 따라 국내의 영어 열풍은 〈발췌 5.11〉과 같이 많은 학생들의 영어권 국가 유학으로도 확장되었다. 당시 대학입학 학력고사 성적이 좋지 않은 소수 상류층

---

6 "누구를 위하여 종은 울리나, 폭풍의 언덕 등 5편의 영화대사와 회화 초보자를 위한 하이라이트 퍼레이드 등 14개의 카세트테이프와 텍스트북이 들어 있다. 반복해서 청취함으로써 산 영어를 익히도록 꾸며졌다." (동아일보, 1980a, ´, 26-스크린 英語(영어))

자녀들에게는 국내에서 원하는 대학 진학이 어렵다는 현실적 이유로, 유학이 국내 대학 입시의 대안으로 인식되기도 하였다(동아일보, 1981d).

〈발췌 5.11〉 大學生(대학생)들 留學(유학)붐 要件緩和(요건완화)뒤 希望者(희망자) 늘어
…문교부 집계에 따르면 78년 유학생 수가 6백84명에 불과했던 것이 지난해에는 1천2백20명으로 두 배 가까이 늘어났고 올해(1980년) 들어서는 11월 현재 2천명이 넘는 유학생이 밖으로 빠져나가… 해외유학에 관심이 급증하는 것은 우리생활의 여유가 생겼으며… (동아일보, 1980b, 11월 5일).

이 당시의 우리나라 경제 발전과 생활수준의 전반적 향상은 영어교육에 있어서 유학 뿐 아니라 일류 대학 진학을 위한 입시경쟁의 격화로 이어졌다. 1968년 발표된 중학교 무시험 추첨배정제와 중학교 절대평가 도입 및 1974년 도입된 고교 평준화 정책 등 정부는 입시과열을 방지하려 노력하였으나, 상급 학교 또는 일류 대학을 지향하는 입시준비는 막을 수는 없었다. 〈발췌 5.12〉의 기사내용에 따르면, 실제적으로 대다수 학생들이 과외를 통해 서울대 등 세칭 일류대학에 진학했다는 것이 보도됨으로써, 과외 열풍은 점증하여 초등학교 저학년으로까지 확대되었다.

〈발췌 5.12〉 過課外(과과외) 갈수록 극성
過熱課外(과열과외)공부에 대한 비판과 자성이 높아지고 있으나 새학기를 앞두고 과외는 더욱 극성스럽게 열기를 더해가고 있다. 특히 이번 大學入試(대학입시)에서 서울대 등 전기대학에 우수한 성적으로 입학한 학생 중 상당수가 과외지도를 받은 사실이 드러나고 …,. 과외열은

더욱 거세어져 점점 초등학교 저학년으로 확대되고 있을 뿐만 아니라 전학생의 과외화 현상으로 치닫고 있다… (동아일보, 1980c, 2월 14일).

(2) 조기영어 및 영재교육의 찬반과 제도화 시도

1981년 9월 서울에서의 1988년 하계 올림픽 대회 유치가 확정되었고, 같은 해 11월에는 1986년 아시안 게임의 서울 유치 또한 결정되었다. 강준만(2014)에 따르면, 이런 상황 속에서 국민들은 영어에 대한 실질적 필요를 더 많이 절감하기 시작하였고, 외국인을 직접 응대해야 하는 상황이 과거에 비해 급증하게 되었다. 이런 사회적 맥락 하에 정부는 1981년 10월 영어 조기 교육 방침을 확정지었다. 정부는 '10세면 혀가 굳는다'라거나 '외국어 교육 환갑은 13세'라는 자극적 문구를 앞세워 초등학교 4학년부터 특별활동 시간을 활용해 1982년부터 영어교육을 실시하기로 했다(강준만, 2014; 동아일보, 1981e). 또한, 〈발췌 5.13〉과 같이, 언어 습득을 결정짓는 중요한 시기는 9~12세라는 Birdsong(1999)을 비롯한 언어학자들의 이른바 결정적 시기 가설(critical period hypothesis)을 바탕으로 조기 영어교육에 대한 주장에 힘이 실렸다.

〈발췌 5.13〉 英才敎育(영재교육) 빠를수록 좋다
… 어린이는 태어나는 순간부터 五官(오관)을 통해 주위의 세계를 이해하는 능력이 있다. 따라서 조기교육이란 빠르면 빠를수록 좋다… 외국어는 어릴 때부터 배워야 정확한 발음을 할 수 있다. 특활시간을 이용, 노래나 연극을 할 때 간단한 인사말과 회화를 중심으로 영어를 자연스럽게 접하게 해서 외국어에 대한 두려움을 없애는 것이 좋다. (동아일보, 1981f, 11월 12일)

이러한 서구 제2언어 습득 이론과 사회적 분위기 속에 시범적으로 조기 영어교육이 시행되었으나, 이를 우려하며 사실상 반대하는 의견도 상당수였다. 예를 들어, 조기 영어교육 이전에 근본적으로 우리나라 중·고교에서부터 교수 방법과 시설을 개선하고 의사소통 중심으로 혁신하는 것이 선결과제라는 입장이 발견된다(경향신문, 1977). 또한, 조기 영어교육은 과외열풍을 더 가속화시킬 뿐만 아니라, 학생 간, 지역 간, '영어 격차'를 더 극대화하는 정책이라는 반론 역시 제기되었다(경향신문, 1982b). 또한, 대한민국 국민으로의 정체성을 약화시킬 것이라는 우려 역시 발견된다. 예를 들어, 조기 영어교육을 반대하는 한 중학교 교사는 자아가 확립되지 않은 어린 학생들에게 조기 영어교육은 이들의 주체성을 약화시켜 대한민국 국민 양성에 부정적 영향을 끼칠 것이라고 우려하고 있다(동아일보, 1979b). 뿐만 아니라 〈발췌 5.14〉의 내용과 같이, 조기 영어교육이 아이들의 발음을 제외한 문법 및 이를 활용한 문장 구조적 이해에 오히려 방해된다는 반론 역시 발견된다.

〈발췌 5.14〉 英語早期(영어조기)교육 꼭 해야 하나
…외국어를 배우기 위해 가장 적합한시기는 9세부터 12세 사이이고 중학교에 입학하는 13세가 지나면 혀가 굳어져서 외국어를 제대로 익힐 수 없다는 이론은 최근 들어 많은 도전을 받고 있고 사실상 무력해지고 있다… 정작 중요한 文法(문법)조작과 문장력은 10대 후반에 더 잘 배운다는 언어학자 셀리거의 이론을 인용했다… 외국어를 익히는데 그 나라 문화의 습득과 이해가 필수적이며 결국 외국어 학습에 결정적인 시기는 없다… 단기간에 걸친 몇몇 학교의 연구결과를 신뢰하기보다 긴 안목으로 어린이의 성장과정에 미칠 장단점을 고려해서 점차적으로 조기 영어교육을 확대·실시해야한다… (동아일보, 1981g, 11월 11일)

조기 영어교육의 확대 및 실시를 실현하기 위하여 유능한 영어교사의

충원이 가장 시급하였으며, 조기 영어교육을 위한 신입교사 교육 및 기존 교사 재교육이 강조되었다. 하지만 교사충원뿐 아니라, 학습자들의 인지적인 측면에서도 비판적 논조의 신문기사 역시 발견된다(조선일보, 1981a).

5.3.2.2. 제3차 교육과정의 한계

제3차 교육과정은 후속하는 제4차와 5차 교육과정까지 포함하면 4반세기, 즉 약 25여 년을 차지하여 현재 우리나라 영어교육의 근간이 되는 시기로 볼 수 있다(권오량, 김정렬, 2011). 예를 들어, 제3차 교육과정에서 지정된 학년별 의사소통기능 예시문들은 후속하는 제4차와 5차에 제시된 문법사항에도 지속적으로 활용될 정도로(권오량, 김정렬, 2011), 비교적 체계적으로 작성된 것들이었다. 또한, 제3차 교육과정부터 구체적인 어휘표와 단어 수 산정 지침이 제시되었으며, 중학교 영어교과서에서는 단일문장의 길이 규제를 통해 교과서 간 편차를 줄이려는 체계적 시도 역시 주목할 만하다.

그러나 이러한 체계에도 불구하고 여전히 미흡한 부분들이 발견된다. 예를 들어 제3차 교육과정에 나타난 영어과 교과 목표나 지도내용의 경우, 듣기, 말하기, 읽기, 쓰기의 통합적 언어기능을 강조하였지만, 실제적으로는 새롭게 도입된 문형, 문법사항 및 필수 어휘, 문장의 어휘 제한 등으로 인해 여전히 문법중심의 수업이 될 수밖에 없었다. 또한, 교재의 한계로 인해 의사소통 중심의 실용 영어 교수에 한계가 있었다는 비판을 받았다(김영서, 2009; 이완기, 2015). 당시 학교 교육에서는 주당 수업 시수 대비 과다한 학습 내용으로 인해 암기식, 주입식 교수법이 지속될 수밖에 없었다(유봉호, 1992). 뿐만 아니라, 베이비붐으로 인한 과밀학급, 일류대학 입학을 위한 입시전쟁 및 과외열 등도 제3차 교육과정 중 드러난 문제점들 중 하나였다[7](경향신문 1977; 동아일보 1980c, 1981h). 특히 3차 교육과정 중 이루어졌던 가장 큰 교육

개혁이었던 1974년 고교평준화는 과열 입시경쟁의 사회적 병폐를 개선하며, 고등학교 간의 학력차를 줄이고, 지방 학생의 대도시 집중을 줄이고자 하였다(피정만, 2011). 그러나 고교 평준화 이후에도 학생들의 지역적, 경제적 학습수준의 차이는 여전했던 것으로 나타나고 있다.

5.4. 제2차 및 3차 교육과정이 현재 한국 영어교육에 주는 시사점

제2차 및 3차 교육과정과 현재 2020년대는 역사적, 시대적 배경이 상이할 뿐 아니라, 경제 및 국가기술력에서도 비교하기 어려울 정도로 큰 차이가 있는 것이 사실이다. 그러나 전술한 바와 같이, 제2차 및 3차 교육과정에서 대두되었던 영어교육을 둘러싼 사회적 제반 이슈들은 반세기가 경과한 현재에도 여전히 발견되는 영어교육의 고질적 문제들이라는 점에 주목해야 한다. 초등학교로의 영어교육 확대를 고민하던 1970년대의 상황은, 2020년대 학부모들이 자녀들의 조기 영어교육을 위한 해외 어학연수 혹은 고액 영어 유치원 등원 등의 이슈로 더욱 확대되었다. 또한, 고교 평준화 정책에도 불구하고, 우리나라는 여전히 학부모의 경제력 차이와 지역적 교육수준의 차이로 인한 학급 내, 학교 간, 지역 학군 간 학생들의 영어 격차를 경험하고 있다(차미연, 2018). 아울러 당시의 대학 입시경쟁으로 인한 과외 열풍은 현재 대학 졸업 후 취업을 위한 사교육 및 이른바 노량진 고시촌을 중심으로 한 공무원 시험 준비 및 교사 임용고시 유행으로까지 확대되는 등 이른바 '학원 공화국'이라는 신조어가 발생하기에 이르게 되었으며(임홍택, 2018), 사

---

7   3차 교육과정기에 드러나는 사회·교육학적 문제들인 과밀학급, 입시전쟁 및 과외열의 문제들은 결국 영어의 학교 수업 진행 방법, 평가 및 사회 분위기에도 영향을 끼쳤기 때문에, 본 장에서는 해당 사회 현상들은 영어 과목의 문제들에 포함시킨다.

교육비 부담 증가로 인한 교육 불평등은 지속적으로 심화되고 있다(김동욱, 윤유진, 남진현, 2012; 차미연, 2018).

1970년대에는 베이비붐으로 인해 한 학급에 60~70명에 육박하는 학생들이 수업을 받았다(조선일보, 1981b). 교육의 질적 향상을 저해하는 요소 중 하나인 과밀학급 현상은 이 시기 학생들의 영어학습 탈동기 원인[8]이 되었음을 유추할 수 있다(김영철, 한유경, 2004). 또한, 다인수 학급의 학생들을 가르치기 위해 획일화된 문법번역식 또는 교사 중심수업으로 인해, 학생들 개개인의 수준 차이를 고려하지 못하였으며, 그에 다라 학생들은 학교 공교육에만 의존하지 못하고, 학원 및 과외 등으로 자비를 들여 사교육을 통한 입시 준비가 성행하였던 것이다(경향신문, 1976). 2020년대는 제2차와 3차 교육과정이 시행되었던 1960~70년대에 비해 학급당 학생 수는 절반 이하로 감소했으며, 이는 당시의 관점으로서는 이상적인 교사 대 학생 비율일 것이다. 그러나 이러한 과밀학급 현상이 해소된 현재에도, 여전히 실제 영어교육 현장에서 많은 학생들은 과도한 경쟁으로 인한 스트레스, 영어학습에 대한 부담감이 초래한 자신감 하락 등으로 인한 탈동기화를 경험하고 있다(김경자, 2018; 김태영, 2018; 최덕인, 김태영, 2013; Kim, 2012, 2021).

2020년대에는 교육 환경, 교육과정 내용 및 교수법, 교수도구 모두 제2차, 3차 교육과정기에 비해 외연적으로 크게 발전하여 보다 더 체계적 내용을 구축하고 있다. 그럼에도 불구하고 의사소통중심의 영어교육은 여전히 제한적으로 시행되고 있고(박태준, 장재학, 2017; Kim, 2021), 학생들의 영어학습 탈동기가 계속되는 것은 당시의 시대적 한계가 현재에도 여전히 반영되는 부분이 있기 때문일 것이다. 제2차 및 3차 교육과정 당시 국민 대다수는

---

[8] 김영철과 한유경(2004)의 교육 효과 결정 요인어 관한 조사에서, 교원 집단은 학급 규모가 가장 많은 영향을 미친다고 인식하고 있었으며, 학생들의 응답률도 79.7%로 매우 높게 나타났다.

가난에서 벗어나고 사회적으로 부와 존경을 획득하는 첩경은 세칭 일류 대학을 진학하는 것이라는 인식을 공유하고 있었다(최환석, 2013). 이에 따라 인문계 고등학교나 대학 진학을 못하는 것을 실패로 여기는 것을 당연시하는 사회 풍조가 고착되었다. 제2차 및 3차 교육과정기의 대학입학시험 영어 과목에는 듣기와 말하기는 대부분 배제되고, 독해와 문법 및 영작으로 이루어진 문제들이 출제되었다. 현 수능 영어시험에서도 이와 유사한 특성이 발견되는데, 말하기 능력이 직접 평가방식으로 출제 되지 않으며, 영작 문제들은 제외된 채로 100% 객관식 문항들로 이루어져, 읽기와 듣기[9]에 치중되어 있다. 이러한 시험을 대비하기 위해, 고등학교 수업은 여전히 문제풀이 위주의 교사중심의 수업이 이루어지며, 실제적인 의사소통 기능을 강화하는 활동을 배제하거나 현저히 적게 진행하여 의미 있는 의사소통을 기대하는 많은 학생들의 영어학습 동기가 감소하는 탈동기 현상이 지속적으로 학계에 보고되고 있다(김경자, 2018; Kim, 2012).

5.5. 요약

본 장은 해방 이후 한국의 경제성장이 본격화되었던 박정희 군사정권(1963년~1979년)과 제2차 및 3차 교육과정(1963년~1981년)을 연관지어, 당시의 국가 정책 기조가 영어교육에 어떠한 영향을 미쳤으며 이에 대해 국민들은 어떻게 인식했는지를 고찰하였다. 이를 위해 당시의 신문 자료를 분류하고, 기사에 나타난 주요 사건들을 바탕으로 학술 문헌 자료들을 통해 비교

---

[9] 대학수학능력시험을 주관하는 한국교육과정평가원에서는 영어 "말하기와 쓰기를 각각 듣기와 읽기를 통해 간접적으로 평가"한다고 한다(김준식 외 7인, 2015, p. 9).

분석하였다.

본 장의 연구 결과를 요약하면 다음과 같다. 1960년 4·19혁명과 1961년의 5·16 군사정변, 이후의 새마을 운동과 1972년의 10월 유신과 같은 커다란 정치적 격동은 교육 현장에도 다방면으로 투영되었다. 제2차와 3차 교육과정에서는 단순한 암기식 교육을 탈피하고자 의사소통기능을 강화할 수 있는 청화식 교수법, 즉 듣기와 말하기를 강조하는 교육과정을 지향했다(권오량, 김정렬, 2011). 듣기와 말하기를 중심으로 하는 수업을 활성화하기 위하여 국가적으로 교사들을 선발하여 미국으로 연수를 보내는 등 교원 재교육에도 노력을 기울였다(동아일보, 1971). 뿐만 아니라, 이 시기에는 과열된 과외공부를 지양하고 극단적 학교 간 격차를 해소하며, 학부모의 교육비 부담 및 지방 학생의 대도시 집중을 감소시키기 위해 중학교 무시험 진학제(1968년)와 고교평준화 정책(1974년)을 시행하였다(피정만, 2011). 또한, 1970년대에는 다양한 교육 기자재가 도입되었다. 영화대사 및 영어회화를 반복적으로 청취가능하게 하는 카세트의 발달과 슬라이드를 이용한 시청각 교재 등을 출간하는 출판사들의 급증을 그 예로 들 수 있다. 아울러, 급격히 발전하는 경제 규모와 국민 생활수준 향상에 따라 해외 유학 역시 증가하기 시작하였다.

이러한 노력들에도 불구하고 제2차 및 3차 교육과정의 우리나라 영어교육은 여전히 많은 문제점이 노정되었고, 이는 신문기사에도 다수 발견된다. 영어 모국어 화자들과의 의사소통을 가능케 할 만한 원어민이 국내에 많지 않았을 뿐 아니라, 이를 위한 의사소통 중심 수업을 진행할 수 있는 역량을 갖춘 영어교사도 희소하였다(김영서, 2009). 중학 및 고등학교 입시폐지 이후에도, 대학입시를 위한 과외는 더욱 성행하였을 뿐 아니라, 국민학교의 조기 영어교육 논쟁이 촉발되는 등, 영어교육에 대한 지대한 관심이 지속되었다. 입시위주, 교사중심 영어 수업으로 인한 학생들의 탈동기화와 회화지도의 결핍 등이 제2차와 3차 교육과정의 공통된 문제로 발견된다(동아일보, 1965, 1979a).

　본 장에서도 드러났듯, 우리나라의 영어교육 정책은 당시의 정치, 경제, 사회상을 반영하며, 지속적으로 변화해 왔다(강만철 외 5인, 2000). 약 반세기 전후의 영어교육 상황을 분석한 본 장의 내용은 현재의 한국 영어교육에도 여전히 적용되는 부분이 있는데, 현재의 대학수학능력시험에서 영어는 절대평가 방식을 취하기는 하지만 여전히 주요 교과목으로 국가주도 대학입학시험 형식으로 평가되고 있으며, 이는 1960년대에서 1980년대 초반까지의 대학입시였던 대학입학자격 국가고사 및 대학입학 예비고사와 마찬가지로 국가 주도로 이루어졌다는 공통점이 있다. 또한 자녀의 영어교육을 위해 불법과 탈법을 오가며 조기 영어교육을 시도하던 최근 우리나라의 영어 유치원 등의 다양한 영어 사교육 문화와도 여전히 그 맥을 같이 하고 있음을 알 수 있다(서울신문, 2022). 이러한 역사적 유사성에 대해서는 다음 장에서 살펴볼 제4차와 5차 교육과정기의 영어교육에서 보다 상세히 고찰하도록 한다.

6장. 제4차 및 5차 교육과정기의 한국 영어교육
- 1981년에서 1992년까지

6.1. 배경

 이 장에서는 제4차와 5차 교육과정기에 해당되는 1981년부터 1992년까지의 우리나라 영어교육 상황을 상세히 살피도록 한다. 이 시기는 급속한 산업화가 완성되어 경제발전의 결과가 국민들에게 가시적으로 나타나던 시기였으며, 정치적으로는 과거 군부독재의 상징이었던 박정희 유신정권이 붕괴한 후 다시 신군부로 대표되는 전두환, 노태우 정권이 집권하던 기간이기도 하였다. 특히 1980년대에는 국제화 또는 세계화의 기치를 내걸며 말하기 중심의 영어 의사소통 능력에 사회적 관심이 증대되는 시기이기도 하였다(김태영, 오신유, 2019; 신동일, 심우진, 2011). 제4차 교육과정기에 해당되는 1981~87년에는 1986년 아시안게임과 1988년 하계 올림픽게임(이하 88 올림픽)을 대비하기 위해, 외국인과 접촉이 많은 택시 운전사, 식당 종업원과 같은 서비스 분야 종사자들에게 영어회화 교육을 실시하는 등 전국적으로 기초 생활영어, 외국어 회화에 대한 중요성이 확산되는 시기였다(경향신문,

1985a). 또한 1883년 우리나라 최초의 영어교육기관인 동문학의 설립에 연원을 두고 있는 영어교육이 100년을 맞이한 이 기간에는 지난 100년간의 우리나라 영어교육의 문제점과 개선책을 모색하는 신문기사도 발견되었다 (매일경제, 1982a).

제5차 교육과정기에는 88 올림픽과 '해외여행 자유화'를 시발점으로 학생뿐 아니라 일반인들에게도 영어회화에 대한 수요가 급증하게 되었다. 이러한 사회적 현상은 교실 영어 수업에도 긍정적 환류효과(washback effect)를 가져왔으며, 이를 통해 교육과정 및 교실 학습이 의사소통 중심으로 점진적으로 전환되는 데 중요한 역할을 하였다. 그밖에도 특활 영어로 대표되는 초등 영어 교과목 시범 도입과 학력고사를 대체하기 위한 대입 수학능력시험 도입을 위한 준비, 원어민 영어교사 채용 및 우리나라 최초의 영어 듣기 평가가 도입되는 등 다양한 교육 환경의 변화가 수반되었다. 이러한 변화들은 1990년대 후반 전격적으로 도입된 전면적 초등 영어교육, English Program in Korea(EPIK) 프로그램을 통한 원어민 영어교사 확충, 영어로 진행하는 영어 수업 등을 예고하는 준비 조치로 볼 수 있다. 따라서, 2020년대의 관점으로 제4차 및 5차 교육과정기는 21세기 전환기를 위한 미래지향적 영어교육의 준비기로 이해할 수 있을 것이다.

이처럼 1981년부터 1992년에 이르는 제4차 및 5차 교육과정기 영어교육계에는 다수의 변화가 있었으며, 이는 현재의 영어교육과 밀접히 연관되어 있다. 따라서 이 장에서는 김영삼 대통령의 문민정부 수립 이전의 신군부 정권 기간이었던 제4차 및 5차 교육과정기의 우리나라 영어교육을 신문기사를 바탕으로 분석함으로써, 당시의 시대적 상황과 역사적 맥락이 학교 교육뿐 아니라 한국 사회 전반의 영어교육에 어떠한 영향을 끼쳤으며, 현 우리나라의 영어교육과는 어떠한 연결점을 지니는지에 대해 살피고자 한다. 이에 본 장에서는 주요 일간지 기사를 바탕으로 1980~90년대 초반 우리나라의 사회·문화적 특징들을 분석하여, 현재의 영어교육에 어떠한 시사점을 주는지를 탐구하고자 한다. 이를 위한 구체적인 연구 문제는 다음과 같다.

첫째, 신문기사를 통해 분석된 제4차 교육과정기의 우리나라 영어교육은 어떠한 특징과 한계점을 지니는가?

둘째, 신문기사를 통해 분석된 제5차 교육과정기의 우리나라 영어교육은 어떠한 특징과 한계점을 지니는가?

셋째, 신문기사를 통해 분석된 제4차 및 5차 교육과정기의 우리나라 영어교육은 현재의 영어교육에 어떠한 시사점을 주는가?

6.2. 연구 방법

본 장의 분석 대상기간은 제4차 교육과정기(1981.12~1987.6)와 제5차 교육과정기(1987.7~1992.9)에 해당되는 1981년 12월부터 1992년 9월까지로 총 10년 9개월에 걸친다. 이를 위해 본 장에서는 1차 자료로는 신문기사를 활용하여 분석 대상 기간에 해당하는 신문기사들을 토대로 제4차 및 5차 교육과정기의 주요 특징과 변화를 추동한 역사적 사건들을 검색하여 발췌하였다.

각 기사들의 주관성과 편향성을 배제하기 위해, 5가지 주요 일간지를 활용하였다(cf. Franzosi, 1987). 5대 일간지의 선정 기준은 당시 발간되던 일간지 중 현재 전자 아카이브 열람가능성 및 발췌 가능 여부에 따랐으며, 이에 따라 경향신문, 동아일보, 매일경제, 조선일보 및 한겨레신문이 선정되었다. 필자는 조선일보 아카이브와 네이버 뉴스 라이브러리에 접속하여 기사들을 수집하였으며, 주제어로는 '영어', '영어교육', '영어교실', '학교 영어', '해외 유학'을 지정하여 검색하였다. 영어교육과 연관성이 현저히 떨어지는 광고성 기사는 제외하였으며, 기사에는 기획기사, 뉴스, 사설을 포함하여 재분류하였다. 또한, 수집된 자료의 다각화(data triangulation)를 위해(Creswell, 2013), 본 장에서는 1차 자료에 해당되는 신문기사와 더불어 우리나라 영어교육 역사 관련 서적 및 4차와 5차 교육과정기와 관련한 학술단행본을 보조 자료로 활용하였다.

아래 〈표 6.1〉은 본 장의 분석을 위해 사용된 신문기사의 수를 시기와 신문사에 따라 분류한 것이다. 최종적으로 수집한 기사 수는 제4차 교육과정기 204편, 제5차 교육과정기 259편으로 총 463편이다.

〈표 6.1〉 각 신문사별 기사 수

기간	경향신문	동아일보	매일경제	조선일보	한겨레[1]	총
제4차 교육과정	64	72	37	31	-	204
제5차 교육과정	77	69	40	24	49	259

본 장에서는 제4차와 5차 각 교육과정기에 발췌된 기사들에서 나타나는 주요 우리나라 영어교육 특징들을 다음과 같이 총 5가지 대분류로 구분하였다: 학교 교육 및 입시, 학교 교육 정책 개편, 교육 매체, 학교 교육 외 영어(사교육), 기타. 먼저 학교 교육 및 입시 대분류 대상은 미취학 아동부터 고등학교 학생들에 해당하며, 전반적으로 학생 대상 교육을 다룬다. 조기 영어교육에 해당하는 미취학 아동 및 초등 영어교육과 중·고등학교 영어교육을 소분류로 구분하여 각 학교급별로 시행된 영어교육의 전반적인 특징과, 당시의 영어 교실, 및 수업 실태에 대한 기사를 포함하였다. 뿐만 아니라, 당시 중·고등학생들을 대상으로 처음 시도한 듣기 능력 평가가 포함되었

---

1 한겨레신문은 1988년에 창간되었으므로 제4차 교육과정기 관련 기사는 검색되지 않는다.

다. 두 번째 대분류인 학교 교육 정책 개편에는 정책관련 내용들을 포함하였으며, 교사 재교육, 교과서 및 교육과정 개편, 원어민 교사 임용을 포함하였다. 이외의 대분류에는 교육 매체, 학교 교육 의 영어(사교육)가 있으며, 각각 기자재 발달 및 활용, 일반인 영어, 과외 및 학원으로 구체적인 기사 내용을 소분류로 세분화하여 제시하였다. 마지막으로 기타 내용에는 해외 유학, 영어 웅변(영어 말하기, 영어 이야기 대회) 관련 기사가 포함되었다.

〈표 6.2〉는 각 시기별로 소분류에 따른 해당 빈도수와 백분율을 제시하였으며 제4차 및 5차 교육과정기에 발견된 신문기사 수의 백분율 증감 또한 제시하였다. 이를 바탕으로 본 장에서는 각 교육과정기의 시대적 상황과 배경에 따라 발견된 주요 내용들에는 어떠한 것들이 있으며, 그에 따른 한계점 및 시사점에 대해 기술하였다.

〈표 6.2〉 제4차 및 5차 교육과정기의 신문기사 분류

대분류	소분류	4차 해당 신문기사		5차 해당 신문기사		4, 5차 기사 수 백분율 증감
		빈도수	백분율	빈도수	백분율	백분율
학교 교육 및 입시	미취학 아동 및 초등 영어교육	28	13.72%	57	22%	▲8.28%
	중·고등학교 영어교육 및 입시	20	9.80%	52	20%	▲10.2%
	듣기 능력 평가	26	12.74%	6	2.31%	▼10.4%
학교 교육 정책 개편	교사 재교육	18	8.82%	7	2.70%	▼6.12%
	교과서 및 교육과정 개편	33	16.17%	31	11.96%	▼4.21%
	원어민 교사 임용	-	-	6	2.31%	▲2.31%
교육 매체	기자재발달 및 활용	26	12.74%	33	12.74%	-
학교 교육 외 영어 (사교육)	일반인 영어	31	15.19%	30	11.58%	▼3.61%
	과외 및 학원	13	6.37%	13	5.09%	▼1.28%
기타		9	4.41%	24	9.2%	▲4.79%
합계		204	100%	259	100%	-

6.3. 연구 결과

6.3.1. 제4차 교육과정(1981.12~1987.6)

6.3.1.1. 제4차 교육과정기의 특징

제4차 교육과정기는 국제화, 개방화 추세에 따라 '살아있는 생활영어' 구사력, 이른바 '산 영어'(live English) 증진을 강조하였다(이완기, 2015; 홍종선, 1993). 이는 듣기와 말하기는 강조하였지만, 여전히 설명위주의 수업이라는 비판을 받은 제3차 교육과정의 문제점을 보완하고 개혁하려는 의지가 반영된 것으로 볼 수 있다(이완기, 2015). 전국적으로 86 아시안게임과 88 올림픽을 대비하며 기초 영어회화, 의사소통 능력의 필요성이 대두되었으며, 같은 시기에 학교 교육, 수업 방법, 평가방법에도 변혁이 시도되었다. 특히 1980년대에 들어서면서 테크놀로지 발전이 영어교육 매체에 급속도로 영향을 끼쳐, 미취학 아동부터 성인에 이르기까지 전 연령을 대상으로 한 회화 학습용 카세트테이프 뿐 아니라, 전화, TV, 비디오를 활용한 다양한 영어 학습 매체가 대중화되기 시작하였다(경향신문, 1985a; 매일경제, 1982b, 1984a). 즉, 이러한 사회 분위기에 따라 학교교육 및 입시에 관한 신문기사가 가장 많이 발견되었으며, 뒤이어 교육 개편, 실용영어, 교육 매체 관련 신문기사가 다수 발견되었다. 다음은 각 대분류의 신문기사들을 빈도순으로 제시하여 설명한 것이다.

(1) 학교교육 및 입시

우리나라에서의 영어교육은 일제강점기 후반부 태평양 전쟁 시기에 전면 금지되었던 때를 제외하고 지속적으로 많은 관심을 받아 발달해오며, 그 위상을 강화해 왔다(권오량, 김정렬, 2011). 특히 1970년대에 국가의 경제성장과 더불어 외국과의 교류를 위해 영어가 필수적인 도구로 급부상함에 따라, 국가적으로 의사소통을 위한 영어교육의 중요성이 대두되었다(황영순, 2014). 기존 중·고등학교에서의 영어교육에 대한 변혁의 필요성 관련 언급은 물론이거니와 초등학교 영어교육을 도입해야 한다는 주장에도 힘이 실렸다. 따라서 제5장에서 살펴보았듯 1971년과 1977년 두 차례에 걸쳐 국민학교(현 초등학교) 영어교육 도입이 시도되었으나, 이를 위한 교사 및 교재 준비 미흡, 학생들의 민족 주체성, 전통성 함양 저해 및 국어 교육에서의 혼란 등을 이유로 초등 영어교육 도입은 계속 연기되었다(구혜경, 2018). 그러나 이후 86 아시안게임 및 88 올림픽 등 다양한 사회적 요인으로 인해 의사소통에 대한 필요성은 지속적으로 대두되었으며, 이에 따른 초등 영어교육에 대한 사회적 요구도 잇따랐다.

따라서 문교부(현 교육부)는 1981년 10월 31일, 초등학교에서의 영어교육 시행을 공식화하였다(김태영, 오신유, 2019). 이에 따라 1982년부터 초등학교 4~6학년을 대상으로, 특별활동 시간을 활용하여 영어회화 수업(이른바 특활영어)을 실시하였다(강준만, 2014; 구혜경, 2018). 아울러 이를 위한 교사 재교육, 교육 자료 구비 등 다양한 노력들이 시도되었다. 〈발췌 6.1〉과 〈발췌 6.2〉와 같이 초등학교 교사들의 회화 수업 진행을 위해 초등교사 회화 교육을 실시하는 등 초등학교 학생들에게 회화를 보다 더 효과적으로 교수하기 위한 교육 자료 구비에도 힘썼다(경향신문, 1982c; 매일경제, 1984b).

〈발췌 6.1〉 국교敎師(교사) 24명에 英語(영어)교육
... 시교위는 국민학교(초등학교) 학생들에게도 영어교육을 실시한다는 문교시책에 따라 이미 1차로 지난 5월부터 10월까지 24명의 영어훈련교

사를 배출해냈다. … 언어교육은 교사들에게 영어회화를 위주로 훈련시키는데 첫날 외국인선생 앞에서 입조차 못 떼던 교사들도 하루 이틀이 지나면서 가벼운 인사는 물론 쉬운 조크까지 척척 받아넘길 수 있게 된다. … (경향신문, 1982c, 11월 22일)

〈발췌 6.2〉 國校(국교)서도 기초英語(영어)회화 교육
오는 2학기부터(1984년) 전국의 국민학교에서도 영어회화 교육이 전면 실시된다. 문교부는 13일 2학기부터 국교생들에게 특별활동시간을 이용, 기초영어회화 교육을 적극 실시하라고 전국 시·도교위에 지시했다. … 문교부는 영어회화 교육을 위한 교육자료 구비와 함께 교사들에 대한 재교육을 강화토록 했다. (매일경제, 1984b, 7월 13일)

뿐만 아니라 중·고등학교에서도 의사소통능력을 강화하기 위한 다양한 노력들이 발견되었는데, 이는 〈발췌 6.3〉에 언급된 바와 같이, 이전 교육과정기의 영어교육에 대한 다양한 비판들을 바탕으로 한다. 이는 주로 교사의 문법위주 또는 설명 위주의 수업방식과, 잘못된 영어 입시 대비에 관한 내용이었으며(〈발췌 6.4〉 참고), 이를 토대로 듣기 시험 도입, 이동식 수업 시행 등 교수 방법과 교육환경에의 다양한 변혁들이 단계적으로 실시된 계기가 되었다.

〈발췌 6.3〉 外國語(외국어)교육과 政策(정책)
… 문교부는 외국어고등학교를 인가한데 이어 이번에는 영어, 불어, 독어, 일어 등 모든 외국어 교과목의 교수방식을 지금까지의 읽기 쓰기 중심에서 듣기 말하기 중심으로 바꾸도록 지시했다고 한다. 사실 지금까지 외국어 교육은 구태의연한 교수방법과 교육환경으로 인하여 기대한 만큼의 효과를 거두지 못해 왔다. 중학교에서부터 대학까지 10년 동안

영어를 배우고도 말 한마디 제대로 못하고 편지 한 장 쓰지 못한다고 개탄하는 소리가 들린 것은 어제 오늘만의 일이 아니다. 그런 의미에서 '살아있는 어학교육'을 유도하려는 방침은 충분히 이해가 가고 또 필요 적절한 생각이라고 여겨진다. (동아일보, 1984a, 2월 11일)

〈발췌 6.4〉 英語(영어)교육百年(백년)…무엇이 문제인가
…우리의 영어교육은 서구의 언어이론 및 언어교육이론의 변화에 너무 민감, 일선 교사들은 어느 장단에 춤을 추어야 할지 모르는 형편이었다. … 중고교 영어교사 자격·채용 시험과 대학 영문학교수 임용에도 영어 구사능력을 비롯한 실용적인 능력이 평가의 기준이 돼야한다. … 문법과 발음 등 외형적인 면을 중시하고 의미 내용을 경시하는 경향 때문에 대학입시에 대비한 고교 교육도 문법 분석에 치우쳤다. (경향신문, 1982d, 1월 14일)

당시 문법과 독해 위주의 영어교육은 의사소통 능력의 부재라는 비판을 면치 못했다. 이러한 사회적 분위기에 따라 "종래의 문법과 독해력 중심에서 말하기·듣기·읽기·쓰기 등 4가지 기능을 고루 갖추게 하는 '산 영어(live English)' 교육을 실시하기 위해 우리나라 고교 입시 사상 처음으로 광주와 목포지역에서 영어시험은 듣기 말하기 등 회화 문제를 중심으로 라디오 방송을 통해 출제되는 영어시험을 진행하였다"(경향신문, 1982e). 특히 1982년 12월 문교부는 평준화 지역의 고교 신입생 선발 고사에 방송을 통한 영어 청취력 시험 방법을 1983년부터 단계적으로 전국에 확대해 나가겠다고 발표하였으며(강준만, 2014), 1984년 12월 전국시도별로 일제히 실시되는 고입 선발고사에서 처음으로 영어 듣기평가가 실시되었다(동아일보, 1984b).

또한 〈발췌 6.5〉에 따르면 서울 시내 고교의 90%가 1983년 교과별 능력별 이동수업을 시행하였으며, 이는 과외 금지 조치기에 맞물리는 시기로,

고교 평준화 지역에서 점차 두드러져가는 학력저하와 개인별 학력격차로 인한 수업의 어려움을 보완하기 위해 도입된 것이다.

> 〈발췌 6.5〉 시내高校(고교) 90%서 능력별 移動(이동)수업
> 서울시내의 134개 일반계 고교 중 90%인 121개교에서 교과별 능력별 이동수업을 실시하고 있는 것으로 밝혀졌다. 고교 평준화에 따른 미비점 보완책의 하나로 지난해 시험운영을 거쳐 올해부터(1983년) 본격적으로 실시되고 있는 교과별 능력별 이동수업은 이번학기부터 서울 시내 전체 고교의 90%가 시행하고 있어 다음 학기에는 거의 전국 고교가 이동수업을 시행하게 될 것으로 보인다. (경향신문, 1983a, 4월 26일)

(2) 학교 교육 정책 개편

제4차 교육과정기에는 기존의 제3차 교육과정의 문제점을 보완하기 위하여, 교과서 및 교육과정을 개정하고, 교사 재교육을 시행하는 등 다양한 교육 개편이 이루어졌다. 아래는 이에 대한 신문기사 관련 자료이다. 국민학교의 경우 교사들에게 영어회화를 훈련시키며 학생들에게 생활 영어, 기초회화를 가르치도록 하며, 중·고등학교에서는 1983년부터 연 4차례에 걸쳐 영어 듣기 방송 시험이 실시되는 등 의사소통을 위한 영어교육이 강화되었다. 동아일보(1984a)에 따르면, 당시 전두환 대통령은 "영어의 경우 10년을 배워도 외국인하고 제대로 의사소통이 안 되는 것은 무언가 교육에 문제가 있는 것... 중고교에서 영어를 배우면 외국인과 의사소통은 큰 불편 없이 할 수 있도록 교육을 시키라"며 회화 교육을 강조하였다.

교사 재교육의 경우, 현직 초중고 영어교사들을 대상으로 하는 다양한 회화 연수가 시행되었으며(경향신문, 1983b; 매일경제, 1982c), 〈발췌 6.6〉에 따르면 중·고등학교 외국어교사 채용 시험에서 듣기와 말하기 능력을 평가

하는 등 기존 교사교육뿐만 아니라 신규 교사 채용에 있어서도 회화능력 평가를 포함시켰다(동아일보, 1984b). 또한 수업 시간에 회화 교육을 진행하고, 1년에 2회에 걸친 듣기평가를 실시하는 등 회화 교육을 강화하기 위해 국가적 차원의 다양한 시도가 발견되었다. 이러한 회화 교육 강화 시도와 이를 대비한 교사교육은 5차 교육과정기에 들어 외국인 교사를 채용하여 회화를 직접 가르치게 하는 정책에 영향을 끼쳤음을 유추할 수 있다.

〈발췌 6.6〉 中高(중고) 외국어교사 채용시험 會話(회화)과목 필수로
서울시교위는 23일 올해 중고교 교사 자격 순위고사(11월)때부터 외국어과목의 경우 필기시험에 그치지 않고 듣기 말하기능력도 아울러 평가하기로 했다. 서울시교위는 또 새 학기부터 중고교 영어 수업시간마다 적어도 5분간은 교사와 학생 간에 간단한 생활영어를 중심으로 회화시간을 갖도록 하고 1년에 2회 이상 듣기 능력평가를 실시, 성적에 반영하도록 했다. (동아일보, 1984b, 2월 23일)

(3) 학교 교육 외 영어

1981년 해외여행 자유화 정책과 더불어 같은 해 9월에 88 올림픽 서울 유치가 확정됨에 따라 학교 학생들뿐만 아니라 각 직업군에 종사하는 일반인들에게도 말하기 및 영어회화에 대한 필요성이 확산되었다. 〈발췌 6.7〉에 따르면 경찰관들에게 외국 방문객들의 불편을 최소화하기 위해 영어회화 교육을 시작하였으며, 외국인과의 의사소통을 대비한 기초회화부터 익히게 하였다. 뿐만 아니라 서울시에서는 택시운전사 3만 명을 대상으로 간단한 외국어 회화 교육을 시행하였으며(경향신문, 1985b), 86년에 이르기까지 서비스업 종사자 8만 2천명을 대상으로 하는 회화 교육을 시행하였다(매일경제, 1983a).

〈발췌 6.7〉 88올림픽 등 對備(대비) 모든 경찰관에 英語會話(영어회화)교육

서울시경은 10일 오는 86년 아시안게임과 88올림픽을 앞두고 경찰관들이 외국인 민원인들을 상대할 일이 많아질 것에 대비, 전경찰관에게 영어회화 교육을 실시… 영어회화집에는 외국인을 만났을 때의 인사법부터 지리·안내·교통안내·분실물 신고, 경기장내에서의 대화, 주요 기관 명칭 등 9개 항목에 걸친 내용이 담겨져 있다. (매일경제, 1983b, 2월 11일)

뿐만 아니라 〈발췌 6.8〉에 따르면 운전기사를 위한 라디오 영어회화 시간을 신설하는 등 일상생활에서 외국인들과 조우할 경우를 대비하여 시간과 공간의 제약 없이 생활영어를 학습하는 여건이 조성되었다. 아울러 국제화 시대를 대비하여 젊은 층이나 해외여행 자유화 등의 개방정책에 호응하는 직장인 간의 영어 학습 열기가 증폭되고 있음을 알 수 있다. 또한 각 개인뿐만 아니라 회사 내에서도 국제경쟁력을 강화하기 위해 외국어에 중점을 둔 사원 재교육을 시행하는 기업체들도 증가하였다(동아일보, 1984c). 심지어는 〈그림 6.1〉과 같이, "렌터카를 쓰지 그러세요?", "얼마 동안 머무를 수 있습니까?", "이유를 알 수 없군요" 등과 같은 올림픽 생활 영어 관련 내용이 담배갑 뒷면에 적혀 유통되었다. 해당 담배갑에는 기초 영어문장과 더불어 우리말 뜻과 영어 발음이 한글로 제시되어있고 생활영어를 담은 담배갑의 공급량을 2천만 갑으로 늘리는 등, 곳곳에서 기초 회화 습득을 위한 다양한 노력이 발견되었다(경향신문, 1988, 6월 4일).

〈발췌 6.8〉 "英語會話(영어회화)를 배우자"…갈수록 熱氣(열기)

우리말을 하듯이 영어를 유창하고 멋지게 해봤으면 하는 바람이나 영어 학습에 열의를 가진 사람의 수는 놀라울 만큼 증가하고 있다. 국제화시대

를 예비하는 젊은층이나 해외여행자유화 등의 개방정책에 호응하는 직장인간의 영어학습열은 피부로 느낄 수 있을 만큼 고조되고 있는 것이 사실이다. 대학생이나 일부 특수계층에서나 필요했던 영어가 이젠 직장인, 교사, 가정주부, 운전기사 등 사회 각계각층의 여러 사람들에게 '꼭 익혀야 될 상식'으로 인식되고 있다. ... 한 라디오방송국은 운전기사를 위한 영어회화 시간을 신설, 운전사뿐만 아니라 차를 이용하는 승객들에게 까지 관심을 모은 적도 있다. (동아일보, 1983a, 4월 25일)

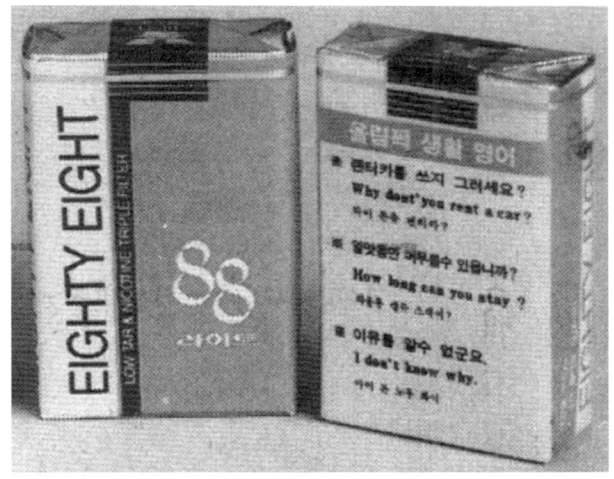

〈그림 6.1〉 담배갑에 표기된 올림픽 생활 영어

(4) 교육 매체

1980년대에 우리나라에 영어회화에 대한 사회적 수요가 급증함에 따라, 영어 학습의 필수품인 영어 교재 및 교육 매체들이 다양해지고 전문화되는 경향을 보였다(동아일보, 1982b). 이러한 매체는 각 연령대를 대상으로 다양하게 개발되었으며, 아동들을 대상으로는 카세트테이프에 이어 비디오테이프를 활용하는 영어 학습 방법이 등장하여 시청각 교재의 전성기를 이루었다(경향신문, 1982e). 또한 중학과정에서 사용 가능하며 중학 필수 영작문, 영문법, 영단어를 구성하여 기초 연습부터 시험에 이르기까지 다양한 응용력을 기르도록 하는 영어 학습 소프트웨어가 개발 및 보급되었다(매일경제, 1985, 1986). 〈그림 6.2〉는 경향신문 1982년 3월 10일 11면의 기사에 실린 VHS 방식의 비디오테이프 영어회화 교재 사진으로 기사에서는 영어회화 시청각교재가 붐을 이루고 있으며, 문법위주를 탈피하여 생활회화를 쉽게 배울 수 있도록 성인용, 아

〈그림 6.2〉 비디오테이프 영어회화 교재 광고

동용 100여 종의 시청각교재가 이미 출시되어 있다고 보도하고 있다(경향신문, 1982f, 3월 10일).

영어 학습용 소프트웨어의 경우 컴퓨터에 문장이 제시되어 학생들은 이와 더불어 발음까지 정확히 들을 수 있어 문장(또는 단어)에 대한 이해력뿐만 아니라 정확한 발음공부를 가능케 하였다. 또한 〈발췌 6.9〉에 따르면, 한 컴퓨터 회사는 중학과정을 학년별로 구분한 소프트웨어를 제공하였는데, 이는 어느 교과서에나 적용 가능하며, 중학 필수영작문, 영문법, 영단어가 제공되어 학습 참고서 역할로 사용되기에 충분하다고 홍보하고 있다. 이러한 상업품의 개발 및 보급은 당시 듣기와 말하기 학습을 강조하는 시대적 상황을 반영한다.

〈발췌 6.9〉 三美(삼미)컴퓨터 英語(영어)학습용 SW보급 중학과정 학년별 구분

... 문교부의 중학교 영어학습지도요령에 따라 어느 교과서에도 적용할 수 있는 영어학습 소프트웨어를 개발, 보급에 나섰다. ... 중학생을 대상으로 한 영어학습용 소프트웨어로 중학필수영작문·영문법·영단어로 구분, 학습참고서 역할을 충분히 할 수 있게 되었다. 특히 문제는 난수에 의한 데이터의 조합으로 구성되었고 영작문은 5천개나 되는 영어문장이 나타나며 영문법은 2천개까지 구성할 수 있어 연습의 기초에서부터 시험에 이르기까지 각종 응용력을 기를 수 있다는 것이다. 또한 각 학년별로 구분해 검색해서 품사나 문형을 활용한 예문뿐만 아니라 영어 단어의 철자를 알파벳하나만 입력해도 그 알파벳을 포함하고 있는 단어를 모두 공부할 수 있다. (매일경제, 1985, 4월 23일)

또한 〈발췌 6.10〉에 따르면, 중·고등학생뿐만 아니라 일반인들도 대상으로 하여 TV를 통해 생활영어에 중점을 두고 기초문법부터 회화, 독해, 문법 등 다양한 내용을 수준별로 다루는 교육 프로그램도 방영되었다.

〈발췌 6.10〉 MBC-TV고교敎育(교육)방송 6일부터 5시55분에

... 중학영어는 생활영어에 중점을 두고 기초문법을 곁들인 내용이며, 고교영어는 회화, 독해력, 문법 등 다양한 내용으로 엮어진다. 교육개발원에서 제작한 이 영어교육프로는 중·고생은 물론 일반인들도 시청할 수 있게 제작되고 있다. (경향신문, 1982g, 12월 7일)

6.3.1.2. 제4차 교육과정기의 한계점

1980년대에 들어 해외여행 자유화와 86 아시안게임, 88 올림픽 등과 같은

사회적 필요로 인해 조기 영어교육 시행, 의사소통 능력 신장을 위한 교육 체제와 지도 방법, 듣기평가 도입 등 평가의 변화 등을 시도하였다. 그러나 이를 시행하는데 있어서 다음의 우려 또는 문제점들도 제기되었다. 〈발췌 6.11〉에 따르면 당시 88 올림픽 서울 유치와 더불어 영어교육을 위한 많은 방송 프로그램이 우후죽순처럼 생기고, 어린이용 영어교재 등이 급증하였지만 필요 이상으로 외국어 상표 표기가 남발되고 있으며, 우리말보다 영어가 지나치게 남용되는 등, 우리말, 우리글에 대한 주체성 및 낮은 의식 수준에 대해 우려하는 의견도 발견되었다.

> 〈발췌 6.11〉 외국어 조기교육 붐 좋지만 國語(국어)교육 소홀해질까 걱정
> 88올림픽 서울유치와 더불어, 특히 영어회화의 각종 방송프로가 생기고 외국어 조기교육이다 하여 어린이용 영어교재 등이 마구 생겨났다. … 분명 내수용으로 만들어진 이 물건들에는 어린이들의 학용품 장난감에서 가전제품에 이르기까지 모든 상표의 표시가 외국어로 되어있다는 점이다. 특히 유명회사 제품일수록 우리말은 찾아볼 수조차 없다. 이러한 상태에서 미취학 아동들에게 외국어 교육을 시킨다는 것은 의식수준의 침체와 우리 것에 대한 인식의 감퇴 내지 주체성의 방향까지 흔들릴 염려가 있다는 것이다. (경향신문, 1982h, 1월 26일)

아울러 당시 초등학교 영어교육은 특별활동시간에 가르치도록 권장되었으나, 학교 실정에 따라 영어교육에 있어 사립과 공립학교 간 질적으로 극심한 불균형이 나타났으며, 학교 간 교육 수준 차이로 인해 생기는 영어 격차 또한 우려되었다(경향신문, 1982a, 1982i). 예를 들어, 조기 영어교육이 공식적으로 시행되기 이전부터 영어를 가르쳐오던 일부 사립학교의 경우, 교재와 시설, 교사를 보강하는 등 많은 진전을 보였으나, 대부분의 국공립학교들은

교내 방송을 통한 영어교육이 간헐적으로 진행되거나 전혀 시행되지 않는 곳도 많았다(경향신문, 1982a). 이는 이전의 신문기사 또는 유사한 시기의 신문기사만 보더라도 이미 예견된 사실이었다. 1982년 1학기부터 초등학교 4~6학년을 대상으로 시행될 예정이었던 조기 영어교육 방침은 시설과 교재, 회화 교육에 대한 교사 재교육 등의 부재로 우선 6학년에 한해 진행되는 것으로 변경되었다(동아일보, 1982b, 1982c).

〈발췌 6.12〉에 따르면 조기 영어교육에 대한 준비기간이 극히 부족했으며, 신학기가 시작된 이후에도 특활시간에 영어 학습을 한다는 방침만 전달되었을 뿐 학습지도안도 마련하지 못한 채 혼선을 겪는 등 실제 영어특활반 실시 여건이 미비한 상태라는 비판 역시 발견된다. 아울러 "대도시의 경우 한 학급에 60~90명에 달하는 콩나물교실에 한 학년에 10~20학급씩이나 되는 학교 실정에서 국민학교 영어교육이 얼마만큼의 실효를 거둘 것인지"에 대한 의문도 제기되었다(동아일보, 1982b).

〈발췌 6.12〉 국민학교의 英語(영어)교육
… 과거 영어조기교육실시의 장단점과 찬반을 가리는데 만도 무려 10년의 세월을 소비했는데 방침이 결정됐다고 해서 준비기간 없이 금방 교육을 실시한다는 것은 불가능하다. 국민학교 학생에게 알맞은 교재 교구의 준비는 물론 능력 있는 영어교사의 확보와 도델교육방법의 개발이 우선 앞서야 한다. 시청각교실도 마련돼야 하지만 예산상 어려운 문제로서 여기에도 역시 시간이 걸린다. … 회화중심의 '산영어'를 가르칠 수 있는 실력 있는 영어교사를 확보하지 않으면 안 된다. (동아일보, 1982b, 3월 11일)

또한 교과서 관련 교육 개편에 대한 신문기사가 다수 발견되었다(경향신문, 1983c; 동아일보, 1983a, 1983b). 제4차 교육과정기 당시 우리나라는 여전히 단일 국정교과서를 사용하였으며, 이는 "획일적 과정 전개를 통한 응용력 및 창의력 신장의 저해 등에 대한 비판"에서 자유롭지 못했다(권오량, 김정렬, 2011, p. 318). 1983년 중학과정의 국정 영어교과서에 필수어휘가 13.6%가 누락되었다는 연구결과와 함께, 중학교 영어교과서 개편이 시급하다고 지적되었다(경향신문, 1983c). 〈발췌 6.13〉에 따르면 당시 우리나라의 향상된 경제수준에 비해 교과서와 각종 수업 교구의 질과 내용이 여전히 낮으며, 영어의 경우 읽기 중심의 교과서로 말하기 듣기 쓰기에 대한 학습량이 적다는 비판이 발견되고 있다. 이러한 문제점들을 바탕으로 교과서에 관한 교육 정책 개혁이 불가피하였으며, 이는 제5차 교육과정기에 중·고등학교 교과서가 국정교과서에서 검정교과서(또는 2종 교과서)[2]로 전환된 계기가 되었다.

〈발췌 6.13〉 中等(중등)교과서의 내용과 체재
중학교 교과서의 내용과 체재 지질편집구성 활자 삽화 등이 외국 것에 비해 크게 뒤떨어져 있다는 사실이 한국교육개발원 조사에서 밝혀졌다. … 우리나라 중등교과서의 종이가 갱지로서 지질이 나쁘며 내용 중 삽화나 그래픽이 지나치게 작거나 조잡하게 돼있다는 것은 이미 알려진 사실이다. … 사실 그동안 우리의 향상된 생활수준에 비하면 교과서와 각종 교구의 질과 내용은 과거수준에서 제자리걸음을 하고 있었으며 이것은 교육효과 면에서 바람직한 일이 아니다. … 영어의 경우 지나치게 읽기중심으로 꾸며져 있어 말하기 듣기 쓰기 등에 대한 학습은 퍽 소홀히 다뤄져 있으며 … 영어교육에 있어 기본적으로는 읽기가 중요하

---

2   국가 교육기관인 한국교육개발원에서 개발한 국정 교과서는 1종 교과서로도 불리며, 당시 이외의 출판사에서 개발하여 검정 출원 후 합격한 교과서는 검정 교과서로 2종 교과서라고도 불렸다(권오량, 김정렬, 2011).

겠지만 말하기나 듣기교육은 언어를 일상생활에 실용화한다는 점에서 읽기 못지않게 중요하다. (동아일보, 1983c 6월 8일)

6.3.2. 제5차 교육과정(1987.7~1992.9)

6.3.2.1. 제5차 교육과정기의 특징

권오량과 김정렬(2011)에 따르면, 1987년 3월 31일에 개정 고시된 제5차 교육과정은 교과과정 개정에는 사실 특별한 이유가 없었으며 "정권이 바뀌고 교과서가 5년 이상 사용되어 진부한 내용이 된 것이 많다"라고 부연설명하고 있다(p. 468). 김영서(2009) 역시 "교과용 도서에 관한 규정 제 22조 '교과서 사용기간은 5~7년을 넘을 수 없다'에 따라 행정상의 이유로 교육과정의 개정이 논의되었다"고 언급하고 있다(p. 141). 즉, 교육과정 자체는 제4차 교육과정과 비교해보았을 때 큰 차이가 없었으며 해당 영어교육 관련 신문기사 또한 이전 교육과정기의 분류 내용고 유사하게 발견되었다(표 6.2 참조).

제5차 교육과정기에도 미취학 아동 및 초등학교 영어교육(22%)과 중·고등학교 영어교육 및 입시(20%)와 관련한 신문기사가 주로 발견되었으며, 각종 시청각 자료 및 교육 매체를 활용한 영어 학습(12.74%) 관련 기사가 여전히 주를 이루었다. 특히 제5차 교육과정기에 초등학교에서의 영어교육을 특별활동 시간이 아닌 학교장 재량에 따른 선택과목제로 변경 방안을 모색하며 이를 두고 찬반 논란이 지속되었다. 아울러 고등학교 교육의 경우, 94학년도에 새롭게 개편될 대학수학능력시험(이하 수능) 위주의 대학입시와 관련하여 교육 방법, 평가, 입시 대비 등에 많은 사회적 관심이 집중되었다 (경향신문, 1991a; 한겨레, 1989, 1991a).

(1) 학교 교육 및 입시

우선 앞서 언급한 바와 같이, 제5차 교육과정기에 가장 화두가 되었던 기사는 미취학 아동 및 초등 영어교육 관련이었다. 제4차와 5차 교육과정기에 해당하는 1980년대에는 우리나라 전역에서 조기 영어교육 논쟁이 벌어졌던 시기(강준만, 2014)로, 제5차 교육과정기에는 기존의 특별활동 시간을 활용한 영어회화 지도 방침이 발전되어 학교장의 재량에 따라 선택과목으로 영어를 가르치는 방안을 모색하게 되었다(〈발췌 6.14〉 참고). 이는 결과적으로 제7차 교육과정이 본격 시행된 1997년 초등학교 3학년부터 영어를 정규 교과로 전면 시행하게 되는 초등영어 정책에 영향을 끼쳤음을 알 수 있다(구혜경, 2018; 동아일보, 1995a).

〈발췌 6.14〉 영어 國校(국교)선택과목 추진
교육부는 오는 95년부터 국민학교에서 학교장의 재량으로 영어, 한문, 컴퓨터 등을 자유선택과목으로 채택하는 방안을 검토 중이다. … 교육부는 국민학교에서 영어를 선택과목으로 가르칠 경우 적용대상을 6학년부터 단계적으로 실시하는 방안과 5, 6학년을 동시에 실시하는 방안을 놓고 검토 중이다. (동아일보, 1991, 7월 15일)

아울러 제5차 교육과정기에 이미 1993년부터 전면 개편되어 1994학년도 대학 입학시험부터 도입되는 수능 관련 신문기사가 다수 발견되었다. 특히 영어과목의 경우 듣기 평가가 대학입시에 처음으로 도입되어 단순 문법이나 단어 암기 지식보다는 독해 및 청해력에 중점을 두는 등 변화될 입시정책에 따라 이에 어떻게 대비하여야 하는지에 관한 기사들이 다수 발견되었다(경향신문, 1991a; 한겨레, 1989, 1991a).

〈발췌 6.15〉에 따르면 대학입시에서 듣기평가가 처음으로 시도되며, 아울러 읽기 시험의 유형과 내용도 단순 암기보다는 문법과 내용에 대한 이해력에 중점을 두도록 출제된다고 언급되었다. 아울러 〈발췌 6.16〉에 따르면 94학년도에 첫 시행될 수능은 암기식 위주가 아닌 교과서 외의 지문을 활용하여 문제 해결력과 사고력 측정에 주안점을 둔다는 점에서 이전 학력고사와는 다른 차별점이 있다는 것이 부각되었다. 따라서 기존의 반복적, 기계적인 학습을 탈피하여 문제 해결력 및 사고력을 향상시킬 수 있도록 할 학습 필요성이 대두되었다. 이에 따라 변화된 입시 문제 유형 및 방식 즉, 평가의 변화로 인해 교육현장에의 긍정적 환류효과를 기대하고 있음을 알 수 있다 (경향신문, 1991a).

〈발췌 6.15〉 3년후…「족집게과외」로는 대학 못 간다
… 영어영역 시험에서는 '영어를 통한 의사소통 능력'을 평가하는데 중점을 둔다. 이는 현재의 대학입학 학력고사의 영어시험이 여러 가지 현실적인 이유 때문에 영어를 통한 의사소통 능력을 제대로 평가하지 못했다는 점을 감안하여 영어 능력 평가의 기본 성격에 충실한 학력검사가 되도록 하려는 것이다. … 언어를 통한 의사소통 능력을 평가하기 위하여 많은 어려움을 무릅쓰고 듣기평가가 도입된다. … 읽기시험의 유형과 내용도 개선된다. 언어학적 문법지식보다는 긴 문장 속에서의 문법적 이해력이 중요시 되고, 어휘력의 문제도 독립적으로 출제되기 보다는 문장 속에서의 의미를 파악하는 능력이 중요시 된다. … (경향신문, 1991b, 5월 12일)

〈발췌 6.16〉 고교수업 토론식으로 유도
… 94학년도부터 새로운 대입제도로 시행될 대학수학능력 시험은 암기식 위주의 현행 학력고사와는 달리 고차원의 사고능력을 평가하게 돼 일선 교육현장에서의 교육방식도 크게 달라질 것으로 보인다. …대학

수학능력시험은 시험내용을 교과서에서 출제한다기보다는 교과서를 통해 개발된 사고능력을 측정하는 게 특징이다. … 고교 교육과정의 범위나 수준 내에서 학교 내외의 학습과 경험을 통해 이뤄지는 일반적인 문제 해결력과 사고력 측정에 주안점을 두게 된다. … 이에 따라 고교교육은 반복적, 기계적인 학습에서 일상생활에서 당면하게 될 문제의 해결과 추리, 적용, 해석 등의 사고력 및 문제해결력 중심의 학습으로 전환돼야 한다. … 외국어영역은 듣기·말하기·쓰기 등의 기능을 고루 평가하되 듣기와 말하기는 생활영어를 통한 의사소통에, 독해력은 교과서외의 다양한 글을 활용해 종합적인 분석력과 이해도를 측정하는데 중점을 둬야 한다. (경향신문, 1991a, 10월 30일)

(2) 학교 교육 정책 개편

학교 교육에 있어서도 교과서 개편과 일선 교육 현장에서의 수업방식 개편 등 다양한 변혁이 있었다. 앞서 언급된 바와 같이, 제4차 교육과정기 당시 우리나라의 경제 수준에 비해 교과서의 질과 내용이 현저히 낮으며, 국정 영어교과서에 필수어휘가 누락되었다는 비판이 있었다(경향신문, 1983c). 이를 바탕으로 제5차 교육과정기에는 중·고등학교 교과서가 국정교과서에서 검정교과서로 개편되었다. 권오량과 김정렬(2011)에 따르면 이 당시 중학교 교과서의 경우 총 54 종의 교과서 중 5종만 검정에 합격하여 약 11대 1의 경쟁률을, 고등학교의 경우 약 6대 1의 경쟁을 거쳐 8종의 교과서가 합격하였다. 이러한 검정교과서 선정은 교육부가 지정한 수만큼만 합격을 시키는 제도로, 이로 인해 중·고등학교 영어교과서 검정을 위한 교과서 경쟁이 치열했음을 알 수 있다(권오량, 김정렬, 2011). 교과서 검정을 위한 각 출판사별 경쟁력 강화로 인해 각 교과서의 질이 높아졌을 것으로 유추된다. 또한 〈발췌 6.17〉에 따르면, 검인정 교과서를 보다 더 다양화하고 교과서 정책을 완화하여 학생들이 필요로 하는 정보를 충분히 포함할 수 있도록 하여야 한다는 주장도 발견되었다.

<발췌 6.17> 검인정 교과서 더 늘려야
... 검인정 교과서 種(종), 數(수)제한을 완화하라는 것이다. 심사결과 내용이 교과과정기준에 맞는 것이면 과목당 5種(종)으로 제한하지 말고 합격시켜 다양한 종목의 교과서가 나오도록 해야 한다는 것이다. ... 지금까지 우리의 교과서 정책이 지나치게 통제지향적이었다고 전제, 국정교과서를 과감히 줄여 검인정 교과서 수를 늘려야하며, 검인정교과서의 과목당 5種(종)제한을 풀어 10~6種(종)으로 늘리고 현재 비밀로 돼있는 검정심사기준을 공개할 것 등을 주장했다. ... "좋은 것을 고르는 최선의 방법은 많은 것에서 고르는 것"이라며 "2종교과서는 시장 경제의 원리가 보다 폭넓게 적용되도록 완화 개방돼야한다"고 강조했다. ... "교과서 한권에 학생이 필요로 하는 정보를 충분히 수록할 수 있도록 분량에 제한을 두지 말아야 한다"고 주장했다. (동아일보, 1987, 10월 9일)

일선 교육 현장에서의 수업방식 변화 뿐 아니라 국가적 차원에서도 학생들의 의사소통 능력 강화를 위해 원어민 교사 채용 제도를 시범 운영하였다. <발췌 6.18>에 따르면, 교실 영어를 활성화하며 학생들의 실제 의사소통 기능을 향상시키기 위해 직접 미국인 교사를 시범적으로 배치하는 등 실제적인 의사소통 교육을 위한 획기적인 변혁이 있었다. 이는 제5차 교육과정기의 우리나라 영어교육의 두드러지는 특징 중 하나로, 사실상 우리나라가 공식적으로 원어민 영어보조교사를 초청 및 채용하는 English Program in Korea(EPIK)[3]을 시행하기 전 시범 단계로 운영했다는 점에서 주목할 만 하다. 실용영어교육을 강화하기 위해 도입한 미국인 영어교사 채용은 구두영어 및 기본 영작문 지도기법을 갖추고 학사학위 이상을 소지한 미국인 교사를 현지에서 초청하는 등 채용 방법이 EPIK과 많이 유사하다는 점에서(한겨레, 1992a), 이 시기에 도입된 정책들이 이후 1996년 원어민 보조교사 초청사업인 EPIK을 구체적으로 실시하기 위한 선구자적 역할을 하였음을 알 수 있다.

〈발췌 6.18〉 美國人(미국인) 영어교사 "輸入(수입)"
교육부는 [1992년 6월] 5일 중·고교영어교육에서 듣기 말하기 등 실용학습을 강화하기 위해 미국인 교사들을 초청[하여], 일선 중·고교의 영어교사로 채용키로 했다. … 채용된 미국인교사들은 배치된 중·고교에서 주당 12~15시간씩 한국인영어교사의 수업을 보조하거나 시간을 할당받아 영어회화를 직접 가르친다. … 교육부는 듣기 말하기 등의 교육 강화로 영어교육을 개혁해 국제화 시대에 능동적으로 대처하고 미국인 교사들과의 교류를 통해 국내영어교사들의 자질을 높일 수 있는 효과를 기대할 수 있다고 밝혔다. 교육부는 미국인 영어교사의 채용을 희망하는 중·고교들이 올해만 35개교에 이르는 등 점차 늘어날 것으로 보고 연차적으로 초청규모를 확대해나갈 방침이다. (경향신문, 1992a, 6월 6일)

(3) 해외 유학 증가

김영서(2009)에 따르면, 1980년대 후반 우리나라는 "86 아시안게임과 88

---

3   이 프로그램은 외국어 보조교사 초청사업으로, 1995년 5.31 교육개혁의 일환으로, 공교육의 영어교육 경쟁력 강화와 학생들의 실제적인 영어 능력을 향상시키며 학생 간 영어교육 격차를 해소하기 위해 시행되었으며, 1996년부터 당시 교육인적자원부 관리 하에 본격 실시되었다(김영식, 지윤경, 김미화 & 정동욱, 2012).

올림픽들을 거치면서 GDP 성장과 수출의 급팽창 등을 경험하였고" 이에 따라 세계여행, 유학 등 해외 출국이 급격히 증가했다(p. 144). 특히 81년 6월 해외유학자유화조치 이후 79년에는 1만 2천여 명에 불과했던 유학생 수가 84년에는 2만 명을 넘어서는 등 해외유학생이나 유학 희망자가 급증하였다(〈발췌 6.19〉 참조).

> 〈발췌 6.19〉 留學(유학)급증…「無分別(무분별)편승」 많다
> 지난 79년에는 1만2천여 명에 불과했던 우리나라 유학생수(체류자 기준)가 지난 81년 8월 정부의 유학자율화조치 이후 해마다 늘어나 84년엔 2만 명을 넘어섰다. 또 유학대상국가도 구미, 일본 등에 편중되던 현상에서 벗어나 다변화하고 있는 것으로 나타났다. … (동아일보, 1985a, 9월 2일)

당시 대학입시에 불합격한 학생들이나 대학 졸업생들이 해외 유학에 관심을 보였으며, 우리나라 학생들은 40개국의 다양한 국가들에서 유학 중이었다. 유학생들의 65%가량이 미국에서 유학 중이었으며, 이후로는 독일, 일본, 프랑스, 중국 순이었다. 그러나 해외 유학이 학업 및 입시에 대한 부담 또는 졸업정원제 탈락 등을 회피하기 위한 도피성 유학으로 간주되는 경향이 있어, 해외 유학 증가에 대한 부작용도 제기되었다(동아일보, 1985a, 1985b; 한겨레, 1992b). 이는 다음 절인 제5차 교육과정기의 한계점에서 상세히 서술하도록 한다.

6.3.2.2. 제5차 교육과정기의 한계점

제5차 교육과정기에는 초등학교에서 영어를 선택과목으로 가르치도록 추진하였으며, 1994학년도부터 새롭게 도입될 대학수학능력시험을 대비하여

영어 수업현장에도 이전과는 차별화된 교육 방법들이 제시되었다. 아울러 학생들의 의사소통 능력 강화 및 영어 실력 향상을 위해 원어민 보조교사를 시범적으로 채용하였으며, 학생 개인적으로는 일부 학생들이 해외 유학을 가는 등 다양한 방면에서 영어교육 변화가 시도되었다. 그러나 새로운 변혁과 교과개편에 대한 부정적인 입장 또는 비판이 잇따랐으며 이는 크게 빈번한 교육과정 개편, 대학입시의 부정적 환류효과, 조기영어의 폐단, 부정적 해외유학에 대한 인식으로 대별된다.

우선 초·중·고등학교의 교육과정이 "정권의 편의나 시류에 따라 너무 자주 바뀐다"라는 비판과 함께, 이제까지의 교육과정이 "지역적 특성이나 학교의 실정, 교사와 학부모들의 요구를 외면한 채 획일적이고 하향적인 체제를 고수해왔다"는 비판을 받았다(〈발췌 6.20〉 참고). 아울러 교육과정 개편에만 급급한 채 정작 교사교육, 교육 자료 등에 대한 준비는 미흡하였다는 비판 역시 제기되었다. 아울러 제5차 교육과정기에 들어 1989년부터 검인정 교과서를 채택하도록 하였으며 이에 따른 다양한 교과서의 등장이 갖는 긍정적 효과에도 불구하고, 교과서 채택 경쟁이 치열해 짐에 따라 이에 따라 대형 출판사가 교과서 점유율을 위해 높이기 위해 상당 금액의 채택료를 음성적으로 지불하는 등 교과서 채택 과정에서의 문제점들이 발견되었다 (〈발췌6.21〉 참고).

〈발췌 6.20〉 교과개편 實效(실효)거두려면
초·중·고등학교의 교육과정이 정권의 편의나 시류에 따라 너무 자주 바뀌는 것은 결코 바람직한 현상은 아니다. … 지금까지의 교육과정은 지역적 특성이나 학교의 실정, 교사와 학부모들의 요구를 외면한채 획일적이고 하향적인 체제를 고수해왔다고 해도 과언이 아니다. … 교육과정 개편이 일선 교육현장에서 실속있는 성과를 거두기 위해서는 교육환경의 획기적 개선이 따라야 한다. … 신설된 첨단기초과목과 영어조기교육을 위한 전담교사는 어디에서 어떻게 확보할 것인가. 학교 시설과 실험·실습기구는 충분히 확보되어 있는가. 지금과 같은 입시경쟁아래에서 과연 새로운 가치관과 세계관, 인생관을 함양하기 위한 전인 교육이 가능할 것인가. …(경향신문, 1991c, 9월 29일)

〈발췌 6.21〉 高校(고교)교과서 채택경쟁 치열
… 86학년도 2종 고교교과서 채택결정이 7월 중순경으로 다가옴에 따라 일부 출판사에서 대대적인 채택물량공세를 일선 고교교사를 상대로 펴고 있다는 얘기가 나돌고 있다. 현재 고교에서 쓰고 있는 교과서는 모두 27개 과목 1백33종이며 이를 내는 출판사는 36개사다. 그중 참고서 판매 등의 이익이 따르는 영어, 수학, 한문 등이 특히 채택공세가 심한 것으로 알려졌다. 참고서외에 어학학습용 카세트테이프 등의 판매에 다른 이익까지 부가되는 영어과목의 경우 일부 대형 출판사에서 시장점유율을 높이기 위해 학교당 상당액의 채택료를 제시해가며 전국적인 판매망을 동원, 대규모 물량공세를 펴고 있어 … (동아일보, 1985c, 7월 8일)

〈발췌 6.22〉에 따르면 우리나라 영어교육은 지나치게 입시 위주이며, 영어교육이 지나치게 읽기 교육에 치우쳐 있다고 비판하고 있다. 또한 여전히 영어교육이 학교교실 외의 현장에서는 무용지물일 수밖에 없는 이유로 한 교사 당 가르쳐야 할 학생의 수가 과도하게 많다는 것과, 교사의 회화 교육 능력 부족을 언급하고 있다. 이에 따라 이후에 지속적인 교사 재교육과 우리나라 현실에 적합한 교육 자료 개발이 병행되어야 한다고 제시하고 있다.

〈발췌 6.22〉 英語(영어)교육 바꿔야한다 10년 배워도 「벙어리」
우리나라 영어교육은 우선 지나치게 읽기 교육에 치우쳐 있다. 모든 언어교육은 읽기·듣기·말하기·쓰기 교육이 적절히 조화를 이뤄야 하는데 우리나라 영어교육은 가장 나중에 배워도 될 읽기 교육을 영어교육의 대종으로 삼고 있는 것이 현실이다. 이 때문에 학교교실에서 배운 영어교육은 일단 교실을 떠나면 무용지물이 되기 쉽다. … 우리나라 교육현실은 '시험이 없으면 수업도 없다'는 말이 생길 정도로 입학시험과 밀접한 관계를 맺고 있다. '시험에 안 나오는데 구태여 배울 필요가 있느냐는 그릇된 교육관이 영어교육의 파행화를 초래했다는 지적이다. … 이처럼 중요한 외국어교과를 외국어로서의 특징을 무시한 채 입과 귀가 아닌 눈과 머리로만 가르치고 배우는 것이 우리나라 교육의 현실이다. … 교사 한 명 당 학생 수가 턱없이 많아 학생들의 언어 표현능력을 기르거나 이를 확인할 기회가 없을 뿐 아니라 교사 스스로도 전반적인 영어회화를 가르칠 정도의 능력을 갖추지 못하고 있다. … 영어교육이 실효를 거두고 정상화하려면 교수방법의 개선뿐만 아니라 하루 빨리 교사의 재교육과 개인의 능력에 맞는 다양한 교육자료 개발이 병행돼야 한다. … (동아일보, 1990, 1월 31일)

아울러 전술한 바와 같이 조기 영어교육 시행과 관련하여 1990년대에도 1980년대와 마찬가지로 당시 국민학생이나 유치원생들 사이에 영어회화 열풍이 불고 있었다(경향신문, 1992b). 각 초등학교에서 영어는 특별활동 수업시간에서 선택과목으로 교수되기 시작하며, 1996년부터는 초등영어가 정규 교과목으로 결정되었다. 그러나 이 시기에도 여전히 영어를 초등학교 학생들에게 일찍부터 가르치는 것에 대한 논란이 지속되었으며, 이에 대한 우려를 표하는 기사도 발견되었다(〈발췌 6.23〉 참고).

〈발췌 6.23〉 취학전 어린이들 早期(조기) 영어학습 붐
… 현행법에서는 아이들에 대한 주입식 교육으로 야기될 폐단을 우려,

유치원에서의 외국어교육은 물론 문자교육 조차 금지시키고 있다. … 그러나 최근 실시한 조사결과 유치원의 76%가 법으로 금지된 문자교육을 음성적으로 실시하고 있으며 그중 상당수가 학부모들의 요구에 따라 외국어교육을 병행하고 있는 것으로 나타났다. 이에 전문가들은 "취학 전 유아들에 대한 외국어 조기교육이 현실로 나타난 만큼 무작정 금지보다는 적절한 지도방법의 개발과 체계적 교육자료의 보급이 시급하다"고 지적했다. (경향신문, 1990, 7월 18일)

또한 경제 성장 및 해외 유학 자유화 조치에 따라 조기 유학이 성행하였으며, 〈발췌 6.24〉와 같이 고졸자들의 해외유학 관련하여 탈선 등 부작용을 고려하는 기사들도 다수 발견되었다(동아일보, 1992; 한겨레, 1992b).

〈발췌 6.24〉「도피성 海外(해외)유학」 성행
대학입시에서 실패하거나 성적이 부진한 고교생 자녀를 둔 일부 부유층 학부모들 사이에 갈수록 치열해져가는 국내대학 입시를 피해 자녀들을 일찌감치 해외 고교·예비학교 등으로 편입학시키는 '도피성 해외유학' 붐이 입학시즌을 맞아 크게 성행하고 있다. … 이같이 도피유학을 나간 학생들 중 일부는 현지 생활에 적응하지 못하고 오히려 탈선의 늪으로 빠져드는 경우도 많다. … (경향신문, 1992c, 1월 13일)

이전에는 해외 유학에 대한 기준이 까다로워 대학 2학년 이상을 수료하고 국가자격시험에 합격해야 유학이 가능하였지만, 1981년 6월 해외 유학 자유화조치 이후 해외 유학 자격기준이 완화되어, 대학 재학생 뿐 아니라 고교 졸업생, 중졸 및 고교 재학생도 유학이 가능하게 되었다(동아일보, 1985b). 이러한 유학 붐에 따라 성적이 저조한 부유층 자녀들의 도피 유학, 간판 유학 등이 급격히 늘어나자 미국 등 일부 국가에서는 한국 유학생을 규제하기도 하였다. 또한 사설 유학원의 터무니없는 고액의 알선 수수료 및 유학에 대한 부정확한 정보 제공 또한 유학 붐에 따른 부작용으로 언급되었다(한겨레, 1992b).

6.4. 제4차 및 5차 교육과정이 현재 한국 영어교육에 주는 시사점

제4차 및 5차 교육과정기는 2020년대 우리나라 영어교육과 밀접한 관련을 보인다. 특히 1970~80년대에 경제성장을 경험하며, 우리나라의 청장년층은 국제 공용어인 영어의 필요성을 절감하게 되었다. 또한 서울에서 개최되는 1986년 아시안게임과 1988년 올림픽 개최를 앞두고 학생들뿐만 아니라 일반 시민들 사이에서도 기본적인 영어 의사소통의 필요성이 대두되었다. 이에 따라 제4차와 5차 교육과정기에는 국가적 차원에서 의사소통 능력을 강화하기 위한 다양한 영어교육 조치가 발견되었다. 해당 시기의 주요 특징으로는 수업 매체의 발달, 초등학교 영어교육의 선택적 도입과 시행, 회화 교육을 위한 교사 재교육, 고교 입시를 필두로 한 듣기평가 시행, 원어민 교사 채용 등이 있으며, 이러한 당시의 변화들은 여전히 현행 우리나라 영어교육에 지대한 영향을 끼치고 있으며, 많은 영어교육 긍·부정적 현상에 토대가 되고 있음을 알 수 있다.

무엇보다도 해당 시기에 시행된 듣기평가는 주목할 만하다. 1994년 새로이 도입된 대학수학능력시험은 국가 수준의 대학입시로는 최초로 듣기평가 항목을 포함하였다. 그러나 수능 시행 이전인 4차 교육과정기에 이미 우리나라는 목포와 광주 지역에서부터 고교 신입생 선발 고사에서 방송을 통해 영어 청취력 시험 방식을 채택하였으며(경향신문, 1982e), 1983년부터 전국적으로 확대 시행하였다(강준만, 2014). 이러한 듣기 능력 평가의 점진적인 시행은 당시 우리나라가 개발도상국의 선두 주자로 국제사회에서 인정받기 시작하며(구혜경, 2018), 국제 올림픽 행사를 포함한 각종 대형 국제 행사를 개최하는 등의 긍정적 사회적 변화를 바탕으로 한다. 우리나라는 급격한 경제성장을 경험하였고, 해외 무역과 같은 외국과의 교류를 위하여도 실용영어교육의 필요성을 체감하게 되었다. 이러한 다양한 사회적 요인이 당시 의사소통 능력 강화를 위한 교육적 변화를 추동하였으며, 현재의 2022 개정 교육과정의 의사소통 중심 영어교육을 시행하는 토대를 제공하고 있다.

즉 제4차와 5차 교육과정기의 사회적 요인들로 인해 기존의 암기식 또는 독해력에 중점을 둔 문어 위주가 아닌 구어 위주 영어교육의 필요성이 대두하였으며 이는 현재까지도 유사하게 유지되고 있다. 예를 들어, 말하기 수업을 강화하기 위하여 일선 교사들을 대상으로 회화 교육을 시행하는 교사 재교육뿐만 아니라, 제5차 교육과정기에 들어서는 직접 원어민 영어 강사를 채용하여 학교에서 한국인 영어교사를 보조하여 영어회화를 가르치게 하였다(경향신문, 1992a). 이는 영어 원어민 초빙사업인 EPIK 프로그램의 원형으로 이 시기 이후의 회화 위주, 원어민 위주 영어교육 열풍을 불러일으킨 원인이 되고 있으며, 이는 21세기 초반의 영어 조기 유학 광풍과 어린이 영어회화 학원 급증과도 직결된다(강준만, 2011).

뿐만 아니라 영어회화 능력을 강화하기 위한 이 시기의 정책들은 21세기 직후 수업을 영어로 진행하는 영어 수업(Teaching English in English) 정책으로 계승되었으며(김인석, 김봉규, 2012), EPIK 시행 이후 다양한 한계점에 대한 대안으로 영어로 수업하는 한국인 교사를 인증하는 '영어교사 TEE 인증제'를 전국적으로 확대·실시하게 되는 계기가 되었다(이성원, 홍상희, 2009). 현재에는 지자체에서 자체적으로 TEE 인증제와 교원 연수를 시행하는 등 비교적 자율적인 체제에 있지만, EPIK과 TEE 인증제 모두 학생들의 실제 영어 능력, 즉 의사소통 능력 강화를 위하여 개발된 것으로 제4차 및 5차 교육과정기의 교수법 및 교육 방침에 영향을 받고 있음을 알 수 있다.

아울러 제4차 및 5차 교육과정기는 우리나라의 영어교육 대상 연령을 현격히 낮추며 조기 영어교육 분야에서 사교육 경쟁을 격화시킨 단초를 제공했다는 비판을 받는 시기이기도 하다. 목표언어를 학습할 때 결정적인 시기가 있으며 그 시기를 놓치면 언어습득이 어려워진다는 이른바 결정적 시기 가설(critical period hypothesis)을 바탕으로(Birdsong, 1999), 정부는 '10세면 혀가 굳는다' 또는 '외국어 교육 환갑은 13세'라는 문구를 앞세워 결국 제4차 교육과정기부터 선별적으로 초등학교에서 특활 영어를 시행하였다(강준만, 2014; 김태영, 오신유, 2019; 동아일보, 1981a). 또한 영어를 초등 정규교과로 도입하는 정책을 결정하였으며, 이에 따라 초등영어 공교육이 시작되는 초등학교 3학년 이전 초등 저학년, 더 나아가 유치원 영어교육이 격화되는 부작용이 배태되는 결과로 이어졌다(이명조, 1995). 이는 2020년대의 영어 유치원, 영어 관련 각종 키즈(kids) 콘텐츠의 성행과도 직결되는 것이다. 문화일보(2019)의 보도에 따르면, 전국의 영어 유치원은 2017년 474개에서 2019년에는 558개로 증가하였으며, 서울의 경우에만 2017년 161개에서 2019년에 227개로 41%가 증가하였다고 한다. 또한 서울신문(2022)의 보도에 의하면 영어 유치원은 더욱 증가하여, 2021년 말 전국 기준으로 718곳으로 늘었다고 한다. 2020년대에는 영어 유치원은 레벨테스트를 받는 것부터 극심한 경쟁을 뚫어야 한다고 하는데, 인기 있는 영어 유치원은 입학설명회에서 아동들 레벨테스트를 하기에 입학설명회 참석권을 얻기 위해 조부모, 부모 등 모든 가족이 각자의 핸드폰이나 PC로 입학설명회 접수시간 정각에 접속해야 하는 이른바 '광클 전쟁'을 하고 있다고 한다(서울신문, 2022). 또한 영어 사교육 시장은 전체 사교육시장의 30%에 달할 정도로 비중이 크며, 유아를 대상으로 하는 영어교육은 중·고등학생 입시 영어 학원의 감소 추세와는 반대로 여전히 성행하고 있다(연합뉴스, 2019). 즉, 제4차 및 5차 교육과정기에 급증하였던 조기 영어교육의 사회적 수요는 1997년도에 초등학교 영어교육이 정규 교육과정으로 시행되는 단초가 되었으며(이명조, 1995), 이는 21세기 들어 학교 교육 선행 영어 학습을 위한 유아 대상 조기영어교육의 학부모 부담을 가중시켰고, 영어교육 개시 연령 하향화 및 영어 사교육 확장으로 연결되었다(전홍주, 2011).

6.5. 요약

우리나라의 영어교육은 처음 도입된 시기 이후부터 지금까지 정권의 변화 또는 사회적 필요에 따라 영어 교수법 및 평가 방법도 바뀌어 왔다(김태영, 오신유, 2019; 신동일, 심우진, 2011). 즉, 앞으로도 변화할 영어교육을 정확하게 전망하고, 대비하기 위해서는 과거 영어교육에 대한 이해와 현재 시행되는 영어교육의 배경에 대한 바른 이해와 인식이 중요하다. 이에 본 장에서는 다양한 사회적 요인으로 인하여 국민들 사이에서 자발적으로 의사소통 교육의 필요성이 확산되었던 시기인 1980년대에 해당하는 제4차 및 5차 교육과정기를 분석하였다.

제4차 교육과정기의 주요 특징으로는 초등학교에서의 선택적 특활영어 실시, 중·고등학교의 듣기평가 도입, 의사소통 능력 필요성의 확산으로 인한 전국민 영어회화 열풍 등이 있다. 4차 교육과정기에 회화 교육을 위한 다양한 교육적 변화들이 있었지만, 조기 영어교육이 확대되고 아울러 전국적으로 영어회화 열풍이 불자, 우리말, 우리글에 대한 낮은 의식 수준에 대한 우려의 입장도 발견되고 있다(경향신문, 1982h). 아울러 당시 초등학교 실정에 따라 사립과 공립학교 간 교육 불균형이 드러났으며, 학교 간 수준 차이는 곧 학생들 간 영어 격차 확대로 연결되었다(경향신문, 1982a, 1982i). 또한 조기 영어교육을 실현시키기에는 교재 및 시설 확충과 회화 교육에 대한 교사 재교육 등의 준비가 미비하다는 여러 비판이 발견되었다.

이후 제5차 교육과정기는 이러한 비판과 한계점들을 바탕으로 초·중·고등학교 교사 재교육을 지속하였고, 외국인 교사를 시범적으로 배치하는 등 다양한 시도가 확대되었다(경향신문, 1991d, 1992b; 매일경제, 1990). 이러한 시도는 수업을 영어로 진행하는 영어 수업방식의 유행을 추동하여, 1996년 EPIK 정책 시행에 단초가 되었으며, EPIK 이후 시행되고 있는 TEE 인증제에 이르기까지 현재의 주요 영어교육 정책의 원류가 됨을 발견할 수 있었다. 아울러 해외 유학 자유화 조치 이후 해외 유학을 선택하는 학생 수가 급증하였으며, 유학 국가도 미국, 독일, 일본 편중에서 벗어나 40여 개국으로 다양해졌다. 그러나 당시에는 해외 유학 자체를 학업 및 입시에 대한 불안감에 기인한 도피성 유학으로 보는 부정적 시각 역시 발견되고 있다(경향신문, 1992c).

이러한 제4차 및 5차 교육과정기의 초등학교에서의 특활 영어, 듣기평가 도입, 원어민 보조교사 임용 시도 등 다양한 변혁들은 이후 초등학교에서의 정식 교과목으로의 채택, EPIK 프로그램 시행의 단초가 되었다. 아울러, 당시의 의사소통 중심의 영어교육방법 및 평가방식은 현재의 TEE 인증제와 미취학 아동들을 대상으로 하는 영어 유치원 성행, 해외 유학, 현행 수능의 듣기평가 등과도 크게 관련되어 있다.

환언하면, 제4차 및 5차 교육과정기의 영어교육이 2020년대 현재에도 제도적, 계층적, 문화적 차원에서 복합적 영향을 미치고 있으며, 여전히 해결되지 못한 여러 난제가 잔존하고 있다. 예를 들어 초등학교 설립 유형에 따른 공립과 사립 또는 지역 간의 영어교육 격차(김태은, 이완기, 홍선호, 김진석, 2011; 이윤진, 2011; 이주은, 김천기, 2016), 갈수록 극심해 지는 일부 계층의 영어 유치원 사교육 경쟁(서울신문, 2022), 유아 영어를 넘어 급기야는 태교 영어에 이르기까지 무분별한 조기 영어교육 대상의 하향화(이윤진, 2011),

사회·경제적 격차에 따른 교육 불평등의 확대(김진경, 2018)와 같은 많은 교육 문제가 지속되고 있는 것이 2020년대의 상황이다. 이러한 사회문화적, 경제적 격차가 교육에서의 과도한 불평등을 야기하지 않고 사회통합적 기능을 유지하기 위해서는 영어교육 전문가들 뿐 아니라 교육 행정 및 정책적 지원이 중요할 것이다(조항덕, 2007). 특히 무분별한 조기 영어교육이 성행하지 않도록 공교육의 영역에 있지 않은 유아 영어교육에 대한 교육정책 수립이 시급하며, 부모의 사회경제적 차이가 자녀의 영어교육 격차를 심화시키는, 이른바 잉글리시 디바이드(English divide)가 사회 문제가 되지 않도록 정부의 정책적 관심이 필요할 것이다.

7장. 제6차 교육과정기의 한국 영어교육
- 1992년에서 1997년까지

7.1. 배경

한국의 영어교육 발전 과정은 이 책에서는 대한민국 수립 전에는 정치적 변화 위주로 구한말 개화기, 일제강점기, 대한민국 정부 수립 전후로는 교육과정기 위주로 구분하고 있다. 그러나 박종성(2007)은 각 교육과정기와 더불어 한국에서의 영어 수용 과정을 파종기(1983~1904), 암흑기(1905~1945), 시작기(1946~1980년대), 혁신기(1990년대~2002)로 4기로 나누었다[1]. 주목할 만한 점은 1980년대까지는 영어교육 시작기로 구분되어 있으며, 1990년대 이후 혁신기에 들어서며 한국 영어교육에 있어 많은 변화와 발전이 이루어졌다는 점이다. 실제로 1980년대 2, 3차 산업의 발달과 더불어 다양한 영어

---

[1] 박종성(2007)은 1883년부터 1904년에 이르기까지, 구한말 개화기부터 시작된 영어교육의 도입 시기를 파종기로 구분하였고, 일제 식민지 시대에 해당하는 1905년에서 1945년을 영어교육의 암흑기로 보았다. 해방 이후 시기인 1946~1980년대는 새로운 영어교육 시작기로 구분하였으며, 1990년대부터 2002년대를 세계화 시대, 즉 영어교육의 혁신기로 구분하였다.

매체들이 발달하였으며, 컴퓨터와 인터넷의 도입 역시 영어 학습 열기 확산에 큰 촉매가 되었다. 인터넷을 통해 컴퓨터를 사용하려면 영어를 숙지해야 한다는 인식이 확산되었으며, 해외여행 및 유학 자유화에 따라 해외 유입 외국인과 해외 유학 및 이민자들이 급증하였다(김대영, 1997; 김영서, 2009; 조선일보, 1996). 1990년대 컴퓨터 및 인터넷 등 전자 기기의 신속한 도입, 해외여행 및 해외유학 자유화와 같은 정책 변화는 전국민적으로 영어 의사소통 능력에 대한 관심 확산, 더 나아가서는 21세기의 영어 열풍의 직간접적 원인으로 작용하였다(김태영, 오신유, 2020; 신동일, 심으진, 2011).

 이렇듯 변모한 능동적인 한국 사회 분위기는 결국 1990년대 한국 영어교육사 및 입시제도에 다양한 시도와 발전을 추동했으며, 1993년 말에 치러진 1994학년도 대학수학능력시험 도입 및 1997년 초등 영어교육 전면 실시가 그 대표적인 예가 될 수 있다. 특히 1971년 당시 특별활동 시간을 할애하여 영어회화 교육을 시범적으로 도입했던 것을 시발점으로 하는 초등 영어교육 공교육화 논의는 1997년 영어가 정규 교과로 편입되며 제도권에 안착되었다. 이는 제6차 교육과정기 당시 이른바 '세계화'로 대표되는 신자유주의 개방정책을 추구하던 김영삼 정권의 정치적 입장과 함께, 1980년대의 아시안게임 및 하계올림픽의 성공적 개최 이후 다양한 국제 행사들을 통해 전국민들 사이에 영어가 중요하다는 사회적 공감대가 확산된 결과이다(구혜경, 2018; 전병만, 송해성, 2014). 뿐만 아니라, 1992년에서 1997년에 해당하는 제6차 교육과정기는 초등 영어교육 도입 및 수능 실시 등 우리나라 영어교육 근현대사에 큰 획을 그은 사건들을 포함하고 있으며, 당시의 방침은 현재에 이르기까지 지속적으로 유지 및 보완되고 있다. 또한 당시 영어교육사인 제6차 교육과정기에 대한 이해는 현재 시행되는 2020년대 영어교육에의 시사점을 파악하는데 중요한 토대가 될 수 있으며, 더 나아가서는 현재 국내에서의 영어의 사회적 기능 및 역할 등을 반추하며 앞으로의 영어교육을 전망하는데 도움이 될 것이다.

본 장에서는 앞 장에서 상세히 기술된 신문기사 위주의 영어교육 변천 과정을 토대로 제6차 교육과정기에 해당하는 우리나라 영어교육사를 살펴 보고자 한다. 이를 위해 이 장에서는 창간 역사 및 판매부수 면에서 한국의 대표적 양대 일간지로 평가되는 동아일보와 조선일보에 게재된 영어교육 관련 기사를 바탕으로 제6차 교육과정기 당시의 사회·경제·문화적 특징 들은 어떠하였는지, 그리고 이에 따른 영어교육의 변화는 어떠하였으며, 이러한 영어교육 과정의 변혁은 현 2020년대의 영어교육에 어떠한 함의점 을 지니는지를 탐구하고자 한다. 앞 장에서는 주요 4대 일간지를 포괄하는 분석을 시도하였으나, 제6차 교육과정기부터는 영어교육 관련 신문기사가 급증하여 모두 분석하기는 어려웠다는 현실적인 고려로 인해, 일제강점기부 터 발간되었던 동아일보와 조선일보 기사로 한정하였다. 이를 위한 구체적 인 연구 문제는 다음과 같다.

첫째, 신문기사를 통해 분석된 제6차 교육과정기 한국의 영어교육은 어떠 한 특징을 갖는가?
둘째, 신문기사를 통해 분석된 제6차 교육과정기 한국의 영어교육은 현재 의 영어교육에 어떠한 시사점을 주는가?

7.2. 연구 방법

7.2.1. 분석 대상

본 장에서는 1992년 6월부터 1997년 12월까지 약 5년 7개월간의 기간을 제6차 교육과정기로 구분한다. 기존 연구에서 학자마다 제6차 교육과정기를 구분하는 기간이 완전히 일치하지는 않지만[2], 시기적으로 크게 다르지는 않다(신동일, 심우진, 2011). 본 장에서는 교육부 고시 제 1992-11호에 따라 1992년 6월에 고시된 중학교 교육과정 이후, 초등학교와 고등학교에 걸쳐 제정 및 고시된 1997년 12월까지의 교육과정 기간을 제6차 교육과정기로 규정한다.

이 장은 제6차 교육과정기에 영어교육과 관련한 한국에서의 정치, 사회, 문화, 경제적 특징을 신문기사를 바탕으로 분석하며 당시의 역사적 사건들이 영어교육에 어떠한 영향을 미쳤는지를 고찰하는 것을 주된 목적으로 한다. 따라서 이 장에서는 앞 장의 분석 방법에도 적용되는 역사적 연구(historical research) 방법을 활용하였다(Gall, Gall, & Borg, 2003; Wiersma & Jurs, 2004). 문은경(2005)에 따르면 역사적 연구 자료로는 그 특성에 따라 1차 자료(primary source)와 2차 자료(secondary source)로 구분되며, 역사적 사건 및 사실에 관한 원자료인 신문기사를 1차 자료로 분류하고, 해당 사건에 관련한 데이터, 즉 원자료와 관련하여 연구자들이 작성한 논문, 책 등을 2차 자료로 분류하고 있다.

따라서 이 장에서는 1차 자료로 제6차 교육과정기에 발견되는 한국의 영어교육 변화 관련 신문기사를 활용하였으며, 분석 대상 신문으로 동아일보와 조선일보를 선정하였다. 당시에도 이전 시기인 제4차 및 5차 교육과정기 발간된 5대 일간지(경향신문, 동아일보, 매일경제, 조선일보 및 한겨레)는 모두 발간되고 있었으나, 전술하였듯 이 장에서는 동아일보와 조선일보 기사만으로 한정하였다. 동아일보와 조선일보 공히 일제강점기인 1920년대에 창간

---

2   여러 학자에 따라 제6차 교육과정기를 구분하는 시기에 약간의 차이가 있으며, 각 시기는 다음과 같다: 권오량, 김정렬(2011): 1992.11~1997.2, 김영서(2009): 1992~1999, 박거용, 양기숙(2006): 1992~1997, 오관영(2000): 1992~1999, 이완기(2015): 1992.6~1997.12.

되었으며, 현재까지 많은 구독자를 유지하며 발간되고 있다. 또한 학술적으로도 두 신문 모두 1990년대 당시 한국의 권위 있는 중앙일간지로 평가되고 있다(박선영, 1999). 위와 같은 1차 자료를 토대로 이 장에 선정된 기사들은 2차 자료인 6차 교육과정기의 영어교육 및 한국 영어교육사 관련 서적 및 논문들을 토대로 종합적으로 재분석되었다.

7.2.2. 분석 방법

본 장은 제6차 교육과정기에 등장한 사회적 핵심 이슈들과 당시의 영어교육 간의 관계를 파악하고자 하였으며, 동아일보와 조선일보의 제목 및 기사내용에 '영어'를 포함한 신문기사들을 1차적으로 검색하여 수집하였다. 신문기사들은 Böhm(2004)이 제시한 3단계 코딩방식을 사용하여 분류되었다. 우선, 열린 코딩(open coding) 과정에서 필자는 각 기사들을 반복적으로 읽어나가며 특징적인 주제명을 부여하였다. 이후에는 축 코딩(axial coding)을 통해 열린 코딩에서 부여한 주제별 유사성을 고려하여, 주제어 간의 위계를 체계화하였다. 최종적으로 선별 코딩(selective coding) 과정을 통해 축 코딩에서 분류한 기사 중 연구 목적과 밀접하게 관련한 기사 내용을 선별하였다.

이 장에 포함된 총 584편의 기사는 동아일보 281편과 조선일보 303편으로, 제6차 교육과정기에 발견된 신문기사를 위에서 언급한 코딩과정을 거쳐 총 6가지의 주제로 대분류하였다: 1) 입시 외 일반영어, 2) 영어 학습 매체, 3) 학교 영어교육, 4) 과외 및 입시학원, 5) 영어교사 및 강사, 6) 기타(표 1 참고). '입시 외 일반영어'는 토익·토플 및 일반인 영어, 영어교실, 어학연수로 중분류하였으며, '영어교사 및 강사' 역시 한국인 학교 교사, 원어민 영어교사 및 강사로 중분류하였다. 특히 토익·토플 및 일반인 영어에는 당시 전국적으로 확산된 영어 열풍을 다룬 기사를 포함하였으며, 토익, 토플 열풍, 기업 내 영어 활용 등이 이에 해당된다.

7.3. 연구 결과

위의 분석 방법에 언급된 총 여섯 가지 주제별 신문기사들을 더욱 명확하게 분류하기 위해 각 주제별로 연령층에 따른 대상 또는 학교급으로 구분하였다. 예를 들어, 학교 교육 및 입시와 관련 있는 '학교 영어교육', '과외 및 입시학원'과 '영어교사 및 강사' 기사들은 학교급별 각각 유치원 및 초등학교와 중·고등학교로 세분화하였다. 특히 제6차 교육과정기에 포함되는 시기인 1994년도에 기존의 학력고사를 대체한 대학수학능력시험(이하 수능)이 처음 시행된 점을 감안하여 수능 관련 기사를 별도로 구분하여 유목화하였다.

반면 전반적인 영어 관련 산업을 지칭하는 '영어 학습매체', '입시 외 일반 영어' 분류는 학교급이 아닌 연령대(유아 및 아동, 청소년 및 성인)로 구분하였다. 공통적으로 미취학 아동과 초등학생들은 유아 및 아동으로 명명하였으며, 중·고등학생은 청소년으로 구분하였다. 이후 대학생부터는 모두 성인으로 통합하여 대상을 구분하였으며, 특정 연령층을 제시하지 않아 대상이 모호한 기사들은 모두 '공통' 범주로 분류하였다.

〈그림 7.1〉은 신문사에 따라 발견된 주제별 기사수에 대한 것으로, '입시 외 일반영어'가 172편, '영어 학습매체'와 '학교 영어교육'이 각각 148편과 145편으로 제6차 교육과정기에 발견된 주제별 기사수에서 가장 큰 비중을 차지하고 있다. 이를 통해 1990년대가 정보화 시대로 접어들며 이전보다 훨씬 더 다양한 학습매체들이 발전 및 상용화되었으며, 김영삼 정부의 세계화라는 정치적 슬로건 하에서 입시를 목표로 하는 학생들뿐 아니라 일반

국민들도 영어 사용의 필요성과 학습 열기가 점증하고 있었음을 알 수 있다. 뿐만 아니라, 제6차 교육과정기 초등학교 3학년에 정규 영어과목이 편성, 그리고 학력고사에서 수능으로의 대학 입시 체제 변화 등과 같은 교육학적 변화로 인해 학교 영어교육에 대한 관심이 증대되었던 시대상이 반영된 결과를 알 수 있다.

〈표 7.1〉 제6차 교육과정기 주제별 신문기사 수

주제		대상 및 학교급	동아일보	조선일보	합계	총계	
입시 외 일반 영어	토익·토플 및 일반인 영어	공통	15	24	39	99	172
		청소년	2	-	2		
		대학생	3	8	11		
		성인	21	26	47		
	영어교실	공통	2	4	6	44	
		유아 및 아동	12	4	16		
		청소년	-	2	2		
		성인	10	10	20		
	어학연수	공통	7	2	9	29	
		유아 및 아동	2	4	6		
		청소년	2	3	5		
		대학생 및 성인	4	5	9		
영어 학습매체		공통	17	20	37		148
		유아 및 아동	33	45	78		
		청소년	6	6	12		
		성인	3	18	21		
학교 영어교육		공통	5	8	13		145
		유치원 및 초등학교	32	29	61		
		중·고등학교	21	24	45		
		수능 및 대학입시	18	8	26		
과외 및 입시학원		공통	7	6	13		62
		유치원 및 초등학교	24	16	40		
		중·고등학교	5	4	9		
영어 교사 및 강사	한국인 학교 교사	공통	3	3	6	30	46
		유치원 및 초등학교	11	5	16		
		중·고등학교	5	3	8		

원어민 영어교사 및 강사	학교	2	5	7	16
	학원 및 기업	4	5	9	
기타		5	6	11	11
총계		281	303	584	584

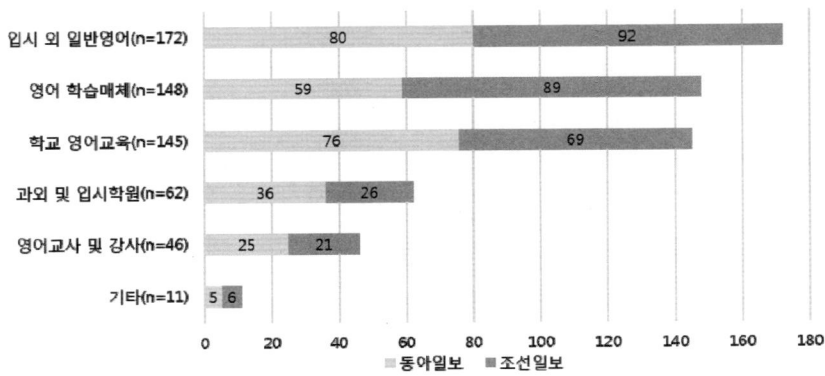

〈그림 7.1〉 신문사에 따라 발견된 주제별 기사수

〈그림 7.2〉는 6가지 대분류를 다시금 중분류인 주제 또는 대상 및 학교급에 따라 구분한 기사수를 제시하고 있다. 입시 외 일반영어는 중분류인 토익·토플 및 일반인 영어(99편), 영어교실(44편), 어학연수(29편)이다. 토익·토플 및 일반인 영어 관련 기사가 가장 많이 발견되었으며, 특히 일반인 영어관련 기사에는 토익, 토플 열풍, 기업 내 영어 열풍 등 제6차 교육과정기에 전국적으로 확산된 영어 학습 열기에 따른 사건들을 다룬 기사들이 포함되었다. 두 번째로 많은 기사수를 포함하는 영어 학습매체는 학습자 대상에 따라 구분하였으며, 공통(37편), 유아 및 아동(78편), 청소년(12편), 성인(21편)이 이에 해당한다.

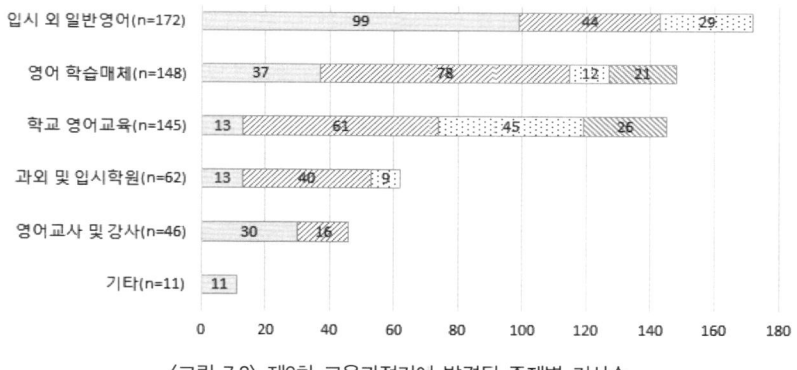

〈그림 7.2〉 제6차 교육과정기에 발견된 주제별 기사수

학교 영어교육 및 과외 및 입시학원 항목은 학교급에 따라 중분류 되었다. 학교 영어교육은 유치원부터 중·고등학교를 모두 아우르는 공통기사(13편), 유치원 및 초등학교(61편), 중·고등학교(45편), 수능 및 대학입시(26편)가 발견되었다. 또한 과외 및 입시학원의 경우 공통(13편), 유치원 및 초등학교(40편), 중·고등학교(9편)의 기사가 발견되었으며, 학교 영어교육 기사수와 유사하게 유치원 및 초등학교 대상 관련 기사가 가장 많았다. 이는 앞서 영어 학습 매체 기사 중 유아 및 아동을 대상으로 한 기사수(78편)가 두드러지게 많이 발견된 것과도 같은 맥락으로 볼 수 있다. 즉, 제6차 교육과정기 당시 초등영어 정규 과목 도입과 관련하여 즈기 영어교육에 대한 관심이 증가함에 따라 유아 및 아동을 대상으로 한 기사가 다수 작성된 것으로 보인다.

이외에도 영어교사 및 강사는 중분류 주제에 해당하는 한국인 학교 교사, 원어민 영어교사 및 강사 관련 기사수로 나누었으며, 원어민은 학교 또는 학원 및 기업 등 직장에 따라 교사와 강사로 분류하여 제시하였다. 특히 한국인 영어교사와 관련하여 30편의 기사가 발견되었고, 초등영어 정규교육을 위한 교사 재교육 관련 기사가 발견되었다. 원어민 영어교사 및 강사와 관련하여 총 16편의 기사가 발견되었으며, 특히 원어민 강사와 관련하여서는 무자격 외국인 영어 강사에 대한 부작용을 다룬 기사들이 다수 발견되었다.

이하에서는 〈표 7.1〉과 〈그림 7.1〉에서 언급된 바와 같이 1992년부터 1997년에 걸친 제6차 교육과정기에 발견된 영어교육 관련 신문기사를 주제별로, 발견 빈도수에 따라 다음 순으로 연구 결과를 제시하도록 한다: 1) 입시 외 일반영어, 2) 영어 학습매체, 3) 학교 영어교육, 4) 과외 및 입시학원, 5) 영어교사 및 강사.

7.3.1. 입시 외 일반영어

이전 교육과정기의 영어교육이 실제적으로는 입시를 목표로 하는 학생들의 입시 영어를 중점적으로 이루어졌다면, 제6차 교육과정기에는 정치·사회적으로 국제 경쟁력을 강화하기 위한 세계화 정책이 추진됨에 따라 영어교육 대상이 점차 확대되었다(박종성, 2007; 신동일, 심우진, 2011). 특히 1980년대 이후 아시안게임, 하계올림픽 및 해외 여행 자유화 등을 계기로 영어회화의 필요성은 전 국민에게로 확장되었으며, 이에 따라 영어교육 대상은 회사원이나 일반 성인들에게까지 확대되었다. 동아일보(1995b)에 따르면, 1990년대 중반에는 국내 최초로 9시 뉴스가 영어 다중방송으로 진행되었으며, TV 광고에 영어 자막이 추가되는 등 다양한 형태의 영어 노출 실험이 사회적으로 진행되었다. 이렇듯 전 연령층을 대상으로 확대된 영어 학습은 전 국민을 대상으로 영어열풍이라는 하나의 문화를 형성하였고, 입시를 목표로 하는 학생들의 기존의 영어 학습과는 별도로 미취학 아동은 영어 유치원, 심지어 태아를 대상으로 하는 태교영어[3]까지 포함되는 조기 영어교육이 정

---

3 1997년 2월 17일에 방영된 SBS 프로그램 〈그것이 알고 싶다〉에서는 당시 임산부들이

착되기 시작하였다(동아일보, 1997). 또한 회사원은 요일별 영어 회의, 영어 이름 사용 및 공인 영어 시험 점수 취득 등을 통한 취업 및 승진에 이르기까지 다양한 모습으로 전국민에게 널리 정착되었다.

제6차 교육과정기에는 입시 외 일반영어에 3가지 주제가 발견된다. 이는 각각 1) 토익·토플 및 일반인 영어, 2) 영어교실, 그리고 3) 어학연수이며, 이 3가지 소주제 모두 유아부터 성인까지의 모든 대상을 포괄한다는 공통점이 있다(〈표 7.1〉 참고). 하지만 입시 외 일반영어에서 발견되는 신문기사 대다수는 입시체제에 영향을 받지 않는 성인학습자들에 관한 것이었다. 즉 당시의 영어 학습 대상이 입시를 대상으로 하는 10대 학생들에게만 국한된 것이 아니었으며, 영어 열풍의 확산이 대학 입시 이후의 성인층에게 확산되고 있음에 주목해야 한다.

7.3.1.1. 토익·토플 및 일반인 영어

1981년 8월부터 시행된 해외문호개방 정책 이후, 해외 유학생 및 지망생 비율이 크게 늘어났다(정성관, 1982). 따라서 해외 유학을 희망하는 학생들에 한하여 TOEFL(The Test of English as a Foreign Language)과 같이 비영어권 학생들의 영어사용 능력을 측정하는 시험 응시가 많아졌다. 뿐만 아니라, 기업 간 국제교류가 증가함에 따라 국내에서도 세계 시장을 목표로 하는 일반 기업체에서 직장인들의 영어 능력을 객관적으로 평가하고자 하였으며, 이를 위해 1979년 일본에서 ETS가 최초로 개발 시행한 TOEIC(The Test of English for International Communication, 이하 토익) 시험이 크게 각광받기 시작

음악을 듣고 책을 읽을 뿐 아니라 영어테이프를 들려주는 등 태내에서부터 자녀교육에 힘쓰는 모습을 볼 수 있다고 보도하였다(동아일보, 1997, 2월).

했다(동아일보, 1982d). 특히 1990년에 들어서면서 승진과 취업을 위한 토익 응시자가 폭발적으로 증가하였다(동아일보, 1995c). 국내 주요 기업들이 토익 성적을 신입사원 채용 및 승진 등과 관련한 인사고과 자료로 반영하게 됨에 따라, 토익 시험은 이른바 '21세기 신분증'으로 인식된다는 기사도 발견된다(조선일보, 1997a). 따라서 국제화와 경쟁시대에서 생존하기 위해 토익 응시 대상은 취업을 준비하는 대학 졸업예정자부터 취업 재수생 및 기존의 직장인들에게까지 확대되었다(박중현, 1995; 조선일보, 1997a).

〈발췌 7.1〉 올 토익 응시 작년 2배
주요 기업들이 신입사원 채용 때 토익(TOEIC) 성적표 제출을 요구하거나 승진 등 인사자료로 토익 성적을 활용하는 추세가 확산되면서 토익 응시자가 크게 늘고 있다. ... 오는 12일 전국에서 실시되는 제5차 정기시험 신청자 6만 6천 3백명을 포함, 처음으로 40만명을 넘어서게 된다. 이는 작년 응시자 20만 3천 9백 99명보다 무려 96% 증가한 것이다.
(동아일보, 1995d, 11월 11일)

뿐만 아니라 신입사원들을 대상으로 영어 어학연수를 강화하며, 일부 기업의 경우 관련 업무를 영어로 처리함에 따라 사원들의 영어 학습을 적극 권장하였다. 따라서 〈발췌 7.2〉와 같이 직장인들은 출근 전 새벽이나 점심시간 및 퇴근 후 영어 학원을 수강하거나, 회사 내에 영어 원어민 강사를 초빙하여 영어회화 강습을 자체적으로 실시하였다(김동주, 1993; 동아일보, 1995e). 아울러 〈그림 7.3〉과 같이 직장인 및 성인들을 대상으로 영어로만 주문하고 대화할 수 있는 영어 전용 카페가 생기는 등 국제무대에서의 생존을 위한 필수무기인 영어 학습에 몰두하는 모습이 다수 발견되었다(홍순강, 1997, 10월, p.35).

〈발췌 7.2〉 "外國語(외국어)를 잡아라" 직장인 학원수강 열기
국제화 세계화 바람을 타고 출근 전이나 점심시간, 퇴근 후 시간을 이용한 직장인들의 외국어학원 수강이 붐을 이루고 있다. ... 우수한 성적을 올린 직원들은 어학수당을 받기도 하고, 성즉이 나쁠 경우에는 각서를 쓰기도 하는 등 어학학습 관리가 조직적으로 이뤄지고 있다. (동아일보, 1995e, 2월 16일)

〈그림 7.3〉 영어로 주문하고 이야기하는 영어 전용 카페

7.3.1.2. 영어교실

전술한 바와 같이 1980년대 이후 실제적으로 외국인과의 접촉이 잦아짐에 따라, 전국적으로 전 연령층을 대상으로 영어 학습 열기가 확산되었다. 특히 대학 입시를 위한 사교육에 치중하는 학원 및 과외가 아닌, 각 지역 사회내의 동사무소 및 복지관에서 개설한 영어교실이 활황을 이루었다. 영어 교실에서의 주된 프로그램은 생활영어 즉 영어회화를 위한 수업이 주를 이루었으며, 그 대상은 어린이와 주부 및 노인 등 이전과는 달리 다양한 연령층을 대상으로 시행되었다(강수진, 1995; 조선일보, 1995, 1996).

〈표 7.1〉에 따르면 당시의 영어교실은 특히 유아 및 아동과 성인 대상 강좌가 다수였음에 주목해야 한다. 즉, 영어교실은 각 지역 사회에서 입시를 위한 사교육, 취업 및 승진을 위한 학원 수강 등이 아닌, 미취학 아동, 주부 및 노인들을 대상으로 실시되었음은 제6차 교육과정기에 새롭게 나타난 사회 현상인 것이다. 다수의 신문기사들은 영어교실 학습자들의 학습 목표 및 이유 등을 보도하고 있는데, 주부들과 노인들의 경우 해외 여행 자유화 조치 이후 해외를 방문할 기회가 증가함에 따라 영어 학습의 필요성을 절감하고 있음을 알 수 있다〈발췌 7.3〉, 〈발췌 7.4〉 참조).

〈발췌 7.3〉 만학의 열기 고조… 20~70대 주부영어교실
"외국에 나가면 보란 듯이 실력발휘 할래요." … 남편과 자녀들을 직장과 학교로 보낸 주부 40여명이 모여 여름의 더위를 찻속에 묻고 있었다. … 20대 후반의 주부들에서부터 손자를 둔 70대 할머니에 이르기까지 세대를 넘어가며 향학열을 불태우고 있다. … 올 여름 결혼 20주년 기념으로 남편과 함께 첫 해외여행을 나선 황덕주씨는 "하와이에서 용감한 영어구사로 남편의 인정을 받았다"고 자랑했다. (김태훈, 1997, 8월 23일)

〈발췌 7.4〉 배움에 나이 없다 젊은 노년 영어공부 도전
평균연령 64세의 만학도들은 돋보기를 낀 채로 열심히 '사과'라는 뜻의 영어단어 'apple'을 따라 읽었다. …할아버지 할머니들이 뒤늦게 영어공부를 시작한 가장 큰 동기는 외국으로 이민 간 자녀를 방문하거나 해외관광을 떠나기 전에 기본회화라도 익혀두자는 것 … 이밖에도 영어단어를 물어보는 어린손자에게 무시당하기 싫어 왔다는 할아버지부터 시집살이 하느라 배움의 기회를 놓친 뒤 시어머니상을 치르고서야 비로소 이곳을 찾았다는 할머니까지 다양하다. (강수진, 1995, 2월 9일)

7.3.1.3. 어학연수

1989년 1월 해외여행 전면 자유화 조치 이후 국민들의 해외출국이 급증하였고, 특히 고등학생과 대학생들을 대상으로 한 어학연수가 크게 유행하기 시작하였다(김영서, 2009; 김태영, 오신유, 2020). 이와 더불어 1990년대에는 해외 대학 유학 및 어학연수를 준비하는 고등학생 및 대학생 뿐 아니라, 초등학생들을 대상으로 하는 해외 조기 유학이 확산되었다(박용근, 1997). 이와 같은 새로운 풍조는 영어는 어릴 때 배울수록 유리하다는 결정적 시기 가설을 기반으로 도입된 초등 영어교육과도 연관되어 있음을 알 수 있다.

〈발췌 7.5〉와 〈발췌 7.6〉에 따르면, 이 시기에는 1~2년 비교적 중장기로 미국, 영국 및 캐나다와 같은 영미권 국가로 유학을 떠나는 이른바 '전학' 사업이 등장하였고 이는 2000년대 이후에는 조기유학이라는 용어로 정착되어 있다. 이는 주로 대학 입시 및 내신 성적 관리라는 학업적 부담이 가중되는 중학생과 고등학생에 비하여 상대적으로 학업 부담이 낮은 초등학생들을 대상으로 추진되었다(이미경, 1996).

〈발췌 7.5〉 영어 조기교육 '극성'
급속히 과열돼온 어린이 영어교육이 더욱 극성스러워지고 있다. … 미국이나 영국, 캐나다의 초등학교로 1년 동안 '전학'을 보내주는 사업까지 등장했다. 조기 유학이 주로 중학생이상 학생들을 대상으로 한 것이라면, 1년쯤 다녀오는 '전학'은 비교적 학업 부담이 적은 초등학생을 겨냥한다. … 초등학교 3~4학년 어린이가 가장 많아 절반이 넘고, 5~6학년이 그 다음을 차지하지만, 막 학교에 들어간 1학년 학생들도 여럿 나갔다고 한다. (이미경, 1996, 10월 21일)

〈발췌 7.6〉 초등학생 해외 전학(轉學) 붐

최근 초등학생들의 해외 전학(轉學)이 붐을 이루고 있다. 미국, 영국, 캐나다의 초등학교에서 1년쯤 공부하고 돌아와 다시 국내 초등학교를 다니는 해외 유학이 특히 서울 강남지역 초등학생들 사이에 확산되고 있다. 방학을 이용한 종전 단기 해외 어학연수와 달리 아예 현지학교에서 전과목을 외국 어린이들과 함께 공부하는 것으로, 기간은 대부분 1년이지만, 드물게는 2년도 있다. 공식집계는 없지만 학원가에서는 지난해(96년) 초등학생 2천여명이 해외 전학한 것으로 추산하고 있다. (박용근, 1997, 1월 9일)

7.3.2. 영어 학습매체

전술한 바와 같이 1980년대의 대형 국제행사인 아시안게임과 하계올림픽, 해외여행 및 해외유학 자유화 조치 등을 토대로 영어학습 열기가 확산되었다(강준만, 2014; 김태영, 오신유, 2020). 1990년대에는 초등학교 정규과목에 영어가 추가되어 영어 학습 대상 연령이 더욱 낮아졌으며, 기초 영어회화를 목표로 하는 영어교실 수강 연령은 성인 및 노인 등으로 더 높아지는 등 남녀노소를 불문한 영어교육의 저변 확대로 이어지고 있었다. 이러한 연령대의 다양화는 학습 매체에도 다면적으로 영향을 끼쳤다. 예를 들어, 영어 학습 수요가 급증함에 따라 기존의 아동 및 학생들을 대상으로 제작된 학습매체는 각각 유아 및 아동, 청소년 및 일반 성인 학습자를 망라하며 확대되었으며, 각 대상별로 내용적 차별화가 시도되었다. 아울러 1970년대 이후 한국의 기술 수준이 급격히 향상됨에 따라 영어 학습 매체도 다변화되었으며, 이는 기존의 카세트테이프와 CD를 거쳐 1990년대에 이르러서는 유무선 전화, 컴퓨터, 인터넷과 같은 다양한 학습매체가 도입되기에 이르렀다(김순덕, 1993; 윤영신, 1994; 이영신, 1994; 조선일보, 1997a).

7.3.2.1. 대상별 다양한 내용 구성

영어 열풍이 확산되어, 영어 학습 대상이 유아 및 초등학생부터 성인에 이르기까지 다양해짐에 따라 영어 학습매체의 내용 및 구성 또한 세분화되었다. 1997년부터 영어를 정규과목으로 채택하며 전국적으로 영어 조기교육 대유행이 발생함에 따라 유아 및 초등학교 학생들을 대상으로 한 다양한 학습매체가 출시되었다. 특히 초등학생들을 대상으로 구성된 학습매체에서는 '흥미 위주'의 영어교육을 강조하는 기사가 다수 발견되고 있으며(이광표, 1997; 정영태, 1996; 조병래, 윤경은, 1997), 어린이가 과외공부에 의지하기보다는 스스로 영어를 재미있게 배울 수 있도록 게임, 명작 만화영화, 인형극 및 챈트, 노래에 이르기까지 다양한 멀티미디어 교재가 제작되었다(신연수, 1996; 정영태, 1996; 조선일보, 1993, 1997a, 1997b). 〈발췌 7.7〉에 따르면, 컴퓨터를 잘 모르는 부모도 자녀와 함께 편리하게 이용할 수 있도록 제작되어 있으며, 애니메이션 효과, 동영상, 그리고 노래 및 음성 등이 수록되는 등 어린이 학습자를 대상으로 교재가 다채롭게 구성되었음을 알 수 있다〈그림 7.4〉참조)(이영신, 1994, 9월 27일).

〈발췌 7.7〉 어린이 영어 "쉽고 재미있게"
… 컴퓨터를 모르는 부모라도 어린이와 함께 이용할 수 있도록 프로그램이 자동 설치되고 이를 음성으로 안내하는 기능이 있다. 만화영화, 대화연습, 영어단어게임, 노래부르기, 색칠하기 등 다양한 놀이가 들어 있다.
… 특히 기존의 비디오나 방송을 이용한 일방적인 학습프로그램과는 달리 나이와 능력에 알맞게 진행속도와 학습수준을 조절할 수 있다.
(정영태, 1996, 12월 22일)

 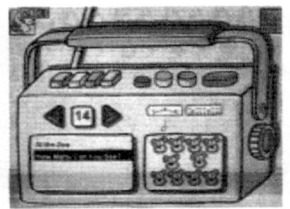 

〈그림 7.4〉 '듣고 보고 즐기며 배운다 영어는 즐겁게'

7.3.2.2. 다양한 학습매체: 전화영어 및 PC 활용

영어 열풍 확산은 다양한 학습매체의 도입을 촉진시켰으며, 이는 현재까지 지속되고 있는 의사소통 중심의 영어 수업과 그 궤를 같이 하고 있다. 특히 기존의 CD의 경우 컴퓨터와 인터넷이 보편화됨에 따라 상호대화형 속성까지 결합하도록 새롭게 도입되었다. 예를 들어 이전의 CD를 활용한 영어 학습매체는 단순히 녹음되어 있는 음성을 듣고 따라 말하는 수준의 단방향 학습이었다. 그러나, 이 시기 이후에는 학습자가 직접 필요한 단어 및 문장을 클릭하여 듣고 따라 말하며, 삽입된 다양한 비디오, 애니메이션, 노래 등을 다양하게 활용하여 제한적이나마 쌍방향 의사소통이 가능할 수 있도록 컴퓨터 및 인터넷 사용이 장려되었다(이영신, 1994).

아울러 성인 학습자들을 대상으로 구성된 영어 학습매체들 또한 다양하게 출시되었는데, 특히 영화를 소재로 한 컴퓨터 활용 학습매체가 주로 발견되고 있다. 대표적으로 '해리가 샐리를 만났을 때', '누구를 위하여 종은 울리나' 등의 미국 할리우드 영화를 바탕으로 학습자들이 "사용자가 원하는 내용만을 채택하여 볼 수 있는 대화형 자막기능을 채용한 스크린 영어 CD롬 타이틀"이 출시되었다(김승환, 1996).[4] 이는 기존 비디오테이프와 달리 컴퓨터를

---

4 이러한 영화를 이용한 영어 학습 교재들이 해당 영화배급사에 저작권을 지급했는지는

기반으로 실행되기 때문에 다양한 기능들을 구동할 수 있으며, 생소한 영어 단어를 내장된 전자사전을 통해 확인하거나, 전문 영어 강사가 출연해 영화 중 중요 어구나 유용한 표현 등을 강의하고, 듣기시험과 녹음기능을 활용하여 영화 주인공과 학습자의 발음을 비교 청취해 보는 것 또한 가능하도록 제작되었다(김승환, 1996).

또한 전화와 컴퓨터를 모두 사용하는 영어 학습 매체도 출시되었다. 진행 방식은 컴퓨터가 자동으로 학습자가 사전에 지정한 시간에 전화를 걸어 미국인 회화가 녹음된 소리를 학습자가 따라 발화하고, 알맞은 영어 표현을 선다형 문항에서 선택하여 정답을 전화번호 버튼으로 누르는 방식을 취했다 (모태준, 1997). 아울러 전화를 활용하여 미국인과 직접 대화하는 원어민 전화 영어도 호황을 누렸다. 이는 직장인과 학생들에게 큰 인기였으며, 아침 6시부터 밤 11시 반에 이르기까지 학습자가 원하는 시간을 선택할 수 있다는 장점과 실제로 미국인과 의사소통할 수 있다는 점이 다수의 학습자들이 전화영어를 선호하는 가장 큰 요인이었다(윤영신, 1994; 조선일보, 1997c).

7.3.3. 학교 영어교육

7.3.3.1. 초등 영어교육 실시

조기 영어교육은 기존 교육과정기인 제5차 교육과정기에도 화두가 되었지만, 이를 둘러싼 여전한 찬반 논쟁이 지속되어 결과적으로 학교 재량시간에 영어를 선택과목으로 가르치도록 추진되었다(김태영, 오신유, 2020; 이재희, 박약우, 한문섭, 서수현, 1996). 그러나 전술한 바와 같이 전국적으로 영어 열풍

확인되지 않는다.

〈그림 7.5〉 초등학교에서의 영어수업(신원건, 1997, 3월. p. 39)

이 확산되었으며, 당시 공보처가 실시한 여론조사 결과에 따르면 초등학교에서부터 조기 영어교육을 도입하는 것에 68%가 찬성하였고, 교육 개시 학년은 4학년, 3학년, 1학년, 5학년 순으로 나타났다(동아일보, 1995f). 뿐만 아니라 김형기(1997)에 따르면, 교육부가 실시한 학부모 대상 설문조사에서는 92%에 해당하는 학부모들이 초등학교에서의 영어교육을 찬성한다고 응답하였으며, 초등학교 3학년 영어교육 실시에는 91.9%의 학부모들이 찬성한다고 하였다. 결국 초등 영어교육이 개인의 발전 및 국력 신장에 많은 도움이 된다는 것과 영어는 어릴 때 배울수록 유리하다는 입장에 따라, 제6차 교육과정기에 공교육 최초로 초등학교 영어과 교육과정을 제정, 시행하였다. 부분 개정된 초등학교 교육 과정에서는 영어를 정규 교과로 신설하고, 주당 평균 2시간의 수업 시간을 배당하여 1997년에 3학년부터 순차적으로 적용하였다(교육부, 1995; 구혜경, 2018).

이렇듯 초등학교 정규 영어 수업 실시에 대한 호의적인 국민들의 반응에는 1990년대 시대적 상황이 조기 영어학습의 당위성을 뒷받침하고 있음을 알 수 있다. 〈발췌 7.8〉에 따르면, 실제적으로 서울의 한 초등학교 첫 영어 수업 현장에서 발견한 영어학습에 대한 학생들의 의견으로 '외국인과의 만남', '컴퓨터 사용을 위한 영어 학습', '해외여행' 등이 발견된다. 〈발췌 7.8〉 기사에서는 학생들 스스로도 영어 학습에 대한 필요성을 인지하고 있었을 뿐 아니라, 대부분의 초등학생들이 학원 및 개인과외를 통해 영어를 미리 익혀 학교 수업에도 비교적 잘 적응하고 있다그 보도하고 있다(신원건, 1997).

〈발췌 7.8〉 헬로 잉글리쉬
...초등학교의 첫 영어수업이 시작됐다. "그러면 우선 중학생도 아닌 우리가 왜 영어를 배워야 하는지 얘기해볼까요" ... "외국사람 만나서 자유롭게 얘기하려구요", "컴퓨터가 영어로 나와 못 알아 들어서요", "비행기 타고 여러 나라를 날아다니며 일하려면 영어를 배워야 돼요" ... 양 교사는 "아이들이 어려서인지 외국어를 배우는데 스스럼이 없다"며 "한 시간 수업을 위해 이틀 동안 준비해야 할 정도로 힘들지만 영어에 흥미를 갖게 한다는 점에서 보람이 크다"고 말했다. ... 38명의 어린이 대부분이 학원 및 개인과외 등으로 간단한 영어를 익혀서인지 영어전단인 김정섭 교사의 지도에 쉽게 따랐다. ... 어린이 대부분이 이미 학원이나 개인과외를 받은 듯 노치영 교사의 지도에 별 어려움 없이 따랐다.
(신원건, 1997, 3월 5일)

당시 서울교육청 구남웅 장학사의 인터뷰어 따르면 초등학교 영어수업의 목표는 "영어에 흥미를 갖게 하는 것"이고, "학습지나 학원, 외국인 과외 등 학교 수업 이외의 공부로 인해 어린이가 영어에 대해 어렵다거나 지루한 느낌을 갖도록 하면 안된다"라고 덧붙였다(조병래, 윤경은, 1997). 그러나 역설적으로 〈발췌 7.8〉에 이미 제시된 바와 같이, 학교 영어 수업을 잘 이해하는 다수의 학생들이 이미 학원이나 개인과외를 받았기 때문이라는, 공교육이 사교육에 의존하는 모순이 발견되고 있다. 또한, 〈발췌 7.9〉와 같이, 학부모들은 시행되기로 결정된 초등학교에서의 영어 정규 수업에 자녀들을 잘 대비시키기 위해 학습지는 물론, 원어민과의 영어회화 과외를 시키기도 하였다(조병래, 윤경은, 1997). 이는 후술하겠지만 부모의 경제력 차이에 따라 그 자녀들의 영어 실력 격차가 첨예하게 발생한다는 소위 잉글리시 디바이드(English divide)를 초래하게 되었다.

〈발췌 7.9〉 놀이하듯 즐겁게 귀와 입을 틔운다
초등교 2년짜리 아들을 둔 주부 전선주 씨는 새 학기부터 학교에서 3학년생에게 정규과목으로 영어를 가르친다니 일단은 환영이지만 학교 수업을 아이가 제대로 따라갈 수 있을지 걱정이 앞서기도 한다. 너도나도 영어 조기교육을 시키는 통에 학습지 하나라도 안 보면 불안한 것이 현실. 전 씨는 아들에게 2년 전부터 영어 학습지를, 4개월 전부터는 캐나다인 영어과외를 시키고 있다. 초등교 3년생 영어교육을 한 달 여 앞두고 학부모들은 걱정이 많다. 학교에서는 뭘 어떻게 가르치는지, 집에서는 어떻게 가르쳐야 하는지 궁금하다. … (조병래, 윤경은, 1997, 1월 29일)

뿐만 아니라 1997년 3월 신학기부터 영어가 초등학교 정규교과로 편성됨에 따라 '영어교육의 정상화'와 '사교육비 절감'이라는 정책기조를 유지하기 위해 학교에서 영어를 정규 교과목으로 교육받는 초등 3학년에 대한 영어 과외가 원칙적으로 금지되었다(한현우, 1997). 그러나 학교에서 영어를 정규교과로 배우지 않는 초등 1~2년생의 경우 과외가 허용되었으며, 초등 3~6년생은 학원이 아닌 대학생 또는 대학원생에 의한 개인과외는 부분적으로 허용되는 등 정책 시행에 상당한 혼선 역시 발견된다.

7.3.3.2. 1994학년도 대학수학능력시험 도입

제6차 교육과정기는 초등학교에서의 영어 정규 교육 도입과 더불어 새로운 입시 제도를 시행한 시기이다. 기존의 학력고사를 대체하여 1994학년도에 대학수학능력시험(이하 수능)이 처음으로 시행되었으며, 영어과목의 경우 학력고사에는 없었던 듣기평가가 전면 도입되었다는 점이 주목할 만하다. 수능에서는 간접방식을 채택하기는 하였으나 말하기 및 쓰기 능력에 대한 평가도 시도되었다. 〈발췌 7.10〉에 따르면, 영역별 출제방향에서는 외국어의 경우, 정확성보다는 유창성에 중점을 두어야 한다고 강조하고 있다(동아일보, 1993).

> 〈발췌 7.10〉 94 수능(修能)시험
> … 국립교육평가원은 9일 94년도 대학수학능력시험의 영역별 출제방향을 밝혔다. (중략) 외국어 영역(에서의 출제 방향은) 대학에서 원서를 읽을 수 있고 기본적인 회화를 할 수 있는 능력을 측정하되 표현기능과 이해 기능에 초점을 맞추며 영어 사용능력의 정확성보다는 유창성에 중점을 두기로 했다. 독해력 측정은 단락 속에 담긴 내용을 사실적 이해와 추론적 이해, 감상판단능력을 중심으로 출제하며 말하기와 쓰기는 간접측정에 의해 평가하되 의사소통 능력을 측정하는데 필요한 수준으로 출제한다. … (동아일보, 1993, 4월 10일)

이렇듯, 당시 제6차 교육과정기의 수능은 정확성보다는 유창성, 기본적인 회화능력 측정과 함께 표현과 이해 기능에 초점을 두어 출제하였다. 따라서 전술한 수능 출제 방향 또는 평가 기준을 통하여 제6차 교육과정기에서는 본격적으로 영어 능력의 정확성보다는 유창성에 중점을 두는 교육이 시행되었으며, 이에 따라 학습자들의 영어 의사소통능력을 배양하기 위한 영어교육으로 서서히 변모하고 있음을 알 수 있다.

7.3.4. 과외 및 입시학원

초등학교 정규과목에 영어과목이 도입되고, 듣기를 포함한 수능이 시행된 후 사교육 시장은 발빠르게 대응하여, 과외 및 학원은 더 성행하였고, 영어 조기교육 연령층은 더 하향 조정되는 현상 또한 발견된다. 전술한 바와 같이 학교에서 정규 영어교육을 시행하는 3학년부터 영어 학원과외가 금지 조치가 시행되었다(한현우, 1997). 따라서 초등영어에서 자녀들이 유리한 위치를 선점하기 위해 많은 학부모들은 미취학 자녀들에게 조기 영어교육을 시키는 새로운 풍조가 등장하였다(신동일, 심우진, 2011). 이에 따라 〈발췌 7.11〉에서와 같이 민 3세에서 6세 유아를 대상으로 미국식 유치원을 표방한 유사 학원들이 다수 생겨났으며, 상당수의 유아 대상 영어 학원인 이른바 '영어 유치원'[5]에서는 과학, 미술, 음악 뿐 아니라 체육 수업도 영어로만 수업을 진행했다(강병기, 1996). 심지어 생후 6개월부터 2세 미만의 유아반에서도 영어교육을 시행하는 등 영어 조기교육 연령의 하향화 현상이 발생했다(전홍주, 2011).

〈발췌 7.11〉 학교종 몰라도 빙고는 알아
… 수업은 물론 미국인 선생님이 영어로 진행한다. 대신 영어에 능숙한

---

[5] 법률적 관점에서 영어 유치원은 유치원으로 포함되지 않기에 '유아 대상 영어 학원'으로 표기하는 것이 정확할 것이다. 이른바 '영어 유치원'은 유아교육법에 따라 정부에 설립 인가된 유치원이 아닌 사설 학원으로 분류되며, 이에 따라 교습비, 교육과정, 교사수급 등에 있어 정부의 규제를 받지 않아 현 시점에도 이에 대한 보완이 필요하다는 지적이 계속되어 왔다(박종관, 2019).

한국인 교사가 아이들이 수업내용을 잘 이해하지 못하면 중간 중간에 도움을 준다. 아이들은 미국인 선생님이 설명하는 말을 완전히 이해하지 못하면서도 눈치로 수업 내용을 이해하는 표정들이다. ... 만 3~6세의 유아를 대상으로 지난 2월 문을 연 이 학원은 이처럼 과학, 음악, 미술시간 뿐 아니라 심지어 요리, 체육시간까지 영어로만 수업을 한다. ... 수업은 철저히 영어로만 진행되며 수업 도중에 한국말이 꼭 필요한 경우가 아니면 한국인 교사들도 한국말을 거의 사용하지 않는다. (강병기, 1996, 10월 6일)

이종재, 김민조, 고영준(2010)에 따르면, 한국에서 사교육 참여 목적은 크게 3가지로 나뉘며 이는 성적향상, 대학진학, 취업 등과 같은 상존하는 경쟁 시스템에서 우위를 차지하는 데 있다. 즉, 1994학년도부터 의사소통 능력을 직간접적으로 평가하는 수능 도입과 초등학교 영어 수업 전면 실시 등과 같은 제도적 변화는 초등학교 저학년 또는 입학 전의 아이들에게도 선행학습의 개념으로 영어를 미리 학습하는 것에 충분한 동기를 부여했음을 알 수 있다.

7.3.5. 영어교사 및 강사

7.3.5.1. 중·고등학생 회화 교육을 위한 원어민 보조교사 채용

제5차 교육과정기에 학생들의 영어 의사소통 능력을 향상시키기 위해 일선 교육 현장에서 시범적으로 운영되던 원어민 교사 채용은 후속하는 제6차 교육과정기에 더욱 확대되었다. 제6차 교육과정기에 원어민 보조교사 초청사업인 EPIK(English Program in Korea)이 처음으로 시행되었으며(장은주, 2007), 이 시기는 2000년부터 시행된, 영어 수업을 영어로 진행하는

TEE(Teaching English in English) 정책이 도입되기 직전으로 의사소통 중심의 영어교육을 학교현장에서 제도적으로 뒷받침하며 적극적으로 시행하기 전 단계로 볼 수 있다. 또한, 듣기평가가 포함된 수능 도입으로 학교 내에서도 의사소통 능력을 배양하기 위한 방안으로 이 기간 동안 외국인 교사 채용은 지속적으로 확대되었던 것이다.

따라서 교육부는 1995년 2학기부터 영어 원어민 교사 59명을 초청하여 전국 15개의 중·고등학교에 배치하였다(동아일보, 1995g). 이들의 역할은 주로 한국인 영어교사들에게 회화를 가르치거나, 실제 학교 수업 현장에서 한국인 영어교사를 보조하는 것이었다.

〈발췌 7.12〉 中高(중고) 회화 교육 실시
교육부는 31일 오는 2학기부터 영어를 모국어로 사용하는 원어민 영어교사를 전국 15개 시도의 일선 중고교에 배치해 듣기와 말하기 중심의 영어교육을 실시한다고 밝혔다. ... 원어민 영어교사 59명은 앞으로 1년간 매주 40시간씩 시, 도 교육청별로 한국인 영어교사들에게 회화를 가르치는 한편, 영어과목 및 특활 시간에 보조교사로 활동하게 된다. (동아일보, 1995g, 8월 1일)

7.3.5.2. 무자격 원어민 영어강사 채용 부작용

제6차 교육과정기에 들어 원어민 교사 채용은 일반 학교 뿐 아니라 사교육 현장까지 확대되었다. 대다수의 영어 학원은 경쟁적으로 원어민 강사들을 채용하였으며, 이에 따라 부적합 원어민을 채용하여 영어교사로 취직을 시키는 등 부작용도 빈발하였다. 〈발췌 7.13〉에 따르면 조기 영어교육 열풍과 관련하여 어린이 영어학원에서의 원어민 강사 수요가 급증함에 따라 학원들은 무분별하게 외국인 강사들을 취업시켰으며, 이에 따라 외국인 불법 알선조직의 팽창 및 무자격 외국인 강사들이 난무하는 등의 혼란이 발생하였음을 알 수 있다.

> 〈발췌 7.13〉 영어학원 무자격 외국인강사 판친다
> 최근 조기 영어교육 열풍이 불면서 관광비자로 입국한 외국인들이 무자격 영어 강사로 학원에 취업하는 사례가 크게 늘어나고 있다. … "한국에 가면 관광도 하고 영어강사로 돈도 쉽게 벌 수 있다"는 소문을 듣고 무작정 한국에 들어와 어린이 영어학원에 직접 찾아가거나 서울 이태원이나 종로 등지의 외국인 불법 알선조직을 통해 외국인 강사난에 허덕이는 학원 등에 취업하고 있다. … (정위용, 1996, 10월 15일)

7.4. 제6차 교육과정이 현재 한국 영어교육에 주는 시사점

영어교육사적으로 제6차 교육과정기는 제7차 교육과정에 해당하는 TEE 제도 및 국가영어능력평가시험(NEAT)과 같은 영어 과몰입, 즉 영어 열풍의 전초 단계에 해당한다. 1997년부터 초등학교 3학년을 시작으로 초등영어가 정규 교과로 교수되었고(교육부, 1995; 구혜경, 2018), 영어 원어민 교사 초빙이 대폭 확대되어 이들이 한국인 교사들의 회화 교육 및 영어 수업 보조 강사로 활용되기 시작하였다. 또한, 기존의 학력고사를 대체하여 1994학년도부터 수능을 실시함으로써 듣기 영역을 통해 간접적으로 말하기를 포함한 영어의 4기능을 모두 평가하기 시작한 시기이기도 했다.

신동일과 심우진(2011)에 따르면, 제6차 교육과정기는 한국 영어교육의 새로운 분기점이며, 김영삼 정부에서 국제어로서의 영어(EIL, English as an International Language)라는 기치 하에 국가경쟁력을 강화하기 위해 신자유주의 세계화 정책을 본격적으로 추진한 시기와도 중복된다. 한국 사회 전반적

으로 영어구사 능력에 대한 필요성이 크게 부각되었으며, 이에 따라 영어 학습 연령층의 양적 확산이 일어났다. 학생들을 포함하여 아래로는 미취학 아동, 위로는 취업 준비생 및 일반 직장인, 그리고 주부와 노인에 이르기까지, 다양한 학습자들을 대상으로 한 영어교육이 시행되었다. 특히 직장인들은 취업 및 승진을 위해, 가정주부들과 노인들은 또 다른 자아실현의 도구로써 영어학습의 외연이 대폭 확산되었던 것이다.

구혜경(2018)은 그의 박사학위 논문에서 한국의 영어교육을 크게 4개 시기로 구분하여 박근혜 정부 이후인 2014년 이후를 정체기로 규정하고 있다. 이러한 인식에는 2010년대 초반까지 진행되던 영어로 진행하는 영어 수업인 TEE 수얼에 대한 축소, 원어민 영어 보조교사 사업인 EPIK에 지원 금액 삭감, 국가영어능력평가시험의 백지화, 수능 영어 시험의 절대평가화 등의 다면적 요소가 고려된 것으로 판단된다.

2020년다 한국에서 영어교육을 더 적극적으로 시행해야 할 필요성이 이전 시대보다 더 증가하고 있는 것은 주지의 사실이다. 예를 들어 한국 문화에 대한 전세계적 관심 집중은 2010년대 이후 두드러진 사회 현상이며, K-pop, K-drama, K-movie 등으로 대표되는 한류의 지속적 확산과 칸 영화제, 아카데미상, 에미상 수상으로 정점을 찍고 있는 한국 문화의 국제적 위상 제고를 주목할 필요가 있다(김형원, 2020; 염규현, 남형석, 2019). 전세계 젊은이들을 중심으로 유튜브로 대변되는 개인 맞춤형 방송 콘텐츠로 미디어가 전환되는 시점에 한류의 유행은 많은 한국인들에게 새로운 기회를 제공하고 있으며, 그러한 기회의 핵심에는 영어 의사소통 능력이 자리잡고 있는 것이다. 또한 첨단 산업의 핵심으로 분류되는 반도체, 전기차, 친환경 산업 등은 국내 굴지의 대기업인 삼성, SK하이닉스, 현대·기아자동차그룹 등이 세계적으로 두각을 나타내며 그 주도권을 획득하기 위해 노력하고 있으며 이미 상당한 성과를 보이고 있다(송영록, 2020; 윤홍우, 2020). 이러한 첨단 산업의 글로벌화의 핵심에 역시 영어 구사 능력이 위치하고 있는 것이다. 이와 같은 엄연한 현실을 고려한다면 영어 의사소통 능력에 대한 구체적 필요성은 불과 십여 년 전에 비해 더욱 증가했다는 사실은 반론의 여지가 없을 것이다.

따라서 영어 의사소통 능력을 배양하기 위한 정책적 변화가 필요한 시점이며, 지난 2000년대에 시행이 추진되다 폐기된 일련의 영어교육 정책들에 대한 재검토가 필요할 것이다. 영어 말하기와 쓰기 능력에 대한 직접적 평가가 핵심이었던 국가영어능력평가시험(NEAT)에 대한 재평가 및 보완 시행 역시 고려할 시점이기도 하다. 한국 사회는 이제 선진국을 벤치마킹하며 산업화를 추진하던 발빠른 추격자(fast follower)에서 전세계 국가들을 선도하여 코로나19 팬데믹 이후에 정상화되고 있는 각종 산업계를 이끌어 가야 하는 첫번째 선도자(first mover)로 그 역할이 전환되었다. 따라서 영어에 대한 인식에 있어서도 수동적으로 선진 서방극가의 지식을 흡수 적용하는 듣기와 읽기 중심에서 이제는 능동적으로 우리의 의견을 전파하고 설득할 수 있는 말하기와 쓰기가 강조되어야 하는 질즉 도약 시점, 이른바 '싱귤래리티(singularity)'에 도달하였다.

이러한 변화된 현실을 제도적으로 뒷받침하기 위한 효과적 장치가 입시제도의 변화이며, 영어 말하기, 쓰기 직접 평가 도입 등과 같은 제도적 변화는 즉각적인 긍정적 환류효과(washback effect)를 발생시켜 의사소통 중심 영어교육 내실화가 가능할 수 있을 것이다(박태준, 장재학, 2017). 이와 더불어 수능 영어 절대평가 제도에 대한 점진적 보완 역시 필요할 것이다. 과도한 입시 부담 경감과 영어에 대한 이른바 잉글리시 디바이드, 즉 부모의 경제력이 자녀들의 영어 능력을 좌우하는 현상(남ᆷ숙, 2010; Crookes, 2017; Shin & Lee, 2019)을 해소하기 위한 절대평가 제도의 도입은 그 큰 틀에서 순기능이 존재한다고 볼 수 있다. 따라서 영어 절대평가 제도를 개선하거나, 절대평가의 외연은 유지하되, 평가 문항에 영어 말하기와 쓰기 요소를 반영하여 이 영역에 대해서는 점수나 등급이 아닌 합격/불합격(Pass/Fail)과 같이 완화된 평가 기준을 일단 적용하는 방안을 도입한다면 과중한 사교육과 입시 부담을 경감하면서 영어의 산출기능(productive skill), 즉 말하기와 쓰기를 측정하여 긍정적 환류효과가 발생시키는 운영의 묘를 기대할 수 있을 것이다.

위와 같은 영어교육 정책 및 입시 제도에 대한 보완 없이는 현재 존속하는 영어교육만으로 2020년대 이후에 급상승하고 있는 한국의 국제적 위상과 이에 부합하는 산출적 의사소통능력 기반 영어교육을 수행하기에는 많은 난관이 예상된다. 영어교육 정책 변화는 더 이상 하향식(top-down) 정책 결정이 아니라, Johnson(1989)이 주장한 바와 같이 영어 정책과 관련하여 총 6개의 집단인 정책 결정가, 요구조사 분석자, 교수법 전문가, 교재집필자, 교사 훈련가, 교사, 그리고 학습자 집단의 입장이 종합적으로 고려되어야 한다. 아울러, 정치적 방향으로의 영어교육 정책 변화에 초점을 두기보다는, "영어교육의 가장 내부적인 기본 요소인 교사와 학생에 초점을 두고"(김해동, 2019, p. 32), 정책에 대한 신중한 고민과 결정이 이루어질 필요가 있을 것이다.

7.5. 요약

한국의 영어교육은 구한말 1883년 외국과의 교섭 사무처리를 위한 동문학을 설치하며 시작되어 현재 2020년대에 이르기까지 약 140년에 이르고 있다(김태영 2016b; 신동일, 심우진, 2011; 이복희, 여도수, 2001). 특히 1980년대 아시안게임과 하계올림픽 및 해외여행 자유화를 기점으로 이후 1990년대 김영삼 문민정부 출범 후 세계화가 본격 추진됨에 따라, 전국적으로 영어교육산업은 양적, 질적으로 공히 팽창하였다(김태영, 오신유, 2020; 신동일, 심우진, 2011). 이와 같은 제6차 교육과정기 우리나라의 사회·문화적 배경을 바탕으로 본 장에서 설정한 두 가지 연구문제에 따른 발견점은 다음과 같다.

　첫째, 이 시기에는 한국의 영어교육 학습 대상의 폭이 확장되었다. 제6차 교육과정기에는 해외여행 자유화를 기점으로 일반인들에게도 영어의 필요성이 부각되었으며, 국제 경쟁력 향상을 도모하는 주요 기업들을 필두로 회사원 뿐 아니라 취업 준비생에게 토익 점수가 필수적으로 인식되었다. 뿐만 아니라 컴퓨터와 인터넷과 같은 산업 발달을 토대로 영어 학습 매체는 더욱 다양화되었다(김승환, 1996; 신연수, 1996; 이광표, 1997; 이영신, 1994). 또한, 학교에서는 초등영어 정규 도입과 듣기평가를 포함한 대학 입시 시험인 수능 실시라는 큰 변화가 있었다. 두 가지 변화 모두 의사소통 능력의 중요성을 한국의 영어 학습자들에게 인식시키는데 기여했다는 공통점이 있다. 이에 따라 학교에서는 한국인 교사와 학생들의 의사소통 기능을 향상시키기 위해 원어민 교사를 채용하였으며, 그들은 한국인 교사의 영어회화 교사이자, 수업 보조교사의 역할을 하였으며, 이는 추후 TEE 인증제 및 EPIK 프로그램을 본격적으로 도입하는 촉매로 기능하게 된다.

　둘째, 이러한 제6차 교육과정기의 영어교육 사조는 현 2020년대에도 다양한 시사점을 제공하고 있다. 한국은 대통령 선거에 따라 정권이 교체되거나 교육과정이 바뀔 때마다 위에서 아래로 정부 주도의 하향식 교육개혁이 단행되어 왔다. 예를 들어, 교실 내 영어 수업 보조교사로서의 원어민 초청을 위한 EPIK 프로그램이나 영어 수업에서 원칙적으로 영어만 사용하여 영어 의사소통 능력의 향상을 꾀하는 TEE 수업 등은 교육 정책 결정권자의 의지가 강하게 투영되어 결과적으로는 정권에 따라 극심한 부침을 겪어 왔다. 하지만 이러한 빈번한 정책 변화는 교사들에게 영어교육 정책에 대한 불신을 가중시켜 결국 교수 동기를 저하시키는 부정적 요인으로 작용할 수 있으며, 이에 따라 교사들은 교육 정책 수립 및 실행에서 소외감을 느끼거나, 학습된 무기력을 경험하게 된다(김지선, 김태영, 2018). 이러한 정부 주도의 하향식 영어교육 정책과 이로 인한 교육 실무자들의 업무 재교육과 이에 따른 부담감은 가중되고 있으며, 이를 타개하기 위한 대안적 정책 수립 및 시행 방안에 대한 탐색이 필요할 것이다.

8장. 제7차 교육과정기의 한국 영어교육
- 1997년에서 2007년까지

8.1. 배경

한국의 교육과정에 따른 영어교육의 변화 과정을 살필 때 유의해야 하는 것은 제7차 교육과정까지는 기간을 정해 놓고 교육과정 변화를 도모하였으나, 그 이후에는 2007개정(혹은 07개정), 2009개정(혹은 09개정), 2015개정, 2022개정 등 교육과정이 변경된 연도를 붙여서 교육과정을 지칭한다는 점이다. 이는 1954년 제1차 교육과정부터 1997년 제7차 교육과정기까지는 기간을 명시했으나, 그 이후에는 개정의 필요가 생길 때마다 변경하는 수시개정 체제를 도입했기 때문이다(권오량, 김정렬, 2011). 따라서 이번 제8장까지는 기간이 명시된 제7차 교육과정기를 다루나, 그 이후에는 주요 개정이 이루어진 2007개정 이후를 다룬다는 차이점이 있다. 또한 넓은 관점으로 볼 때, 제7차 교육과정 이후 제8차 교육과정이라는 공식 명칭이 도입되지 않고 있다는 점에서는 2020년대까지도 제7차 교육과정의 핵심 가치가 유지되고 있다고도 볼 수 있을 것이다.

교육과정 개정은 당시의 사회적 환경과 맥락에 영향을 받게 되는데, 주지하듯 지난 1980년대와 1990년대의 고도성장기를 거치며 한국인들은 영어의 사소통 능력의 필요성을 인식하기 시작하였다. 86 아시안게임, 88 올림픽 등 대규모의 국제 체육 행사 유치와 성공적 개최는 물론, 1989년에 시행된 해외여행 전면 자유화 조치 및 1993년 집권한 김영삼 정부의 국제화, 세계화 정책은 영어교육에 대한 국민적 관심을 더욱 촉발시켰다(오신유, 김태영, 2020). 또한 1997년부터 초등 영어교육이 전국적으로 시행됨에 따라, 이를 대비하기 위한 선행학습 명목으로 영어 유치원으로 통칭되는 유아 대상 영어 학원이 더욱 광범위하게 설치되기 시작했다(강준만, 2011, 2014; 구혜경, 2018).

이러한 태경 하에 1997년 12월 30일에 개정·공포된 제7차 교육과정은 그 특징으로 국가 수준의 국민공통기본교육과정뿐 아니라 지역, 학생 중심의 수준별 교육과정을 확립하여 학교, 개인 수준의 선택이 반영되는 심화선택 교육과정이 도입되었다는 점을 들 수 있다(교육부, 1997). 이 시기 한국 사회에서는 IMF 구제금융 사태로 산업 구조 재편이 촉진되었고, 한국 사회의 치열한 경쟁과 불안정한 미래에 대한 회의감 등으로 영어권 국가로의 이민, 취업 및 영어 조기 유학 등에 대해 많은 중산층이 고민하기 시작하였다. 1998년 전후 조선일보 등 주요 일간지를 중심으로 전개된 영어 공용화론은 이러한 한국 사회의 영어 열풍을 보여준 단적인 예일 것이다(복거일, 1998). 2000년대 이후 영어에 대한 사회적 관심은 더욱 급증하여 초등 및 중등학교에서의 방과후 영어교육, 각 시도, 지방자치단체의 영어마을 및 영어캠프 시설구축, 영어 강좌 개설 역시 새로운 사회 현상으로 부각되었다. 2002년 집권한 노무현 정부는 이러한 사회적 관심을 수용하여 영어수업 및 평가 내실화를 위해 '영어교육 활성화 5개년 종합대책'을 발표하였다(교육인적자원부, 2005). 이 대책은 수준별 수업 및 교과서 도입, 의사소통 능력 향상을 위한 강의 방법과 평가 방법 개선, 영어교사 양성 선발 및 연수 체제 개선 등 더 진전된 내용을 시행하려는 방침이었다(이성주, 2005).

제7차 교육과정은 1997년 발표된 이후 수시개정만이 진행되어, 영어는 2020대 중반인 현재까지 2007년, 2009년, 2015년, 2022년에 걸쳐 총 4번 개정되었다(김진숙, 2018; 이재근, 정은숙, 2015). 1997년 발표된 제7차 교육과정 이후 초등 영어교육의 시수 증가 및 교과서 개편 등 적지 않은 변화가 있었으나, 의사소통 능력을 중심으로 영어 사용을 실질적으로 증가시키고 언어의 4기능을 종합적으로 고려하는 제7차 교육과정의 외연이 유지되고 있다고 볼 수 있다. 이러한 이유로 2020년대의 영어교육의 큰 틀을 형성하고 있는 제7차 교육과정기의 영어교육은 당시 한국 사회의 변화를 어떻게 반영하였고 발전해 왔는지를 체계적으로 고찰하는 것은 현 시점에도 의미 있는 시도로 볼 수 있다. 따라서 본 장에서 설정한 구체적인 연구 문제는 다음과 같다.

첫째, 제7차 교육과정기의 사회문화 현상들은 당시의 영어교육 정책에 어떠한 영향을 끼쳤는가?

둘째, 신문기사를 통해 분석한 제7차 교육과정기의 우리나라 영어교육은 현재의 영어교육에 어떠한 시사점을 주는가?

8.2. 연구 방법

8.2.1. 분석 대상

본 장의 분석 대상 기간은 1997년 12월 30일부터 2007년 2월 28일까지로 제7차 교육과정 공포 이후부터 첫 번째 수시 개정인 2007개정 교육과정 공포 이전까지의 약 10년의 기간이다. 이 시기는 김대중, 노무현 정부 시기 (1998년 2월 25일~2008년 2월 24일)와도 상당 부분 중첩된다.

본 장에서는 제7차 교육과정기의 영어교육이 어떤 사회문화적 맥락 하에 시행되었는지를 파악하고자 한국의 유력 일간지 중 하나인 동아일보에 게재된 해당 교육과정기의 기사를 분석하였다. 앞선 6장까지는 주요 5대 일간지, 7장에서는 조선일보와 동아일보의 양대 일간지 신문기사를 분석하였으나, 제7차 교육과정을 다루는 본 장에서는 동아일보 기사로 한정하여 분석하고자 한다. 이는 더욱 신문기사가 급증하여 모든 일간지의 기사를 검색 및 분석한다는 것이 현실적으로 불가능하다는 고려사항도 작용하였으나, 조선일보 기사에는 제7차 교육과정기 당시 신문사 차원의 영어 대회를 신설하여 관련 행사 및 캠페인을 대대적으로 진행하였다. 따라서 당시 조선일보사가 설정한 영어교육 진흥 차원의 홍보 기사가 다수 검색되어 기사의 내용을 분리하여 종합하는 과정에서 객관적 분석이 결여될 수 있다는 문제가 발견되어 이 장에서 제외되었다.

주지하듯 동아일보는 일제강점기인 1920년 4월 1일 김성수 등 78명의 발기인을 중심으로 창간된 한국 최초의 민족 일간지로 일제강점기 말엽 4회의 무기정간, 5년 4개월의 강제폐간, 6·25 전쟁 중의 격동기 일부를 제외하고는 지속적으로 발간되어 한국의 대표적 일간지로 자리매김하여 왔다(정진석, 1983). 동아일보 기사 중 해당 기간의 영어교육 관련 기사만을 추출하여 분석한 결과 전체 기사 수는 446편으로 앞선 제7장의 분석에 포함된 조선일보와 동아일보 기사 수 584편과 큰 차이가 없는 것을 알 수 있는데, 이는 제7차 교육과정기에 영어교육에 대한 한국 사회의 지대한 관심을 방증하는 결과로 볼 수 있다.

8.2.2. 분석 방법

이 장 역시 앞선 장들의 연구 방식에 따라 역사적 연구(historical research) 방법이 활용되었다. 이는 과거의 역사적 자료를 바탕으로 연구를 진행하는 방식이며(Gall, Gall, & Borg, 2003; Wiersma & Jurs, 2004), 주지하듯 1차적 자료와 2차적 자료로 구분할 수 있다. 문은경(2005)은 해당 사실과 사건이 발생한 것을 보도하는 신문 자료가 원자료인 1차적 자료에 해당되며, 이 원자료에 기반하여 분석, 종합한 연구 논문, 저서, 보고서 등을 2차적 자료로 구분하고 있다. 본 장에서는 동아일보 기사를 주로 활용하므로 1차적 자료 분석이 주를 이루며, 이를 보완하여 객관성을 유지하기 위해 후대에 발간된 논문 및 저서를 2차적 자료로 활용하였다.

동아일보 신문에서 '영어'를 검색어로 수집한 신문기사들은 Böhm(2004)이 제시한 3단계 코딩방식을 사용하여 분류하였고, 열린 코딩(open coding) 과정으로 주저자가 각 기사를 반복해서 검토하며 유사한 주제끼리 분류한 후 주제명을 결정하였다. 이후 열린 코딩에서 정한 주제별 유사성을 고려하여, 축 코딩(axial coding)으로 주제어 간의 위계를 체계화하였다. 축 코딩으로 분류한 기사는 선별 코딩(selective coding) 과정을 통해 본 장의 목적과 밀접한 관련 기사만을 선별하였다. 코딩자(coder) 간의 신뢰도(intercoder reliability)를 확립하기 위하여, 수집된 기사 중 4분의 1을 무작위로 선정한 후 영어교육 전공 박사과정 대학원생에게 코딩 주제명과 해당 설명을 상세히 제시한 후 독립적으로 코딩하도록 조치하였다. 그 결과 코딩자 간 신뢰도는 .96으로 나타났다. 코딩 분류는 각 대주제 별로 9개 이하의 적은 차이를 보였으나, 격차가 크게 나타난 것은 '영어 격차(English divide)'와 '영어회화 강화' 관련 기사들이었다. 이렇듯 불일치한 항목에 대해서는 코딩 준거를 더 상세히 하는 코딩자간 상호 회의가 후속되어, 본 논문의 질적 분석의 체계성, 의사소통가능성, 투명성 제고에 기여하였다(O'Connor & Joffe, 2020).

8.3. 연구 결과

이 장에서는 전술하였듯 열린, 축, 선별 코딩 과정을 거치면서 최종적으로 다섯 가지 대주제를 설정하였고, 이 대주제들은 하위 주제로 세분화되었다. 이러한 각각의 주제 범주에 해당되는 기사 수를 〈표 8.1〉과 〈그림 8.1〉에서 확인할 수 있다. 분석한 동아일보의 최종 기사 수는 총 446편으로 제7차 교육과정기의 신문기사들을 다음과 같이 다섯 가지 대주제로 분류하였다: 1) 사교육 열풍, 2) 공교육 내실화를 위한 노력, 3) 각종 영어 시험 시행, 4) 해외 취업 및 이민, 5) 기타.

위의 다섯 가지 대주제는 다음과 같이 소주제로 다시 세분화되었다. 첫째 대주제인 '사교육 열풍'은 총 193편의 기사가 포함되어 가장 많은 분량을 차지하였다. 이 대주제는 영어 학원 및 과외, 해외 유학 및 연수, 국내 조기 영어교육, 영어 공용화론, 엄마표 영어교육, 그리고 영어 격차(English divide)로 구분되었다. 둘째, '공교육 내실화를 위한 노력'은 총 117편이 포함되었고, 영어회화 강화, 수업방식 개선, 원어민 영어 보조교사 초빙 프로그램(English Program in Korea; EPIK), 영어로 진행하는 영어 수업(Teaching English in English; TEE)으로 세분화되었다. 셋째 대주제인 '각종 영어 시험 시행'은 총 114편의 기사가 포함되었고, 각 학교급별 영어 인증제 시행, 경시대회 및 각종 영어 관련 대회, 공인 영어 인증 시험 확산으로 구분되었다. 넷째 대주제인 '해외 취업 및 이민'에는 총 7편의 기사가 포함되는데, 영어 학습 혹은 취업을 위해 해외로 진출하고자 하는 내용을 다룬 기사들이 포함되었다. 마지막 '기타' 대주제는 제7차 교육과정기의 영어나 영어교육과 관련된 전반적인 사회 풍조, 현상, 그리고 문제점을 지적하는 기사로서 총 15편이 포함되었다.

〈표 8.1〉 제7차 교육과정기 주제별 신문기사 수

주제별 구분		합계	총계
대주제	소주제		
사교육 열풍	영어 학원 및 과외	46	193
	해외 유학 및 연수	46	
	국내 조기 영어교육	39	
	영어 공용화론	32	
	엄마표 영어교육	23	
	영어 격차(English divide)	7	
공교육 내실화를 위한 노력	영어회화 강화	59	117
	수업방식 개선	42	
	원어민 영어 보조교사 초빙 프로그램(EPIK)	10	
	영어로 진행하는 영어 수업(TEE)	6	
각종 영어 시험 시행	각 학교 급별 영어 인증제 시행	51	114
	경시대회 및 각종 영어 관련 대회	34	
	공인 영어 인증 시험 확산	29	
해외 취업 및 이민		7	7
기타		15	15
총계		446	446

〈그림 8.1〉은 각 대주제별 소주제에 포함된 기사수를 그래프화한 것이고, 대주제의 총 기사수가 많은 순으로 위에서 아래로 배치했다. 소주제의 기사 수는 좌측부터 많은 순으로 배치했다.

위와 같이 〈표 8.1〉과 〈그림 8.1〉에 나타난 대주제와 소주제의 기사 빈도 수에 따라 아래의 세부 절(section)에서는 동아일보에서 제시되고 있는 제7차 교육과정기의 한국 사회의 영어교육 현상에 대해 각 대주제와 소주제 순으로 실제 기사를 구체적으로 제시하며 2차적 자료인 각종 논문 및 서적 자료를 통해 분석·논의하도록 한다.

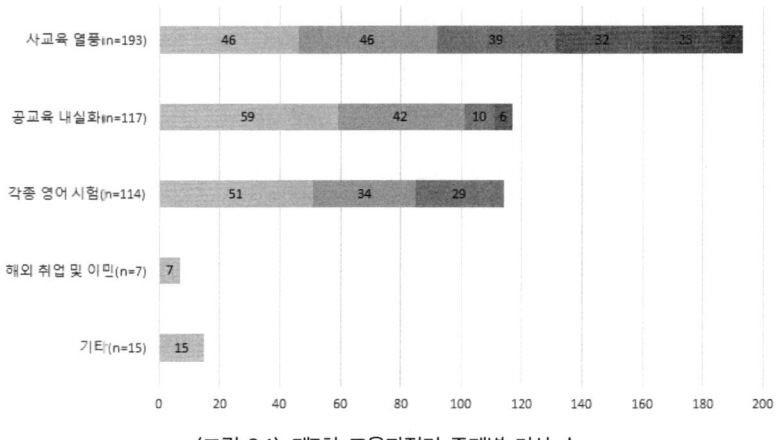

〈그림 8.1〉 제7차 교육과정기 주제별 기사 수

8.3.1. 사교육 열풍

제7차 교육과정기에는 말하기 중심의 영어교육이 강화되며, 유아에서 대학생, 직장인, 일반인까지 영어학습 열풍으로 사교육비가 급증하였고(홍성철, 2002), 다양한 형태의 영어학습방법이 학원을 중심으로 교수되었다. 법령상 유치원이 아닌 학원으로 분류되어 수업료 제한이 없이, 일반 유치원 수업료의 3배가 넘는 영어 유치원이 이 시기에 본격적으로 유행하기 시작하였다. 미국 공립학교 교과서를 활용하는 학원도 등장했으며, 영어를 사용하는 보모와 원어민 가정교사를 초빙하는 상류층 가정이 등장한 것도 이 시점이다. 영어에 대한 과도한 열망을 보도하는 기사도 발견되는데, 자녀의 영어 발음을 잘하게 하려고 이른바 '혀를 늘리는' 수술인 설소대 수술이 시행되는 기이한 현상마저 미국 신문에 보도되었다(동아일보, 2002, 2월; Demick, 2002).

8.3.1.1. 영어 학원 및 과외 수업 성행

이 시기 가장 많이 언론의 주목을 받은 것은 〈발췌 8.1〉과 같이 급증하는 영어 학원 수강 및 과외 학습이었다. 이러한 사교육의 팽창 양상은 이 전 세대에도 발견되나(오신유, 김태영, 2020). 제7차 교육과정기에는 그 대상이 초등학생 및 유아, 노인층에게도 크게 확산되었다. 당시 동아일보 기사는 주부 이모(36) 씨가 학원비 지출에 대해 "그나마 평균 수준이지만 여전히 부족한 것"으로 느끼고 있다고 언급하는 초등학교 2학년, 5학년 두 자녀의 학원비는 당시 금액으로 월 105만 원을 사용하였으며, 이 중 영어학원비는 40만 원으로 전체의 약 40%를 차지하고 있다는 기사를 보도하고 있다(배극인, 김광현, 동정민, 이성주, 2005).

> 〈발췌 8.1〉 아이들을 학원으로, 해외로 나몬 교육정책
> … 현 정부가 출범한 2003년 이후 1만 1,029개의 사설 입시, 보습학원이 새로 생겨나 증가율이 66%를 기록했다는 국감자료다. 3년간 매일 9개꼴로 학원 간판이 올라간 것이다. … 올해 들어 7월까지 유학, 연수에 지출한 금액만도 15조 3000억 원에 이른다. … (동아일보, 2006, 9월 23일)

김태영(2015a, 2020)에 따르면 이러한 사교육의 대유행은 자신의 자녀들이 다른 가정의 자녀들보다 미래에 더 유리한 영어 자본을 획득하여 한국 사회에서 상층 지배 계층으로 편입되어야 한다는 강렬한 가족 중심의 분신 가족주의(alter-ego familism)가 작용하기 때문이라고 한다. 한 가족의 영달과 세속적 출세를 위해서는 영어 학습이 핵심적이라는 이러한 인식은 영어 사교육의 다양한 측면으로 확장되어, 영어 유치원, 어린이 조기 유학 프로그램, 영어 로봇, 영어 장난감, 원어민 가정교사와 베이비시터 등이 새롭게 부각되었다. 이러한 영어 사교육의 급속한 팽창은 사회적 부작용을 불러 왔는데,

대표적인 예로 〈발췌 8.2〉에 제시되었듯 무자격 교포, 원어민 영어강사의 입국과 사설 학원에서의 무분별한 채용 등이 이전 시대인 제6차 교육과정기보다 더욱 심각하게 나타나고 있다.

〈발췌 8.2〉 美(미)갱단 출신-마약사범이 영어강사로
… 경찰에 따르면 구속된 영어강사 김 씨 등은 2000년 초반부터 서울 강남과 경기도 일대의 유명 어학원에서 아이들을 가르치면서 상습적으로 마약을 복용해 왔다. 이 가운데 교포 출신 강사 7명은 … 1~5년간 수감된 전과가 있으며 영주권을 박탈당한 뒤 한국으로 추방된 것으로 드러났다. … (임우선, 2006, 10월 24일)

8.3.1.2. 해외 유학 및 연수

조기 어학연수 경험 유무에 따른 초등학생들의 영어 학습 동기 연구에서 서한솔, 김태영(2015)은 어학연수 경험이 있는 학생들이 경험이 없는 학생들에 비해 외재적 동기(extrinsic motivation)가 높다는 긍정적 결과를 발견하였다. 사춘기와 중첩되는 중·고등학교의 경우에는 해외 어학연수나 유학이 학생들에게 정체성 혼란, 집단 따돌림 등을 경험하게 하는 등 영어 학습에 부정적이라는 사례 역시 발견되나(Lee & Kim, 2021), 사춘기 이전의 해외 어학연수가 학생들에게 긍정적 정서를 함양하는 면이 있는 것은 부인하기 어렵다. 제7차 교육과정기에서는 〈발췌 8.3〉과 같이 조기 해외 유학이나 어학연수에 관련된 기사가 급증하는 특징이 발견된다. 이와 더불어 조기 유학의 폐해를 보도하는 기사도 역시 발견되는데, 유학을 간 어린 자녀와 한국에서 유학비용을 송금하는 아버지간의 정서적 괴리, 예상을 뛰어넘는 과도한 유학비용 지출로 인한 경제적 문제 등이 보도되고 있다.

2000년 11월에 해외 유학 자율화 대상이 고교 졸업생 이상에서 중학교

졸업 이상으로 확대되면서, 해외 유학 초중고교생의 숫자에는 양적 팽창이 일어나 '유학공화국'이라는 표현까지 등장하였다(홍찬식, 2005). 최창봉(2006)에 따르면, 당시 조기 유학생의 증가는 단순히 국내 영어교육의 중요성뿐 아니라, 공교육에 대한 불신 혹은 한국의 교육경쟁력이 낮다는 부모의 판단 하에 자녀를 해외로 유학 보내거나 가족 구성원 전원이 영미권 국가로 교육 이민을 가는 양상을 띠고 있다고 한다.

〈발췌 8.3〉 해외로 떠나는 아이들
교육인적자원부에 따르면 지난해 국외로 나간 조기 유학생이 3만 5144명에 이른다. … 조기 유학생의 95%가 영어 연수를 한다고 보면 된다. 초등학교 6학년생 전체의 18%가량이 학교를 포기한 셈이니, 교실 공동화가 불가피하다. … (한준상, 2007, 1월 12일)

조기 유학의 대유행에 따라 이른바 '기러기 아빠' 현상이 한국 사회에서 크게 주목을 받게 된 것 역시 이 시기였다(〈발췌 8.4〉 참조). 자녀와 어머니를 동반하여 영어권 국가에 유학을 보내고 유학비 송금을 위해 아버지가 한국에서 일을 하는 경우를 기러기 가족, 그 아버지는 기러기 아빠로 명명되었다(Shin, 2010). 당시 조기 유학생이 매년 급증하여 2004년 서울지역 초등학생 1,103명이 조기 해외 유학을 떠난 것에 비해 그 다음해는 2,453명으로 급증하였고, 유학 대상 국가로는 미국이 가장 선호되었다(최창봉, 2006). '기러기 아빠'라는 용어는 이후 아버지의 경제력과 결부되어 상류층의 경제력이 있는 아버지는 '독수리 아빠', 그렇지 않은 경우는 '펭귄 아빠'라는 다소 자조적인 신조어까지 양산되었다(박경아, 2003).

〈발췌 8.4〉 기러기 아빠 실태
아내와 자식을 외국으로 보낸 이른바 '기러기 아빠'의 직업은 교수나 사업가가 많으며, 이들 가운데 소득의 대부분을 가족에게 보내는 사람이 적지 않은 것으로 나타났다. 특히 이들은 한국의 무한 경쟁 교육에 염증을 느끼거나 자식의 성공을 위해 기꺼이 기러기 생활을 감수하고 있지만 외로움과 자괴감 등 부작용에 시달리고 있다. … (문병기, 2006, 6월 2일)

8.3.1.3. 국내 조기 영어교육

제7차 교육과정기에 등장하는 새로운 사회 풍조로서 주목할 만한 현상은 초등학생 이하를 대상으로 하는 조기 영어교육의 확산이다. 이는 초등영어 교육이 본격적으로 시행된 후 영어교육 대상 연령층이 점차 하향화한 것에 원인을 찾을 수 있고, 영어 학습에의 경쟁적 동기가 작용하고 있기 때문으로 볼 수 있다(Kim, 2006, 2010, 2021). 조기 영어교육 확산은 다른 학생들에 비해 더 높은 영어 성적을 획득하기 위해서는 공교육으로는 부족하며 사교육을 통한 선행 학습이 필요하다는 학부모들의 인식을 반영한 결과이다. 당시 기사인 〈발췌 8.5〉에는 아직 출산하지 않은 태아에게도 영어를 시도하는 '태교영어'까지 등장한다.

〈발췌 8.5〉 영어태교…엄마가 듣는 영어 뱃속 아기도 들어요
… 어린이 영어교육전문가 유수경 씨(39. 수박영어 대표)는 "영어태교는 여러 가지 태교 중 하나"라며 "음악태교와 마찬가지로 언어적 자극을 주면 아이가 태어난 뒤 영어라는 나무를 키우는 데 뿌리가 될 것"이라는 입장. 그는 최근 '영어 왕초보 엄마도 따라 하는 자신만의 영어태교법'이란 책을 펴냈다. … (김진경, 2004a, 2월 2일)

위와 같은 조기 영어교육의 사회적 대유행에 대해 비판적 입장을 개진하

는 신문기사 역시 발견된다. 주로 학계의 영어교육 관련 교수들의 인터뷰를 인용하는 형식을 취하는 이러한 기사는 〈발췌 8.6〉과 같이 주로 인지적 발달 수준을 고려한다면 초등 영어교육은 득보다는 실이 많다는 논조를 취하고 있다. 이러한 조기 영어교육에 대한 상반된 입장은 초등 영어교육이 시행되기 전 한 세대 이상 한국 영어교육계에서 지속되었던 핵심 논쟁 중 하나였다. 예를 들어, 제2차 교육과정기에도 일부 사립 국민학교(현재 초등학교)에서는 학부모들의 요구로 비밀리에 영어교육을 시행하다가 시·도 교육청에 적발된 사건이 보도되기도 하였다(제5장 참조).

〈발췌 8.6〉 김덕기 교수, 조기영어교육 비판
… 김 교수는 "어릴 때 강요되거나 기계적인 학습에 의존하는 영어교육은 무리"라며 "영어교육은 학습 성취 동기를 스스로 찾을 수 있는 13세 이후에 시작하는 게 적합하다"고 말했다. 김 교수는 특히 "조기 교육론은 '초등학교에서 영어 공부를 시작한 학생이 중학교에서 영어 공부를 시작한 학생보다 듣기 시험 성적이 우수하다'는 등 단기적인 비교 연구에서 출발한다"며 "그보다는 일찍 영어를 공부한 학생들이 대학이나 그 이후의 영어 구사 능력에서도 우위를 갖는지 검토해야 하지만, 이에 대한 논의는 아직 없다"고 밝혔다. (주성원, 2002, 11월 21일)

8.3.1.4. 영어 공용화론

이 시기 특징적인 논쟁 중 하나는 일부 작가와 교수 등 여론 주도층에 의해 개진된 영어 공용화론(論)이었다. 이는 소설가 복거일(1998)이 조선일보를 중심으로 하여 영어를 한국의 공용어로 사용하는 것이 국제화 시대의 개인 및 국가 경쟁력을 배양하는 첩경이라는 주장을 제기함으로서 촉발되었다. 1998년 전후로 이루어진 영어 공용화론에 찬성하는 입장은 결국 국제

공용어로 영어를 국가 공인 언어로 활발히 교수 및 활용하는 것이 영어를 외국어로 학습하는 현재의 전국민적 노력과 비효율성보다 낫다는 것이었다. 반면 반대 입장은 크게 두 가지로 대별되는데, 첫째는 한민족의 언어는 한국어이고 언어를 교체하는 것은 정체성과 관련되어 있다는 정서적 반감과 결부된 민족주의적 입장이었고, 다른 하나는 〈발췌 8.7〉과 같이 실제로 한국 사회는 영어 학습의 필요성이 지나치게 과장되어 있는 영어 과잉 사회라는 입장이었다. 복거일(1998)은 "국제어로 자리잡은 영어를 모국어로 배우지 않은 사람들이 입는 손해가 이미 너무 크고 앞으로는 더욱 커질터이므로 경제논리는 사람들이 영어를 모국어로 삼도록 만든다"며 영어공용화론을 주장했다(p. 180). 반면 『국어 천 년의 실패와 성공』의 저자인 남영신은 "세계화를 위해 민족을 버리자는 천박한 과잉 세계주의"라며 복거일의 주장을 논박하였다(남영신, 1999). 또한 한학성(2000)과 정시호(2000) 역시 언어는 화자들의 정체성을 표출하는 것이므로 다양성이 보장되어야 하고, 영어교육 자체의 획기적 개선을 통해 전 국민들이 영어 구사가 가능할 때 영어 공용화가 비로소 가능한 것이라고 주장하였다.

〈발췌 8.7〉 영어 학습 백태
영어를 공용화하면 기회의 평등에 이바지할 수 있는 장점이 있다... 초등학교의 영어 전용 구역 설치, 대학의 영어 강의, 다국적 기업들의 영어 전용과 같은 조치들을 예로 들 수 있다. ... 우리 사회에서 공교육을 통해 영어 능력을 갖춘다는 것은 거의 불가능한데도 국민 모두가 영어를 잘 해야 한다는 스트레스에 시달리고 있다. ... (홍성철, 2002, 2월 5일)

8.3.1.5. 엄마표 영어교육

이 시기의 또 하나의 특징으로는 부모, 특히 어머니가 자녀의 영어교육을 직접 관리하는 이른바 '엄마표' 영어교육이 등장했다는 점이다. 이러한 현상에는 급증하는 영어 사교육 비용에 대한 부담으로 자녀에게 영어를 직접 가르쳐서 사교육비를 경감하고 자녀의 영어 학습에 대한 교육적 책임을 지고자 하는 심리가 반영되어 있다(〈발췌 8.8〉 참조).

〈발췌 8.8〉 아이 위해 영어동화책 낸 한국외대교수 이창수씨
이씨는 "한국의 부모들이 교육열이 높아 학원에 보내거나 책을 사주는 데는 적극적이지만 아이들의 공부에 참여하는 것에는 소극적"이라고 지적했다. 특히 영어공부는 학교나 학원에서의 공부 못지않게 영어를 생활화하는 가정의 분위기가 성패를 좌우한다는 것. (김진경, 1998, 3월 24일)

영어 입력에 빈번히 노출되었을 때 학습 효과가 크다는 신념하에 충분한 영어 입력이 가능한 교육 환경을 조성하기 위해, 〈발췌 8.9〉와 같이 주부 스스로 영어 실력을 배양하고자 직접 영어 학원을 수강하며 이로 인한 학업 스트레스를 보도하는 기사 역시 발견되고 있다.

〈발췌 8.9〉 "영어 알아야 부모 노릇" 주부들 만학 스트레스
영어 스트레스에 시달리는 것은 아이들만이 아니다. '영어를 잘해야 좋은 엄마가 될 수 있다'는 분위기에 엄마들도 영어 몸살을 앓고 있다. 각종 문화센터와 영어 학원에서는 자녀에게 영어를 직접 가르치려는 주부를 위한 프로그램이 속속 개설되고 있다. 또 어린이 영어 학원에는 수강생의 어머니를 대상으로 한 주부반이 문을 열고 있다. 최근에는 미국으로 유학 간 자녀의 학교에서 보내오는 가정통신문을 공부하기 위한 강좌까지 등장했다. (김진경, 2004b, 3월 5일)

8.3.1.6. 영어 격차(English divide)

1997년 말 발생한 국제통화기금 IMF 구제금융 요청 사건은 21세기 한국 사회의 빈부 격차를 본격적으로 심화시킨 대표적 사건이라 할 수 있다(김성환, 전용석, 최바울, 2004). 영어교육에 있어서도 빈부 격차가 가시적으로 확대되는 양상이 이 시기에 나타나는데, 그것은 영어 격차 혹은 잉글리시 디바이드(English divide)라는 현상이다(〈발췌 8.10〉참조). 부모의 경제적 여건이 자녀의 영어 수준을 좌우하는 결정적 요인으로 작용한다는 것이 이 개념의 핵심이다. 당시 공병호(2004)는 영어가 한국 사회의 불평등한 사회 구조를 고착화시키는 역할을 하고 있다고 비판하고 있는데, 이는 Bourdieu(1991)의 상징자본(symbolic capital)으로서 영어가 작용하고 있으며, 이는 한국 사회의 상류 계층에서 후천적으로 습득되는 아비투스로 영어가 기능하고 있음을 보여주는 사례이다.

〈발췌 8.10〉 영어 격차 어른도 아이도 '영어 스트레스'
'옆집도 한다는데' 휩쓸리는 부모들: '잉글리시 디바이드(English divide, 영어 격차)'에 따른 사교육 경쟁으로 부모와 아이들이 몸살을 앓고 있다. … 김모 씨는 … 부족한 살림 때문에 그동안 직접 영어책을 들고 유치원생인 아들을 가르쳤지만 옆집 아이 엄마가 영어 유치원, 학원, 그룹 과외 등으로 아이에게 월 82만원을 쏟아 붓는 것을 보고 화들짝 놀랐다. 김씨는 '이대로 가다간 자식 대(代)에서도 인생 역전이 불가능할 것 같았다'며 쓴 웃음을 지었다. … (배극인 외, 2005, 10월 5일)

8.3.2. 공교육 내실화를 위한 노력

사교육 열풍으로 인한 각 가정의 교육비 지출이 급증함에 따라 빈부 격차에 따른 교육 차별을 우려한 노무현 정부는 공교육의 내실화를 주창하며 '영어교육 활성화 5개년 종합대책'을 수립하는 등 다양한 정책을 시행하였으나, 그 효과는 전반적으로 미미하였다(이성주, 2005). 홍성철(2003)은 그 실패 원인으로 공교육의 수준을 대폭 개선하기 보다는 사교육을 규제하는 통제 정책 위주였고, 더 나아가 한국 사회가 학벌주의에서 탈피해야 한다는 이상적 당위론에 치중하였기 때문이라고 비판하고 있다. 제7차 교육과정기에 진행되었던 공교육 내실화 방안 중 먼저 찾아볼 수 있는 것은 영어회화 수업을 강화하고자 하는 정책적 노력이다. 프랜차이즈 영어(회화) 학원 및 영어 조기 유학 등이 크게 성행함에 따라 교육부 및 각 시도 교육청에서는 영어 구사력을 강화하기 위한 방안과 영어회화 강사 충원에 따른 자격요건 등의 제도 보완, 학습자료 제작, 수업방법 개선 시범 수업 시행 등 다양한 시책을 추진하였다.

8.3.2.1. 영어회화 강화: 영어마을 설치

영어회화를 위한 이 당시의 노력 중 특기할 것은 영어마을(English village)로 대표되는 영어회화 강화 정책이었다. 영어마을 설치 이전에도 각 초중등학교에서는 영어만을 사용해야 하는 영어 전용구역(English Only Zone), 영어체험 활동 도입, TEE 수업 등이 시도되었다. 그러나 〈발췌 8.11〉과 같이 각 지자체별로 대규모로 설치되었던 영어마을은 정책 지원금이 투입되는 대규모 시설이었기에 주목할 만하다.

〈발췌 8.11〉 광주 '영어마을 1호' 연내 문 연다
... 광주시 교육청은 조기 유학과 사교육 수요를 공교육 장으로 흡수하기 위해 지방자치단체와 협력해 올해 안에 영어마을을 조성하기로 했다.

외국인이 직접 운영하는 상품코너와 생활문화 공간, 여가 활동, 야외 학습시설이 들어서 다양한 외국 문화를 체험할 수 있다. 영어 전용 학습 캠프인 EIC(English Immersion Camp)도 확대 운영한다. … (정승호, 2006, 2월 14일)

위와 같은 영어마을은 설치 초기에 해외 연수 및 유학비용으로 인한 국부 유출 방지 효과를 도모하며, 지역 인재의 경쟁력 강화, 공교육 영어 수업에서 부족한 진정성 있는 문화 체험 활동 등의 긍정적 환류 효과(washback effect)가 발생할 수 있을 것으로 기대하였다. 그러나 설치 당시에도 영어마을은 체계성이 결여된 고비용의 단기 영어 체험 학습장에 불과할 뿐만 아니라, 실제 어학연수 및 조기 유학을 대체하는 효과성이 있는지를 의문시하는 비판도 제기되었다(강준만, 2014). 특히 〈발췌 8.12〉 기사와 같이 막대한 재정 적자가 매년 누적된다는 문제가 크게 대두되었다(강정훈, 2005). 2020년대에 영어마을은 대부분 폐지되어 지자체 연수장, 영화 촬영 세트장, 건물 임대 등으로 실패한 사업으로 평가된다.

〈발췌 8.12〉 영어마을 애물단지되나

… '경남 영어마을'이 2007년 7월 개소를 목표로 추진된다. … "영어마을 1개를 운영하면 연간 64억6000만 원의 해외연수 및 유학비용 절감효과가 있다'고 밝혔다. 또 지역 인재의 경쟁력 강화와 공교육 보완 효과도 기대된다고 덧붙였다. 하지만 230억 원의 마을 조성비와 연간 40억 원으로 추정되는 운영비 조달이 쉽지 않을 전망이다. 예상 수입은 13억 6000만 원이어서 해마다 25억 원 이상 적자를 감수해야 한다. … (강정훈, 2005, 9월 1일)

8.3.2.2. 수업방식 개선

이 시기의 학부모들은 학교 공교육에서 가장 바라는 것으로 학생의 희망과 적성에 맞는 교육 제공과 기초학력 미달 학생에 대한 보충지도 강화를 우선으로 언급하였다(홍성철, 2003). 이러한 학부모들의 인식은 가정의 경제 상황에 따라 교육의 빈부 격차가 확대될 수 있다는 우려를 반영하고 있다. 경제 여건이 상대적으로 윤택한 가정의 경우에는 어학연수 및 유학을 통해 영어회화 능력 증진을 도모하는 것에 비해, 경제 상황이 어려운 가정에서는 기초학력 미달 자녀에 대해 공교육에서 더욱 책임 있는 영어교육을 시행하기를 바라는 심리가 투영되어 있는 것이다.

그러나 제7차 교육과정 전반기인 1997년에서 2000년대 초반까지 이러한 학부모들의 요구 사항이 적절히 반영되었다고 보기는 어렵다. 〈발췌 8.13〉 기사에서는 2001년 당시 교사들이 인식한 한국 영어교육의 문제점을 보도하고 있는데, 학습 부진 학생을 위한 수준별 수업 등에 대한 것이라기보다는 교사 충원, 시설 개선, 교재 및 교수법 등의 외형적, 제도적 측면에 국한된 인식 수준을 보여 주고 있기에 학부모와 교사 간 상당한 인식의 괴리가 존재하고 있음을 알 수 있다.

〈발췌 8.13〉 '수업 개혁' 사실상 실패… 실태와 문제점
교사증원(57.8%), 학교시설 개선과 확충(28.9%), 교재 및 교과서 개발(9.4%), 시간외수당 등 재정지원(3.9%)도 해결해야 할 과제로 꼽혔으며 실제 이 과정을 운용할 교사들의 사기를 올리는 것도 중요하다. 새 교육과정이 제대로 이뤄지려면 교재만으로 가르치는 것이 아닌 수업 진행 방식과 관련 프로그램이 개발돼야 하며 이에 맞는 교사 및 교실 활용법, 평가법이 나와야 한다고 지적한다. (이진영, 2001, 6월 18일)

이 시기의 특징적 변화 중 주목할 것은 초등학교에서 전국적으로 시행되기 시작한 초등 영어교육을 위한 초등학교 영어전담 교사가 선발, 배치되기 시작하였다는 점이다. 영어 교과 전담제도는 교육부에 의해 제안되었으며, 이후 2001년부터 영어전담 교원이 초등학교에 배치되었다(김도연, 안경자, 2018). 이 제도는 1997년 시행 초기의 초등 영어교육이 담임교사의 역량에 전적으로 의존하기 어렵다는 비판에 따른 것으로, 외국어의 특성상 영어 능력이 부족한 교사는 단기간에 영어 수업 진행이 가능한 정도로 영어 구사력을 배양하기에는 무리였기 때문이다. 이 영어 교과 전담제는 시행 초기 현직 초등교원 중 영어에 관심 있는 교사를 선발하였다. 그러나 이마저도 전문적인 영어지도 능력 부족 및 과도한 주당 수업시수, 관리자의 미흡한 행정, 재정적 지원 등의 문제점이 지속적으로 지적되었다. 따라서 이 영어 교과 전담제는 제7차 교육과정 말기에 영어회화 전문강사제도 및 원어민 보조교사제를 도입하여 보완하는 수순으로 개선되었다.

8.3.2.3. EPIK 도입 및 시행

1995년 처음 시작한 EPIK은 'English Program in Korea'의 약자로서, 국제교육진흥원이 주관하는 영어 공교육 강화를 목표로 하는 프로그램이다. 영어권 5개 국가의 원어민 중 4년제 대학 졸업자를 대상으로 선발하여 한국의 중·고등학교의 영어 보조교사로 활용하는 프로그램으로, 연수내용으로는 영어교육 이해와 한국어 강좌 및 한국문화의 이해 등을 포함하였다(홍창남, 김훈호, 이쌍철, 정성수, 2009). 교육 후 배치된 원어민 보조교사들은 영어 환경에 노출될 수 없어 영어 말하기와 듣기 능력이 부족한 한국 학생들에게 체험을 통한 실용영어를 접하고 그들의 문화를 이해할 수 있도록 도움을 주었다. 하지만 이 제도 역시 교사들과의 긴밀한 협력수업의 부재 및 원어민의 교수 역량과 자질 부족 등의 여러 문제를 발생시켜, 철저한 수급 관리와 수업 지침, 체계적 연수가 수반되지 않고서는 〈발췌 8.14〉와 같이 비용 대비 효과가 떨어진다는 지적이 잇따랐다.

〈발췌 8.14〉 중학교 원어민 보조교사 수업
교육인적자원부는 지난달 30일 영어교육에 대한 사교육비 부담을 줄이기 위해 2010년까지 전국 2,850개 중학교에 '영어 원어민 보조교사' 1명씩을 배정하겠다고 밝혔다. 그러나 원어민 교사 1명에 연간 약 3000만 원에 이르는 비용이 드는 것에 비해 교육적 효과는 떨어진다는 지적도 나오고 있다. … (노시용, 2005, 6월 9일)

8.3.2.4. 영어로 진행하는 영어수업(TEE) 도입 및 시행

영어 입력이 절대적으로 부족한 EFL 환경에서 부족한 영어 입력을 증가시킬 수 있는 현실적인 방안은 영어 수업에서 교사가 영어로 수업을 진행하는 것이다. 제2장에서 살펴본 바와 같이 구한말의 영어교육은 영어 몰입교육 혹은 직접식 교수법(Direct Method) 등에 의해 영어 원어민 교사들이 학생들에게 영어로 직접 가르치는 방법을 사용하였다. 그러나 이러한 방식은 일제강점기를 지나면서 영한번역과 독해, 문법에 치중한 문법번역식 교수법으로 변질되었다(김태영, 2016a). 문법번역식 교수법은 교사가 높은 수준의 영어 말하기와 쓰기 능력이 없이도 지식으로서의 영어를 가르치면 되므로 학생들은 영어의 지식적 측면과 독해 능력에 비해 영어회화 능력이 전반적으로 결여된, 균형 잡히지 못한 결과를 초래하기에 개선이 필요하다는 요구가 점차 확산되었다.

초중고에서 영어로 진행하는 영어수업(Teaching English in English; TEE)은 이렇듯 국제 교류가 증가되는 글로벌 시대의 한국의 사회문화적인 요구에

따른 것이었다. 이인철(2001)의 조사에 의하면, 당시 중고교 영어교사의 대부분과 초등 영어담당 교사의 절반 이상은 '교실영어'를 활용해 기본적인 의사소통을 영어로 하는 수업이 가능하고, 유창한 영어가 가능하다고 응답한 교사는 10~15%에 불과하였다. 그러나 이마저도 실제 영어 수업에 영어를 일상적으로 활용하지는 않는 실정이었다. 〈발췌 8.15〉와 같이 제7차 교육과정 중반부인 2001년부터 교육부는 영어교사들에게 학교 수업에서 영어를 사용하여 영어 수업을 하도록 적극 권장하였다.

〈발췌 8.15〉 초·중교 내년부터 영어로 영어수업…초등3, 4년 중1 대상 첫 실시

… (20C1년부터) 초등학교 3, 4학년생과 중학교 1학년생부터 '영어로 진행하는 영어 수업'을 받게 된다. … 교육부는 4일 이 같은 '영어수업 활성화 방안'을 발표했다. … (하준우, 2000a, 4월 5일)

이러한 교육적 취지에도 불구하고, 제반 여건이 갖추어지지 않은 상황에서 하향식 정책으로 급히 결정된 결과, TEE의 책임은 현장 영어교사에게 전가되었던 반면, 영어교사의 영어 수업 진행 능력 개발을 위한 사전 연수 등은 상대적으로 체계성이 결여된 단발성 교육으로 그치는 경우가 많았다(민찬규, 2008a). 결국 제7차 교육과정기의 TEE 정책은 영어교사들에게 실제 영어 구사능력의 중요성을 환기시켜 영어 수업을 영어로 진행할 필요성을 촉구하였다는 긍정적 효과가 있었으나(박성근, 민찬규, 2014), 이와 동시에 학교 영어교육 현장에 상당한 혼선을 야기한 부정적 측면 역시 존재하였다.

8.3.3. 각종 영어 시험 시행

8.3.3.1. 각 학교급별 영어 인증제 시행

제7차 교육과정기는 한국사회에 본격적인 영어 열풍이 유행하던 시기로 평가된다(강준만, 2014). 이러한 영어 열풍은 영어 구사력이 뛰어나야 취업과 대학 진학에 유리하다는 인식을 반영하는 것으로, 영어 학습의 도구적 동기로 작용해 왔다(김태영, 2015a). 관리자 입장에서 영어 구사력을 측정하는 편리한 방법은 학생들에게 영어 시험 점수를 제출하게 하여 점수에 따른 상대 평가를 도입하는 것이었다. 구직자들에게 일정 수준 이상의 공인 영어시험 점수를 제출하도록 요구하는 것은 사실 1990년대부터 대부분의 기업에서 정착된 관행으로 볼 수 있다(김태영, 오신유, 2020). 그러나 제7차 교육과정기에서는 대학 및 고등학교에서도 공인 영어시험 점수를 요구하는 현상이 새롭게 등장하였다.

대학에서 학생들에게 영어시험 점수를 제출하게 한 것은 국내외 대학평가에서의 이른바 '국제화 지수'를 고려한 조치로 볼 수 있다(강준만, 2011). 국제 경쟁력이 있는 대학은 영어로 의사소통이 가능한 대학이며, 그렇기 위해서는 교수들의 영어 강의 제공 및 학생들의 영어 의사소통이 가능해야 했기에, 수도권 일부 상위 대학교부터 점차 전국의 대부분 대학으로 일정 점수 이상의 공인 영어시험 성적을 재학생들의 졸업 요건으로 제출하는 것이 학칙에 포함되었다. 따라서 〈발췌 8.16〉과 같이 일정 점수에 미달되는 학생들은 졸업에 불이익을 받는 정책이 대학 사회에서 점차 확산되었다.

〈발췌 8.16〉 영어 뒤진 대학생 졸업 못한다
국내 첫 도입, 올해 성균관대 96학번 졸업예정자 1263명 가운데 22명이 졸업에 필요한 학점을 이수하고도 영어실력이 처져 졸업장을 받지 못하게 됐다. 주요 대학 가운데 이수 학점 부족이 아니라 별도의 자체적인 졸업기준을 적용해 학생을 졸업시키지 않은 것은 성균관대가 처음이다.
… (하준우, 2000b, 1월 13일)

대학에서 영어 인증제를 도입하여 학생들에게 영어 점수를 제출하게 한 대학 사회의 변화는 일종의 환류 효과(washback effect)를 일으켜 고등학교에서도 영어 능력에 따라 학생 선발이 이루어지는 급진적 변화가 발생하였다. 특히 상위권 학생들이 지원하는 외고 등의 특수목적고에서는 〈발췌 8.17〉과 같이 외국어 우수자 특별전형 등의 명목으로 TOEIC, TOEFL, TEPS 등의 공인영어 인증 시험 고득점자를 우선적으로 선발하는 현상이 나타났다.

〈발췌 8.17〉 경시대회 입상자 외국어 우수자 특별전형 늘린다
서울시 교육청은 3일 경시대회 입상자와 외국어 능력 우수자를 우대하는 것을 골자로 한 2000학년도 서울시내 특수목적고 입시요강을 발표했다.
.. 외국어고도 각 학교별로 토플성적 우수자와 외국어과목 성적우수자를 뽑는 특별전형을 확대할 계획이다. (홍성철, 1999, 6월 4일)

영어 시험 점수를 제출하여 학생을 선발하는 이러한 고등학교 입시 전형은 적지 않은 부작용을 배태하였는데, 실제 영어 구사력이 전반적으로 우수한 학생이 선발되기보다 결과적으로는 사교육을 통해 영어 시험에서 고득점을 획득하는 방법을 터득한 학생들이 선발되었기 때문이다. 이는 전술하였듯 가정의 경제적 형편에 따라 사교육 비용과 기회가 좌우되는 영어 격차(English divide)가 반영된 현상이기도 하였다. 환언하면, 상류층 학생들이 실제 영어의 4기능인 말하기, 듣기, 쓰기, 읽기 능력을 균형 있게 발전시키기보다는, 단기간에 기술적으로 객관식 영어 시험에서 고득점을 획득하기 위한 사교육 열풍과 연관되어 있었기에 사회 문제로 비화되었다(강준만, 2014).

8.3.3.2. 경시대회 및 각종 영어 관련 대회

영어에 대한 한국 사회의 관심은 초등학생부터 대학생까지 다양한 학교

급별 영어 말하기 능력까지를 모두 포함하는 경시대회로 발전하였다. 한국 영어교육사에서 이러한 말하기 중심 영어 경시대회는 일제 강점기에도 전국적으로 고등학생이나 대학생들의 영어 웅변대회가 시행되었던 것과도 그 역사적 유사성을 찾을 수 있다(제3장 참조). 그러나 제7차 교육과정기에 전국적 대유행 수준의 영어 말하기 관련 경시대회가 과거의 영어 웅변대회와 다른 것은 대학 입시 및 취업을 위해 철저히 경력 관리 측면에서 활용되었다는 점이다. 환언하면, 이 시기에는 입시나 취업을 위한 이른바 '스펙' 쌓기 용도로 영어 말하기 대회를 활용하고자 하는 학생 및 학부모의 열망이 강력히 개입하고 있었다. 이 시기의 동아일보를 포함한 주요 언론사는 〈발췌 8.18〉과 같이 영어 관련 학회 혹은 대학과 연계하여 영어 말하기 대회를 개최하는 적극적 면모를 보이고 있다.

〈발췌 8.18〉 [社告] 전국 고교생 영어경시대회
동아일보사는 전국 고등학생을 대상으로 말하기 듣기 등 전반적인 영어 능력을 평가하는 영어경시대회를 창설합니다. 한국영어교육학회가 출제와 심사를 맡고 (재)국제교류진흥회가 진행하게 될 이번 경시대회는 교육부의 공식후원 아래 응시 고교생들의 공정한 영어능력을 평가하게 됩니다. … (동아일보, 1999, 4월 20일)

8.3.3.3. 공인 영어 인증 시험 확산

영어 말하기 중심의 각종 경시대회는 사실 상업적 목적이 개입되어 있고, 다수의 수상자를 양산하는 등의 단점 역시 발견된다. 또한 학생들의 상대적 우열을 평가하고자 하는 평가기관 입장에서는 말하기 중심의 영어 경시대회 결과는 정성적 지표로 활용할 수 있을 뿐 정량적 지표로 사용하기에는 공정성의 문제가 제기될 우려가 있었다. 따라서 제7차 교육과정기에 영어 경시대회에 지원하는 학생들은 다수의 영어 인증 시험에 응시하는 경우가 일반적이었다.

이러한 공인 영어 인증 시험의 전국적 유행에는 제7차 교육과정 전반부에 집권한 김대중 정부의 교육 정책이 작용하였는데, 당시 국무총리였던 이해찬은 획일적 대학입시를 개혁할 필요성을 피력하며 한 가지 예시로 영어를 잘하는 학생은 영어로 대학에 진학할 수 있는 교육 정책이 필요하다는 언급을 하였다(강준만, 2014). 이는 교육 현장에서 큰 파장을 불러일으켜, '영어만 잘해도 대학 간다'고 알려지며, 〈발췌 8.19〉와 같이 중·고등학생들이 TOEIC 등의 영어시험을 대거 응시하는 사회 풍조를 양산하게 되었다.

> 〈발췌 3.19〉 "영어만 잘해도 대학 갈 수 있다" 중고생 토익 열풍
> 중고교생들 사이에서도 토익, 토플 공부 붐이 일고 있다. … 이 같은 열풍의 원인은 무엇보다도 토플과 토익시험 성적을 기준으로 대입 특별 전형을 실시하는 대학이 늘고 있기 때문. … (권재현, 1999, 11월 15일)

이러한 사회 풍조는 영어 시험 대비 학원의 난립, 아동 대상 영어 능력 평가 시험 개발(예: 주니어 TOEIC, TOSEL 등) 등으로 이어지며 제7차 교육과정기의 영어 열풍을 더욱 가속화시켰다.

8.3.4. 해외 취업 및 이민

이 시기 영어교육 관련 또 하나의 사회 현상은 해외 취업과 이민을 위한 영어 학습이 급증했다는 점이다. 이는 1997년 IMF 사태로 알려진 국제통화기금 구제 요청 이후의 급속한 경기 불황과 실업으로 인한 한국 사회의 직업 안정성 저하와 관련이 있다. 구직자들은 국내 기업 취업이 어렵게 되자

〈발췌 8.20〉과 같이 해외 취업을 적극적으로 고려하게 되었고, 이때 영어 구사력은 취업의 필수 조건으로 작용하게 되었다.

> 〈발췌 8.20〉 "기회의 땅으로 가자" 해외취업 열풍
> 국내 경기가 한국전쟁 이후 최악의 불황기를 맞으면서 해외에서 일자리를 찾으려는 사람들이 늘어나자 외국 기업의 인력유치 움직임도 가시화하고 있다. … 일자리를 제공하는 나라는 호황을 지속하고 있는 미국과 캐나다 등이다. 그러나 '영어 실력'이 큰 벽이 되고 있다. … '영어를 못하면 취업이 어렵고 취업이 되더라도 연봉이 적은 단순 반복적인 업무를 맡게 될 가능성이 높다'. (이용재, 1998, 5월 31일)

청년 구직자들에게는 해외 취업 필요성으로 영어 구사력이 필요했던 반면, 학령기 자녀를 둔 학부모들 입장에서는 IMF 구제금융 사건은 한국 사회에 대한 신뢰 상실로 인식되기도 하였다. 일부 중장년층은 자녀들의 극심한 대학 입학 경쟁 혹은 미래의 불안정한 취업 전망을 우려하여 영어권 국가로의 이민을 고려하거나 실제 결행하는 경우도 등장하게 되었다. 이들은 영어권 국가로의 이민을 통해 자녀들에게는 뛰어난 영어 구사력을 배양하게 함과 동시에 비교적 덜 경쟁적인 대학 입시와 해외 취업이 가능하다는 현실적 계산이 있었던 것이다.

8.4. 제7차 교육과정이 현재 한국 영어교육에 주는 시사점

제7차 교육과정기 동아일보 기사를 통해 추출되는 대표적 사회 현상으로는 공교육 영어에 대한 불신으로 촉발된 영어 사교육 열풍을 들 수 있다. 이 시기 영어 사교육 시장은 초등학교 저학년은 물론 영유아까지 학습 대상

을 다변화시켰고, 다양한 교수법과 유인전략으로 수요자 저변을 확대하였다. 자녀에게 영어를 직접 가르치고자 하는 어머니 대상반, 취업 준비생반, 직장인반 그리고 일반인반, 심지어 태교 영어까지 사회 전반에 걸쳐 영어 사교육 열풍이 확산되었다(김진경, 2004a).

이 시기에는 국내 공교육에 대한 불신과 IMF 구제금융으로 인한 가정 경제의 위기로 인해 청년 해외 취업 및 가족 이민을 선택하는 경우도 자주 보고되고 있다(최창봉, 2006). 또한 자녀의 영어교육 목적으로 아버지는 생활비 송금, 자녀와 어머니는 함께 영어권 국가에 중장기적으로 체류하는 조기 유학 역시 이 시기에 급증하였다. 이런 세태는 자녀를 해외로 유학을 보내고 홀로 국내에 남는 이른바 '기러기 아빠'들을 양산했다(박경아, 2003). 유학경비를 조달하는 기간이 길어지다 보니 한국에 남은 가장들은 경제적 곤란이 가중됨은 물론 외로움과 자괴감에 빠져 극단적 선택을 하는 경우까지 신문 지상에 보도되기도 하였다. 이는 영어교육이 가장의 경제력과 결부되어 자녀의 영어 성취도를 결정한다는 영어 격차(English divide) 현상으로 이어졌다(남미숙, 2010; Crookes, 2017).

영어 구사력에 대한 인식 제고는 조기 영어교육을 하나의 새로운 교육 풍조로 정착시켰다. 강준만(2014)에 의하면 이미 제7차 교육과정에서 초등 영어교육이 정식으로 도입되기 전인 1996년에도 영어과외를 받는 초등학생은 53만여 명, 과외비로 연간 3,550억, 어린이 영어 전문 체인점이 500여 개, 일반 영어학원의 '유치원반' 개설 학원까지 합치면 1,000여 개, 조기 영어교육 투자비는 교재시장까지 6,000억 원이 지출되고 있었다. 이러한 조기 영어교육은 1997년 제7차 교육과정 시행 이후 더욱 성행하여 생후 6개월부터 2세까지의 영어 의미 그대로 걸음마도 못하는 아기를 뜻하는 토들러(toddler)반, 한글도 떼지 못한 유아반, 미국 공립학교 교과서를 교재로 사용하는 초등학생 영어학원, 영어로 아이를 돌보는 '베이비 시터' 가정 교육, 원어민 영어강사 과외, 영어로 대화를 나누며 영어를 배우는 '영어 로봇'과 '영어 인형' 수업, 영화나 게임, 운동 등 취미를 이용한 영어 학습 방법 등으로 세분화되었다(홍성철, 2002).

교육인적자원부(현 교육부)가 2002년 공식 집계한 영어 학원은 전국에 3,000여개, 이 중 '5대 메이저'라는 대형 학원들의 한 해 매출액만도 1,000억 원이 넘었으며, 학원 관계자들은 전국의 영어 학원이 최소한 1만 개가 넘고 수입도 한 해 2조 원가량이라고 추정했다(홍성철, 2002). 당시 한국은 1년 교육부 총 예산이 31조 원인데 비해 영어 사고육비만 10조 원이 지출되는 기이한 현상마저 나타났다(강경희, 2008). 이러한 과중한 영어 사교육 지출에 부담을 느낀 일부 어머니들은 자신의 자녀에게 영어를 직접 가르쳐 사교육 비용 절감은 물론 맞춤형 영어교육을 도모하는 '엄마표 영어교육'을 시행하였다. 이를 위해 어머니들이 먼저 영어를 구사하려다 보니 이들의 학습이 선행되어야 하고, 이 과정에서 영어를 잘해야 좋은 어머니가 될 수 있다는 사회적 분위기 속에 주부를 위한 강좌가 개설됐고, 전술하였듯 강좌에 참가해야 하는 주부들이 만학 스트레스를 호소하는 사례도 발견되었다(김진경, 2004b).

제7차 교육과정기에 복거일(1998) 등 일부 논객들은 영어를 차라리 국가공용어로 쓰자는 '영어공용화론'을 주장해 화제가 되기도 하였다. 그러나 정시호(2000)와 한학성(2000)은 영어교육이 올바르게 정착되어 국민들이 영어 구사가 가능할 때 영어공용화가 가능한 것이지, 복거일의 영어공용화 우선론은 그 본말이 전도된 것이라고 반박하는 등 다양한 반론도 발견되었다.

제7차 교육과정기에는 영어교육에 대한 다양한 관심을 반영하여 공교육에서도 듣기·말하기 중심의 의사소통능력을 강조한 영어회화 능력 강화 방안을 수립하였다. 예를 들어, 1995년 국제교육진흥원이 영어 공교육 강화를 목표로 시작한 EPIK 사업은 학생들이 실용영어를 접하고 영어권 국가의 문화를 배우고 익힐 수 있는 제도였다. 하지만 이 제도는 원어민 보조교사 1명 유지에 연간 약 3,000만 원의 재정지원이 필요했고, 교사자격증이 없는 대다수 원어민 보조교사의 전문성이 떨어지는 경우가 많아 효율성이 떨어진다는 지적이 있었으며, 원어민 교사의 운용지침, 수업 매뉴얼을 정교하게 개발해야 한다는 지적도 발견된다(이나연, 정세진, 노시용, 2005). 또한 이 시기의 영어 공교육에서 주목할 것은 2001년부터 시행된 TEE 제도 시행이었다. 이 제도의 도입으로 영어교사들이 영어 구사력을 향상시키기 위한 자발적 노력이 가속화한 긍정적 측면이 있었던 것은 사실이다(박성근, 민찬규, 2014). 그러나 TEE 제도는 시행 초기 제도적 준비 미흡으로 인해 교사와 학생 모두 만족하지 못하는 결과로 귀결된 것도 역시 부인할 수 없다. 아울러 이 시기에 각 지자체의 예산이 투입된 공공 영어교육에서 주목할 사회 현상 중 하나는 영어마을 사업이었다. 당시 국내 영어마을 사업은 대규모의 해외연수 및 유학비용 절감 효과가 있고 지역 인재의 경쟁력 강화와 공교육 보완 효과가 있다고 홍보되었다(강정훈, 2005). 그러나 이러한 예상과는 달리 영어마을 사업은 막대한 재정 적자가 누적되며 현재는 거의 대부분 폐지되는 수순을 밟고 있거나 이미 폐지되어 다른 용도로 전용된 상황이다.

 이와 같은 영어교육 정책의 변화는 결정권자의 정치적 결심에 의해 교육부에서 시도 교육청, 그리고 일선 학교로 하달된 일종의 하향식 정책이었다는 점에 주목해야 한다. 즉 관 주도의 정책이었으므로 대통령, 도지사 혹은 각 시도 교육감 등이 바뀌는 경우에는 교육 정책의 연속성이 담보되지 못하며 영어공교육 정책에 대한 교사들의 불신을 가중시켰다(오신유, 김태영, 2020). 이는 결국 영어교사들의 교수 동기(teaching motivation)를 저하시키는 부정적 요인으로 작용했으며, 교사들은 교육정책 수립 및 행정에서 소외감을 느끼거나, 학습된 무기력을 호소하기도 하였다(김지선, 김태영, 2018).

 이 시기의 한국 영어교육은 2020년대의 영어교육에 다음과 같은 시사점을 준다. 첫째, 영어교육의 연속성과 체계성을 담보하기 위한 노력이 필요하다. 영어마을, TEE 등의 정부 주도의 교육 정책 사례를 통해 드러나듯, 한국의 영어교육에서는 정치권력의 부침(浮沈)에 의해, 정권이 교체되는 경우에는 이전 정부에서 추진되던 영어교육 정책이 폐기 수준으로 전락하는 현상이 반복되어 왔다. 이는 학교 현장의 핵심 3요소인 학생, 교사, 학부모 모두에게 공교육에 대한 불신을 증가시키며 이에 대한 반작용으로 사교육 의존도를 더욱 높이는 악순환에 빠지게 한다. 따라서 정치권력에서 독립된 일관성 있는 교육 정책의 수립과 추진이 요구된다. 둘째, 제7차 교육과정기에 급증하던 초·중·고등학생들의 공인 영어 시험 응시는 2020년대에는 크게 감소하였다. 이러한 응시자 수의 감소와 관심사 축소는 영어 능력이 대학입시와 취업 등에 직접적으로 작용하는 부정적 환류효과가 크게 감소하였기 때문이다. 한국의 입시 상황에서는 생활기록부에 기재가 가능한지 불가능한지에 따라 대학입학 전형 자료로 사용여부가 결정된다. 2010년대 중반 이후 대학에서는 공인 영어 시험 점수를 배제하여 사교육 영향을 없애는 쪽으로 대입 정책을 운영하고 있는 상황이다. 이렇듯 대입 반영 여부에 따라 응시자 수가 급격히 변화하는 부정적 상황은 영어 구사력 측정 자체가 현실적으로 필요한 경우에만 그 목적에 맞는 시험만을 학습자가 자율적으로 선택하여 응시해야 한다는 것을 시사하고 있다. 아울러 한국 사회의 대학 입시를 위한 학력 경쟁의 도구로 영어와 영어 평가가 오용되는 경우에는 값비싼 사회적 비용을 지불할 수 있다는 교훈을 주고 있다.

8.5. 요약

동아일보 기사를 통해 분석한 제7차 교육과정기의 영어교육은 다음과 같이 요약할 수 있다. 당시 한국의 영어교육은 영어회화를 강화해야 한다는 사회문화적 배경 속에 각종 영어회화 학원, 영어 말하기 대회와 시험이 난립하였으며, 이러한 사회적 관심의 주요 원인으로는 영어 능력을 대학 진학, 취업 등에 활용하고자 하는 강력한 도구적 동기(instrumental motivation)가 작용하고 있었다(김태영, 2015a; Kim, 2021). 학교 및 회사, 공공기관에서 영어인증제를 도입하여 입학과 졸업 시의 자격과 우대 기준으로 활용하였고, 승진 및 입사의 기준으로 삼았다. 이러한 영어 열풍은 폭발적 수준의 영어 사교육비 증가로 이어졌으며, 영어 학원 및 조기 영어교육, 해외 유학과 기러기 아빠 현상, 그리고 교육 이민으로까지 이어졌다. 이러한 사회 문제에 대응하기 위해 정부에서는 EPIK 사업, 영어마을 설치, TEE 제도 등을 시행하였고, 일부 긍정적 평가에도 불구하고 전반적으로는 체계성과 연속성 미흡으로 인해 단기간의 운영에 그쳤다는 한계가 발견된다.

본 장에서는 제7차 교육과정이 시행된 1997년에서 2007년까지 10년간의 한국 사회의 제반 현상이 한국 영어교육에 미치는 영향에 대해 동아일보 기사를 중심으로 고찰하였다. 이후의 한국 교육과정은 새로운 교육과정이 도입되기보다는 기존의 제7차 교육과정의 근간을 유지하면서 2007개정, 2009개정, 2015개정 등으로 수정을 거치며 변모해 왔다. 21세기 전반부 약 20년은 이명박 정부의 영어몰입교육 제안, 국가영어능력평가시험(NEAT) 시도, 박근혜 정부 이후의 수능 영어 절대평가 시행 등으로 국가 차원의 영어교육 정책에 큰 변화가 연속하여 발생하였다. 이러한 최근의 변화는 후속하는 제9장에서 상세히 살피도록 한다.

9장. 2007 개정 교육과정 이후 한국의 영어교육 변화
- 2007년부터 2020년대까지

9.1. 배경

1882년 조미수호통상조약으로 미국과의 교역이 시작된 이래 한국에서 영어는 구한말부터 현재까지 단순한 외국어로 학습되기보다는 취업과 승진의 도구, 상급학교 진학을 위한 도구로 사용되고 있음을 우리는 앞 장에서 살핀 바 있다. 특히 한국전쟁 이후 전후 복구기와 급속한 산업화를 경험한 남한에서 영어는 유력한 언어 자본 및 문화 자본의 역할까지 포함하여 사회 계층을 구분하는 역할까지 담지하고 있다(Cho, 2017). 앞 장에서 언급하였듯, 제7차 교육과정 공포 이후 교육부는 특정한 기간을 명시하여 교육과정을 명명하는 방식을 변경하여, 개정의 필요성이 있을 때마다 수시 개정 체제를 유지하고 있다. 제7차 교육과정 이후의 수시 개정 교육과정에는 2007 개정 교육과정, 2009 개정 교육과정, 2015 개정 교육과정과 현재 2022 개정 교육과정이 포함된다(추광재, 최화숙, 2010; 한국교육과정평가원, 2018).

제1차 교육과정기부터 영어는 대한민국 초대 대통령 이승만의 관심과 한국전쟁 이후 미국의 정치·경제적 지원에 힘입어 한국 사회에 지대한 영향을 끼치기 시작하였다(Cho, 2017). 제2차 교육과정기부터 제4차 교육과정기까지는 전후 복구와 산업화 이행기로서 문법중심의 교육을 시작으로 청화식 교수법이 사용되었으며, 1980년대에는 비디오테이프와 영어 학습 소프트웨어, 유아 대상 영어학원 등 사교육이 성행하기 시작하였다(권오량, 김정렬, 2011). 제5차 교육과정기부터 제7차 교육과정기까지는 산업화 완성기에 해당되며, 해외여행 자유화의 본격 시행 및 88 서울올림픽 등의 국제 행사 유치로 국제 교류가 급증하였으며, 초등영어교육이 공교육에서 1997년 이후 전격적으로 시행되었다. 또한 TOEIC 시험으로 대표되는 영어 열풍이 대한민국의 사교육을 장악하여 해외 어학연수, 기러기가족, 영어마을, 영어교육도시 등의 각종 영어 관련 이슈에 대한 전 국민적 관심이 고조된 시기였다(Booth, 2018).

    제7차 교육과정 이후는 수시 개정 교육과정이 도입되었는데, 먼저, 2007 개정 교육과정은 이명박 정부 시기이며, 현 교육부인 교육과학기술부(2008a)에서는 영어공교육 활성화를 위해 초등학교 영어 과목의 시수를 확대하였고, 중등학교 영어수업을 다양화하였다. 또한, 의사소통능력 함양을 위해 영어회화 전문 강사를 선발하는 등 국가영어능력평가시험(NEAT)의 전면 시행을 위해 국책 사업을 진행하였다. 같은 시기에 교육과학기술부(2008b)는 영어로 진행하는 영어 수업(Teaching English in English; TEE)이 가능한 교원을 양성하기 위해 영어교사를 대상으로 해외연수를 시행하였으며, 학생들의 영어 접근성을 높이기 위해 각급 학교에 영어전용교실을 설치하여 수준별 이동수업과 EBS 영어전용방송, 실시간 원격 화상강의를 시행하였다.

    2009 개정 교육과정은 이명박 정부 후반부 및 박근혜 정부 시기와 중첩되며, 교육부(2013)는 학교교육 정상화를 위해 자유학기제를 도입하여 영어를 실생활에서 다양하게 접할 수 있는 여건 조성에 힘썼다. 또한, 교육부(2014a,

2014b)는 공교육 정상화와 사교육비 경감을 위해 유치원의 영어 프로그램을 금지하였고, 실용영어를 중심으로 EBS 온라인 학습을 실시하였다. 아울러 교육부(2014c, 2015)는 학생들의 과열경쟁을 방지하고자 2018학년도부터 수능영어를 절대평가로 추진하여 시행하였다.

마지막으로, 2015 개정 교육과정은 박근혜 정부 후반부 및 문재인 정부 시기와 중첩되며, 교육부(2018)는 공교육에서 영어를 처음 학습하는 초등학교 3학년을 위해 학생 맞춤형 영어교육을 실시하고 교육격차 해소를 위한 지원책을 펼쳤다. 또한, 교육부(2020)는 AI 교육과 고교학점제를 도입하여 학생들의 관심사에 적합한 영어 과목을 선택하여 수강하게 하는 등 기술 발전을 반영한 영어교육 환경을 마련하여 왔다.

본 장에서는 제7차 교육과정 이후의 수시 개정 교육과정기에 해당되는 2007년 3월부터 2022년 상반기까지의 영어교육 관련 신문기사를 검색하여 주제별로 분석하고 대통령 임기에 따른 그 증감을 분석함으로써, 영어교육에 대한 사회적 관심의 변천사를 탐구하고자 한다. 한국의 영어교육과정을 교육과정에 따라 분류한 선행연구에서는 주요 일간지를 망라하여 분석하였으나, 일간지의 개수가 증가하며, 영어교육을 다룬 기사 역시 증가하는 등의 현실적 어려움이 있어 본 장에서는 제8장과 마찬가지로 국내에서 가장 오랜 역사를 지닌 동아일보로 국한하여 분석하기로 한다. 본 장에 포함된 분석 시기에 대해서는 전술하였듯 2007 개정 교육과정부터는 수시 개정교육과정 체제로 바뀌면서 비주기적으로 과목별, 학년별 교육과정의 변화가 발생하였다는 것을 고려하여야 한다. 이는 실질적으로 정권의 교체에 따른 집권 정당의 교육정책 변화를 반영한 것으로 보는 것이 타당하기에, 이 장에서는 개정 교육과정이 입안되어 시행된 시기보다는 대통령 임기를 기준으로 분류하는 것이 교육과정 변천사 비교에 용이할 것이라고 판단하였다. 이러한 이유로 이 장에서는 대통령 임기별로 2007년 이후 한국 영어교육의 변천과정을 탐구하며, 이를 위한 연구 문제는 다음과 같다.

첫째, 신문기사를 통해 분석된 2007 개정 교육과정 이후 한국의 영어교육은 정권의 변화에 따라 어떠한 주제별 변화를 보이는가?

둘째, 2007 개정 교육과정 이후 한국 영어교육의 변천 과정은 2020년대의 영어교육에 어떠한 시사점을 주는가?

9.2. 연구 방법

9.2.1. 분석 대상

본 장은 2007 개정 교육과정 이후, 한국의 영어교육과 관련된 동아일보 신문기사를 분석하였다. 동아일보는 조선일보와 더불어 한국의 양대 일간지로 인정받고 있으며 일제강점기부터의 장구한 기간 동안 발간되어 왔기에 영어교육의 종단적 변화를 고찰하기에 적절하다고 판단되어 선정되었다. 조선일보는 제7차 교육과정 분석과 마찬가지로 본 장의 분석 기간에 언론사 차원의 사교육 사업 등을 신문 지면을 통해 적극적으로 홍보하는 경향이 발견되었으므로, 교육 사업에 직접적 연관이 적은 동아일보만을 포함하는 것이 타당하다는 결론을 내렸다. 이에 필자는 2007년 3월 1일자 동아일보 신문기사부터 2022년 상반기인 6월 30일까지 약 15년 4개월간의 기사들 중에서 1차로 '영어교육'을 주제어로 검색하였으며, 이후 '영어마을', '영어몰입 교육', '영어수업 발표회', '개정 교육과정', 'TEE' 등을 추가로 검색함으로써 관련 기사들을 1차 선별하였다. 자료 분석의 정교화를 위해 필자는 다음과 같은 두 가지 선별 기준을 새로 설정하여 신문기사에 대한 2차 선별을 시행하였다. 첫째, 검색 기간 동안 외국 기관이 아닌 국내 기관과 관련된 영어교육과 관련된 주제만을 엄선하였다. 즉, 해당 주제라도 한국 영어교육과의 관련성이 없거나, 타 교과와 연관된 내용만 있다면(예: 해외 조기유학을 통해 외국 학교 교과목을 영어로 학습하는 상황) 제외하였다. 둘째, 기사가 영어교육과 관련이 있더라도 기자 외의 사교육 대표 혹은 원장이 직접 작성한 홍보성 기사는 제외하였다. 반면 학교 교사 혹은 정치인 및 일반인이 투고한 오피니언 및 신문 편집부 사설은 직접적 영리 목적이 없는 교육 정책에 대한 의견 제시 목적이므로 포함하였다.

9.2.2. 분석 방법

전술하였듯이 본 장은 2007년 개정교육과정 이후의 수시 개정 체제를 다룬다. 이전 교육과정이 비교적 긴 기간에 개정의 횟수가 많지 않았으므로, 교육과정에 따라 구분했던 것과는 다른 방식이 요구되었다. 환언하면, 2007 개정, 2009개정, 2012개정, 2015개정, 그리고 가장 최근의 2022개정 교육과정 등 적어도 5회에 걸친 크고 작은 수시 개정이 있었으므로 지난 제8장까지의 교육과정에 따른 시기 구분이 아닌 다른 방식을 도입할 필요가 있었다.

박선희(2001)에 의하면, 신문기사는 당시의 사회 분위기, 유행, 그리고 정책의 영향을 받으며, 특히 한국의 교육정책은 대통령을 수반으로 하는 행정부가 바뀜에 따라 교육부 장관의 교체와 더불어 영어교육정책 또한 변경된다. 대한민국 제 17대부터 제 19대 대통령 집권기는 다음과 같다: (1) 이명박 정부는 2008년 2월 25일부터 2013년 2월 24일까지 해당된다. (2) 박근혜 정부는 2013년 2월 25일부터 2017년 5월 9일까지 해당된다. 이 시기에는 2017년 3월 10일 헌법재판소의 결정으르 대통령이 파면되어, 황교안 전 국무총리가 권한대행 체제를 맡은 기간이 포함되나, 동일 보수 정권이 유지된 점을 고려하여 박근혜 정부 집권기의 연장선상으로 보는 것이 타당하다고 판단하였다. (3) 문재인 정부는 2017년 5월 10일부터 2022년 5월 9일까지 해당된다.

전술하였듯, 본 장의 분석기간이 2007년 3월 1일부터 2022년 상반기에 해당하는 점을 고려하였을 때, 각 정부의 집권기가 모두 포함되는 정부는 이명박 정부, 박근혜 정부, 문재인 정부이다. 따라서 본 장의 분석기간에는 노무현 대통령 집권 후반부와 윤석열 대통령 재임기간 초반부가 포함되나, 이 기간을 대통령의 집권 시기에 따라 별도로 세분하지는 않았다. 다시 말하면, 분석기간에 해당하는 노무현 정부와 윤석열 정부의 일부 재임기간은 각각 이명박 정부와 문재인 정부에 포함함으로써, 전체 재임기간이 모두 포함되는 대표 정권을 중심으로 분석을 진행하였다. 따라서 이명박 대통령 집권기에 해당하는 신문기사는 2007년 3월 1일부터 2013년 2월 24일까지로 구분하였고, 문재인 대통령 집권기에 해당하는 신문기사는 2017년 5월 10일부터 2022년 상반기인 6월 30일까지로 집계하였다. 이미 언급한 바와 같이, 박근혜 정부에 해당하는 신문기사는 황교안 전 국무총리가 대통령 권한 대행을 수행한 기간까지 모두 포함하여 2013년 2월 25일부터 2017년 5월 9일까지로 구분하였다.

필자는 각 개정 교육과정에서 발견되는 사항들을 바탕으로 Strauss와 Corbin (1998)의 근거 이론(grounded theory)에서 소개하고 있는 열린 코딩(open coding), 축 코딩(axial coding), 선별 코딩(selective coding)의 3단계 방식을 사용하여 해당시기를 대표하는 주제를 〈표 9.1〉과 같이 분류하였다. 이 분류는 사전에 설정된 분류 체계 및 명칭이 아니라 코딩의 과정 및 그 결과로 도출된 것이며, 신뢰도를 확보하기 위해 Miles와 Huberman(1994)의 반복적 읽기(reiterative reading)를 통한 3단계 코딩을 진행하였다.

먼저, 열린 코딩으로 1차 주제어인 '영어교육'으로 검색하여 총 48개의 하위 소분류 목록을 생성하였다. 다음으로, 소분류 목록 간의 위계를 수립하는 축 코딩을 위해 해당 시기 교육부가 제시한 정책을 대표하는 주제들을 선별하여 중분류 목록으로 새로운 분류 체계를 수립하였다. 마지막으로, 선별코딩을 위해, 기사들을 총 다섯 가지 공통범주로 묶어 대분류 주제로 선정하였다.

<표 9.1> 주제별 전체 기사 수

대분류	중분류	소분류	기사 수	대분류	중분류	소분류	기사수
영어 교육 경험	영어 마을	영어마을운영	25	영어 교육 커리 큘럼	오프 라인	놀이영어	16
		영어마을적자	12			독해	2
	영어교육 도시	국제학교	17			단어	3
		영어교육도시운영	20			외국대학 연계프로그램	7
	국내영어 캠프	비합숙	10		온라인	인공지능활용교육	4
		합숙	19			EBS	7
	국외 체험	해외캠프	24			영어전자도서관	1
		어학연수	16			화상수업	5
영어 교육 정책 및 인식	학습 방법	학부모용	15			온라인지도	7
		학생용	11	수험 영어	문제 형태	난이도	24
	교육 정책	영어정책분석	32			대학별 영어비율	2
		영어격차	14			EBS 연계	7
		교환학생유치	1		출제 유형	선택형 수능	21
	공교육 정상화	공교육정상화법	12			절대평가	17
		교육현장혼란	10			국가영어능력 평가시험(NEAT)	15
		사교육제재	9		대학 입시	국제중	6
	학생중심 교육	교육과정개정	11			특목고	25
		코로나19시기	4			선행학습	1
		교과교실제	6			입학사정관	2
영어 교사 · 강사	교실 영어	영어전용TEE 교사제	13			내신	3
		영어몰입교육	14		취업	취업영어	14
	수업 개선	수업대회	4			토플대란	6
		교사연수	4		졸업	대학졸업	1
	원어민 강사	공교육	16	총 합계			522
		사교육	7				

이번 장에 포함된 대분류 주제는 다음과 같다: 1) '영어교육경험'은 영어를 생생하게 체험할 수 있는 경험의 장과 관련하여 지자체 및 단체에서 운영하

고 있는 영어마을, 영어교육도시, 국내 영어캠프, 국외체험 등이 포함된다. 2) '영어교육정책 및 인식'은 영어교육과 관련하여 기자 및 교육관계자(학생, 학부모, 교사 등)가 국민을 대표하여 의견을 반영한 내용으로 학습방법, 교육정책, 공교육정상화, 학생중심 교육 등이 해당된다. 3) '영어 교·강사'는 공교육 영어교사와 사교육 영어강사와 관련한 교육정책 및 활동으로 교실영어, 수업개선, 원어민강사 등이 해당된다. 4) '영어교육 커리큘럼'은 영어교육과 관련하여 교육 프로그램 및 교육과정, 수업과 관련된 내용으로 오프라인 영어교육 커리큘럼과 온라인 영어교육 커리큘럼으로 대별된다. 5) '수험영어'는 수험생의 기준을 수능시험 및 취업을 준비하는 사람들을 대상으로 하였으며, 수능 지문의 문제형태, 출제유형, 대학입시, 취업, 졸업 등이 포함된다. 이러한 각각의 중분류에 포함되는 소분류에 대해서는 후속하는 연구 결과의 하위 절(section)에서 상술하도록 한다.

9.3. 연구 결과

〈표 9.1〉과 같이 이 장의 전체 분석기간(2007년 3월 1일 ~ 2022년 6월 30일) 동안 영어교육과 관련한 동아일보 기사는 총 522편이었으며, 그 중 이명박 정부 시기에는 323편, 박근혜 정부 시기에는 133편, 문재인 정부 시기에는 66편의 기사가 포함되었다. 이는 대통령직 인수위원회 단계부터 영어 몰입교육 등 영어교육을 중시했던 이명박 대통령 시기와 그 이후를 극명하게 대조적으로 제시하는 편수 차이다.

다섯 가지 대분류 주제에 따른 정권별 신문기사의 빈도, 비율(백분율), 증감률 등은 〈표 9.2〉부터 〈표 9.6〉까지 제시되어 있다. 각 표의 좌측에는 대분류, 중분류, 소분류로 구분하여 해당 주제를 제시하였고, 표의 우측에는 정권별 신문기사의 빈도와 비율을 제시하였다. 각 정권의 비율은 전체기사를 기준으로 한 것이 아니라, 각 정권에서 나타난 총 기사 수 대비 백분율을 제시한 것이다. 예를 들어, 이명박 정부 시기에 해당하는 비율은 총 323편의 기사 대비 백분율이며, 전체 기사 522편을 기준으로 하는 비율은 표의 가장 우측에 별도로 제시하였다.

필자는 정권 변화에 따른 기사의 증감추이를 파악하기 위해 다음과 같은 방식을 활용하였다. 먼저, 표에서 각 정권의 빈도수 사이에는 주제별 기사의 증감을 화살표로, 증감률을 숫자로 나타내었다. 예를 들어, 중분류 '영어마을'의 소분류 '영어마을 운영과 관련하여 박근혜 정부 우측에 있는 증감률은 이명박 정부 시기와 비교하여 박근혜 정부 당시 본 주제에 관한 기사가 6.6% 감소하였음을 나타낸다(〈표 9.2〉 참조).

9.3.1. 영어교육 경험

강경옥과 정동빈(2008)에 따르면, 이명박 정부는 영어를 사용함에 있어 한국의 환경적인 제약을 극복하기 위해 영어 몰입 교육(English Immersion)을 시행하였고, 대표적으로 영어마을을 구축하였다. 〈발췌 9.1〉과 같이, 학생들은 영어로만 생활하면서 시설을 이용하고 다양한 체험활동에 참여할 수 있었다. 그러나 이러한 외부적 환경 조성을 통한 영어 학습은 영어 학습 태도에는 긍정적인 영향을 끼쳤지만, 영어 학습 동기에는 유의미한 향상이 없었다는 연구 결과가 발견된다(김정수, 2011; 최윤화, 2011). 영어마을 운영의 문제점은 2000년대 초반부터 꾸준히 제기되어 왔는데(이설, 2007), 공식적으로 등록한 32개의 영어마을 중(김정수, 2011; 허혜정, 이상기, 2021), 2023년 초반인 현재 전국의 영어마을은 폐지되거나 명칭을 바꾸는 등 다른 시설로 전용되어 활용되고 있는 실정이다.

〈발췌 9.1〉 영남 최대 영어마을 '부산 글로벌 빌리지' 내달 3일 문연다
... 모든 자료 열람과 이용에 영어를 사용해야 한다. 체험학습동에는 공항, 지하철역, 택시 승강장, 버스 정류소, 환전소, 출입국심사대, 쇼핑센터, 병원, 호텔, 은행, 우체국, 경찰서 등 다양한 상황에서 영어를 배울 수 있는 체험시설 50여 곳과 미국 영국 호주 캐나다 등 영어권 4개국의 문화와 풍습을 소개하는 문화원이 각각 들어선다. ... (윤희각, 2009, 5월 15일).

또한, 이명박 정부는 제주도에 해외 관광객 유입이 많은 점을 활용하여 외국어 전용 거리를 조성하는 등 국제화를 강조하였다(〈발췌 9.2〉 참조). 당시 영어공용화론에 대응하여 학교 밖에서도 영어를 사용할 수 있는 인프라 구축이 필요하였고, 외국의 영어교육 사례를 본받아 제주 영어교육도시에 다수의 국제학교를 설립하기 위한 준비가 시작되었다(김종훈, 2002, 2009; 정승모, 권상철, 2018). 실제 영어교육도시가 운영된 후에 작성된 기사(〈발췌 9.3〉)에 의하면, 제주 국제학교 재학생과 학부모 과반수는 조기유학 대비 합리적인 비용과 우수한 커리큘럼에 만족한다고 밝혔다.

〈발췌 9.2〉 제주 외국어 상용화 추진
제주에 외국어 전용거리가 조성되고 버스, 택시 등 주요 교통수단의 자막과 안내 방송이 외국어로 나온다. ... 공무원, 관광서비스 종사자, 외국어 자원봉사자의 외국어 사용능력을 높이는 프로그램이 강화된다. ... (임재영, 2008, 2월 28일).

〈발췌 9.3〉 제주영어도시 국제학교 만족도 높다
제주영어교육도시에 있는 국제학교 학생과 학부모들의 만족도가 높은 것으로 조사됐다. ... 국제학교가 조기 유학 수요를 흡수하고 유학수지

개선, '기러기 아빠' 해결 등 사회적 문제를 줄이는 데 도움이 된 것으로 평가됐다. 국제학교 만족도에 대해 학생 65.5%, 학부모 65.2%가 '만족한다'는 긍정적인 평가를 했다. … (임재영, 2015, 3월 5일).

〈표 9.2〉 영어교육 경험에 대한 정권별 증감률

대분류	중분류	소분류	정권					전체기사
			이명박	박근혜	증감률(%)	문재인	증감률(%)	
			빈도(비율)	빈도(비율)		빈도(비율)		빈도(비율)
영어교육경험	영어마을	영어마을 운영	24 (7.4%)	1 (0.8%)	▼6.6	0 (0.0%)	▼0.8	25 (4.8%)
		영어마을 적자	10 (3.1%)	2 (1.5%)	▼1.6	0 (0.0%)	▼1.5	12 (2.3%)
	영어교육도시	국제학교	10 (3.1%)	6 (4.5%)	▲1.4	1 (1.5%)	▼3	17 (3.3%)
		영어교육도시운영	17 (5.3%)	3 (2.3%)	▼3	0 (0.0%)	▼2.3	20 (3.8%)
	국내영어캠프	비합숙	7 (2.2%)	3 (2.3%)	▲0.1	0 (0.0%)	▼2.3	10 (1.9%)
		합숙	12 (3.7%)	6 (4.5%)	▲0.8	1 (1.5%)	▼3	19 (3.6%)
	국외체험	해외캠프	12 (3.7%)	12 (9.0%)	▲5.3	0 (0.0%)	▼9	24 (4.6%)
		어학연수	13 (4.0%)	3 (2.3%)	▼1.7	0 (0.0%)	▼2.3	16 (3.1%)

'영어교육 경험'에 대한 정권별 증감률은 〈표 9.2〉와 같다. 실제 각 정권에 따른 영어교육 경험 중분류의 빈도수에 나타나듯, 절대 빈도수는 박근혜, 문재인 정부에 와서 급격히 감소하여 0에 수렴하는 것을 알 수 있다. 환언하면, 소분류로 대표되는 영어마을, 영어교육도시, 국제학교, 영어캠프 등은 이명박 정부 시기가 전체기사의 절대 다수를 차지하였다. 박근혜 정부 시기에도 제주 영어교육도시, 국제학교, 국내·외 영어캠프 등의 기사가 보이기는 하나, 그 수가 감소하였음을 알 수 있다. 문재인 정부 시기에는 대분류

'영어교육 경험'과 관련하여 기사의 수가 현저히 감소하였다. 이렇듯 영어교육 경험을 둘러싼 한국 사회의 관심사는 급격히 떨어지고 있음을 알 수 있다.

9.3.2. 영어교육정책 및 인식

한국의 공교육에서 교육과정이 정상적으로 운영되기 위해서는 선행학습으로 대표되는 사교육을 억제해야 한다는 통념이 있다(이승호, 신철균, 2015). 이러한 인식은 특히 영어 과목에서 크게 나타나는데, 영어는 조기교육인 선행학습 여부에 따라 공교육의 학습 출발선이 달라지고, 이는 이른바 잉글리시 디바이드(English divide)로 불리는 부모의 재력에 의한 교육 불평등의 문제와 직결되기 때문이다(강준만, 2014; 박은숙, 장진태, 2012; 이종일, 구남욱, 2019; 진경애, 정채관, 2020). 〈발췌 9.4〉에 따르면, 사교육과 영어 능력은 인과관계를 지니는데 이는 곧 부모의 재력과 직결된다고 강조한다. 유년기 영어권 국가에서 학업을 수행했던 경험이나 원어민 영어회화 등의 사교육 경험은 영어성적의 학군별, 지역별 격차를 초래하는 등 영어교육의 양극화를 심화시켰다(김기용, 차지완, 2009; 김희균, 김기용, 2008).

> 〈발췌 9.4〉 '영어 계급사회' 맘이 편하십니까
> … 문제는 한국 사회에서 영어 실력은 사교육 의존도가 너무 높다는 점이다. … 부모의 빈부격차가 자녀의 영어 실력 격차를 낳고, 영어 실력 격차가 사회적 지위 격차로 이어지는 '잉글리시 디바이드(English divide, 영어 격차)'가 심화되고 있다는 게 문제다… (윤석만, 남윤서, 2010, 3월 6일).

사교육으로 인한 영어 학습격차가 사회적 이슈로 부상함에 따라, 정부는 공교육의 정상적인 운영을 위하여 영어 방과후 수업 등 '선행교육 및 선행학습'을 규제하는 정책을 발표하였다(교육부, 2014a; 김선영, 백지원, 2018). 〈발췌 9.5〉 및 〈발췌 9.6〉에 따르면, 학부모들의 극심한 불만과 반발로 인해 교육부는 2018년도에 본 정책을 유예하였고, 이는 다시금 혼선을 가중시켜 공교육에 대한 낮은 신뢰도를 더욱 저하시키는 부정적인 영향을 미쳤다. 교육부(2019)는 공교육정상화법의 5차 개정안에서 초등학교 1, 2학년의 영어 과목 방과후 수업을 허용하는 법안을 냈다.

〈발췌 9.5〉 유치원 영어수업 금지 유예 재검토 … 또 불쑥정책 혼란 … 지난해 12월 중순 초등 1, 2학년에 이어 27일 유치원·어린이집 영어수업(방과후 및 특별활동) 금지 방침이 발표된 이후 청와대 국민청원 게시판에는 이를 반대하는 청원이 150여건 올라왔다. 반발이 거세지자 이튿날 교육부는 부랴부랴 "확정된 바 없다"는 자료를 내놨다. … (우경임, 2018, 1월 15일).

〈발췌 9.6〉 유은혜 "초등 1,2학년 방과후 영어도 허용 추진" 유은혜 사회부총리 겸 교육부 장관이 5일 "초3부터 영어수업을 하게 한 공교육정상화법 개정을 추진해 자연스러운 놀이·체험 중심의 (영어)교육을 하겠다"고 말했다. … (조유라, 2013, 10월 6일).

'영어교육정책 및 인식'에 대한 정권별 증감률은 〈표 9.3〉과 같다. 중분류로 대표되는 영어 학습방법 및 영어교육정책과 관련한 기사는 이명박 정부 시기에 전체기사의 과반수를 차지하였다. 그 중, 소분류 영어정책 분석과 관련한 기사는 박근혜 정부 시기에 감소하여 문재인 정부 시기에 다시 증가한다.

영어격차를 의미하는 잉글리시 디바이드가 본격적인 사회 문제로 인식되기 시작한 시기는 박근혜 정부 시기로 보이는데, 이에 따라 공교육정상화법 제정이 후속 조치로 시행되었다. 이를 다룬 '공교육정상화법' 관련 신문기사는 박근혜 정부 시기에 4편이 발견되는 것을 시발점으로 문재인 정부 시기에는 총 8편으로 증가한다. 또한 '교육현장 혼란'과 관련한 기사는 박근혜 정부 시기에는 1편이었으나, 문재인 정부 시기에는 9편으로 지난 정부 대비 12.8%의 높은 증가율을 보이고 있다. 후술하겠지만, 이는 코로나 19 발발과 맞물려 혼란이 가중되었을 가능성이 있다.

학생중심교육과 관련하여 이명박 정부는 영어 교과 교실제를 도입하였다. 또한, 박근혜 정부를 기점으로 자유학기제를 영어교과에 도입하는 등의 교육과정 개정이 지속되었다.

〈표 9.3〉 영어교육정책 및 인식에 대한 정권별 증감률

대분류	중분류	소분류	정권					
			이명박	박근혜	증감률 (%)	문재인	증감률 (%)	전체 기사
			빈도 (비율)	빈도 (비율)		빈도 (비율)		빈도 (비율)
영어 교육 정책 및 인식	학습 방법	학부모용	15 (4.6%)	0 (0.0%)	▼4.6	0 (0.0%)	0	15 (2.9%)
		학생용	9 (2.8%)	1 (0.8%)	▼2	1 (1.5%)	▲0.7	11 (2.1%)
	교육 정책	영어정책 분석	19 (5.9%)	6 (4.5%)	▼1.4	7 (10.6%)	▲6.1	32 (6.1%)
		영어격차	9 (2.8%)	4 (3.0%)	▲0.2	1 (1.5%)	▼1.5	14 (2.7%)
		교환학생 유치	1 (0.3%)	0 (0.0%)	▼0.3	0 (0.0%)	0	1 (0.2%)
	공교육 정상화	공교육 정상화법	0 (0.0%)	4 (3.0%)	▲3	8 (12.1%)	▲9.1	12 (2.3%)
		교육현장 혼란	0 (0.0%)	1 (0.8%)	▲0.8	9 (13.6%)	▲12.8	10 (1.9%)
		사교육 제재	4 (1.2%)	2 (1.5%)	▲0.3	3 (4.5%)	▲3	9 (1.7%)
	학생 중심	교육과정 개정	0 (0.0%)	8 (6.0%)	▲6	3 (4.5%)	▼1.5	11 (2.1%)

교육	코로나19 시기	0 (0.0%)	0 (0.0%)	0	4 (6.1%)	▲ 6.1	4 (0.8%)
	교과 교실제	6 (1.9%)	0 (0.0%)	▼ 1.9	0 (0.0%)	0	6 (1.1%)

9.3.3. 영어 교·강사

윤유진(2008)에 따르면, 학생들의 영어회화 능력을 증진시키기 위해 1995년 이후 원어민 영어보조교사 초청사업(English Program in Korea; EPIK)이 시작되었고, 영어를 모국어로 하는 원어민들이 한국 공교육에 투입되었다. 원어민 교·강사는 영어회화 수업에서 진정성 있는 영어 입력을 제공하며 영미문화 교육이 가능하다는 긍정적인 역할을 하였으나, 원어민에 대한 심리적 의존의 심화, 그리고 백인 중심의 영어권 원어민에 대한 편견 등으로 인해 학생들에게 영어 만능주의 및 원어민 우월주의를 부추긴다는 비판을 받기도 하였다(신지원, 김태영, 2018). 사교육에 종사하는 일부 영어 원어민들은 영어교육에 대한 충분한 이해가 없고 자질이 부족한 사람들이 학원에서 학생 교육을 전담하거나, 일부 극단적 사례로서는 <발췌 9.7>과 같이 마약 소지 및 투약 혐의, 학생에 대한 성비위 사건, 학력 위조 등이 적발되어 사회 문제로 비화되기도 하였다(강혜승, 한상준, 조용휘, 2007).

<발췌 9.7> 대마에 취한 원어민강사 어린이집서 환각수업
미국에서 들여온 대마초를 유통시키고, 이를 사서 피운 원어민 강사들이 무더기로 검거됐다. ... 판매책으로 구속된 나이지리아인 영어 강사 J씨(32)는 올 6월 수업 직전 대마초를 피운 뒤 환각 상태로 경기 용인시의 한 어린이집에서 3, 4세 아이 수십명을 가르치기도 했다. ... (강홍구, 2014, 8월 21일).

박미정과 나경희(2009)는 한국인 영어교사와 영어 원어민 보조교사의 협력 수업사례를 연구한 결과, 영어를 모국어로 사용하는 것과 영어를 효과적으로 교수하는 것과는 상대적으로 관련성이 미흡하다는 것을 실증적으로 입증하였다. 즉 한국인이 한국어를 모국어로 구사하는 경우라도 한국어 교사로서 자격이 있는 것이 아니듯, 영어를 모국어로 구사하는 것과 영어 교과를 잘 가르치는 것은 별개의 문제다. 따라서, 영어를 모국어로 사용한다는 이유로 원어민을 초빙하는 것보다는 이미 자격을 갖춘 한국인 영어교사가 영어 수업 진행을 영어로 하는 것이 더 효율적이라는 정책적 고려로 인해, 이명박 정부의 대통령직인수위원회에서는 영어로 진행하는 영어 수업(Teaching English in English; TEE) 교사를 양성하는 정책을 발표하였다〈발췌 9.8〉 참조). TEE 교원양성을 위해 각 시·도교육청은 다양한 인센티브를 제공하며 현직 영어교사들의 참여가 적극적으로 독려되었고, 이에 따른 성과도 있었으나, TEE 교사의 선발 과정 및 평가 방식의 문제점을 지적하며 부정적 영향에 대해 우려하는 관점 역시 발견되었다(남윤서, 2009; 장기우, 2010). 예를 들어, TEE 교사 인증제가 인증 자체에만 초점이 되어, 인증을 받은 현직 교사들의 수업 배정에서의 차별성이 없다는 점, 지나치게 정량화된 영어 사용 비중으로 인해 학생들의 어휘 및 문법 학습에는 지장이 있다는 점, 영어교사들의 지속적 참여를 유도하는 인센티브가 부족하고 인증제 획득 후 오히려 행정 업무가 과중하게 증가하는 등의 부작용 등이 TEE 교사 인증제의 문제점으로 꾸준히 제기되어 왔다(한국교육과정평가원, 2010).

〈발췌 9.8〉 영어전용교사 2만 3000명 2013년까지 새로 뽑는다

대통령직인수위원회는 2013년 말까지 영어 과목을 영어로 가르치는 영어 전용교사 2만 3000명을 새로 뽑는 방안을 추진하기로 했다. 또 2011년부터 초등학교 3학년 이상은 모든 영어 수업을 영어로 받게 된다.

... 인수위는 모든 학생이 고등학교만 졸업하면 기본적인 생활 영어를 할 수 있도록 한다는 목표하에 ... (이승헌, 2008, 1월 30일).

한편, 2010년부터 단계적으로 시행이 추진된 영어 몰입 교육은 타 교과목을 '영어'라는 언어를 매개로 하여 가르치는 것을 목표로 하였다(남경숙, 조윤경, 2010). 당시 영어 몰입 교육의 유행으로 인해 요리와 태권도 등의 예체능 프로그램을 영어로 교수하는 새로운 학원도 등장하게 되었다(강준만, 2014). 당시 이명박 정부는 해외 어학연수 경험과 유사한 영어 능숙도 신장을 도모한 정책 도입을 추진하였으나, 실제 영어 몰입 교육은 일부 사립 초등학교를 제외하고는 시행되지 못하였다. 당시 영어 수업을 영어로 진행하기 어려운 상황에서 TEE 인증제가 추진되던 시점에, 영어 몰입 교육을 통해 타교과목까지 영어로 수업을 진행한다는 것은 현실성이 없는 정책 추진이었기에 찬성보다는 반대 의견이 많았다. 당시 대다수의 의견은 〈발췌 9.9〉와 같이 영어 몰입 교육이 시기상조이거나 도입의 필요성 자체에 대한 회의감을 나타내는 것이었다. 전술하였듯 조율되지 않은 정부 정책은 공교육에서 포용되지 못하였고, 사교육 시장의 영어 가수요만을 증가시켜 잉글리시 디바이드를 더욱 심화시키는 부작용을 초래하였다(민찬규, 2008b).

〈발췌 9.9〉 '영어 몰입교육' 확대 아직 이르다
... 영어 몰입 교육은 영어를 도구로 다른 교과 수업을 진행해서 영어와 교과 내용을 동시에 배우도록 하는 방식이다. ... 영어 몰입 교육에 걸림돌이 되는 것으로는 교사의 영어 구사력 부족, 현장 학습 시설과 자료의 부족, 학생의 수준 차를 지적했다. ... (홍진옥, 2007, 10월 2일).

〈표 9.4〉 영어 교·강사에 대한 정권별 증감률

| 대분류 | 중분류 | 소분류 | 정권 ||||| 전체 기사 |
| | | | 이명박 | 박근혜 | 증감률 (%) | 문재인 | 증감률 (%) | |
			빈도 (비율)	빈도 (비율)		빈도 (비율)		빈도 (비율)
영어 교·강사	교실 영어	영어전용 TEE 교사제	13 (4.0%)	0 (0.0%)	▼4	0 (0.0%)	0	13 (2.5%)
		영어 몰입 교육	13 (4.0%)	1 (0.8%)	▼3.2	0 (0.0%)	▼0.8	14 (2.7%)
	수업 개선	수업대회	4 (1.2%)	0 (0.0%)	▼1.2	0 (0.0%)	0	4 (0.8%)
		교사연수	4 (1.2%)	0 (0.0%)	▼1.2	0 (0.0%)	0	4 (0.8%)
	원어민 강사	공교육	15 (4.6%)	0 (0.0%)	▼4.6	1 (1.5%)	▲1.5	16 (3.1%)
		사교육	5 (1.5%)	1 (0.8%)	▼0.7	1 (1.5%)	▲0.7	7 (1.3%)

'영어 교·강사'에 대한 정권별 증감률은 〈표 9.4〉와 같다. 이명박 정부 시기에 도입이 추진되어 실제 시행된 영어로 진행하는 영어전용TEE 교사제, 영어 몰입 교육, 이를 실제로 구현하기 위한 영어 시범 수업대회와 교사연수는 전체기사의 상당부분을 차지하였다. 또한 원어민 강사 관련 신문기사 역시 이명박 정부 시기에 대다수가 발견되었다. 그러나 전술한 다른 대분류의 시기적 변천 과정과 유사하게 박근혜, 문재인 정부 시기에서는 이러한 영어 교·강사 관련 기사는 그 빈도가 급격히 감소함을 알 수 있다.

9.3.4. 영어교육 커리큘럼

아동들은 현재 수준과 흥미에 부합한 놀이행위를 하면서 영어 학습을 진행하며, 유년기 영어교육 경험은 영어에 대한 정서적 거리를 좁히는 역할을 수행한다(이승은, 조진현, 2019). 또한 비고츠키의 근접발달영역(zone of proximal development; ZPD)을 고려한 영유아 영어교사 및 성인과의 상호작용은 이들의 영어에 대한 긍정적 인식을 고양한다(윤용배, 2021). 〈발췌 9.10〉과 같이, 이 시기에 본격적으로 활성화된 아동 영어, 영어 유치원, 조기 영어교육에서 제공하는 체험 및 놀이 중심 영어수업은 아이들의 정서적인 측면에 긍정적인 영향을 미치는 것으로 보고되고 있다.

〈발췌 9.10〉 제주 대흘초교
"너무 재미있어요. … 여기는 친구들끼리도 장난하며 영어를 해 볼 수 있어서 좋아요." … 외국인을 대하는 데 쑥스러움이나 심리적인 거리감이 없다. … 원어민 교사가 고정 배치돼 학생들과 매일 함께 활동한다. 놀이와 체험 중심으로 교과과정이 편성됐다. … (임재영, 2007, 4월 10일).

이 장의 대상이 되는 기간 중 주목할 점은 오프라인에서 교사와 학생이 실제로 시·공간을 공유하는 기존 영어교육 방식 이외에 온라인 영어교육에 대한 다양한 변화가 시도되고 있었다는 점이다. 이는 이러닝, 사이버 학습, 웹기반 수업, 원격학습 등 놀이를 활용한 프로그램의 개발로 이어졌다(김민호, 2021; 이충현, 2009; 임정완, 2021; 정예지, 2022). 특히 주목할 점은 인공지능 AI 연계 영어교육이 새롭게 등장하고 있다는 점인데, 이는 이명박, 박근혜 정부 시기에는 찾아보기 힘든 최근의 변화이다. 2020년 직후 국내 영어학습용 인공지능 챗봇(AI Chatbot)이 개발되었으며 대표적으로 'AI 펭톡(교육부, EBS, 한국전자통신연구원)', '셀레나(삼성영어)', '스피킹톡(윤선생)', '스콜라스틱 AI 튜터(KT)', '엘리(중앙대학교)' 등이 있다(오유진, 2022). 〈발췌 9.11〉과 같이, 음성 인식률이 높은 인공지능 AI 챗봇은 담화수준에서 소통이 가능하도록 설계되었으며, "정보요청, 문제해결, 수행지시, 잡담(small talk)" 등의 기능을 수행한다(김혜영, 신동광, 양혜진, 이장호, 2019).

〈발췌 9.11〉 영어 음성 인식률 90% ... 초등학생들 'AI펭톡'으로 영어회화 배운다

... 교육부와 EBS가 기획하고 한국전자통신연구원(ETRI)이 주축이 돼 개발한 영어 말하기 연습 시스템 'AI 펭톡'이다. ... 학생의 말을 정확히 인식하고 발음과 강세는 물론이고 표현까지 세부적으로 평가해 스스로 영어를 학습할 수 있도록 돕는다. ... (조승한, 2021, 2월 5일).

'영어교육 커리큘럼'에 대한 정권별 증감률은 〈표 9.5〉와 같다. 오프라인 영어교육 커리큘럼은 이명박 정부 시기에 놀이영어와 외국대학 연계 프로그램 등이 대다수를 차지하였고, 박근혜 정부 시기를 거쳐 문재인 정부에서는 오프라인 영어교육 커리큘럼과 관련한 기사가 급감하였다. 한편, 온라인 영어교육 커리큘럼은 이명박 정부 및 박근혜 정부 시기에 EBS 영어교육 기사가 꾸준히 증가한 것이 주목할 만하다. 이는 공교육 정상화를 위한 EBS 교재 수능 연계 방침이 70%로 강화된 것에 그 원인을 찾을 수 있다(윤정일, 2008). 반면 화상수업과 온라인지도와 관련한 기사는 감소하였다. 전술하였듯, 인공지능(AI)을 활용한 영어교육 기사는 문재인 정부 시기에 집중적으로 검색되었다.

〈표 9.5〉 영어교육 커리큘럼에 대한 정권별 증감률

대분류	중분류	소분류	이명박 빈도 (비율)	박근혜 빈도 (비율)	증감률 (%)	문재인 빈도 (비율)	증감률 (%)	전체기사 빈도 (비율)
영어교육 커리큘럼	오프라인	놀이영어	11 (3.4%)	3 (2.3%)	▼ 1.1	2 (3.0%)	▲ 0.7	16 (3.1%)
		독해	1 (0.3%)	1 (0.8%)	▲ 0.5	0 (0.0%)	▼ 0.8	2 (0.4%)
		단어	2 (0.6%)	1 (0.8%)	▲ 0.2	0 (0.0%)	▼ 0.8	3 (0.6%)

		외국대학 연계 프로그램	5 (1.5%)	2 (1.5%)	0	0 (0.0%)	▼ 1.5	7 (1.3%)
온라인		인공지능 활용교육	0 (0.0%)	0 (0.0%)	0	4 (6.1%)	▲ 6.1	4 (0.8%)
		EBS	3 (0.9%)	4 (3.0%)	▲ 2.1	0 (0.0%)	▼ 3	7 (1.3%)
		영어 전자도서관	0 (0.0%)	1 (0.8%)	▲ 0.8	0 (0.0%)	▼ 0.8	1 (0.2%)
		화상수업	4 (1.2%)	1 (0.8%)	▼ 0.4	0 (0.0%)	▼ 0.8	5 (1.0%)
		온라인지도	6 (1.9%)	1 (0.8%)	▼ 1.1	0 (0.0%)	▼ 0.8	7 (1.3%)

9.3.5. 수험영어

대학입학 제도는 1945년 해방 이후 대학별 단독 시험 시기(1945~1968), 대학 입학 예비고사 시기(1969~1981), 대학 입학 학력고사 시기(1982~1993), 대학수학능력시험 시기(1994~현재)로 구분할 수 있다(남명호, 이양락, 유영희, 연근필, 최원혜, 2005). 이미 일제강점기에서부터 발견되는 명문 대학 진학이 이른바 '출세의 지름길'이라는 뿌리 깊은 인식은 한국에서 20세기 후반부와 21세기 전반에 걸쳐 학벌 사회를 더욱 고착화시켰다(김상봉, 2004). 학벌을 획득하기 위한 방편으로 영어, 특히 중·고등학생 위주의 수험영어의 폐해가 본격적으로 보도된 시점은 2000년대 후반이다(강준만, 2014). 당시 대표적인 공인어학시험으로 유행하던 토플은 응시 가능한 인원 대비 수요 폭증으로 인해 토플을 주관하는 미국 Educational Testing Service(ETS)의 서버가 다운되는 등 소위 '토플 대란'이 발생하였다(정혜진, 2007). 이에 따라 이명박 정부는 2008년, 토플을 대체할 시험으로 인터넷 기반(Internet-Based Test; IBT) 국가영어능력평가시험(National English Ability Test; NEAT)을 발표하였다(김종국, 2015). 교육 당국은 NEAT가 영어의 4기능을 바탕으로 수능영어를 대체할 것이라고 기대하였으나, 부모의 경제력에 따라 충분한 대비가 가능한 학생 계층과 그렇지 못한 계층 간의 영어 격차가 심화될 수 있으며, 영어의 말하기와 듣기 능력을 배양할 충분한 여건이 조성되지 못한 채 강행될 경우, 시험을 위한 시험으로 전락할 우려가 있다는 심각한 비판이 제기되었다(김은정, 2012; 시기자, 이용상, 김인숙, 2013). NEAT는 이명박 정부에서 모의평가를 시도한 후, 〈발췌 9.12〉와 같이 박근혜 정부 당시 잇따른 전산 오류와 서버 문제로 인해 이후 폐지 수순을 밟게 된다(권오량, 2015).

〈발췌 9.12〉 6월초 NEAT시험서 무더기 전산오류
2일 치러진 국가영어능력평가시험(NEAT) 고교생용 2·3급 시험에서 무더기 전산오류가 발생한 데 이어 일부 수험생이 추가 시간을 받아 답안을 기재한 사실이 드러났다. NEAT 점수를 올해 대입에 그대로 반영해도 좋을지에 대한 논란이 커지고 있다. 18일 교육부와 한국교육과정평가원에 따르면 시험 당일 전국 인터넷기반검사(IBT) 시험장에서 기입한 답안이 확인되지 않는다며 이의를 제기한 58명 가운데 8명이 길게는 20분까지 답안 작성 시간을 추가로 받았다. … (김도형, 2013, 6월 19일).

박근혜 정부는 2014학년도 수능에서 학생이 시험 난이도를 선택할 수 있도록 하였다(김성혜, 2014). 다시 말해, 영어 영역에서도 실용영어를 강조하는 A형과 기초학술 영어능력을 평가하는 B형으로 하는 선택형 수능을 도입하였다(권오량, 2015; 최수정, 최종갑, 2016). 그러나 각 시험 영역이 초점을 두는 측면이 다른 만큼, 상위권 학생들은 주로 B형을 선택하는 경향이 있었다. 이로 인해 영어 B형의 난이도가 대폭 상승하였고, 학생들의 과도한 경쟁을 유발하는 등 극단적 상대평가라는 부작용이 수반되었다(〈발췌 9.13〉 참조). 이와 같은 문제로 인해 선택형 수능은 2015학년도에 폐지되고, 박근혜 정부는 사교육 부담 완화를 목표로 2018학년도부터 수능영어에서 절대평가 체제를 도입하였다(김종국, 2019). 교육부는 사교육비 경감을 도모하였으나, 교육

관계자들은 가정 경제력이 반영된 부모의 교육열은 영어 과목에 대한 절대평가 도입만으로는 완화되지 않을 것이라는 비판을 제기하였다(양찬주, 2018). 영어 절대평가 도입이 발표된 이후 조사된 바에 따르면, 실제로 영어 사교육비는 타 과목에 지출되는 이른바 '풍선효과'가 나타났으며, 결국 전체 사교육비 총지출은 감소하지 않았다(김희균, 유덕영, 2015; 최수정, 최종갑, 2018).

> 〈발췌 9.13〉 수능성적표 받아보니 … 상위권, 영어B형서 등급하락 폭탄
> 특히 영어 B형은 학생들의 고개를 떨어뜨리게 한 원흉으로 지목됐다. 선택형으로 치러진 올해 수능에서 어려운 영어 B형의 난이도는 상당히 높았지만 상위권 수험생끼리 경쟁하다보니 오히려 표준점수는 지난해보다 5점이나 떨어졌다. 평균 점수가 올랐다는 뜻이다. 게다가 1등급을 받는 절대 규모까지 줄어든 탓에 기대보다 못한 등급을 받은 학생들이 속출했다. … (신진우, 이예은, 2013, 11월 28일).

최수정과 최종갑(2018)이 2018학년도 수능 수험생들의 인식을 연구한 결과, "영어 학습에 대한 부담감이 감소한 만큼 등급별 최저기준을 충족하기 위해 최소한의 노력만을 하게 된다"는 의견이 다수를 차지하였다. 그러나 "중위권 학생들은 수능 영어영역에서 1등급을 차지해야 경쟁에서 뒤처지지 않는다"는 인식 역시 발견되어 수능영어 절대평가가 수험생들의 심리적 압박을 가중시키기도 하였다(김재성, 2017).

'수험영어'에 대한 정권별 증감률은 〈표 9.6〉과 같다. 취업과 관련한 공인어학시험과 이를 반영하는 특목고 입시, 토플대란, 국가영어능력평가시험(NEAT)과 관련한 기사는 이명박 정부 시기에 전체기사의 대다수를 차지하여 당시의 이른바 '영어 열풍'을 반영하고 있다(Park, 2009). 그러나 이러한 현상은 박근혜, 문재인 정부로 이행되며 지속적으로 감소하였다. 박근혜 정부 시기에는 선택형 수능과 절대평가를 대표하는 기사가 다수를 차지하였다.

수능 영어 절대평가는 문재인 정부 시기에도 지속적으로 보도되었으며, 절대평가에 수반되는 난이도 조절의 성패와 이에 미치는 변수를 다루는 기사 역시 문재인 정부 시기에 자주 발견되었다.

〈표 9.6〉 수험영어에 대한 정권별 증감률

대분류	중분류	소분류	정권					전체 기사 빈도 (비율)
			이명박 빈도 (비율)	박근혜 빈도 (비율)	증감률 (%)	문재인 빈도 (비율)	증감률 (%)	
수험 영어	문제 형태	난이도	3 (0.9%)	12 (9.0%)	▲ 8.1	9 (13.6%)	▲ 4.6	24 (4.6%)
		대학별 영어비율	0 (0.0%)	0 (0.0%)	0	2 (3.0%)	▲ 3	2 (0.4%)
		EBS 연계	2 (0.6%)	5 (3.8%)	▲ 3.2	0 (0.0%)	▼ 3.8	7 (1.3%)
	출제 유형	선택형 수능	2 (0.6%)	19 (14.3%)	▲ 13.7	0 (0.0%)	▼ 14.3	21 (4.0%)
		절대평가	0 (0.0%)	10 (7.5%)	▲ 7.5	7 (10.6%)	▲ 3.1	17 (3.3%)
		국가영어 능력평가 시험(NEAT)	13 (4.0%)	2 (1.5%)	▼ 2.5	0 (0.0%)	▼ 1.5	15 (2.9%)
	대학 입시	국제중	6 (1.9%)	0 (0.0%)	▼ 1.9	0 (0.0%)	0	6 (1.1%)
		특목고	23 (7.1%)	1 (0.8%)	▼ 6.3	1 (1.5%)	▲ 0.7	25 (4.8%)
		선행학습	1 (0.3%)	0 (0.0%)	▼ 0.3	0 (0.0%)	0	1 (0.2%)
		입학 사정관	2 (0.6%)	0 (0.0%)	▼ 0.6	0 (0.0%)	0	2 (0.4%)
		내신	2 (0.6%)	0 (0.0%)	▼ 0.6	1 (1.5%)	▲ 1.5	3 (0.6%)
	취업	취업영어	8 (2.5%)	6 (4.5%)	▲ 2	0 (0.0%)	▼ 4.5	14 (2.7%)
		토플대란	6 (1.9%)	0 (0.0%)	▼ 1.9	0 (0.0%)	0	6 (1.1%)
	졸업	대학졸업	1 (0.3%)	0 (0.0%)	▼ 0.3	0 (0.0%)	0	1 (0.2%)

9.4. 2007개정 이후 교육과정이 현재 한국 영어교육에 주는 시사점

2007년 이후 이명박 정부의 영어교육 개혁을 위한 정책적 노력은 긍정적 측면이 있었음을 부인할 수는 없다. 그러나 정부 주도의 급속한 하향식 영어교육 정책은 부작용을 초래하였는데, 예를 들어 자격 미달 원어민 교·강사의 범죄 및 비리로 인한 사회적 문제 야기와 과도한 영어교육의 강조로 인한 사교육 시장의 급속한 확대 등을 들 수 있다(민찬규, 2008b; 홍진옥, 2007). 정권의 의지에 따라 추진된 정책들은 원어민 보조교사의 채용에도 매년 영향을 주었다. 교육부 국립국제교육원(2021)에 의하면, 영어 원어민교사 채용과 관련하여 2007년 이후 2011년을 정점으로 점차 감소하다가 2015년부터 2017년 사이에 소폭 증가 후 다시 감소하였고, 2020년에 다시 감소 후 2021년에는 소폭 증가한 상태로, 현재 영어 원어민 교사는 학교장 재량에 의해 배치되지 않는 경우도 다시 발견된다. 이렇듯 학령인구 및 교사 수요에 대한 엄밀한 고려가 선행되지 않은 채 정권의 필요에 의해 수립된 영어교육 정책은 단기간의 효과성만을 제시하는 정권 홍보 수단으로 남용된 측면이 있다. 다시 말해, 중장기적인 교육적 효과성을 고려하지 않았고 결국 본말이 전도되었다는 비판에서 자유로울 수 없을 것이다.

이후 수립된 2009 개정 교육과정은 이명박 정부와 박근혜 정부 시기에 걸쳐 실행되었다. 당시 이명박 정부 초기부터 강조된 영어교육 정책의 비대화로 인해 영어 사교육 시장이 이 시기에 급속도로 팽창하였고, 가계 부담이 급증하여 사회 문제로 비화되었다. 이에 대한 대응조치로 이명박 정부 후반기에는 비영어권 출신 해외 유학생들의 영어 능숙도를 측정하는 것이 주목적인 TOEFL과 비영어권 화자들의 일반적인 영어 구사력을 측정하기 위한 TOEIC 시험을 주관하는 미국 ETS사에 지불되는 비용을 최소화하기 위한 노력이 지속되었다. 또한 고등학생들의 영어 말하기와 쓰기를 포함한 균형 있는 영어 능숙도를 측정하기 위한 국가적 노력이 결부되어 국가영어능력평가시험(NEAT)이 시범 개발 및 예비 시행되었다(김종국, 2015). 그러나 앞서 서술하였듯, NEAT는 컴퓨터 시스템 오류 및 서버 보안 등의 문제로 인한 수험생들의 항의와 사회적 문제 제기로 전면 백지화되어 폐지되었다(권오량, 2015; 김도형, 2013). 이후 박근혜 정부는 학생의 진로 선택권에 따라 수능 난이도를 선택할 수 있게 하는 영어 A, B형 수준별 수능을 도입하였지만 문항 난이도 예측 실패 및 불필요한 학력격차 심화 등의 문제를 야기하였고, 단 1회 시행된 후 역시 폐지되었다(권오량, 2015; 김성혜, 2014; 신진우, 이예은, 2013; 최수정, 최종갑, 2016). 이후 상대평가로 인한 과잉학습 및 사교육비 지출의 문제점을 개선하고자 수능영어 절대평가를 추진하였다(교육부, 2014c). 절대평가는 문재인 정부 시기 이후 현재까지 지속되고 있으나, 난이도 예측의 어려움으로 인한 수험생들의 피해, 이른바 '풍선 효과'로 인해 타 교과목에 대한 사교육비 과다 지출 등의 문제들이 잔존하여 현재에 이르고 있다(김재성, 2017; 최수정, 최종갑, 2018). 이렇듯 2007 개정 교육과정에서의 하향식 정책 수립과 집행의 문제점은 2009 개정 교육과정에서도 개선되지 못하고 답습되거나 오히려 더 악화되고 있음을 알 수 있다.

이후 다시 수립된 2015 개정 교육과정은 박근혜 정부와 문재인 정부 시기에 걸쳐 시행되었다. 교육부(2013, 2014b)는 학생의 전인적 성장이라는 교육의 본질을 회복하고자 교육수요자인 학생의 소질과 적성을 고려하여 현장중심의 체험교육을 운영하였고, 자유학기제를 영어 과목을 포함한 전 과목에 2016년부터 중학교에서 시행해오고 있다. 획일적 교과 학습을 지양하고 학생들의 '꿈과 끼'를 찾기 위한 토론 및 체험활동 중심의 수업을 학기 간 진행하는 것을 주목적으로 하는 자유학기제에 따라, 영어 과목 역시 다양한 학생 진로 활동과 연계된 커리큘럼이 학교 자율로 시행되고 있다(한국교육과정평가원, 2015).

이러한 자유학기제는 사실 한국 사회의 인구구조 변화와 미래 지향적 교육 환경 변화를 반영하는 것이다. 한국은 저출산으로 인한 학령인구 감소로 인해, 학습자 개인의 다양성을 존중하는 학생 중심 수업으로 급속히 교육 패러다임이 변화하고 있다(김은진, 2018). 영어 과목 역시 학생 중심 수업으로의 변화가 가속화되고 있으며, 학습자의 수준차를 완화하고 개별적 코칭 지도를 위해 교사는 학습 설계를 도와주는 안내자 및 촉진자의 역할이 새롭게 부상하고 있다(노경희, 2021). 학습자의 능동적 학습이 요구됨에 따라 다양한 온라인 중심 영어 학습 프로그램이 설계되었고, 이는 이명박, 박근혜, 문재인 정부를 거치며 EBS 연계수업, 화상영어, 인공지능 챗봇으로 적용 영역이 확장되고 있다(김수지, 안경자, 2018). 현재 영어교육에는 가상현실(Virtual Reality; VR)과 증강현실(Augmented Reality; AR)이 도입되고 있으며, 최근에는 ChatGPT 활용까지 논의되고 있다. 코로나 19 팬데믹으로 인해 비대면 수업 상황이 결부된 2020년 이후 그 적용영역이 확대되었다(남대현, 2022).

지난 약 15년간의 2007, 2009, 2015 개정 교육과정 전반적으로 영어교육 정책은 정부 주도의 하향식 정책 하달로 인하여 교육 현장의 혼란이 가중되었고, 이로 인해 일선 영어교사들의 교수 탈동기마저 유발된 측면이 있다(김지선, 김태영, 2018). 교육부는 사교육비 경감을 목적으로 EBS 지문과 수능을 최대 70%까지 연계하였으나, 이는 고등학교 영어 수업을 EBS 독해 풀이에만 집중하게 하거나 EBS 지문 응용문제 풀이에 초점을 둔 사교육을 성행하게 하는 등 부작용이 보고되었다(정진상 등, 2006). 또한 NEAT는 정식으로 시행되기 전에 개발 및 보완에 막대한 국가 예산이 집행된 후에 모두 폐기되었고, 영어영역 선택형 A, B형 수능은 도입 1년 만에 폐지되어 추후 절대평가로 급격히 대체되었다. 사교육으로 인한 과도한 경쟁을 방지하고자했던 공교육정상화법은 여론의 악화에 의해 다시 정책을 유예했고, 2022년 현재까지 총 7차에 걸쳐 개정되는 등 정부 주도의 하향식 영어교육 정책은 일관성이 결여되어 교육 정책에 대한 신뢰도에 타격을 주는 일이 반복되어 왔다 (교육부, 2022; 김도형, 2013; 우경임, 2018; 조유라, 2018; 조유라, 임우선, 2019).

위와 같은 지난 15년간의 한국 영어교육 정책은 다음과 같은 시사점을 지닌다. 첫째, 교육정책을 발표하기에 앞서 현실성을 고려한 충분한 숙고가 선행되어야 한다. 이러한 숙고는 교육부 고위 관료나 정치인들에 의해 주도되는 것이 아닌, 일선 학교, 교사, 학생, 학부모의 의견을 철저히 수렴한 후 공청회 등의 수순을 거쳐 교육정책이 신중하게 입안 및 시행되는 것을 의미한다. 전술하였듯, NEAT의 전산오류, 공교육정상화법의 발표와 여론 악화로 인한 유예, 선택형 수능 영어 A, B 유형의 폐지 등 누적된 하향식 정책과 그 시행착오는 공교육의 신뢰도 저하와 이에 대한 반작용으로 학생과 학부모들에게 사교육에 대한 심적 의존도를 강화하여 왔던 과거를 답습하지 않아야 한다.

둘째, 교육정책의 도입 및 시행에는 영어 교과에 국한된 것이 아닌 범교과적인 총체적 영향을 고려하여야 한다. 예를 들어, 수능영어 절대평가는 가계의 사교육비 지출 완화를 위한 목적이었으나, 수능과 관련 있는 타 교과목의 절대평가가 동시에 추진되지 않아 국어 및 수학 등의 타 교과의 사교육을 더욱 가중시킨 결과를 초래하였다. 결국 영어 및 한국사 등의 일부 교과목만을 대상으로 한 절대평가라는 미봉책은 전체 사교육 지출 감소에 실질적인 영향력을 발휘할 수 없으므로, 범교과적인 통일성 있는 교육 정책의 체계적 수립과 시행이 필요하다.

셋째, 정부 주도의 영어교육 정책의 경우 정부의 적절한 개입과 사후 질 관리(quality control)를 통한 환류 효과가 지속될 필요가 있다. 예를 들어, 지난 이명박 정부에서 적극적으로 시행되었던 정책 중 영어마을의 경우 각 지자체의 경쟁적 설치 이후, 영리 목적으로 각지에 난립되었던 것이 사실이다(남경현, 2016; 황형준, 2012). 이러한 영어마을의 설치와 운영 및 원어민교사의 관리에서 정부는 적절한 수준관리를 위한 노력이 부족하였고, 문제가 발생한 후 처벌 위주의 대응에 그쳤다(강홍구, 2014; 한성희, 2020). 이후 약 15년이 경과한 현 시점에 외국 문물을 직접 경험하며 학생들에게 영어를 자연스럽게 습득하게 하려는 영어마을의 설립 취지는 퇴색하였다. 예를 들어, 2018년 기준으로 파악된 28개의 영어마을 중 11개는 폐쇄되었거나 다른 기능으로 전환된 것으로 나타났다(구은서, 2018). 현재 2023년 초 기준으로 필자가 서울 및 경기권의 대표 영어마을(예: 풍납캠프, 수유캠프, 관악캠프, 파주캠프, 양평캠프 등)의 운영여부를 조사해 본 결과, 이 영어마을들은 폐쇄되거나 타 기관으로 명칭을 바꾸어 운영되는 실정이다. 따라서 정부는 새로운 교육정책을 시행하고 민간에 위탁 추진하기에 앞서 본 정책의 목적에 부합하는 장기적 관점의 운영 방안이 확보된 정책을 입안하여야 할 것이다.

9.5. 요약

본 장은 2007 개정 교육과정 이후 한국 영어교육의 변화를 살펴보고자 주요 정권에 따른 주제별 변화 양상을 고찰하였다. 이 장에서는 2007년 3월 1일부터 2022년 6월 30일까지 약 15년 4개월간의 동아일보 기사를 대상으로 영어교육 관련 기사를 분석하였다. 해당 분석기간에 전체 재임기간을 포함하는 정부는 이명박 정부, 박근혜 정부, (윤석열 정부 초기 2개월을 포함한) 문재인 정부이며 각 정권별로 발견된 영어교육 관련 기사의 특징은 다음과 같다.

먼저, 이명박 정부는 영어회화 교육의 필요성을 강조하며 교사와 학생을 위한 프로그램으로써 영어로 진행하는 영어수업(TEE) 교사 인증제, 영어교과교실, 영어몰입수업, 영어마을, 제주국제영어도시, 국제학교 등 한국에서도 영어 사용을 증대시킬 수 있는 환경을 조성하기 위해 노력하였다. 평가 측면에서는 국가영어능력평가시험(NEAT)을 도입하고 시범 및 시행하였으나, 전산오류와 사회적 영어 격차 확대를 우려하여 다음 정권인 박근혜 정부에서 전면 폐지되었다. 박근혜 정부는 학력격차를 완화하기 위해 공교육정상화법을 추진하였으나 부정적 여론으로 도입이 연기되었다. 또한 학생에게 선택권을 주는 선택형 수능을 도입하였다. 그러나 이는 난이도 조정의 실패와 과도한 상대평가만이 강화되었다는 비판으로 인해 시행 1년 만에 수능 영어영역 절대평가를 도입하게 되었다. 문재인 집권기 후반부는 코로나 19 팬데믹 발발과 그 영향으로 재택학습이 불가피하게 확대되어 영어 학습에 실시간 원격교육 및 인공지능 챗봇(AI Chatbot)을 활용한 영어교육 등 비대면 온라인 영어교육 커리큘럼과 프로그램이 급속히 확대되었다.

  2020년대에도 교육과정은 선택형 수업을 핵심으로 하여 2025년 시행 예정인 2022년 개정 교육과정이 공청회를 통해 수립되어 발표되었다(교육부, 2021). 그러나 전술하였듯 하향식 교육정책의 누적된 혼선과 일관성 결여로 인해 학부모와 교사, 그리고 학생들은 공교육에 대한 신뢰가 높지 않으며, 상대적으로 사교육 의존도가 더 강화되어 왔다(우경임, 2018; 조유라, 2018; 조유라, 임우선, 2019). 따라서 정부는 기존의 정책 실패와 비체계성에 대한 반성적 성찰이 필요하며, 이를 통해 하향식 정책의 시행이 아닌 상향식 정책 건의의 수집과 입안으로 그 역할을 변화시킬 필요가 있다. 또한 학령인구 감소에 따른 인적 자본의 중요성이 가중되는 한국 사회의 구조적 상황을 인지할 필요가 있다. 즉, 교육 정책의 입안, 시행, 추후 관리 과정을 전문가 의견 청취와 교육관계자들의 공청회를 거쳐 점진적으로 수립할 수 있는 자율성 있고, 정권의 변화에서 자유로운, 독립된 교육 정책 기관을 설립하기 위한 논의 역시 필요한 시점이다.

10장. 한국 영어교육 140년의 회고와 전망

10.1. 한국 영어교육 140년의 변화

이 책에서 지금까지 살펴본 1883년 동문학에서 2023년까지의 한국 영어교육 변화는 실로 다채롭고 예상 밖의 각종 사건들이 영향을 끼쳐 왔다. 구한말 개화기 영어교육은 묄렌도르프가 주도하여 설립한 동문학에서 1883년 처음 실시되었고, 그 3년 뒤 고등 교육기관으로 육영공원이 설립되기에 이른다. 이와 비슷한 시기에 미국 개신교 선교사들이 주축이 되어 각종 미션스쿨인 배재학당, 이화학당, 경신학교 등이 설립되었고, 이러한 영어 학교들은 구한말 궁핍한 생활을 했던 대다수의 가난한 민중들에게는 신분계층을 단숨에 뛰어 오를 수 있는 등용문으로 각인되었다. 민중들의 인식을 더욱 확고히 하게 된 것은 미천한 신분인데도 영어구사가 가능하여 정부 고관대작으로 중용되었던 구한말, 일제강점기의 이하영이나, 배재학당에서 영어를 배우고 미국 유학길에 올라 한국인 최초로 프린스턴대학에서 미국 박사 1호가 되어 초대 대한민국 대통령으로 선출되었던 이승만 등 대중적으로 유명해진 인물들이 있었기 때문이다.

일제강점기에도 조선인들에게 영어는 출세의 사다리로 여전히 인식되고 있었는데, 그 원인 중 하나는 보통교육에서 고등교육으로 가는 교육의 기회를 조선총독부가 매우 제한적으로만 열어두었고, 고등보통학교와 경성제국대학 등의 진학을 위한 필기시험, 즉 입시에서 영어가 주요 과목으로 포함되었기 때문이었다. 식민지 조선의 민중들에게 취업을 안정적으로 하기 위해서는 경성제국대학 혹은 적어도 고등교육기관을 졸업하는 것이 중요하다는 인식이 널리 확산되었고, 이러한 인식은 각급 학교 입시에도 고스란히 전파되었다. 급기야는 당시 초등학교 선발 과정도 치열한 경쟁을 거쳐야 하는 진풍경이 펼쳐지기도 하였다. 당시 입시에 영어가 번역 실력을 측정하는 것이었기에 영일/일영번역을 빼어나게 해야만 상급학교 진학이 가능하였기에 일제강점기의 영어교육부터 입시 영어, 수험 영어가 강조되기 시작하였다. 구한말 영어교육에서 영어 원어민을 통한 영어 4기능이 비교적 균형있게 교수되었던 것에 비해 위와 같은 이른바 수험영어의 등장은 영어가 문법, 단어의 암기이고 독해와 번역을 잘 해야 한다는 인식을 대중들에게 심어주기에 충분하였다. 또한 일제강점기 후반으로 갈 수록 미국과 일본의 갈등, 제2차 세계대전 발발 등으로 식민지 조선에 체류하던 원어민들은 모두 강제 추방되었고, 영어를 일본인 교사가 식민지 조선 학생들에게 가르치는 것이 일반화되었다. 영어의 말하기, 쓰기 측면에서 일제강점기의 이러한 변화는 큰 퇴보로 볼 수 있는데, 영어 발음과 회화 구사 능력이 부족한 절대 다수의 일본인 영어교사로부터 배우는 조선인 학생들 역시 그러한 일본식 영어 발음에 노출되어 실제 영어 원어민과의 의사소통이 불가능해지는 부작용이 속출하였다. 영어 문장 'What is that?'을 '호또 이자 자또'라는 독창적인 일본식 발음으로 배운 학생들에게 영어로 의사소통을 기대하기란 어려웠기 때문이다. 결국 일제강점기는 실천적인 구어 중심의 영어 능력의 극단적 퇴보를 가져온 시기로서, 일제 35년간 조선인들의 영어구사력은 후퇴한 반면 영어 입시를 위한 독해, 문법, 단어 암기 위주의 영어 시험 대비가 크게 유행하게 된다. 일부 제한적으로 영미권에서 유학을 한 조선인들 소수만이 영어로 의사소통이 가능한 상황이었고, 1939년 이후 일본의 하와이 진주만 공습으로 미국과 일본이 전쟁 국면에 접어들자 학교 영어교육은 전면 폐지되어 이 시기는 영어교육 암흑기로 분류된다.

일본의 무조건적 항복으로 급작스레 찾아온 광복은 영어교육에도 극적인 반전을 가져온 계기가 되었다. 1945년 9월 38선 이남 지역의 조선 땅에 통치권을 행사한 미군은 1948년까지 실질적으로 과도정부를 구성하여 미군 수뇌부를 각 행정기관의 수뇌부로 하고, 영어로 의사소통이 가능한 일부 조선인들을 적극 등용하면서 3년간의 미군정을 시행하게 된다. 미군들 입장에서는 영어로 의사소통이 가능한 조선인들이 매우 필요하였기에, 이들이 해방 전까지 친일 행적을 하였는지는 이들에게 1차적 고려 대상이 아니었다. 이 점은 한국 현대사에 친일파 청산이 되지 않았다는 점에서 그 후 오래도록 역사적 오점으로 기록되었다.

미군정 3년 후 1948년 8월 15일 수립된 대한민국 정부는 미국의 강력한 영향력 하에 정부가 구성되었기에, 대통령 이승만을 비롯한 초대 내각의 상당수가 영미권에서 유학을 했거나 친미 성향을 지닌 인사들로 구성되었다. 초대 대통령 이승만 본인도 오스트리아계 미국인 프란체스카 도너 여사와 결혼한 인물이었기에, 영어로 의사소통을 하는 상황이었고, 영어에 대한 중요성은 대중들에게 더욱 강력하게 각인되었다. 미군정과 대한민국 정부 수립 이후의 일련의 역사적 사건들은 한국인들에게 영어를 잘하게 된다면 과거에 저지른 반민족 행위 유무와는 무관하게 출세가 가능하고, 입신양명이 가능하다는 인식이 더욱 확대되는 계기가 되었다.

1950년 6월 25일 조선민주주의인민공화국의 김일성이 주도하여 불시에 시작된 한국전쟁은 결국 3년 이상 지속되며 대규모 인명피해를 불러일으킨

후, 무기한 휴전상태로 접어들어 현재에 이르고 있다. 미국을 위시한 UN군의 원조는 휴전 이후에도 계속되어 전후 재건기로 볼 수 있는 1960년대 초반까지 미국의 언어인 영어는 세계 최빈국이 된 대한민국에서 취업과 출세의 가장 강력한 무기로 인식되기에 이른다. 기아 수준의 가난을 벗어날 수 있는 빠른 방법은 미군 부대나 미국과 연계된 곳에 취업하는 것이고 이를 위해서는 영어를 할 줄 아는 것이 중요했던 시기였다.

1960년대 초반은 4·19 혁명과 1961년 5·16 군사쿠테타 등 격변의 시기였고, 결국 박정희 소장이 국가재건국민회의 의장으로 선출된 후 민간인 신분으로 공화당 후보로 당선되어 군사 정권이 시작되는 대혼돈의 시기였다. 그 후 13년간 지속된 박정희 정권은 고도 산업화와 이른바 한강의 기적으로 불리는 경제 부흥의 시기였다. 민주주의의 후퇴라는 명백한 역사적 오점에도 불구하고 가난으로 힘들어 하던 대다수 국민들에게 경제 성장과 일자리 창출은 호의적으로 받아들여졌으며, 영어교육 역시 취업과 승진을 위한 유용한 도구로 여겨지던 시기였다. 중·고등학교에서 영어는 학교 내신 성적과 대학입시를 위한 주요 교과목으로 계속 인식되었고, 입시 역시 독해, 문법, 단어 암기 위주에서 크게 벗어나기 어려운 시기였다. 이는 일제강점기부터의 수용적 기능인 독해와 문법 위주의 영어교육적 특징이 지속되었음을 의미한다. 하지만 국제 무역의 필요성 등으로 영어회화 중심으로 영어 구사력에 대한 중요성 역시 국민들에게 서서히 인식되던 시기이기도 하였다.

본격적으로 영어 말하기와 듣기를 강조하기 시작한 것은 1980년대 무렵으로 보는 것이 타당할 것이다. 1979년 10월 박정희 대통령의 총격 사망으로 정치적 혼란에 빠진 나라를 다시 장악한 것은 전두환, 노태우 장군 휘하의 신군부 세력이었고, 이들은 제5공화국과 제6공화국으로 불리는 시기인 1980년에서 1993년 초반까지 한국의 정치권력을 장악하게 된다. 광주민주화항쟁으로 대표되는 민주주의를 향한 국민적 소망을 탄압하고 집권한 전두환 정권에서는 국민들의 잠재적 불만을 잠재우기 위해 대규모의 행사를 잇달아 준비하고 개최하였는데, 이는 3S 정책이라고 불리우며 지식인들의 반감을 사게 된다. 그러나 Screen, Sports, Sex를 의미하는 3S 정책은 다수의 국민들에게 긍정적으로 인식되었고, 이러한 긍정 평가를 극대화하기 위한 신군부 세력의 조직적 노력은 1986년의 아시안게임, 1988년 서울 하계올림픽 유치 등의 성과로 이어졌다.

유사 이래 최대의 국제 행사였던 88 서울올림픽을 성공적으로 개최하기 위한 국민적 열망으로 인해 영어교육에도 이른바 '생활영어' 중심의 회화를 강조하는 사회적 분위기가 싹텄으며, 이전 장에서 살펴보았듯이 대중교통 종사자들도 외국 관광객들과의 간단한 의사소통을 위한 영어 교습이 유행하였고, 각종 홍보물이나 심지어 담배 케이스에도 영어회화 문장이 인쇄되는 등 사회적으로 수험 영어뿐만 아닌 회화 영어 구사력에 대한 인식이 획기적으로 고양된 시기였다. 영어교육 과정에서도 제5차 교육과정기부터 의사소통능력을 중시하여 학교급별, 각 학년도의 교육과정에도 의사소통을 중시하려는 움직임이 계속되었다.

1990년대 이후에도 영어가 대학 입시의 주요 교과목인 국영수 중 한 과목임에는 변함이 없었으나, 1994학년도부터 시행된 대학수학능력시험은 외국어(영어) 평가 문항 중 약 3분의 1을 듣기평가 문항에 할애하여 영어의 듣기 능력 향상에 획기적으로 기여한 공로가 있다. 이전까지의 대학입학 학력고사 문항이 수동적으로 영어 발음, 억양 등을 간접 측정하는 것에 그쳤다면 수능 체제에서는 직접적으로 영어회화 및 장문의 영어 듣기 능력을 측정하였기에 수험생들에게도 구어 영어의 중요성을 각인시키는 계기가 되기도 하였다. 영어교육에서 1990년대는 초등 영어교육이 초등 3학년부터 전면적으로 도입되었다는 점에서 특기할 만하다. 1997년 교육부의 전격적인 도입으로 시행된 초등 영어교육은 초등학교 3학년과 4학년은 주당 1시간, 5학년과 6학년을 대상으로는 주당 2시간으로 시작하여 이후 3, 4학년은 주당 2시간, 5, 6학년은 주당 3시간의 차시가 배정되었다. 또한 1990년대는 한국 사회의 고도성장기가 계속되어 경제발전의 성숙기로 접어드는 시기이기도 하였다. 대학생들을 중심으로 하는 어학연수 및 해외여행이 점차 대중화되었기에 말하기와 듣기 위주의 영어 구사 능력이 필요하다는 것이 국민들에게 더욱 확산되는 계기가 되었다. 그러나 1997년 하반기 아시아를 강타한 IMF 구제금융 사태로 한국 사회의 영어 사교육 지출 및 해외 어학연수는 잠시 감소세를 나타냈으나 21세기 초반에 IMF 사태는 일단락되고 다시 경제성장과 사교육비 지출이 급증하게 되었다.

21세기 이후의 한국의 영어교육은 부익부빈익빈 문제가 점차 심각해지는 양상이 나타났다. 일부 사회 계층의 자녀들은 어학연수, 조기유학을 통해 영어 유창성을 기르는 현상이 더욱 두드러지게 나타났으며, 이에 해당되는 신조어인 기러기 아빠, 그리고 더 세분화된 독수리 아빠, 펭귄 아빠 등의 용어가 등장하며 자본주의에 종속된 영어교육 세태를 풍자하기도 하였다. 또한 90년대 말부터 일부 논객들을 중심으로 하는 영어 공용화 논쟁이 등장하여 한국 사회에서 영어의 위상 정립에 대한 논의가 본격화되기도 하였다. 사회 계층에 따른 영어 격차를 의미하는 잉글리시 디바이드(English divide)라는 용어 역시 2000년대 중반 이후 등장하게 되었다.

2008년부터 집권한 이명박 정부에서는 영어를 둘러싼 사회적 논의가 더욱 거세졌는데, 영어 원어민들을 초청해 인공적인 환경을 조성하는 사업인 영어마을 사업이 각 지자체와 사기업에서 우후죽순처럼 등장한 것이 이때였다. 또한 대학입학 전형을 다양화하면서 신설되거나 확대된 수시모집 학생부종합전형(입학사정관 전형) 등에 영어 공인점수가 중요하다는 인식이 확산되어, 중고등학생, 심지어는 초등학생들을 대상으로 (쥬니어)토익, 토플, 텝스, 오픽 등 다양한 영어 시험이 대유행을 하게 된 것이 2010년 전후의 상황이다. 2000년대 후반의 또 하나의 영어교육 이슈 중 하나는 수능에서 영어 과목을 대체하는 것을 목표로 하여 국가영어능력평가시험(National English Ability Test; NEAT)을 정권 차원에서 적극적으로 추진했다는 점이다. 영어 말하기와 쓰기를 컴퓨터를 활용해서 직접 평가하겠다는 야심찬 목표로 이명박 정부에서 추진되었던 이 정책은 이후 시험 운영 과정에서 컴퓨터 전산 오류가 반복되며 큰 혼선을 빚다가 국가 예산을 낭비했다는 비판을 받으며 결국 폐지되었다.

한국의 영어교육 정책은 21세기 이후 영어 격차를 해소하기 위한 다양한 공교육 정상화 시도가 있어왔다. 학급 학교에 영어 원어민 보조교사를 배치하는 EPIK 프로그램의 운영, 영어로 진행하는 영어 수업 교사 양성을 위한 TEE 교사 연수 프로그램, 방과후 활동 영어교육 프로그램 등 학생들의 경제력에 따른 영어 격차를 줄이기 위한 시도가 지속되었다. 그러나 영어 사교육은 다양한 방식으로 공교육의 부족한 점을 파고들며 더욱 성행한 것이 사실이다. 결국 2010년대 후반 수능 영어 절대평가 제도 도입 이후에는 영어 사교육 수요가 다소 줄어들었으나, 그 부작용으로 국어와 수학에 대한 사교육을 증가시키는 이른바 풍선효과가 나타났고, 최근 일부 조사에 의하면 영어 사교육비가 감소한 것도 아닌 것으로 나타나 정책적 실효가 없는 것으로 나타나고 있다. 입시 영어에서 2010년대 중후반에 나타난 또 하나의 변화는 각 대학에서 공인 영어시험 점수를 인정하지 않고, 교내 활동만을 인정하는 식으로 수시모집 학생부종합전형 제도가 변화하면서 영어에 대한 과도한 사회적 관심이 많이 사그라졌다는 점이다.

이상에서 요약한 지난 140년간의 한국 영어교육의 특징을 정리하면 다음과 같다. 첫째, 한국의 영어교육은 '입에 풀칠은 하고 먹고는 살고 싶다'는 호구지책의 욕망에서 시작하여 취업, 승진 등의 실용적 목적으로 영어교육이 진행된 측면이 강하다. 물론 그러한 지극히 현실적인 고려 때문에 외국어 학습을 한다는 점은 전세계 공통 현상으로 볼 수 있겠으나, 개화기 이래 오랫동안 생활고에 시달리던 (식민지)조선의 민중들에게 세계 최강대국에서 사용되는 언어인 영어를 구사할 수 있다는 것은 그렇지 못한 사람들에 비해 획기적인 기회가 열린다는 것을 의미했기에, 영어 학습에서는 매우 강력한 도구적 동기(instrumental motivation)가 작용해 왔음에 주목해야 한다. 둘째, 영어를 취업이나 승진을 위해 학습한다는 도구적 측면은 일제강점기를 지나면서 대학입시에 이른바 '국영수'로 영어 과목이 포함되어 점수를 위해 공부하는 입시 교과목의 성격이 추가된다. 일제강점기의 경성제국대학과 각종 전문학교 입시에 영어 번역 점수가 포함되었고, 이러한 입시 영어는 해방 이후 지금까지도 대학입학 전형 시험에 영어 과목에서 유지되고 있다. 물론 전형적인 문법번역식 방식과 독해 위주의 수동적 영어 시험에서 듣기 평가가 포함되어 있는 수능영어까지는 타당도 및 신뢰도 모든 면에서 질적으로 향상된 평가 제도가 운영되고 있는 것이 사실이다. 그러나 이러한 긍정적 평가 방식의 변화에도 불구하고 영어 과목이 입시에 포함되면서 대학입학을 위한 도구로서의 영어의 역할은 본질적으로 변화되지 않았다. 셋째, 영어는 철저히 경쟁력 우위를 점하기 위한 수단으로, 정치사회적 변화에 민감하게 반응하며 당시 한국 사회의 트렌드에 민감하게 대응해 왔음을 알 수 있다. 구한말 취업을 위해 문전성시를 이루었던 영어 학교는 2020년대에도 영어를 자녀들에게 가급적 어린 나이에 접하게 해 주려는 부모들로 영어 유치원 입시까지 이어지고 있음을 알 수 있다. 이러한 변화는 항상 사회 분위기를 민감하게 포착하는 일부 사회계층에서 먼저 시작되고 최종적으로는 공교육으로 대표되는 국가가 개입하고 있음을 알 수 있다. 영어를 배우고자 하는 사회적 욕구가 있기에, 각종 학원들이 성행하고 있으며, 과거 1960~70년대에도 암암리에 불법적으로 일부 사립 초등학교에서 영어교육을 시행하거나 과외 등이 시행되었고, 이러한 분위기는 1980년대 이후 특활 영어라는 명목으로 일부 초등학교에서 시범 운영되다가, 결국 1997년도부터 전면적으로 초등 영어교육으로 공교육에서 시행되기에 이른다. 그 이후 사교육 연령은 더욱 낮아져서 급기야는 초고가 영어 유치원이 유행하고, 대부분의 정규 유치원에서도 일부 시간을 할아하여 유아영어 수업을 진행하는 현상이 일반화되고 있다. 이러한 사회 변화는 결국 영어 실력을 갖춰 타인보다 더 나은 경쟁력을 갖추고자 하는 경쟁적 동기(competitive motivation)가 심리적 기저에 깔려 있기 때문이다. 돌이켜보면 경쟁적 동기는 한정된 국토만을 가진 대한민국에서 많지 않은 양질의 일자리를 얻기 위해 젊은이들이 치열하게 생활해야 하는 현실 속에서 발생할 수 밖에 없는 일견 당연한 심리적 현상으로 볼 수 있다. 그러나 타인과 무한 경쟁을 하여 영어를 통해 원하는 목적(예: 대학진학, 취업, 승진 등)을 이룬다고 하여도, 그 이후에는 또 다른 경쟁의 대상이 생기기에 영어 학습이 학생들에게 끊임없는 스트레스의 원인이 된다는 점에서는 아직 해결되지 않은 부정적 사회 현상으로 볼 수 있을 것이다.

10.2. 영어교육의 미래: 학령인구 감소와 영어교육 양극화

필자가 이 책을 집필하는 시점은 2020년 초반부터 약 3년간 전세계를 강타했던 코로나 사태가 어느 정도는 일단락되고, 실내 마스크 착용 의무가 폐지되면서 서서히 팬데믹 이후의 삶으로 회복되고 있는 시점이다. 또한 지난 20세기 초강대국 미국의 위상이 중국의 경제적 부상과 러시아의 군사적 위협 등으로 도전받고 있는 시점이기도 하다. 러시아의 패권주의는 푸틴 대통령이 우크라이나를 침공하게 하는 원인이 되었으며, 그에 맞선 서방 여러 국가들은 우크라이나에 군사 원조를 제공하고 있다. 또한 중국의 시진핑 국가주석은 하나의 중국 원칙을 내세우며 언젠가는 타이완을 무력으로라도 병합하여 명실상부한 하나의 중국을 이룩하겠다는 뜻을 공공연히 천명하고 있다.

한국의 지정학적 위치는 동아시아의 강대국인 중국과 일본 사이에 위치하였고, 1950년대 이래 남한과 북한이 분단되어 대한민국은 실질적으로는 섬나라로 보는 것이 타당할 것이다. 이러한 불리한 지리적 위치에도 불구하고 대한민국은 21세기 들어 소프트파워 강국으로 급속히 부상하여, 이제는 문화적으로 융성한 문화대국의 위상이 확고해 지고 있는 고무적인 현상을 우리는 경험하고 있다. 각종 해외 영화제, 가요제 등에서 K-movie, K-pop 등의 이른바 K-culture는 젊은 세대들에게 힙(hip)하게 인식되고 있으며, 엔터테인먼트 산업은 전세계 젊은이들의 유행을 선도하고 있다. 또한 현대 산업의 쌀이라고 불리는 반도체는 세계 굴지의 두 그룹이 세계 반도체 산업을 선도하고 있으며, 자동차, 조선, 건설, 그리고 최근에는 우주, 방위산업 등에서도 세계적인 경쟁력을 자랑하고 있는 것이 2020년대 대한민국의 경제 위상이다.

그러나, 이와 동시에 현재의 대한민국에서는 여러 악조건 속에서 고군분투하고 있는 국민들 역시 매우 많다. MZ세대(Gen Z) 혹은 밀레니얼이라고 불리는 젊은이들은 취업난 속에 결혼이 어렵고, 급여를 모두 모아도 주택 구입도 거의 불가능하며, 자녀 양육 역시 매우 힘들어하고 있다. 이렇듯 팍팍한 생활을 반영하듯 청년층의 결혼도 급감하고 있으며, 출산율은 세계 최저 수준이 된지 오래이다. 이러한 인구 구조적 문제로 인해 현재 한국은 급속히 고령화되고 있으며 이미 인구 감소가 진행되고 있기도 하다. 인구 피라미드는 이미 역삼각형 구조가 현실화되어 미래의 젊은 세대에게 노인 인구가 부담을 주는 것을 피하기는 어려워 보인다.

영어교육의 미래 역시 이러한 대한민국 인구 트렌드를 고려한 거대한 사회 변화 속에서 접근할 필요가 있을 것이다. 유소년 인구가 급감한다는 것은 학령인구 감소를 불러오며, 이는 학교 교사 임용에도 큰 타격을 준다. 2023년 초 기준으로 초등학교 교사를 양성하는 교대 중 일부 대학에서는 고등학교 내신 성적 기준으로 평균 9등급의 지원자가 합격했다는 뉴스가 보도되기도 하였는데, 이는 교대를 졸업해도 앞으로 초등학교 교사 임용이 쉽지 않을 것이라는 수험생과 그 학부모들의 인식이 선제적으로 작용하였기 때문에 나타난 결과로 볼 수 있을 것이다. 교대는 정원축소, 통폐합이 예상되며, 중등교원 양성을 주 목적으로 하는 전국의 사범대학 역시 곧 인구감소의 여파가 닥칠 것은 명약관화하다.

인구 감소는 영어교육에 있어서도 부정적인 영향을 끼칠 것으로 예상할 수 있는데, 영어교육의 양극화가 극심해질 것으로 예측된다. 이미 앞선 8장 및 9장에서 서술했듯 초등영어교육이 도입된 1997년 전후로 더욱 어린 학생들을 대상으로 하는 조기 영어교육은 앞으로도 그 영향력이 더욱 강해질 것으로 보인다. 국가적 출산장려 정책에도 불구하고 많은 가정은 이제 한 자녀 혹은 많아야 두 자녀 정도가 일반화되었기에, 자녀를 양육하는 부모 입장에서는 가급적 가장 좋은 교육을 시키고, 더 많은 사교육을 통해 자녀에게 교육 기회가 더 많아지기를 바라게 된다. 따라서 서울 강남 지역을 중심으로 하는 영어 유치원은 경제 불황에 큰 영향이 없이 더욱 성업하게 되며, 일부 영어 유치원에서는 레벨테스트라도 받게 하기 위한 학(조)부모의 웹사이트 마우스 클릭 전쟁을 의미하는 '광클 전쟁'이 벌어지는 것이 요즘 현실이다. 따라서 유명 영어 유치원을 입학하는 것은 자녀들이 한 살이라도 어렸을 때 영어 배우게 해서 이른바 '네이티브 스피커'처럼 되게 만들겠다는 부모들의 염원이 실린 것이다. 일부 부유층에서는 영어 유치원 졸업 후 사립 초등학교, 명문 중학교, 과학고, 영재고, (최근에는 인기가 다소 주춤하고 있기는 하지만) 외고 등에 진학시켜 다시 명문대학에 입학시키는 것이 일종의 성공의 공식처럼 인식되고 있다. 이러한 국내파 코스를 거부하는 다른 부유층에서는 영미권 국가에 장기간 조기유학을 시켜 현지 명문대학에 유학을 시키는 경우도 상당수 발견되고 있다. 이러한 사회적 트렌드에 대해 비판하는 것은 필자가 의도하는 바가 아니다. 대중들은 주어진 환경 하에서 최대한의 합리적인 결정을 하기 때문에, 가정의 재력과 여건이 뒷받침 되는 계층에서는 위와 같은 선택은 어쩌면 영어교육을 위한 합리적인 선택일 수 있다.

이러한 고비용 고효율의 방식을 택하기 어려운 많은 국민들은 영어교육에서 다른 대안을 찾게 되는데, 1장에서 언급하였던 키치(Kitsch), 그럴듯한 모조품 영어교육이 그것이다. 이 역시 비용과 목적에 따라 선택권이 달라지는데, 여기에는 국내외 단기 영어 연수, 교환학생, 원어민 회화 학원, 한국인 영어강사 혹은 교포가 운영하는 독해 학원, 입시 위주의 영어학원, 전화영어, 화상영어, AI 챗봇, 메타버스 증강현실 영어교육, 영어 인터넷 강의(인강), EBS 방송 영어 강좌 등 헤아릴 수 없이 많은 선택지가 존재한다. 어린 자녀를 둔 부도 입장에서 대학등록금보다 비싼 영어 유치원을 보낼 수 없다면 위의 다양한 선택지 중 몇 가지를 현실적으로 합리적인 가격에 선택하게 되는 것이다. 결국 자녀의 영어 실력은 (조)부모의 경제력에 따라 달라지게 되는 잉글리시 디바이드(English divide)의 문제는 21세기 초 영어 절대평가를 도입했던 취지가 무색하게 다양한 사교육을 향한 학부모들의 열망으로 인해 여전히 존재하고 있으며, 코로나 19 팬데믹 이후 부익부빈익빈이 심화되며 오히려 악화되고 있다. 다시 학령기 아동 인구 감소의 문제를 여기에 대입하여 본다면 소수의 자녀들에게 최고의 영어교육을 받게 하겠다는 부모의 소망으로 인해 경제력에 따른 영어교육의 편차는 앞으로 더욱 극심해질 것으로 예상할 수 있으며, 그러한 격차를 메꾸기 위한 다양한 키치 영어교육 역시 공교육과 사교육에서 모두 더 활발히 도입될 것으로 보인다. 이러한 키치 영어교육 방식은 인공지능 기술과 가상현실, 증강현실 메타버스 기술 및 ChatGPT 등과 접목하여 더욱 다채롭게 전개될 것으로 예상된다.

인구 감소 문제는 고등학교 이후의 성인 영어교육에 또 다른 새로운 트렌드를 가져 올 것으로 예상해 볼 수 있는데, 이 변화에는 더욱 긴밀해지는 국가간의 교류, 그리고 테크놀로지의 발달로 인한 산업 인구의 글로벌라이제이션이 결부되어 있다. 해외 취업이나 이민을 위한 특수 목적의 영어 사교육이 더 체계적인 커리큘럼으로 활성화되어 '틈새시장'으로 운영될 것으로 예상되며, 부모 초청 이민을 대비한 중노년층의 영어교육 역시 사교육 기관에서 서서히 도입될 것으로 예상해 볼 수 있다. 영어 실력이 갖추어진 어학 인재들은 국내의 취업난을 피해 해외 취업을 더욱 선호할 것이며, 이들의 해외 이주 등은 인구 감소의 대한민국에 두뇌 유출(brain drain) 문제를 더욱 가속화할 것으로 예상된다. 영어 구사력을 지닌 인재가 해외 취업이나 이민을 통해 한국을 빠져 나가게 된다면 한국의 저출산 고령화 문제는 더욱 심각해질 것으로 예상해 볼 수 있겠다.

이를 타개하기 위해서 가능한 선택지는 이민 정책의 획기적 활성화를 들 수 있다. 이민 혹은 장기 노동 인력을 한국의 우수한 인프라와 교육열 등을 내세워 해외에서 유치하는 방안을 생각해 볼 수 있다. 특히 인구 밀도가 높은 인도 및 동남아시아 출신 엘리트 계층들을 대상으로 한 이민 정책이 현실성 있을 것으로 예상되는데, 아시아권이라는 문화 유사성을 통해 이들의 출신 국가에는 없는 한국만의 장점이 부각된다면 가능성이 높을 것으로 보인다. 한국인들 역시 이들과의 문화적 이질감은 타 문화권 사람들보다는 적을 것이기 때문에 상호 이익이 부합되는 측면이 있다. 이민을 통한 아시아권 출신 계층의 인구 유입을 촉진하기 위해서는 한국의 영어교육 역시 획기적으로 강화될 필요가 있으며, 궁극적으로는 영어로 기본적 의사소통이 충분히 가능한 국가로 변모해야 하는 것은 피하기 어려운 미래의 한국사회의 모습일 것이다. 인접 아시아권의 싱가포르 등에서 영어가 많은 상황에서 공용어로 활용되는 것을 체계적으로 연구하여 한국의 이민정책을 뒷받침하기 위한 영어교육 정책 역시 필요할 것이다. 이제는 단군의 자손이라거나 단일민족이라는 허구적 이데올로기에서 벗어나 아시아의 여러 민족들이 어울려 평화롭게 지낼 수 있는 다문화 사회, 영어 의사소통이 가능한 사회를 지향해야 하는 시점인 것이다. 영어교육 역시 이러한 임박한 미래를 대비하기 위한 역할을 충실히 수행해야 한다.

지난 140년간의 한국 영어교육은 우리에게 영어란 무엇인가에 대한 질문을 또다시 던지고 있다. 더 나은 삶을 위한 조선인, 그리고 한국인들의 영어 공부는 1883년부터 20세기를 지나 2020년대인 지금까지도 계속되고 있다. 19세기 말부터 지금까지 우리들은 영어를 통해 동양의 작은 나라에서 세계 속의 문화 예술 강국, 경제 선진국의 위상을 확고히 하고 있으며, 이제는 다문화, 다민족으로 구성된 중견 선진 국가로 탈바꿈할 시점에 도달하였다. 돌이켜보면 국토 면적과 자연 자원 면에서 결코 우호적이지 못한 환경을 지닌 대한민국이 이러한 발전을 이룬 것에는 영어의 역할이 적지 않았다. 지난 140년 우리는 가난에서 벗어나 중진국, 그리고 선진국 초입에 성공적으로 도달하였고, 영어는 이 역동적 과정을 우리와 함께 한 효과적 도구였음을 부인할 수 없다. 다가오는 미래 대한민국은 인구 감소라는 국가적 도전을 딛고 확고한 중견 선진국으로 도약하여야 하는 큰 숙제를 가지고 있다. 이를 효과적으로 해결하기 위한 검증된 방법은 영어교육을 통한 세계인들과의 열린 소통일 것이다. 이는 지난 140년간의 시간의 테스트 결과가 이미 말해주고 있는 것이다.

참고문헌

[한글 참고문헌]

강경옥, 정동빈. (2008). 영어마을 평가준거 모형 개발. *현대영미어문학, 26*(4), 143-167.

강경희. (2008, 1월 1일). *영어, 나라가 책임져!* 조선일보. 월드와이드웹: https://www.chosun.com/site/data/html_dir/2008/01/01/2008010100492.html에서 2021년 12월 21일 검색했음.

강내희. (2005). 식민지시대 영어교육과 영어의 사회적 위상. *안과밖, 18*, 262-293.

강만철, 노희선, 손승남, 송현종, 이두휴, 최미숙. (2000). *한국교육의 이해*. 서울: 교육과학사.

강준만. (2009). *입시전쟁 잔혹사*. 서울: 인물과사상사.

강준만. (2011). *특별한 나라 대한민국*. 서울: 인물과사상사.

강준만. (2014). *한국인과 영어*. 서울: 인물과사상사.

강혜승, 한상준, 조용휘. (2007, 8월 6일). *떨고있는 학원가 ... '학원 위조 강사' 수사 부산대전 확대*. 동아일보. 월드와이드웹: https://web-donga-com.proxy.cau.ac.kr/pdf/pdf_viewer.php?vcid=2007080641A1201에서 2022년 6월 6일 검색했음.

공병호. (2004). *10년 후 한국*. 서울: 해냄.

교육과학기술부. (2008a). *교육과학기술의 미래 경쟁력 강화*(2009년 교과부 업무보고). 서울: 교육과학기술부.

교육과학기술부. (2008b). *교육살리기, 과학기술강국 건설: 2008년 주요 국정과제 실행 계획* (2008 대통령 업무보고). 서울: 교육과학기술부.

교육부. (1995). *국민 학교 교육 과정: 총론, 영어*(교육부 고시 제 1995-7호). 서울: 교육부.

교육부. (1997). *초·중등학교: 총론*(교육부 고시 제 1997-15호). 서울: 교육부.

교육부. (2013). *행복교육, 창의인재 양성: 2013년 국정과제 실천 계획*(2013 대통령 업무보고). 서울: 교육부.

교육부. (2014a). 공교육 정상화 촉진 및 선행교육 규제에 관한 특별법(약칭: 공교육정상화법). 법률 제 12395호. 세종: 법제처.

교육부. (2014b). *모두가 행복한 교육 미래를 여는 창의인재*(2014 교육부 업무보고). 서울: 교육부.

교육부. (2014c). 대학수학능력시험 영어영역 절대평가 도입 (보도자료). 월드와이드웹: https://www.moe.go.kr/boardCnts/viewRenew.do?boardID=294&boardSeq=58100&lev=0&searchType=null&statusYN=C&page=1&s=moe&m=020402&opType=N에서 2022년 9월 13일 검색했음.

교육부. (2015). *모두가 함께하는 행복교육 창의인재 양성을 위한 2015년 교육부 업무계획*. 서울: 교육부.

교육부. (2018). *모두를 포용하는 사회 미래를 열어가는 교육*(2019 교육부 업무보고). 서울: 교육부.

교육부. (2019). *공교육 정상화 촉진 및 선행교육 규제에 관한 특별법*(약칭: 공교육정상화법). 법률 제 16300호. 세종: 법제처.

교육부. (2020). *국민이 체감하는 교육혁신 미래를 주도하는 인재양성*(2020 업무계획). 서울: 교육부.

교육부. (2021). 2022년 개정 교육과정 총론 주요사항에 대한 공청회 개최 (보도자료). 월드와이드웹: https://www.moe.go.kr/boardCnts/viewRenew.do?boardID=294&boardSeq=89363&lev=0&searchType=null&statusYN=W&page=1&s=moe&m=020402&opType=N에서 2022년 9월 20일 검색했음.

교육부. (2022). *공교육 정상화 촉진 및 선행교육 규제에 관한 특별법*(약칭: 공교육정상화법). 법률 제 18298호. 세종: 법제처.

교육부 국립극제교육원. (2021). *원어민영어보조교사(EPIK) 연도별 국적선발현황*. 공공데이터포털. 월드와이드웹: https://www.data.go.kr/data/15093396/fildata.do에서 2022년 8월 27일 검색했음.

교육신문사. (편). (1999). *한국교육100년사: 1880-1999*. 서울: 교육신문사.

교육인적자원부. (2005). 2010년까지 전 중학교에 원어민 영어보조교사 1인 배치 – 영어교육 활성화 5개년 종합대책 수립 (보도자료). 월드와이드웹: http://etak.or.kr/gen_documents/3920에서 2021년 11월 13일 검색했음.

구은서. (2013, 10월 8일). *영어 사라진 영어마을... 적자 시달리다 귀농학교로 간판 바꾸기도*. 한경사회. 월드와이드웹: https://www.hankyung.com/society/article/2018100840191에서 2022년 9월 20일 검색했음.

구혜경. (2018). *한국 초등영어교육의 변천에 관한 역사적 고찰*. 미출간 박사학위논문. 경인교육대학교, 인천.

권오량. (2013). 한국의 외국어과 교육과정의 변천사 및 발전 방향. *교육연구와 실천, 79*, 25-57.

권오량. (2015). 대학수학능력시험 외국어(영어) 영역 정책 변천사. *영어교육, 70*(5), 3-34.

권오량, 김정렬. (2011). *한국영어교육사*. 서울: 한국문화사.

김경자. (2013). EFL 고등학생들의 영어 학습 동기 및 탈동기 요인: 영어능력에 따른 차이. *중등영어교육, 11*(4), 49-70.

김기용, 차지관. (2009, 2월 28일). *"사교육비 초등영어가 주도" 15.9% 껑충*. 동아일보. 월드와이드웹: https://web-donga-com.proxy.cau.ac.kr/pdf/pdf_viewer.php?vcid=2009022845A0601에서 2022년 7월 5일 검색했음.

김도연, 안경자. (2018). 초등학교 영어전담교사 희망 및 기피 요인과 영어전담교사 제도의 개선방안. *한국초등교육, 29*(3), 19-40.

김동욱, 윤유진, 남진현. (2012). 영어사교육 참여 및 영어사교육비 지출에 영향을 주는 변인분석. *Foreign Languages Education, 19*(3), 285-313.

김명배. (2006). *개화기의 영어 이야기*. 서울: 국제영어대학원대학교출판부.

김민호. (2021). *사회적 거리두기하에서 고등학생의 영어수업 인식과 성적변화*. 미출간 석사학위논문. 중앙대학교, 서울.

김상봉. (2004). *학벌사회*. 파주, 경기도: 한길사.

김선영, 백지원. (2018). 방과후 영어교육의 체질개선 방안. *중등영어교육, 11*(4), 71-98.

김성혜. (2014). 2015 통합형 수능 영어 시험 도입에 대한 학생 인식. *현대영어교육, 15*(2), 157-176.

김성환, 전용석, 최바울. (2004). *빈부격차 확대의 원인과 대책*. 제5차 한국노동패널 학술대회 논문집. 월드와이드웹 https://www.kli.re.kr/klips/selectBbsNttView.do?key=160&bbsNo=48&nttNo=101658&searchY=&searchCtgry=&searchCnd=all&searchKrwd=&pageIndex=75&integrDeptCode=에서 2021년 11월 13일 검색했음.

김수지, 안경자. (2018). 공교육 중심의 자기주도적 영어학습을 하는 초등학생과 학부모의 영어교육에 대한 인식. *학습자중심교과교육연구, 18*(15), 889-916.

김영명. (2000). *나는 고발한다: 김영명 교수의 영어사대주의 뛰어넘기*. 서울: 한겨레신문사.

김영명. (2007, 11월 22일). *영어 열풍을 잠재우려면*. 한도일보. 월드와이드웹: http://news.hankooki.com/lpage/opinion/200711/h2007112118551324370.htm에서 2021년 12월 6일 검색했음.

김영서. (2009). *한국의 영어교육사: 19세기 이후 한·영·일 비교연구*. 서울: 한국문화사.

김영식, 지윤경, 김미화, 정동욱. (2012). 원어민 보조교사 지원사업 집행의 형평성 분석. *교육행정학연구, 30*(4), 173-198.

김영우. (1997). *한국 개화기의 교육*. 서울: 교육과학사.

김영철. (2011a). *영어 조선을 깨우다 1*. 서울: 일리.

김영철. (2011b). *영어 조선을 깨우다 2*. 서울: 일리.

김영철, 한유경. (2004). 학급규모의 교육효과 분석. *교육재정경제연구, 13*(2), 175-202.

김은정. (2012). 국가영어능력평가시험(NEAT)에 대한 중등교사들의 인식. *영어교육연구, 24*(2), 205-224.

김은진. (2018). 4차 산업혁명 시대 사범대학 예비교사의 교육패러다임 인식에 관한 탐색적 연구. *한국콘텐츠학회논문지, 18*(9), 248-259.

김인석, 김봉규. (2012). 중학교 영어회화수업 강화를 위한 학교 영어교육 과정 분석 및 효과성과 만족도에 관한 연구. *Foreign Languages Education, 19*(4), 425-450.

김재성. (2017, 1월 3일). *수시합격? "수능 국영수부터 다져라."* 동아일보. 월드와이드웹: https://web-donga-com.proxy.cau.ac.kr/pdf/pdf_viewer.php?vcid=2017010305C0101 에서 2022년 5월 16일 검색했음.

김정수. (2011). 비교론적 고찰을 통한 한국형 영어마을의 모형 연구. *한국비교정부학보, 15*(1),

129-158.

김종국. (2015). 국가영어능력평가(NEAT) 시험에 관한 미디어 담론분석. *언어학연구, 20*(2), 73-93.

김종국. (2019). '수능영어 절대평가' 미디어 담론분석. *학습자중심교과교육연구, 19*(17), 821-841.

김종훈. (2002). 제주국제자유도시와 바람직한 영어 정책의 방향. *언어학연구, 7*(1), 103-114.

김종훈. (2009). 제주국제자유도시의 학교 영어교육이 나아갈 길. *영어영문학, 14*(1), 47-70.

김준식, 이용상, 박지선, 민호기, 박상욱, 박용효, 황필아. (2015). *2018학년도 수능 영어 절대평가 시험체제 및 점수체제 방안*(KICE Position Paper 통권 제44호). 진천, 충청북도: 한국교육과정평가원.

김지선, 김태영. (2018). 영어교육 정책 변화에 따른 우리나라 중·고등학교 교사의 교수 탈동기 연구. *한국교원교육연구, 35*(1), 415-443.

김진경. (2018, 9월 2일). *김진경의 교육으로 세상읽기: 무너진 영·유아 교육과 대학원 교육*. 경향신문. 월드와이드웹: https://www.khan.co.kr/opinion/column/article/201809022049005에서 2023년 1월 12일 검색했음.

김진숙. (2013). *학점제 도입을 위한 고등학교 교육과정 재구조화 방안 연구*(연구보고 RRC 2018-8). 진천, 충청북도: 한국교육과정평가원.

김태영. (2013). *영어 학습 동기 연구의 최근 경향*. 서울: 한국문화사.

김태영. (2015a). *한국의 영어 학습 동기 연구*. 서울: 한국문화사.

김태영. (2015b). 영어 학습의 사회문화적 의미와 영어교육에의 함의: 네 가지 사회학적 접근법. *영어영문학연구, 41*(3), 105-134.

김태영. (2016a). 일제강점기 영어교육의 사회교육적 양상 분석: 조선·동아일보 기사를 중심으로. *Studies in English Education, 21*(1), 179-210.

김태영. (2016b). *한국의 영어 학습 동기 연구*. 서울: 한국문화사.

김태영. (2018). 영어학습 동기의 최근 연구 경향 분석: 2000-2017년 국내 학술지 논문을 중심으로. *Foreign Languages Education, 25*(2), 115-139.

김태영. (2020). *영어 학습 동기 연구의 새 지평*. 서울: 한국문화사.

김태영, 김지영. (2017). 교수요목기(1946~54년) 영어 교과서 〈The National English Readers〉 분석: 어휘, 가독성 수준, 문법, 지문 내용을 중심으로. *Studies in English Education, 22*(2), 75-103.

김태영, 김지영. (2018). 미군정기와 제1차 교육과정의 한국 영어교육: 신문기사 분석을 중심으로. *현대영어교육, 19*(3), 22-34.

김태영, 오신유. (2019). 제2차 및 3차 교육과정기의 우리나라 영어교육: 신문기사 분석을 중심으로. *Foreign Languages Education, 26*(2), 73-98.

김태영, 오신유. (2020). 제4차 및 5차 교육과정기의 우리나라 영어교육: 신문기사 분석을 중심으로. *Foreign Languages Education, 27*(1), 103-137.

김태은, 이완기, 홍선호, 김진석. (2011). 서울 강남지역 교사·학부모의 초등영어교육에 대한 인식 조사. *Foreign Languages Education, 18*(2), 339-364.

김해동. (2019). 우리나라 영어교육 관련 과거 정책 분석과 평가. *Studies in Foreign Language Education, 33*(4), 29-48.

김형원. (2020, 7월 16일). *정부 신한류 3개 지원 전략 발표, 지속·파급 효과 상승*. IT 조선. 월드와이드웹: https://it.chosun.com/site/data/html_dir/2020/07/16/2020071601767.html에서 2023년 1월 12일 검색했음.

김혜영, 신동광, 양혜진, 이장호. (2019). 영어교과 보조 도구로서의 AI 챗봇 분석연구. *학습자중심교과교육연구, 19*(1), 89-110.

김희균, 김기용. (2008, 3월 22일). *영어 최대22점-수학18점 차이*. 동아일보. 월드와이드웹: https://web-donga-com.proxy.cau.ac.kr/pdf/pdf_viewer.php?vcid=2008032245A0101에서 2022년 5월 4일 검색했음.

김희균, 유덕영. (2015, 10월 2일). *수능 영어 1등급 23% 13만명 예상 ... 수학-탐구로 사교육 풍선효과 우려*. 동아일보. 월드와이드웹: https://web-donga-com.proxy.cau.ac.kr/pdf/pdf_viewer.php?vcid=2015100245A1401에서 2022년 5월 14일 검색했음.

남경숙, 조윤경. (2010). 초등학교 영어 몰입 교육의 문제점에 대한 고찰: 연구학교 교사의 시각에서. *영어어문교육, 16*(3), 207-229.

남경현. (2016, 11월 23일). *경기영어마을 '거꾸로 캠퍼스' 미래형 창의인성 교육시설로 변경*. 동아일보. 월드와이드웹: https://web.donga.com/pdf/pdf_viewer.php?vcid=20161123 45A1803에서 2022년 9월 10일 검색했음.

남대현. (2022). *MALL 25년 연구 동향 메타 연구*. 한국멀티미디어언어교육학회 2022년 연례 학술대회 기조 연설. 2022년 9월 17일.

남명호, 이양락, 유영희, 연근필, 최원혜. (2005). *대학수학능력시험 10년사 I*(연구자료 ORM 2005-32-1). 진천, 충청북도: 한국교육과정평가원.

남미숙. (2010). 초등학교 영어사교육 실태 및 사교육비 결정요인: 학부모 인식을 중심으로. *Studies in English Education, 15*(2), 80-107.

남영신. (1999). *국어 천년의 실패와 성공: 새로운 국어 천년을 위하여*. 서울: 한마당.

남윤서. (2009, 12월 28일). *인증교사도 고개젓는 TEE 인증제*. 동아일보. 월드와이드웹: https://web-donga-com.proxy.cau.ac.kr/pdf/pdf_viewer.php?vcid=2009122845A1401에서 2022년 8월 23일 검색했음.

노경희. (2021). 미래형 초등영어교육과정을 위한 제언: 학습자 맞춤형 교육을 중심으로. *한국초등교육, 32*(3), 151-165.

동아일보. (1997, 2월 3일). 「*그것이 알고 싶다」 SBS 밤 11.00*. 동아일보. 월드와이드웹: https://newslibrary.naver.com/viewer/index.naver?articleId=1997020300209117010&editNo=45&printCount=1&publishDate=1997-02-03&officeId=00020&pageNo=17&printNo=23443&publishType=00010에서 2023년 1월 12일 검색했음.

류영익. (1994). 개화기의 대미인식. 류영익, 송병기, 양호민, 임희섭 (편), *한국인의 대미인식: 역사적으로 본 형성과정* (pp. 55-142). 서울: 민음사.

문용. (1976). 한국 영어교육사(1883-1945). *성곡논총, 7*, 618-654.

문은경. (2005). 역사적 연구방법을 통한 현대 영어교육 형성기의 영어교과서 분석. *Foreign Languages Education, 12*(3), 245-269.

문화일보. (2019, 9월 30일). *의대보다 비싼 영어유치원 연 1159만원*. 문화일보. 월드와이드웹: http://www.munhwa.com/news/view.html?no=2019093001071230128001에서 2023년 1월 7일 검색했음.

민찬규. (2008a). 영어로 진행하는 영어수업에 대한 교사 의식 조사. *영어교육연구, 20*(2), 167-190.

민찬규. (2008b). 영어 몰입 교육의 문제점과 대안. *영어교과교육, 7*(1), 109-123.

박거용. (2008). 영어 신화의 어제와 오늘. *내일을 여는 역사, 2008-06*(32), 77-88.

박거용, 양기숙. (2006). 초·중등영어교육정책과 교육과정 연구. *교육연구, 2006*, 1-15.

박미정, 나경호. (2009). 원어민보조교사와의 협동수업이 중학생의 영어능력향상에 미치는 영향. *현대영어영문학, 53*(1), 61-88.

박부강. (1974). *한국의 영어교육사 연구(1883-1945)*. 미출간 석사학위논문. 서울대학교.

박선영. (1999). *한국신문 문화보도의 변화경향연구: 조선일보와 동아일보를 중심으로*. 미출간 석사학위논문. 이화여자대학교, 서울.

박선희. (2001). 인터넷 신문의 뉴스 특성과 대안언론의 가능성. *한국언론학보, 45*(2), 117-155.

박성근, 민찬규. (2014). TEE 인증교사들의 TEE/TEK 수업에 대한 인식과 태도. *영어교육연구, 26*(1), 171-192.

박은숙, 장진타. (2012). 학부모의 사회경제적 계층에 따른 영어 사교육경험과 학업성취도 및 동기 연구. *중등영어교육, 5*(2), 51-69.

박종관. (2019, 8월 15일). *500개 넘은 영어유치원: 정부 관리 '사각지대'*. 한경사회. 월드와이드웹: https://www.hankyung.com/society/article/2019081567791에서 2020년 7월 16일 검색했음.

박종성. (2007). 한국에서 영어의 수용과 전개. 윤지관(편), *영어, 내 마음의 식민주의* (pp. 45-66) 서울: 당대.

박태준, 장재학. (2017). 의사소통중심 영어 교수학습 및 평가 관련 교사 의견 조사 연구. *영어학, 17*(4), 839-863.

보드리야르, 장. (1991). *소비의 사회: 그 신화와 구조* (이상률 옮김). 서울: 문예출판사.

복거일. (1998). *국제어 시대의 민족어*. 서울: 문학과지성사.

서울경제. (2021, 3월 11일). *수능영어 절대평가 4년: 난이도 널뛰고 사교육비 치솟았다*. 서울경제. 월드와이드웹 https://www.sedaily.com/NewsView/22JRKW86PI#:~:text=%EA%B5%90%EC%9C%A1%EB%B6%80%EC%99%80%20%ED%95%9C%EA%B

5%AD%EA%B5%90%EC%9C%A1%EA%B3%BC%EC%A0%95,%EB%93%B1%E A%B8%89%20%EA%B3%A0%EC%A0%95%EB%B6%84%ED%95%A0%20%E B%B0%A9%EC%8B%9D%EC%9D%B4%EB%83%A4. 에서 2022년 12월 28일 검색했음.

서울신문. (2022, 10월 31일). *'5초 컷' 영어유치원 입학전쟁*. 서울신문. 월드와이드웹 https://www.seoul.co.kr/news/newsView.php?id=20221101009009에서 2023년 1월 8일 검색했음.

서한솔, 김태영. (2015). 영어 조기어학연수의 효과성 검증: 전라북도 초,중,고등학교를 중심으로. *한국교육문제연구, 33*(1), 101-125.

석희선. (1993). 영어교육 역사를 통해서 본 한국과 일본의 현황. *전주대학교 비교문화논총, 4*, 89-105.

손인수. (1992). *미군정과 교육정책*. 서울: 민영사.

송영록. (2020, 5월 27일). *코로나 19에도 전기차 수요 늘자 삼성·LG·SK 방긋*. 이투데이. 월드와이드웹: https://www.etoday.co.kr/news/view/1899340에서 2020년 7월 16일 검색했음.

시기자, 이용상, 김인숙. (2013). 국가영어능력평가시험에 나타난 영어 학력 격차 설명 요인 분석. *교육과학연구, 44*(3), 19-47.

시노부 준페이(信夫淳平). (1901). *한반도*. 서울: 경인 문화사.

신동일, 심우진. (2011). 한국 영어교육의 역사적 고찰: 신문기사와 학술자료를 기반으로. *현대영어교육, 12*(3), 252-282.

신지원, 김태영. (2018). 한국 영어 사교육 현장에 내재된 영어 식민주의: 초등 어학원의 사례. *학습자중심교과교육연구, 18*(4), 143-167.

안정희, 배성아. (2013). 국가교육과정 개정과 대학입학전형제도 변화에 대한 고찰. *교육과정연구, 31*(3), 95-120.

양찬주. (2018). *수능영어 절대평가 정책과 사교육 관계 분석*. 미출간 석사학위논문. 서울대학교.

역사문제연구소. (편). (1998). *1950년대 남북한의 선택과 굴절*. 서울: 역사비평사.

연합뉴스 (2019. 1월 6일). *김 과장 새해결심은 영어정복 … '자식은 '영유' 보내야죠*. 연합뉴스. 월드와이드웹: https://www.yna.co.kr/view/AKR20190104112200797?input=1195m에서 2019년 11월 20일 검색했음.

염규현, 남형석. (2019, 11월 2일). *'스무살' 한류의 성인식*. MBC 뉴스. 월드와이드웹: https://news.naver.com/main/read.nhn?mode=LPOD&mid=tvh&oid=214&aid=0000990808에서 2020년 7월 16일 검색했음.

오관영. (2000). 현 영어교육의 문제와 대안. *현대영어교육, 1*, 99-110.

오신유, 김태영. (2020). 제6차 교육과정기의 한국 영어교육: 신문기사 분석을 중심으로. *Studies in English Education, 25*(3), 495-527.

오욱환. (2000). *한국사회의 교육열: 기원과 심화*. 서울: 교육과학사.
오유진. (2022). *인공지능 챗봇 'AI펭톡'이 초등 영어수업에 미치는 영향에 관한 연구*. 미출간 석사학위논문. 부산교육대학교.
유봉호. (1992). *한국 교육과정사 연구*. 서울: 교학연구사.
유시민. (2014). *나의 한국현대사: 1959-2014*. 서울: 돌베개.
윤용배. (2021). 인도의 다언어교육 사례에 이은 비고츠키 근접발달이론을 활용한 아동영어 놀이 연구. *국제문화연구, 14*(1), 169-187.
윤유진. (2008). 영어 원어민 강사 운영 실태 및 직무 만족도 연구: 방과후학교 프로그램을 중심으로. *현대영어교육, 9*(3), 152-188.
윤정일. (2008). *전환기의 한국 교육 정책*. 서울: 학지사.
윤지관. (2002). 영어의 억압, 그 기원과 구조. *안과밖, 12*, 10-32.
윤홍우. (2020, 7월 9일). *해보니 되더라 강조한 文… SK. 하이닉스가 쓰면 그게 보장*. 서울경제. 월드와이드웹: https://www.sedaily.com/NewsView/1Z58JF85Q2에서 2020년 7월 16일 검색했음.
이광숙. (2014). *개화기의 외국어교육*. 서울대학교출판부.
이기환. (2015, 7월 28일). *흔적의 역사: 김무성의 큰절과 민영익의 큰절*. 경향신문. 월드와이드웹 https://m.khan.co.kr/culture/culture-general/article/201507281828161에서 2023년 1월 7일 검색했음.
이명조. (1995). 유치원에서의 영어 조기 교육. *미래유아교육학회지, 1*, 107-126.
이복희, 여도수. (2001). 한국의 영어교육에 관한 역사적 고찰과 전개 방향에 관한 연구. *공주영상정보대학 논문집, 8*, 377-392.
이상길. (2012). 경성방송국 초창기 연예프로그램의 제작과 편성. *언론과 사회, 20*(3), 5-74.
이선미. (2003). 1880년대 조선의 영어통역관 양성. *청람사학, 7*, 71-125.
이설. (2007, 6월 12일). *"너무 비싸" 90% 넘던 영어마을 입소율 절반으로*. 동아일보. 월드와이드웹: https://web-donga-com.proxy.cau.ac.kr/pdf/pdf_viewer.php?vcid=2007061241A1603에서 2022년 4월 21일 검색했음.
이성원, 홍상희 (2009). TEE 인증제와 연수가 TEE능력 향상에 미치는 영향. *영어교육연구, 24*(3), 321-342.
이승은, 조진현. (2019). 취학 전 영어교육경험이 한국 중학생의 영어성적과 영어학습태도에 미치는 경향. *인문사회21, 10*(1), 493-508.
이승호, 신철균. (2015). 선행교육금지법 정책결정과정에서의 정책네트워크 분석. *교육행정학연구, 33*(2), 55-83.
이시용. (2001) 일제강점기 조선총독부의 교육정책. *인천교육대학교 교육논총, 18*(2), 1-21.
이완기. (2015). 영어과 교육과정의 변천과 영어교육의 과제. *English Teaching, 70*(5), 35-52.

이윤진. (2011). 유아기 영어교육실태 분석. 육아정책포럼, 25, 15-25.
이재근, 정은숙. (2015). 제7차 영어과 교육과정과 수시 개정 변화에 따른 초등 국정 및 검정 영어교과서 변천과 미래. 초등교과교육연구, 2015-02(21), 73-82.
이재희, 박약우, 한문섭, 서수현. (1996). 초등학교 영어교육 연구 실태 조사 1. English Teaching, 51(4), 255-288.
이정규. (2003). 한국사회의 학력·학벌주의: 근원과 발달. 서울: 집문당.
이정섭. (2017). 일제 강점기 도시화와 인구이동: 1930년 부(府)와 지정면(指定面) 지역을 중심으로. 대한지리학회지, 52(1), 105-122.
이종일, 구남욱. (2019). 한국 중·고등학교 학생들의 영어 흥미도와 효능감의 변화 양상 탐색 및 사교육 특성 분석. 중등영어교육, 12(1), 54-71.
이종재, 김민조, 고영준. (2010). 한국 사교육의 전개과정과 양태. 이종재 (편), 사교육 현상과 대응 (pp. 13-44). 파주, 경기도: 교육과학사.
이주은, 김천기. (2016). 초등학생의 학교 내 사회자본, 영어에 대한 흥미와 자신감, 영어성적의 구조적 관계. 교육종합연구, 14(3), 29-54.
이충현. (2009). 온라인 멀티미디어 영어교육 수업을 위한 효율적인 콘텐츠 유형과 교수·학습 방안. 외국어교육연구, 23(1), 103-134.
이혜정. (2008). 미군정기 지배구조와 한국사회. 서울: 선인.
이혜영, 윤종혁, 류방란. (1997). 한국 근대 한국교육 100년사 연구(III). 진천, 충청북도: 한국교육개발원.
이흥수. (2011). 세계화 시대 영어가 경제다: 영어의 과거와 현재 그리고 미래. 서울: 잉글리시무무.
임정완. (2021). 코로나 19로 인한 비대면 온라인 수업에 대한 영어교육과 대학생들의 인식 연구. 영어어문교육, 27(3), 109-128.
임진국, 추정남. (2013). 자녀 교육에 등골 휘는 부모들의 자화상: 에듀푸어. 서울: 북오션.
임홍택. (2018). 90년대생이 온다. 서울: 웨일북.
장경호. (2013). 경공업에서 콘텐츠산업까지. 월드와이드웹: https://eiec.kdi.re.kr /publish/archive/click/view.jsp?fcode=000020001100001000002&idx=1928에서 2019년 1월 4일 검색했음.
장기우. (2010, 4월 1일). '영어로 수업하는 영어교사' 인센티브. 동아일보. 월드와이드웹: https://web-donga-com.proxy.cau.ac.kr/pdf/pdf_viewer.php?vcid=2010040140A2504에서 2022년 5월 10일 검색했음.
장미순. (2014, 12월 21일). 영어 잘하는 3살, 이런 부작용 있습니다. 오마이뉴스. 월드와이드웹: http://www.ohmynews.com/NWS_Web/View/at_pg.aspx?CNTN_CD=A0002063803에서 2014년 2월 27일 검색했음.
장은주. (2007). 초등학교에서의 원어민 영어보조교사 활용 실태 조사. 영어영문학, 12(1), 117-141.

전병만, 송해성. (2014). 한국 영어교육의 문제점과 발전 방향. *Studies in English Education, 19*(2), 97-125.

전봉관. (2005, 12월 1일). *옛날 잡지를 보러가다 6: 경성제대 입시 대소동*. 신동아. 월드와이드웹: http://shindonga.donga.com/docs/magazine/shin/2005/12/15/200512150500011/200512150500011_1.html에서 2023년 1월 2일 검색했음.

전봉관. (2006, 11월 8일). *이하영 대감의 영어 출세기*. 신동아. 월드와이드웹: https://shindonga.donga.com/Library/3/02/13/105895/1에서 2022년 10월 25일 검색했음.

전홍주. (2011). 유아 영어교육에 관한 담론 분석: 신문 매체를 중심으로. *유아교육연구, 31*(1), 351-376.

정광. (2014) *조선시대의 외국어교육*. 서울: 김영사.

정성관. (1982, 2월 24일). *유학관계서적이 잘팔린다*. 매일경제. 월드와이드웹: https://newslibrary.naver.com/viewer/index.naver?articleId=1982022400099213001&editNo=2&printCount=1&publishDate=1982-02-24&officeId=00009&pageNo=13&printNo=4915&publishType=00020에서 2023년 1월 12일 검색했음.

정성호, 박명림, 장상환, 강인철. (1999). *한국전쟁과 사회구조의 변화(한국현대사의 재인식7)*. 서울: 백산서당.

정승모, 권상철. (2018). 국제학교 교육의 글로벌 경쟁력과 차별적 교육 쟁점: 제주영어교육도시 사례. *한국도시지리학회지, 21*(3), 17-33.

정시호. (2000). *21세기 세계 언어전쟁*. 대구: 경북대학교 출판부.

정예지. (2022). 온라인 영어 수업에 대한 중학생들의 인식 분석. 미출간 석사학위논문. 충북대학교.

정진상, 이철호, 손지희, 송경원, 하병수, 임재홍, 박정원, 천보선, 박거용. (2006). *교육부의 대국민 사기극*. 서울: 책갈피.

정진석. (1983). *한국언론사연구*. 서울: 일조각.

정혜진. (2007, 4월 18일). '토플 대란' 토종 영어시험이 해결책. 동아일보. 월드와이드웹: https://web-donga-com.proxy.cau.ac.kr/pdf/pdf_viewer.php?vcid=2007041845A1801에서 2022년 4월 19일 검색했음.

조선일보. (1957, 7월 23일). 영어교사의 FLI수강수속은? 조선일보 월드와이드웹: https://newslibrary.naver.com/viewer/index.naver?articleId=1957072300239102004&editNo=1&printCount=1&publishDate=1957-07-23&officeId=00023&pageNo=2&printNo=10851&publishType=00010에서 2023년 1월 10일 검색했음.

조유라, 임우선 (2019, 2월 18일). 초등 1,2학년 '방과후 영어' 무산에 뿔난 엄마들. 동아일보. 월드와이드웹: https://web-donga-com.proxy.cau.ac.kr/pdf/pdf_viewer.php?vcid=2019021845A1601에서 2022년 5월 17일 검색했음.

조항덕. (2007). 외국어 교육 향상을 위한 제언. *Foreign Languages Education, 14*(4), 329-350.

진경애, 정채관. (2020). 초등학교 3학년 학생들의 영어 선행학습 실태 연구. *초등영어교육, 26*(1), 83-107.

차미연. (2018, 10월 30일). *평생 사교육 의존 ... 학원공화국?* MBC NEWS. 월드와이드웹: http://imnews.imbc.com/replay/2018/nw1400/article/4906136_24166.html에서 2018년 11월 10일 검색했음.

최덕인, 김태영. (2013). 한국 중학생의 영어학습 동기와 탈동기 요인: 상위권 학습자와 하위권 학습자 비교연구. *영어영문학연구, 39*(2), 245-274.

최샛별. (2004). 한국 사회에서의 영어실력에 대한 문화자본론적 고찰: 대학생들의 영어학습실태와 영어능력자에 대한 인식을 중심으로. *사회과학연구논총, 11*, 5-21.

최샛별, 최유정. (2011). 문화자본론의 관점에서 본 영어의 한국적 의미와 구조. *문화와사회, 10*, 207-252.

최수정, 최종갑. (2016). 수능영어 절대평가 정책에 대한 중등학교 교사들의 인식 연구. *영어영문학연구, 58*(4), 371-402.

최수정, 최종갑. (2018). 수능영어 절대평가 정책에 대한 학습자 인식 연구: 2018학년도 수능 수험생을 중심으로. *영어영문학21, 31*(4), 327-357.

최윤화. (2011). 영어마을 단기 체험학습 프로그램이 초등학생의 영어학습 동기에 미치는 영향. *영어교육연구, 23*(2), 181-199.

최환석. (2013). *나는 한국경제보다 교육이 더 불안하다*. 서울: 참돌.

추광재, 최화숙. (2010). *교육과정의 이해*. 서울: 강현출판사.

통계청. (2014). *2013년 사교육비 조사결과*. 월드와이드웹: http://kostat.go.kr/portal/korea/kor_nw/2/13/1/index.board?bmode=read&bSeq=&aSeq=311886&pageNo=1&rowNum=10&navCount=10&currPg=&sTarget=title&sTxt=에서 2014년 8월 14일 검색했음.

피정만. (2011). *한국 교육사 이해*. 서울: 하우.

한겨레21. (2013, 8월 19일). *요람에서 무덤까지 토익?* 한겨레21. 월드와이드웹: http://h21.hani.co.kr/arti/economy/economy_general/35196.html에서 2014년 2월 27일 검색했음.

한국경제신문. (2020, 10월 14일). *영어유치원비 1278만원: 대학 등록금의 두 배*. 한경사회. 월드와이드웹 https://www.hankyung.com/society/article/2020101492891에서 2022년 12월 25일 검색했음.

한국경제신문. (2022, 12월 2일). *취준생, 직장인 '애증의 동반자' 토익, 국내 도입 40년 맞아*. 한경사회. 월드와이드웹 https://www.hankyung.com/society/article/202212029730Y에서 2023년 1월 2일 검색했음.

한국교육과정평가원. (2010). *우수교사 인증제 실태 분석 및 발전 방안*(연구보고 RRI 2010-6). 진천, 충청북도: 한국교육과정평가원.

한국교육과정평가원. (2012). *초4 성취도 수학 2위, 과학 1위, 중2 성취도 수학 1위, 과학 3위 기초수준 미달 비율 가장 낮게 나타나*. 월드와이드웹: http://www.google.co.kr/url?sa=t&rct=j&q=&esrc=s&frm=1&source=web&cd=4&ved=0CDoQFjAD&url=http%3

A%2F%2Fwww.index.go.kr%2Fcom%2Fcmm%2Ffms%2FFileDown.do%3Fapnd_file_id%3D1529%26apnd_file_seq%3D1&ei=m5VoU8HdN8z38QXV8oCwBQ&usg=AFQjCNGOnAmr26vbFuI0FuTYb_sfRUPJzQ&bvm=bv.66111022,d.dGc&cad=rjt에서 2014년 5월 6일 검색했음.

한국교육과정평가원. (2015). *자유학기 교육과정 실행 가이드북*(연구보고 RRC-2015- 7-2). 진천, 충청북도: 한국교육과정평가원.

한국교육과정평가원. (2018). *한국교육과정평가원 20년사: 1998-2018*(홍보자료 PIM 2018-15). 진천, 충청북도: 한국교육과정평가원.

한국민족문화대백과. (n.d.). *대학입학예비국가고사*. 네이버지식백과. 월드와이드웹: https://terms.naver.com/entry.nhn?docId=2459556&cid=46624&categoryId=46624에서 2019년 1월 16일 검색했음.

한국민족문화대백과사전. (2022). *경향신문*. 월드와이드웹: http://encykorea.aks.ac.kr/Contents/Item/E0002997에서 2023년 1월 3일 검색했음.

한국천주교주교회의. (2018). 한국교회의 역사 (보도자료). 월드와이드웹: https://cbck.or.kr/Page/K3112에서 2022년 12월 28일 검색했음.

한성희. (2020, 7월 27일). *'불법 영어카페' 외국인 138명 적발*. 동아일보. 월드와이드웹: https://web.donga.com/pdf/pdf_viewer.php?vcid=2020072745A1201에서 2022년 9월 10일 검색했음.

한지원. (2020). *[TIMSS 2019] 수학 과학 성취도 1위 싱가포르... 한국 '잘하지만 재미는 없다'*. 에듀인뉴스. 월드와이드웹 http://www.eduinnews.co.kr/news/articleView.html?idxno=37407에서 2023년 1월 12일 검색했음.

한학성. (2000). *영어 공용어화, 과연 가능한가*. 서울: 책세상.

한학성. (2010). 이기룡의 〈중등영문전〉: 한국인 최초의 영문법 저술 고찰. *언어와언어학, 49*, 303-324.

한학성. (2011). 윤치호의 〈영어문법첩경〉 고찰. *언어와언어학, 53*, 161-194.

한홍구. (2006). *대한민국사*. 서울: 한겨레.

허혜정, 이상기. (2021). 영어 체험 기회 활성화를 위한 초등 교육 정책 관련 연구 종합. *The SNU Journal of Education Research, 30*(3), 59-82.

홍종선. (1993). 영어교육 발달사 비교. *영어교육연구, 13*, 105-141.

홍창남, 김훈호, 이쌍철, 정성수. (2009). 중등학교 원어민 보조교사 활용 정책의 효과성. *교육행정학연구, 27*(4), 57-86.

황영순. (2014). 한국에서의 미국영어교육의 변천과정 조망. *미국사연구, 40*, 201-238.

황형준. (2012). *허위광고 영어캠프 업체에 과태료*. 동아일보. 월드와이드웹: https://web.donga.com/pdf/pdf_viewer.php?vcid=2012061240B0201에서 2022년 9월 10일 검색했음.

KBS 역사저널 그날. (2013). *찹쌀떡 장수 외부대신 되던 날*. 2013년 12월 14일 방송됨.

KOSIS. (2020). *영어 사용빈도*. 월드와이드웹 https://kosis.kr/statHtml/statHtml.do?orgId=334

&tblId=DT_33409N_015&vw_cd=&list_id=&seqNo=&lang_mode=ko&language=kor&obj_var_id=&itm_id=&conn_path=에서 2022년 12월 28일 검색했음.

MBC PD 수첩. (2014). *2014 신 고교서열백서*. 2014년 7월 15일 방송됨.

[영어 참고문헌]

Allen, H. N. (1991). *H. N. Allen's diary* (W. M. Kim, Trans.). Seoul: Dankook University Press.

Barranco, J., & Wisler, D. (1999). Validity and systematicity of newspaper data in event analysis. *European Sociological Review, 15*(3), 301-322.

Birdsong, D. (Ed.). (1999). *Second language acquisition and the critical period hypothesis*. Mahwah, NJ: Lawrence Erlbaum.

Booth, D. K. (2018). *The sociocultural activity of high stakes standardized language testing: TOEIC washback in a South Korea context*. Cham, Switzerland: Springer.

Bourdieu, P. (1977). Social class, language and socialization. In J. Karabel & A. H. Halsey (Eds.), *Power and ideology in education* (pp. 473-486). Oxford, England: Oxford University Press.

Bourdieu, P. (1984). *Distinctions: A social critique of the judgement of taste*. Cambridge, MA: Harvard University Press.

Bourdieu, P. (1986). The forms of capital. In J. G. Richardson (Ed.), *Handbook of theory and research for the sociology of education* (pp. 241-258). New York: Greenwood.

Bourdieu, P. (1991). *Language and symbolic power* (G. Raymond & M. Adamson, Trans.). Cambridge, MA: Harvard University Press.

Brown, J. D., & Rodgers, T. S. (2002). *Doing second language research: An introduction to the theory and practice of second language research for graduate/master's students in TESOL and applied linguistics, and others*. New York: Oxford University Press.

Böhm, A. (2004). Theoretical coding: Text analysis in grounded theory. In U. Flick, E. von Kardorff & I. Steinke (Eds.), *A companion to qualitative research*. London, England: Sage.

Charmaz, K. (2014). *Constructing grounded theory* (2nd ed.). Thousand Oaks, CA: Sage.

Cho, J. (2017). *English language ideologies in Korea: Interpreting the past and present*. Cham, Switzerland: Springer.

Choi, Y. H. (2006). Impact of political situations on the early history of English language education in Korea. *Journal of Research in Curriculum Instruction, 10*(1), 235-259.

Cohen, L., Manion, L., & Morrison, K. (2000). *Research methods in education* (5th ed.). London, England: Routledge.

Creswell, J. W. (2013). *Qualitative inquiry and research design: Choosing among five approaches* (3rd ed.). Thousand Oaks, CA: Sage.

Crookes, G. (2017). Critical language pedagogy given the English devide in Korea: A suite of practices, critique, and the role of the intellectual. *English Teaching, 72*(4), 3-21.

Cummins, J. (1992). Bilingual education and English immersion: The Ramirez report in theoretical perspective. *Bilingual Research Journal, 16*(1/2), 91-104.

Demick, B. (2002, March 31). *Some in S. Korea opt for a trim when English trips the tongue*. Retrieved December 29, 2020, from the World Wide Web: https://www.latimes.com/archives/la-xpm-2002-mar-31-mn-35590-story.html.

Dörnyei, Z. (2007). *Research methods in applied linguistics* Oxford, England: Oxford University Press.

Esthus, R. A. (1959). The Taft-Katsura agreement: Reality or myth? *Journal of Modern History, 31*(1), 46-51.

Franzosi, R. (1987). The press as a source of socio-historical data: Issues in the methodology of data collection from newspapers. *Historical Methods: A Journal of Quantitative and Interdisciplinary History, 20*(1), 5-16.

Gall, M. D., Gall, J. P., & Borg, W. R. (2003). *Educational research: An introduction* (7th ed.). Boston, MA: Pearson Education.

Gardner, R. C. (1985). *Social psychology and second language learning: The role of attitudes and motivation*. London, England: Edward Arnold.

Gilmore, G. W. (1892). *Korea from its capital*. Philadelphia: The Presbyterian Board of Publication. Retrieved September 6, 2022, from the World Wide Web: https://archive.org/details/koreafromitscap00gilmgoog.

Griffis, W. E. (1882). *Corea: The hermit nation*. New York: Charles Scribner's Sons.

Hofstede, G. (1986). Cultural differences in teaching and learning. *International Journal of Intercultural Relations, 10*, 301-320.

Hood, M. (2009). Case study. In J. Heigham & R. Croker (Eds.), *Qualitative research in applied linguistics: A practical introduction* (pp. 66-90). Basingstoke, England: Palgrave Macmillan.

Howatt, A. P. R. (2004). *A history of English language teaching* (2nd ed.). Oxford, England: Oxford University Press.

Johnson, R. K. (1989). A decision-making framework for the coherent language curriculum. In R. K. Johnson (Ed.), *The second language curriculum* (pp. 1–23). Cambridge, England: Cambridge University Press.

Kim, T.-Y. (2006). Motivation and attitudes toward foreign language learning as socio-politically mediated constructs: The case of Korean high school students. *The Journal of Asia TEFL, 3*(2), 165–192.

Kim, T.-Y. (2010). Socio-political influences on EFL motivation and attitudes: Comparative surveys of Korean high school students. *Asia Pacific Education Review, 11*(2), 211–222.

Kim, T.-Y. (2012). The L2 motivational self system of Korean EFL students: Cross-grade survey analysis. *English Teaching, 67*(1), 29–56.

Kim, T.-Y. (2021). *Historical development of English learning motivation research: Cases of Korea and its neighboring countries in East Asia*. Singapore: Springer.

Lee, D. J., & Kim, T.-Y. (2021). Adult bilinguals' perceptions of changes in motivation and attitudes toward learning the English language. *To appear in Asian EFL Journal, 25*(3), 20–38.

Lew, S.-C., Oh, Y. S., Fields, D. P., & Han, J. E. (2015). *The diary of Syngman Rhee*. Seoul: National Museum of Korean Contemporary History.

Lincoln, Y. S., & Guba, E. G. (1985). *Naturalistic Inquiry*. Newbury Park, CA: Sage.

Martin, R. M. (1847). *China: Political, commercial, and social: In an official report to her majesty's government* (vol. 2). London, England: James Madden.

Miles, M. B., & Huberman, A. M. (1994). *Qualitative data analysis* (2nd ed.). Thousand Oaks, CA: Sage.

Mullis, I. V. S., Martin, M. O., Foy, P., & Arora, A. (2012). *TIMSS 2011 international results in mathematics*. Chestnut Hill, MA: TIMSS & PIRLS International Study Center.

Norton, B., & Kanno, Y. (2003). Imagined communities and educational opportunities: Introduction. *Journal of Language, Identity, and Education, 2*(4), 241–249.

O'Connor, C., & Joffe, H. (2020). Intercoder reliability in qualitative research: Debates and practical guidelines. *International Journal of Qualitative Methods, 19*, 1–13.

Paik, L. G. (1929). *The history of protestant missions in Korea*. Pyeongyang, North Korea: Union Christian College Press.

Park, D. M., & Müller, J. C. (2014). The challenge that Confucian filial piety poses for Korean churches. *Theological Studies, 70*(2), 1–8.

Park, J.-K. (2009). 'English fever' in South Korea: Its history and symptoms. *English Today, 25*(1), 50–57.

Platt, S. R. (2018). *Imperial twilight: The Opium War and the end of China's last golden age*. New York: Knopf.

Richards, J C., & Rodgers, T. S. (2014). *Approaches and methods in language teaching* (3rd ed.). Cambridge, England: Cambridge University Press.

Ross, C. (2017). *Ecology and power in the age of empire: Europe and the transformation of the tropical world*. Oxford, England: Oxford University Press.

Shin, H. (2010). *"Gireogi Gajok": Transnationalism and language learning*. Unpublished doctoral dissertation. University of Toronto, Ontario, Canada.

Shin, H., & Lee, B. (2019). "English Divide" and ELT in Korea: Towards critical ELT policy and practices. In X. A. Gao (Ed.), *Second handbook of English language teaching*. Cham, Switzerland: Springer.

Strauss, A., & Corbin, J. (1998). *Basics of qualitative research: Techniques and procedures for developing grounded theory*. Thousand Oaks, CA: Sage.

Wiersma, W., & Jurs, S. G. (2004). *Research methods in education: An introduction* (8th ed.). Boston, MA: Pearson Education.

[분석대상 참고문헌]

강병기. (1996, 10월 6일). *"「학교종」 몰라도 「빙고」는 알아요" 조기영어 열풍*. 동아일보. 월드와이드웹: https://newslibrary.naver.com/viewer/index.naver?articleId=1996100600209107001&editNo=45&printCount=1&publishDate=1996-10-06&officeId=00020&pageNo=7&printNo=23330&publishType=00010에서 2023년 1월 12일 검색했음.

강수진. (1995, 2월 9일). *"배움엔 나이없다"「젊은 노년」영어공부 도전*. 동아일보. 월드와이드웹: https://newslibrary.naver.com/viewer/index.naver?articleId=1995020900209116001&editNo=45&printCount=1&publishDate=1995-02-09&officeId=00020&pageNo=16&printNo=22764&publishType=00010에서 2023년 1월 12일 검색했음.

강정훈. (2005, 9월 1일). *영어마을 애물단지되나*. 동아일보. 월드와이드웹: https://www.donga.com/news/article/all/20050901/0002127738/1에서 2021년 10월 22일에 검색했음.

강홍구. (2014, 8월 21일). *대마에 취한 원어민강사 어린이집서 환각수업*. 동아일보. 월드와이드웹: https://web-donga-com.proxy.cau.ac.kr/pdf/pdf_viewer.php?vcid=2014082145A1201에서 2022년 5월 14일 검색했음.

경향신문. (1948, 7월 6일). *영어 주보 배급 중등교 교과용으로*. 동아일보. 월드와이드웹: https://newslibrary.naver.com/viewer/index.naver?articleId=1948070600329202014&editNo=1&printCount=1&publishDate=1948-07-06&officeId=00032&pageNo=2&printNo=543&publishType=00020에서 2023년 1월 5일 검색했음.

경향신문. (1953, 4월 1일). *중고등영어 교사 재훈련*. 경향신문. 월드와이드웹: https://newslibrary.naver.com/viewer/index.naver?articleId=1953040100329202008&editNo=1&printCount=1&publishDate=1953-04-01&officeId=00032&pageNo=2&printNo=2109&publi

shType=00020에서 2023년 1월 5일 검색했음.

경향신문. (1954, 3월 11일). *학도 영어 웅변 대회 16일부터 시공관서*. 경향신문. 월드와이드웹: https://newslibrary.naver.com/viewer/index.naver?articleId=1954031100329202011&editNo=1&printCount=1&publishDate=1954-03-11&officeId=00032&pageNo=2&printNo=2452&publishType=00020에서 2023년 1월 7일 검색했음.

경향신문. (1961, 8월 5일). *중·고교 영어교사 채용시험 19명중에 50점이상이 겨우육명*. 경향신문. 월드와이드웹: https://newslibrary.naver.com/viewer/index.naver?articleId=1961080500329102005&editNo=3&printCount=1&publishDate=1961-08-05&officeId=00032&pageNo=2&printNo=4792&publishType=00010

경향신문. (1963, 3월 7일). *한미고교생 토론대회*. 경향신문. 월드와이드웹: https://newslibrary.naver.com/viewer/index.nhn?articleId=1963030700329205014&editNo=6&printCount=1&publishDate=1963-03-07&officeId=00032&pageNo=5&printNo=5341&publishType=00020/에서 2018년 11월 10일 검색했음.

경향신문. (1969, 12월 8일). *국민교서 영어수업*. 경향신문. 월드와이드웹: https://newslibrary.naver.com/viewer/index.nhn?articleId=1969120800329207028&editNo=2&printCount=1&publishDate=1969-12-08&officeId=00032&pageNo=7&printNo=7439&publishType=00020에서2018년 11월 10일 검색했음.

경향신문. (1970, 3월 20일). *현실에 맞게 교육 시키도록 대학 나와도 기술 없어 실업*. 경향신문. 월드와이드웹: https://newslibrary.naver.com/viewer/index.nhn?articleId=1970032000329202009&editNo=2&printCount=1&publishDate=1970-03-20&officeId=00032&pageNo=2&printNo=7524&publishType=00020에서 2018년 11월 10일 검색했음.

경향신문. (1971, 2월 5일). *학부모 허영 타고 다시 활기 과외공부*. 경향신문. 월드와이드웹: https://newslibrary.naver.com/viewer/index.nhn?articleId=1971020500329206017&editNo=2&printCount=1&publishDate=1971-02-05&officeId=00032&pageNo=6&printNo=7797&publishType=00020에서 2018년 11월 8일 검색했음.

경향신문. (1973a, 1월 15일). *국교생 영어공부 붐*. 경향신문. 월드와이드웹: https://newslibrary.naver.com/viewer/index.nhn?articleId=1973011500329206001&editNo=2&printCount=1&publishDate=1973-01-15&officeId=00032&pageNo=6&printNo=8398&publishType=00020에서 2018년 10월 7일 검색했음.

경향신문. (1973b, 8월 3일). *학년분야별 1종씩 중고 영어교과서 단일화*. 경향신문. 월드와이드웹: https://newslibrary.naver.com/viewer/index.nhn?articleId=1973080300329207015&editNo=2&printCount=1&publishDate=1973-08-03&officeId=00032&pageNo=7&printNo=8569&publishType=00020에서 2018년 11월 7일 검색했음.

경향신문. (1976, 11월 29일). *고교입시제 개혁후 그 실응과 문제점을 파헤쳐 본다 다시 안방과외 열풍*. 경향신문. 월드와이드웹: https://newslibrary.naver.com/viewer/index.nhn?articleId=1976112900329204001&editNo=2&printCount=1&publishDate=1976-11-29&officeId=00032&pageNo=4&printNo=9592&publishType=00020에서 2018년 11월 7일 검색했음.

경향신문. (1977, 12월 27일). *영어 조기교육의 문제점*. 경향신문. 월드와이드웹: https://newslibrary. naver.com/viewer/index.nhn?articleId=1977122700329202002&editNo=2&printCount=1&publishDate=1977-12-27&officeId=00032&pageNo=2&printNo=9923&publishType=00020에서 2018년 10월 30일 검색했음.

경향신문. (1978a, 6월 27일). *전 직원에 영어교육*. 경향신문. 월드와이드웹: https://newslibrary. naver.com/viewer/index.nhn?articleId=1978062700329203028&editNo=2&printCount=1&publishDate=1978-06-27&officeId=00032&pageNo=3&printNo=10074&publishType=00020에서 2018년 10월 30일 검색했음.

경향신문. (1978b, 10월 17일). *내년부터 중고교 영어교육 개선 말하기와 듣기위주로*. 경향신문. 월드와이드웹: https://newslibrary.naver.com/viewer/index.nhn?articleId=1978101700329207014&editNo=2&printCount=1&publishDate=1978-10-17&officeId=00032&pageNo=7&printNo=10168&publishType=00020에서 2018년 11월 7일 검색했음.

경향신문. (1982a, 7월 13일). *교육 정상화 종합대책 고교 보충수업 허용*. 경향신문. 월드와이드웹: https://newslibrary.naver.com/viewer/index.nhn?articleId=1982071300329201004&editNo=2&printCount=1&publishDate=1982-07-13&officeId=00032&pageNo=1&printNo=11319&publishType=00020에서 2019년 1월 6일 검색했음.

경향신문. (1982b, 10월 28일). *사립 쾌속 질주 공립은 시늉만*. 경향신문. 월드와이드웹: https://newslibrary.naver.com/viewer/index.nhn?articleId=1982102800329211001&editNo=2&printCount=1&publishDate=1982-10-28&officeId=00032&pageNo=11&printNo=11410&publishType=00020에서 2019년 1월 16일 검색했음.

경향신문. (1982c, 11월 22일). *국교교사 24명에 영어교육*. 경향신문. 월드와이드웹: https://newslibrary.naver.com/viewer/index.nhn?articleId=1982112200329210003&editNo=2&printCount=1&publishDate=1982-11-22&officeId=00032&pageNo=10&printNo=11431&publishType=00020에서 2019년 10월 2일 검색했음.

경향신문. (1982d, 1월 14일). *영어교육백년 ... 무엇이 문제인가*. 경향신문. 월드와이드웹: https://newslibrary.naver.com/viewer/index.nhn?articleId=1982011400329207003&editNo=2&printCount=1&publishDate=1982-01-14&officeId=00032&pageNo=7&printNo=11167&publishType=00020에서 2019년 11월 11일 검색했음.

경향신문. (1982e, 11월 26일). *전남교위 첫시도 듣기중심 객관식으로 고입영어시험 라디오출제*. 경향신문. 월드와이드웹: https://newslibrary. naver.com/viewer/index.nhn?articleId=1982112600329211010&editNo=2&printCount=1&publishDate=1982-11-26&officeId=00032&pageNo=11&printNo=11435&publishType=00020에서 2019년 10월 2일 검색했음.

경향신문. (1982f, 3월 10일). *영어학습 비디오*. 경향신문. 월드와이드웹: https://newslibrary.naver. com/viewer/index.nhn?articleId=1982031000329211007&editNo=2&printCount=1&publishDate=1982-03-10&officeId=00032&pageNo=11&printNo=11214&publishType=00020에서 2019년 10월 2일 검색했음.

경향신문. (1982g, 12월 7일). *M-TV고교교육방송 6일부터 5시55분에*. 경향신문. 월드와이드

웹: https://newslibrary.naver.com/viewer/index.nhn?articleId=19821207 00329206024&editNo=2&printCount=1&publishDate=1982-12-07&officeId=00032&pageNo=6&printNo=11444&publishType=00020에서 2019년 10월 2일 검색했음.

경향신문. (1982h, 1월 26일). *외국어 조기교육붐 좋지만 국어교육 소홀해질까 걱정*. 경향신문. 월드와이드웹: https://newslibrary.naver.com/viewer/index.nhn?articleId=1982 012600 329206003&editNo=2&printCount=1&publishDate=1982-01-26&officeId=00032&pageNo=6&printNo=11177&publishType=00020에서 2019년 11월 3일 검색했음.

경향신문. (1982i, 10월 28일). *K국민학교의 영어수업광경*. 경향신문. 월드와이드웹: https://newslibrary.naver.com/viewer/index.nhn?articleId=1982102800329211002&editNo=2&printCount=1&publishDate=1982-10-28&officeId=00032&pageNo=11&printNo=11410&publishType=00020에서 2019년 10월 2일 검색했음.

경향신문. (1983a, 4월 26일). *시내고교 90%서 능력별 이동수업*. 경향신문. 월드와이드웹: https://newslibrary.naver.com/viewer/index.nhn?articleId=19830426003 29206012&editNo=2&printCount=1&publishDate=1983-04-26&officeId=00032&pageNo=6&printNo=11561&publishType=00020에서 2019년 10월 2일 검색했음.

경향신문. (1983b, 1월 11일). *영어교사 회화연수*. 경향신문. 월드와이드웹: https://newslibrary.naver.com/viewer/index.nhn?articleId=1983011100329211024&editNo=2&printCount=1&publishDate=1983-01-11&officeId=00032&pageNo=11&printNo=11472&publishType=00020에서 2019년 10월 2일 검색했음.

경향신문. (1983c, 3월 8일). *중학과정 국정영어교과서 필수어휘 13.6%가 누락*. 경향신문. 월드와이드웹: https://newslibrary.naver.com/viewer/index.nhn?articleId=1983 030800 329207019&editNo=2&printCount=1&publishDate=1983-03-08&officeId=00032&pageNo=7&printNo=11520&publishType=00020에서 2019년 10월 2일 검색했음.

경향신문. (1985a, 3월 6일). *택시기사 3만명 외국어회화 교육*. 경향신문. 월드와이드웹: https://newslibrary.naver.com/viewer/index.nhn?articleId=1985030600329210014&editNo=2&printCount=1&publishDate=1985-03-06&officeId=00032&pageNo=10&printNo=12134&publishType=00020에서 2019년 10월 2일 검색했음.

경향신문. (1985b, 12월 20일). *국제전화·TV통해 "영어교육."* 경향신문. 월드와이드웹: https://newslibrary.naver.com/viewer/index.nhn?articleId=1985122000329211024&editNo=2&printCount=1&publishDate=1985-12-20&officeId=00032&pageNo=11&printNo=12381&publishType=00020에서 2019년 11월 11일 검색했음.

경향신문. (1988, 6월 4일). *담배갑에 올림픽영어 등장*. 경향신문. 월드와이드웹: https://newslibrary.naver.com/viewer/index.nhn?articleId=1988060400329206009&editNo=3&printCount=1&publishDate=1988-06-04&officeId=00032&pageNo=6&printNo=13133&publishType=00020에서 2019년 11월 4일 검색했음.

경향신문. (1990, 7월 18일). *취학 전 어린이들 조기영어학습 붐*. 경향신문. 월드와이드웹: https://newslibrary.naver.com/viewer/index.nhn?articleId=1990071800329213004&editNo=3&printCount=1&publishDate=1990-07-18&officeId=00032&pageNo=13&print

No=13788&publishType=00020에서 2019년 10월 2일 검색했음.

경향신문. (1991a, 10월 30일). *고교수업 토론식으로 유도*. 경향신문. 월드와이드웹: https://newslib rary.naver.com/viewer/index.nhn?articleId=1991103000329114005&editNo=15&printCount=1&publishDate=1991-10-30&officeId=00032&pageNo=14&printNo=14214&publishType=00010에서 2019년 10월 2일 검색했음.

경향신문. (1991b, 5월 12일). *3년후... 족집게과외로는 대학 못 간다*. 경향신문. 월드와이드웹: https://newslibrary.naver.com/viewer/index.nhn?articleId=1991051200329124001&editNo=15&printCount=1&publishDate=1991-05-12&officeId=00032&pageNo=24&printNo=14047&publishType=00010에서 2019년 11월 5일 검색했음.

경향신문. (1991c, 9월 29일). *교과개편 실효거두려면*. 경향신문. 월드와이드웹: https://newslibrary.naver.com/viewer/index.nhn?articleId=1991092900329103005&editNo=15&printCount=1&publishDate=1991-09-29&officeId=00032&pageNo=3&printNo=14184&publishType=00010에서 2019년 10월 7일 검색했음.

경향신문. (1991d, 8월 20일). *어린이 영어교사연수*. 경향신문. 월드와이드웹: https://newslibrary.naver.com/viewer/index.nhn?articleId=1991082000329122006&editNo=15&printCount=1&publishDate=1991-08-20&officeId=00032&pageNo=22&printNo=14146&publishType=00010에서 2019년 11월 11일 검색했음.

경향신문. (1992a, 6월 6일). *미국인 영어교사 "수입."* 경향신문. 월드와이드웹: https://newslibrary.naver.com/viewer/index.nhn?articleId=1992060600329118004&editNo=15&printCount=1&publishDate=1992-06-06&officeId=00032&pageNo=18&printNo=14427&publishType=00010에서 2019년 10월 2일 검색했음.

경향신문. (1992b, 4월 15일). *영어 조기학습 부모극성이냐 영재교육이냐*. 경향신문. 월드와이드웹: https://newslibrary.naver.com/viewer/index.nhn?articleId=1992041500329121001&editNo=15&printCount=1&publishDate=1992-04-15&officeId=00032&pageNo=21&printNo=14376&publishType=00010에서 2019년 10월 2일 검색했음.

경향신문. (1992c, 1월 13일). *도피성 해외유학 성행*. 경향신문. 월드와이드웹: https://newslibrary.naver.com/viewer/index.nhn?articleId=1992011300329123001&editNo=15&printCount=1&publishDate=1992-01-13&officeId=00032&pageNo=23&printNo=14286&publishType=00010에서 2020년 1월 10일 검색했음.

권재현. (1999, 11월 15일). *"영어만 잘해도 대학 갈 수 있다" 중고생 토익 열풍*. 동아일보. 월드와이드웹: https://newslibrary.naver.com/viewer/index.nhn? 1999111500209131010&editNo=45&printCount=1&publishDate=1999-11-15&officeId=00020&pageNo=31&printNo=24353&publishType=00010에서 2021년 12월 20일 검색했음.

김대영. (1997, 5월 8일). *「토익」에 매달린 학생들*. 조선일보. 월드와이드웹: https://newslibrary.naver.com/viewer/index.naver?articleId=1997050800239123003&editNo=1&printCount=1&publishDate=1997-05-08&officeId=00023&pageNo=23&printNo=23704&publishType=00010에서 2023년 1월 12일 검색했음.

김도형. (2013, 6월 19일). *6월초 NEAT시험서 무더기 전산오류*. 동아일보. 월드와이드웹:

https://web-donga-com.proxy.cau.ac.kr/pdf/pdf_viewer.php?vcid=2013061945A1301 에서 2022년 5월 12일 검색했음.

김동주. (1993, 7월 24일). *국제화시대, 기업 외국어수강 열기*. 동아일보. 월드와이드웹: https://newslibrary.naver.com/viewer/index.naver?articleId=1993072400209107009&editNo=40&printCount=1&publishDate=1993-07-24&officeId=00020&pageNo=7&printNo=22237&publishType=00010에서 2023년 1월 12일 검색했음.

김순덕. (1993, 6월 28일). *늦잠자던 아이 시간맞춰 "벌떡" 「전화 영어과외」 인기*. 동아일보. 월드와이드웹: https://newslibrary.naver.com/viewer/index.naver?articleId=1993062800209111001&editNo=40&printCount=1&publishDate=1993-06-28&officeId=00020&pageNo=11&printNo=22213&publishType=00010에서 2023년 1월 12일 검색했음.

김승환. (1996, 2월 6일). *PC로 외화보며 회화공부 「스크린 영어」 CD롬 "눈길"*. 동아일보. 월드와이드웹: https://newslibrary.naver.com/viewer/index.naver?articleId=1996020600209123001&editNo=45&printCount=1&publishDate=1996-02-06&officeId=00020&pageNo=23&printNo=23104&publishType=00010에서 2023년 1월 12일 검색했음.

김진경. (1998, 3월 24일). *아이위해 영어동화책 낸 한국외대교수 이창수씨 "집안에서 항상 쌀라쌀라 영어학원이 따로있나요"*. 동아일보. 월드와이드웹: https://newslibrary.naver.com/viewer/index.naver?articleId=1998032400209112005&editNo=45&printCount=1&publishDate=1998-03-24&officeId=00020&pageNo=12&printNo=23829&publishType=00010에서 2023년 1월 12일 검색했음.

김진경. (2004a, 2월 2일). *영어태교... 엄마가 듣는 영어 뱃속 아기도 들어요*. 동아일보. 월드와이드웹: https://www.donga.com/news/article/all/20040202/0001707982/1에서 2021년 11월 30일 검색했음.

김진경. (2004b, 3월 5일). *"영어 알아야 부모 노릇" 주부들 만학스트레스* 동아일보. 월드와이드웹: https://www.donga.com/news/article/all/20040305/0001764590/1에서 2021년 11월 29일 검색했음.

김태훈. (1997, 8월 23일). *만학의 열기 고조 ... 20~70대 주부영어교실*. 조선일보. 월드와이드웹: https://newslibrary.naver.com/viewer/index.naver?articleId=1997082300239126009&editNo=1&printCount=1&publishDate=1997-08-23&officeId=00023&pageNo=26&printNo=23804&publishType=00010에서 2023년 1월 12일 검색했음.

김형기. (1997, 6월 18일). *학부모 92% "초등교 영어교육 찬성"*. 조선일보. 월드와이드웹: https://newslibrary.naver.com/viewer/index.naver?articleId=1997061800239119006&editNo=1&printCount=1&publishDate=1997-06-18&officeId=00023&pageNo=19&printNo=23743&publishType=00010에서 2023년 1월 12일 검색했음.

노시용. (2005, 6월 9일). *중학교 원어민보조교사 수업가보니 ... "English is fun"*. 동아일보. 월드와이드웹: https://www.donga.com/news/article/all/20050609/8198010/1에서 2021년 12월 20일 검색했음.

동아일보. (1920, 6월 17일). *춘천영어야학회*. 동아일보. 월드와이드웹: http://newslibrary.naver.com/viewer/index.nhn?articleId=1920061700209204003&editNo=1&printCount=1&

publishDate=1920-06-17&officeId=00020&pageNo=4&printNo=76&publishType=00020에서 2014년 10월 3일 검색했음.

동아일보. (1921a, 3월 4일). *학교에 입학할가 연희전문학교*. 동아일보. 월드와이드웹: http://newslibrary.naver.com/viewer/index.nhn?articleId=1921030400209202044&editNo=1&printCount=1&publishDate=1921-03-04&officeId=00020&pageNo=2&printNo=188&publishType=00020에서 2014년 10월 3일 검색했음.

동아일보. (1921b, 10월 23일). *부자가 전차에 역상*. 동아일보. 월드와이드웹: http://newslibrary.naver.com/viewer/index.nhn?articleId=1921102300209203011&editNo=1&printCount=1&publishDate=1921-10-23&officeId=00020&pageNo=3&printNo=421&publishType=00020에서 2014년 10월 3일 검색했음.

동아일보. (1921c, 9월 24일). *평양 만필 평양의 교육현상 (1)*. 동아일보. 월드와이드웹: http://newslibrary.naver.com/viewer/index.nhn?articleId=1921092400209204010&editNo=1&printCount=1&publishDate=1921-09-24&officeId=00020&pageNo=4&printNo=392&publishType=00020에서 2014년 10월 3일 검색했음.

동아일보. (1921d, 4월 16일). *동래영어강습회*. 동아일보. 월드와이드웹: http://newslibrary.naver.com/viewer/index.nhn?articleId=1921041600209204023&editNo=1&printCount=1&publishDate=1921-04-16&officeId=00020&pageNo=4&printNo=231&publishType=00020에서 2014년 10월 3일 검색했음.

동아일보. (1921e, 11월 8일). *야학회 발흥을 축하며 지속을 망하노라*. 동아일보. 월드와이드웹: http://newslibrary.naver.com/viewer/index.nhn?articleId=1921110800209204001&editNo=1&printCount=1&publishDate=1921-11-08&officeId=00020&pageNo=4&printNo=437&publishType=00020에서 2014년 10월 4일 검색했음.

동아일보. (1921f, 5월 18일). *태화여자관 야학회 개설*. 동아일보. 월드와이드웹: http://newslibrary.naver.com/viewer/index.nhn?articleId=19210 51800209203004&editNo=1&printCount=1&publishDate=1921-05-18&officeId=00020&pageNo=3&printNo=263&publishType=00020에서 2014년 10월 4일 검색했음.

동아일보. (1923a, 8월 10일). *최윤관군도 미국 유학*. 동아일보. 월드와이드웹:http://newslibrary.naver.com/viewer/index.nhn?articleId= 1923081000209204024&editNo=1&printCount=1&publishDate=1923-08-10&officeId=00020&pageNo=4&printNo=1077&publishType=00020에서 2014년 10월 5일 검색했음.

동아일보. (1923b, 2월 6일). *이군 미국 유학*. 동아일보. 월드와이드웹: http://newslibrary.naver.com/viewer/index.nhn?articleId=192302060 0209203020&editNo=1&printCount=1&publishDate=1923-02-06&officeId=00020&pageNo=3&printNo=892&publishType=00020에서 2014년 10월 5일 검색했음.

동아일보. (1923c, 3월 6일). *홍양 미국 유학*. 동아일보. 월드와이드웹: http://newslibrary.naver.com/viewer/index.nhn?articleId=1923030600209203023&editNo=1&printCount=1&publishDate=1923-03-06&officeId=00020&pageNo=3&printNo=920&publishType=00020에서 2014년 11월 10일 검색했음.

동아일보. (1923d, 6월 4일). *학생영어 웅변회*. 동아일보. 월드와이드웹: http://newslibrary.naver.com/viewer/index.nhn?articleId=1923060400209203011&editNo=1&printCount=1&publishDate=1923-06-04&officeId=00020&pageNo=3&printNo=1010&publishType=00020에서 2014년 10월 3일 검색했음.

동아일보. (1923e, 12월 9일). *정신학예회*. 동아일보. 월드와이드웹: http://newslibrary.naver.com/viewer/index.nhn?articleId=19231209002092002016&editNo=1&printCount=1&publishDate=1923-12-09&officeId=00020&pageNo=2&printNo=1198&publishType=00020에서 2014년 10월 6일 검색했음.

동아일보. (1924a, 7월 2일). *청량리 농교생도 전부 무기정학*. 동아일보. 와이드웹: http://newslibrary.naver.com/viewer/index.nhn?articleId=192 070200209202008&editNo=1&printCount=1&publishDate=1924-07-02&officeId=00020&pageNo=2&printNo=1404&publishType=00020에서 2014년 10월 5일 검색했음.

동아일보. (1924b, 2월 4일). *통신영어보급회 시내 장사등에 생겼다*. 동아일보. 월드와이드웹: http://newslibrary.naver.com/viewer/index.nhn? articleId=19240204002092002017&editNo=1&printCount=1&publishDate=1924-02-04&officeId=00020&pageNo=2&printNo=1255&publishType=00020에서 2014년 10월 3일 검색했음.

동아일보. (1924c, 9월 26일). *영어발음교수 청강은 무료*. 동아일보. 월드와이드웹: http://newslibrary.naver.com/viewer/index.nhn?articleId=192 4092600209203003&editNo=1&printCount=1&publishDate=1924-09-26&officeId=00020&pageNo=3&printNo=1490&publishType=00020에서 2014년 10월 6일 검색했음.

동아일보. (1925a, 1월 1일). *우리 학교 자랑꺼리 부내남여 중등 학교특색*. 동아일보. 월드와이드웹: http://newslibrary.naver.com/viewer/inde x.nhn?articleId=1925010100209214002&editNo=1&printCount=1&publishDate=1925-01-01&officeId=00020&pageNo=14&printNo=1587&publishType=00020에서 2014년 10월 3일 검색했음.

동아일보. (1925b, 3월 20일). *영어 발음 강좌*. 동아일보. 월드와이드웹: http://newslibrary.naver.com/viewer/index.nhn?articleId=1925032000209203040&editNo=1&printCount=1&publishDate=1925-03-20&officeId=00020&pageNo=3&printNo=1665&publishType=00020에서 2014년 10월 6일 검색했음.

동아일보. (1926, 1월 29일). *영어 전공 최다*. 동아일보. 월드와이드웹: http://newslibrary.naver.com/viewer/index.nhn?articleId=19260129002092002018&editNo=1&printCount=1&publishDate=1926-01-29&officeId=00020&pageNo=2&printNo=1980&publishType=00020에서 2014년 10월 5일 검색했음.

동아일보. (1932, 11월 17일). *제 일회 전조선 남녀중등교 영어웅변대회*. 동아일보. 월드와이드웹: http://newslibrary.naver.com/viewer/index. nhn?articleId=19321117002092002011&editNo=1&printCount=1&publishDate=1932-11-17&officeId=00020&pageNo=2&printNo=4281&publishType=00020에서 2014년 10월 5일 검색했음.

동아일보. (1938a, 2월 8일). *국민적 비약시대 사회각 방면에서 요구되는 영어의 자학독습을*. 동아일보. 월드와이드웹: http://newslibrary.naver.com/viewer/index.nhn?articleId=193

80208000209102028&editNo=2&printCount=1&publishDate=1938-02-08&officeId=0
0020&pageNo=2&printNo=5910&publishType=00010에서 2014년 10월 7일 검색했
음.

동아일보. (1938b, 3월 30일). *수험생 위해 영어 신설클라스 신설*. 동아일보. 월드와이드웹:
http://newslibrary.naver.com/viewer/index.nhn?articleId=1938033000209102005&edi
tNo=2&printCount=1&publishDate=1938-03-30&officeId=00020&pageNo=2&printN
o=5960&publishType=00010에서 2014년 10월 7일 검색했음.

동아일보. (1939, 7월 15일). *영향이 크다*. 동아일보. 월드와이드웹: http://newslibrary.naver.co
m/viewer/index.nhn?articleId=1939071500209202017&editNo=2&printCount=1&pub
lishDate=1939-07-15&officeId=00020&pageNo=2&printNo=6429&publishType=000
20에서 2014년 10월 7일 검색했음.

동아일보. (1945, 12월 28일). *군사영어 학교 설립*. 동아일보. 월드와이드웹: https://newslibrar
y.naver.com/viewer/index.naver?articleId=1945122800209202018&editNo=1&printC
ount=1&publishDate=1945-12-28&officeId=00020&pageNo=2&printNo=6847&publi
shType=00020에서 2023년 1월 9일 검색했음.

동아일보. (1946, 8월 13일). *일구축은 미군의 선물*. 동아일보. 월드와이드웹: https://newslibrar
y.naver.com/viewer/index.naver?articleId=1946081300209203002&editNo=1&printC
ount=1&publishDate=1946-08-13&officeId=00020&pageNo=3&printNo=7053&publi
shType=00020에서 2023년 1월 9일 검색했음.

동아일보. (1948, 7월 6일). *영어교재 배급*. 동아일보. 월드와이드웹: https://newslibrary.naver.
com/viewer/index.naver?articleId=1948070600209202014&editNo=1&printCount=1
&publishDate=1948-07-06&officeId=00020&pageNo=2&printNo=7636&publishTyp
e=00020에서 2023년 1월 9일 검색했음.

동아일보. (1951, 7월 31일). *한미 친선 촉진 경관영어 강좌 개최*. 동아일보. 월드와이드웹:
https://newslibrary.naver.com/viewer/index.naver?articleId=1951073100209102009&e
ditNo=1&printCount=1&publishDate=1951-07-31&officeId=00020&pageNo=2&print
No=8588&publishType=00010에서 2023년 1월 9일 검색했음.

동아일보. (1957, 10월 4일). *현행외국어교육의 시비*. 동아일보. 월드와이드웹: https://newslibr
ary.naver.com/viewer/index.naver?articleId=1957100400209204001&editNo=1&print
Count=1&publishDate=1957-10-04&officeId=00020&pageNo=4&printNo=10775&p
ublishType=00020에서 2023년 1월 9일 검색했음.

동아일보. (1958, 8월 23일). *너무 어려운 중학 영어교과서개편 내후년엔 쓰도록*. 동아일보.
월드와이드웹: https://newslibrary.naver.com/viewer/index.naver?articleId=195808230
0209103007&editNo=1&printCount=1&publishDate=1958-08-23&officeId=00020&p
ageNo=3&printNo=11097&publishType=00010에서 2023년 1월 9일 검색했음.

동아일보. (1963, 4월 2일). *영어·불어반을 모집*. 동아일보. 월드와이드웹: https://newslibrary.n
aver.com/viewer/index.naver?articleId=1963040200209205010&editNo=2&printCoun
t=1&publishDate=1963-04-02&officeId=00020&pageNo=5&printNo=12745&publish

Type=00020에서 2023년 1월 9일 검색했음.

동아일보. (1965, 2월 13일). *우리나라에 있어서의 영어교육 문제점*. 동아일보. 월드와이드웹: https:// newslibrary.naver.com/viewer/index.nhn?articleId=1965021300209205005&editNo=2&printCount=1&publishDate=1965-02-13&officeId=00020&pageNo=5&printNo=13326&publishType=00020에서 2018년 11월 7일 검색했음.

동아일보. (1966, 9월 1일). *영어교육 20년의 반성*. 동아일보. 월드와이드웹: https://newslibrary. naver.com/viewer/index.nhn?articleId=1966090100209205003&editNo=2&printCount=1&publishDate=1966-09-01&officeId=00020&pageNo=5&printNo=13806&publishType=00020에서 2018년 10월 29일 검색했음.

동아일보. (1969a, 8월 26일). *영어교수법 훈련에 고교교사 이명 선발*. 동아일보. 월드와이드웹: https:// newslibrary.naver.com/viewer/index.nhn?articleId=1969082600209205015&editNo=2&printCount=1&publishDate=1969-08-26&officeId=00020&pageNo=5&printNo=14731&publishType=00020에서 2018년 10월 29일 검색했음.

동아일보. (1969b, 11월 8일). *일선교사들이 겪었던 교과과정의 문제점*. 동아일보. 월드와이드웹: https://newslibrary.naver.com/viewer/index.nhn?articleId=1969110800209205003&editNo=2&printCount=1&publishDate=1969-11-08&officeId=00020&pageNo=5&printNo=14795&publishType=00020에서 2018년 10월 29일 검색했음.

동아일보. (1971, 7월 19일). *영어교사 연수생결정*. 동아일보. 월드와이드웹: https://newslibrary. naver.com/viewer/index.nhn?articleId=1971071900209205016&editNo=2&printCount=1&publishDate=1971-07-19&officeId=00020&pageNo=5&printNo=15317&publishType=00020에서 2018년 10월 27일 검색했음.

동아일보. (1978, 6월 13일). *카세트 교재 출판 활기*. 동아일보. 월드와이드웹: https://newslibrary. naver.com/viewer/index.nhn?articleId=1978061300209205001&editNo=2&printCount=1&publishDate=1978-06-13&officeId=00020&pageNo=5&printNo=17442&publishType=00020에서 2018년 11월 13일 검색했음.

동아일보. (1979a, 7월 10일). *중학 영어교육 듣기 말하기 위주로*. 동아일보. 월드와이드웹: https:// newslibrary.naver.com/viewer/index.nhn?articleId=1979071000209204004&editNo=2&printCount=1&publishDate=1979-07-10&officeId=00020&pageNo=4&printNo=17771&publishType=00020에서 2018년 11월 13일 검색했음.

동아일보. (1979b, 10월 26일). *영어조기교육 당치도 않아*. 동아일보. 월드와이드웹: https:// newslibrary.naver.com/viewer/index.nhn?articleId=1979102600209204007&editNo=2&printCount=1&publishDate=1979-10-26&officeId=00020&pageNo=4&printNo=17863&publishType=00020에서 2018년 11월 7일 검색했음.

동아일보. (1980a, 1월 26일). *스크린 영어*. 동아일보. 월드와이드웹: https://newslibrary. naver.com/viewer/index.nhn?articleId=1980012600209205026&editNo=2&printCount=1&publishDate=1980-01-26&officeId=00020&pageNo=5&printNo=17940&publishType=00020에서 2018년 11월 8일 검색했음.

동아일보. (1980b, 11월 5일). *대학생들 유학붐 요건완화 뒤 희망자 늘어*. 동아일보. 월드와이드

웹: https://newslibrary.naver.com/viewer/index.nhn?articleId=1980110500209205001&editNo=2&printCount=1&publishDate=1980-11-05&officeId=00020&pageNo=5&printNo=18181&publishType=00020에서 2018년 11월 7일 검색했음.

동아일보. (1980c, 2월 14일). *과과외 갈수록 극성*. 동아일보. 월드와이드웹: https://newslibrary.naver.com/viewer/index.nhn?articleId=1980021400209201006&editNo=2&printCount=1&publishDate=1980-02-14&officeId=00020&pageNo=1&printNo=17956&publishType=00020에서 2018년 11월 7일 검색했음.

동아일보. (1981a, 10월 13일). *국교 4학년부터 영어교육*. 동아일보. 월드와이드웹: https://newslibrary.naver.com/viewer/index.nhn?articleId=1981101300209201006&editNo=2&printCount=1&publishDate=1981-10-13&officeId=00020&pageNo=1&printNo=18469&publishType=00020에서 2018년 11월 7일 검색했음.

동아일보. (1981b, 7월 28일). *생활영어 교사부터 배울수 있게*. 동아일보. 월드와이드웹: https:// newslibrary.naver.com/viewer/index.nhn?articleId=1981071300209210008&editNo=2&printCount=1&publishDate=1981-07-13&officeId=00020&pageNo=10&printNo=18390&publishType=00020에서 2018년 11월 7일 검색했음.

동아일보. (1981c, 7월 13일). *문교부 방침밝혀 중고 영어교육 회화 중심으로*. 동아일보. 월드와이드웹: https://newslibrary.naver.com/viewer/index.nhn?articleId=1981071300209210008&editNo=2&printCount=1&publishDate=1981-07-13&officeId=00020&pageNo=10&printNo=18390&publishType=00020에서 2018년 10월 30일 검색했음.

동아일보. (1981d, 12월 22일). *공부못해 유학간다*. 동아일보. 월드와이드웹: https://newslibrary.naver.com/viewer/index.nhn?articleId=1977122400209204002&editNo=2&printCount=1&publishDate=1977-12-24&officeId=00020&pageNo=4&printNo=17301&publishType=00020에서 2018년 11월 7일 검색했음.

동아일보. (1981e, 10월 14일). *내년 실시배경과 문제점 10년 논란 매듭 국교영어교육*. 동아일보. 월드와이드웹: https://newslibrary.naver.com/viewer/index.nhn?articleId=1981101400209203001&editNo=2&printCount=1&publishDate=1981-10-14&officeId=00020&pageNo=3&printNo=18470&publishType=00020에서 2019년 1월 17일 검색했음.

동아일보. (1981f, 11월 12일). *영재교육 빠를수록 좋다*. 동아일보. 월드와이드웹: https://newslibrary.naver.com/viewer/index.nhn?articleId=1981111200209211005&editNo=2&printCount=1&publishDate=1981-11-12&officeId=00020&pageNo=11&printNo=18495&publishType=00020에서 2018년 11월 7일 검색했음.

동아일보. (1981g, 11월 11일). *영어조기교육 꼭 해야하나*. 동아일보. 월드와이드웹: https://newslibrary.naver.com/viewer/index.nhn?articleId=1981111100209206003&editNo=2&printCount=1&publishDate=1981-11-11&officeId=00020&pageNo=6&printNo=18494&publishType=00020에서 2018년 11월 7일 검색했음.

동아일보. (1981h, 3월 4일). *새학기 고교 이동수업 바람*. 동아일보. 월드와이드웹: https://newslibrary.naver.com/viewer/index.nhn?articleId=1981030400209207001&editNo=2&printCount=1&publishDate=1981-03-04&officeId=00020&pageNo=7&printNo=182

80&publishType=00020에서 2018년 12월 10일 검색했음.

동아일보. (1982a, 1, 8). *한데모인 영어교사들 산영어 다시배운다*. 동아일보. 월드와이드웹: https:// newslibrary.naver.com/viewer/index.nhn?a;ticleId=1982010800209210014&editNo=2&printCount=1&publishDate=1982-01-08&officeId=00020&pageNo=10&printNo=18542&publishType=00020에서 2019년 1월 16일 검색했음.

동아일보. (1982b, 3월 11일). *국민학교의 영어교육*. 동아일보. 월드와이드웹: https://newslibrary.naver.com/viewer/index.nhn?articleId=1982031100209202002&editNo=2&printCount=1&publishDate=1982-03-11&officeId=00020&pageNo=2&printNo=18595&publishType=00020에서 2019년 10월 5일 검색했음.

동아일보. (1982c, 3월 10일). *영어 조기교육 막막한 국민교*. 동아일보. 월드와이드웹: https://newslibrary.naver.com/viewer/index.nhn?articleId=198203100020 9207001&editNo=2&printCount=1&publishDate=1982-03-10&officeId=00020&pageNo=7&printNo=18594&publishType=00020에서 2019년 10월 5일 검색했음.

동아일보. (1982d, 9월 10일). *일반인의 영어실력 가늠, 「토익」 한국에 상륙*. 동아일보. 월드와이드웹: https://newslibrary.naver.com/viewer/index.naver?articleId=1982091000209206008&editNo=2&printCount=1&publishDate=1982-09-10&officeId=00020&pageNo=6&printNo=18750&publishType=00020에서 2023년 1월 12일 검색했음.

동아일보. (1983a, 4월 25일). *"영어회화를 배우자"… 갈수록열기*. 동아일보. 월드와이드웹: https://newslibrary.naver.com/viewer/index.nhn?articleId=1983042500 209206001&editNo=2&printCount=1&publishDate=1983-04-25&officeId=00020&pageNo=6&printNo=18940&publishType=00020에서 2019년 11월 5일 검색했음.

동아일보. (1983b, 6월 6일). *한국 교육개발원 분석 중학교교서 질낮고 딱딱하다 내용부실·디자인 삽화 조잡*. 동아일보. 월드와이드웹: https://newslibrary. naver.com/viewer/index.nhn?articleId=1983060600209201006&editNo=2&printCount=1&publishDate=1983-06-06&officeId=00020&pageNo=1&printNo=18975&publishType=00020에서 2019년 10월 5일 검색했음.

동아일보. (1983c, 6월 8일). *중등교과서의 내용과 체재*. 동아일보. 월드와이드웹: https://newslibrary.naver.com/viewer/index.nhn?articleId=1983060800209202002&editNo=2&printCount=1&publishDate=1983-06-08&officeId=C0020&pageNo=2&printNo=18977&publishType=00020에서 2019년 10월 5일 검색했음.

동아일보. (1984a, 2월 11일). *외국어교육과 정책*. 동아일보. 월드와이드웹: https:// newslibrary.naver.com/viewer/index.nhn?articleId=1984021100209209006&editNo=2&printCount=1&publishDate=1984-02-11&officeId=00020&pageNo=9&printNo=19187&publishType=00020에서 2019년 10월 2일 검색했음.

동아일보. (1984b, 2월 23일). *중고 외국어교사 채용시험 회화과목 필수로* 동아일보. 월드와이드웹: https://newslibrary.naver.com/viewer/index.nhn?articleId=198402 2300209206016&editNo=2&printCount=1&publishDate=1984-02-23&officeId=00020&pageNo=6&printNo=19197&publishType=00020에서 2019년 11월 10일 검색했음.

동아일보. (1984c, 12월 7일). *영어 듣기 첫평가 12일 고입고사.* 동아일보. 월드와이드웹: https://newslibrary.naver.com/viewer/index.nhn?articleId=1984120700209211011&editNo=2&printCount=1&publishDate=1984-12-07&officeId=00020&pageNo=11&printNo=19442&publishType=00020에서 2019년 10월 2일 검색했음.

동아일보. (1984d, 2월 11일). *기업체 사내교육의 30대 열기 중견사원 두뇌 재충전.* 동아일보. 월드와이드웹: https://newslibrary.naver.com/viewer/index.nhn?articleId=1984021100209209001&editNo=2&printCount=1&publishDate=1984-02-11&officeId=00020&pageNo=9&printNo=19187&publishType=00020에서 2019년 10월 5일 검색했음.

동아일보. (1985a, 9월 2일). *유학급증 ... 무분별 편승 많다.* 동아일보. 월드와이드웹: https://newslibrary.naver.com/viewer/index.nhn?articleId=1985090200209211001&editNo=2&printCount=1&publishDate=1985-09-02&officeId=00020&pageNo=11&printNo=19667&publishType=00020에서 2019년 10월 5일 검색했음.

동아일보. (1985b, 2월 28일). *해외유학 어디로 어떻게.* 동아일보. 월드와이드웹: https://newslibrary.naver.com/viewer/index.nhn?articleId=1985022800209207001&editNo=2&printCount=1&publishDate=1985-02-28&officeId=00020&pageNo=7&printNo=19509&publishType=00020에서 2019년 10월 6일 검색했음.

동아일보. (1985c, 7월 8일). *고교교과서 채택경쟁 치열.* 동아일보. 월드와이드웹: https://newslibrary.naver.com/viewer/index.nhn?articleId=1985070800209208024&editNo=2&printCount=1&publishDate=1985-07-08&officeId=00020&pageNo=8&printNo=19619&publishType=00020에서 2019년 10월 6일 검색했음.

동아일보. (1987, 10월 9일). *"검인정 교과서 더 늘려야."* 동아일보. 월드와이드웹: https://newslibrary.naver.com/viewer/index.nhn?articleId=1987100900209206003&editNo=2&printCount=1&publishDate=1987-10-09&officeId=00020&pageNo=6&printNo=20313&publishType=00020에서 2019년 10월 6일 검색했음.

동아일보. (1990, 1월 31일). *영어교육 바꿔야한다 10년 배워도 벙어리.* 동아일보. 월드와이드웹: https://newslibrary.naver.com/viewer/index.nhn?articleId=1990013100209217001&editNo=2&printCount=1&publishDate=1990-01-31&officeId=00020&pageNo=17&printNo=21025&publishType=00020에서 2019년 11월 10일 검색했음.

동아일보. (1991, 7월 15일). *영어 국교선택과목 추진.* 동아일보. 월드와이드웹: https://newslibrary.naver.com/viewer/index.nhn?articleId=1991071500209223002&editNo=2&printCount=1&publishDate=1991-07-15&officeId=00020&pageNo=23&printNo=21533&publishType=00020에서 2019년 10월 2일 검색했음.

동아일보. (1992, 10월 5일). *고졸자 해외유학 앞서 탈선등 부작용 고려를.* 동아일보. 월드와이드웹: https://newslibrary.naver.com/viewer/index.nhn?articleId=1992100500209215011&editNo=3&printCount=1&publishDate=1992-10-05&officeId=00020&pageNo=15&printNo=21961&publishType=00020에서 2019년 11월 10일 검색했음.

동아일보. (1993, 4월 10일). *94 수능시험.* 동아일보. 월드와이드웹: https://newslibrary.naver.com/viewer/index.naver?articleId=1993041000209130001&editNo=40&printCount=1

&publishDate=1993-04-10&officeId=00020&pageNo=30&printNo=22137&publishType=00010에서 2023년 1월 12일 검색했음.

동아일보. (1995a, 11월 2일). *국교영어교육 97년 3학년부터*. 동아일보. 월드와이드웹: https://newslibrary.naver.com/viewer/index.nhn?articleId=1995110200209130001&editNo=45&printCount=1&publishDate=1995-11-02&officeId=00020&pageNo=30&printNo=23015&publishType=00010에서 2019년 10월 2일 검색했음.

동아일보. (1995b, 6월 24일). *TV광고에 영어자막 첫선*. 동아일보. 월드와이드웹: https://newslibrary.naver.com/viewer/index.naver?articleId=1995062400209119009&editNo=45&printCount=1&publishDate=1995-06-24&officeId=00020&pageNo=19&printNo=22891&publishType=00010에서 2023년 1월 12일 검색했음.

동아일보. (1995c, 7월 24일). *토익 응시자 폭발적 증가*. 동아일보. 월드와이드웹: https://newslibrary.naver.com/viewer/index.naver?articleId=1995072400209129004&editNo=45&printCount=1&publishDate=1995-07-24&officeId=00020&pageNo=29&printNo=22919&publishType=00010에서 2023년 1월 12일 검색했음.

동아일보. (1995d, 11월 11일). *올 토익응시 작년2배*. 동아일보. 월드와이드웹: https://newslibrary.naver.com/viewer/index.naver?articleId=1995111100209129006&editNo=45&printCount=1&publishDate=1995-11-11&officeId=00020&pageNo=29&printNo=23023&publishType=00010에서 2023년 1월 12일 검색했음.

동아일보. (1995e, 2월 16일). *"외국어를 잡아라" 직장인 학원수강 열기*. 동아일보. 월드와이드웹: https://newslibrary.naver.com/viewer/index.naver?articleId=1995021600209131001&editNo=45&printCount=1&publishDate=1995-02-16&officeId=00020&pageNo=31&printNo=22771&publishType=00010에서 2023년 1월 12일 검색했음.

동아일보. (1995f, 2월 25일). *"조기영어교육 찬성" 68%*. 동아일보. 월드와이드웹: https://newslibrary.naver.com/viewer/index.naver?articleId=1995022500209102012&editNo=45&printCount=1&publishDate=1995-02-25&officeId=00020&pageNo=2&printNo=22780&publishType=00010에서 2023년 1월 12일 검색했음.

동아일보. (1995g, 8월 1일). *중고 회화교육 실시*. 동아일보. 월드와이드웹: https://newslibrary.naver.com/viewer/index.naver?articleId=1995080100209129004&editNo=45&printCount=1&publishDate=1995-08-01&officeId=00020&pageNo=29&printNo=22927&publishType=00010에서 2023년 1월 12일 검색했음.

동아일보. (1999, 4월 20일). *전국 고교생 영어경시대회*. 동아일보. 월드와이드웹: https://www.donga.com/news/article/all/19990419/7434711/9에서 2021년 11월 20일 검색했음.

동아일보. (2002, 2월 5일). *[영어 열풍의 허와 실] ①영어 학습 백태*. 동아일보. 월드와이드웹: https://www.donga.com/news/article/all/20020204/7785537/1에서 2021년 1월 13일 검색했음.

동아일보. (2006, 9월 23일). *아이들을 학원으로, 해외로 내몬 교육정책*. 동아일보. 월드와이드웹: https://www.donga.com/news/article/all/20060923/8354205/1에서 2021년 11월 12일 검색했음.

매일경제. (1971, 1월 29일). *초등학교 교과과정 전면개편*. 매일경제. 월드와이드웹: https://newslibrary.naver.com/viewer/index.nhn?articleId=1971012900099203022&editNo=1&printCount=1&publishDate=1971-01-29&officeId=00009&pageNo=3&printNo=1504&publishType=00020에서 2018년 11월 29일 검색했음.

매일경제. (1981, 7월 18일). *생활 영어 붐타고 어학실습 기자재 잘 팔려*. 매일경제. 월드와이드웹: https://newslibrary.naver.com/viewer/index.nhn?articleId=1981071800099211001&editNo=2&printCount=1&publishDate=1981-07-18&officeId=00009&pageNo=11&printNo=4728&publishType=00020에서 2018년 11월 29일 검색했음.

매일경제. (1982a, 1월 1일). *올해부터 이렇게 달라진다*. 매일경제. 월드와이드웹: https://newslibrary.naver.com/viewer/index.nhn?articleId=1982010100099210001&editNo=2&printCount=1&publishDate=1982-01-01&officeId=00009&pageNo=10&printNo=4870&publishType=00020에서 2019년 10월 2일 검색했음.

매일경제. (1982b, 1월 13일). *영어교육 100년 문제점과 개선책 토의*. 매일경제. 월드와이드웹: https://newslibrary.naver.com/viewer/index.nhn?articleId=1982011300099209006&editNo=2&printCount=1&publishDate=1982-01-13&officeId=00009&pageNo=9&printNo=4879&publishType=00020에서 2019년 10월 5일 검색했음.

매일경제. (1982c, 2월 17일). *비디오 교육자료 제작붐 언어문화원에서도 영어학습용 내놔*. 매일경제. 월드와이드웹: https://newslibrary.naver.com/viewer/index.nhn?articleId=1982021700099209010&editNo=2&printCount=1&publishDate=1982-02-17&officeId=00009&pageNo=9&printNo=4909&publishType=00020에서 2019년 10월 5일 검색했음.

매일경제. (1982d, 7월 19일). *영어교사 회화연수*. 매일경제. 월드와이드웹: https://newslibrary.naver.com/viewer/index.nhn?articleId=1982071900099209011&editNo=2&printCount=1&publishDate=1982-07-19&officeId=00009&pageNo=9&printNo=5037&publishType=00020에서 2019년 10월 5일 검색했음.

매일경제. (1983a, 9월 9일). *접객업소종사자 회화교육*. 매일경제. 월드와이드웹: https://newslibrary.naver.com/viewer/index.nhn?articleId=1983090900099211007&editNo=1&printCount=1&publishDate=1983-09-09&officeId=00009&pageNo=11&printNo=5390&publishType=00020에서 2019년 10월 5일 검색했음.

매일경제. (1983b, 2월 11일). *88올림픽등 대비 모든 경찰관에 영어회화교육*. 매일경제. 월드와이드웹: https://newslibrary.naver.com/viewer/index.nhn?articleId=1983021100099211012&editNo=1&printCount=1&publishDate=1983-02-11&officeId=00009&pageNo=11&printNo=5212&publishType=00020에서 2019년 11월 5일 검색했음.

매일경제. (1984a, 10월 17일). *어린이 영어교재 카세트*. 매일경제. 월드와이드웹: https://newslibrary.naver.com/viewer/index.nhn?articleId=1984101700099209013&editNo=1&printCount=1&publishDate=1984-10-17&officeId=00009&pageNo=9&printNo=5731&publishType=00020에서 2019년 11월 5일 검색했음.

매일경제. (1984b, 7월 13일). *국교서도 기초영어회화 교육*. 매일경제. 월드와이드웹: https://ne

wslibrary.naver.com/viewer/index.nhn?articleId=1984071300099211011&editNo=1&printCount=1&publishDate=1984-07-13&officeId=00009&pageNo=11&printNo=5649&publishType=00020에서 2019년 10월 5일 검색했음.

매일경제. (1985, 4월 23일). *삼미컴퓨터 영어학습용 SW보급 중학과정 학년별구분*. 매일경제. 월드와이드웹: https://newslibrary.naver.com/viewer/index.nhn?articleId=1985042300099206005&editNo=1&printCount=1&publishDate=1985-04-23&officeId=00009&pageNo=6&printNo=5887&publishType=00020에서 2019년 10월 5일 검색했음.

매일경제. (1986, 2월 3일). *영어학습 SW 개발*. 매일경제. 월드와이드웹: https://newslibrary.naver.com/viewer/index.nhn?articleId=1986020300099206003&editNo=1&printCount=1&publishDate=1986-02-03&officeId=00009&pageNo=6&printNo=6129&publishType=00020에서 2019년 11월 5일 검색했음.

매일경제. (1990, 12월 8일). *중학교 영어교사연수*. 매일경제. 월드와이드웹: https://newslibrary.naver.com/viewer/index.nhn?articleId=1990120800099212006&editNo=1&printCount=1&publishDate=1990-12-08&officeId=00009&pageNo=12&printNo=7652&publishType=00020에서 2019년 11월 11일 검색했음.

매일신보. (1921, 7월 3일). *독학하기 좋은 영어 서적은 〈무사자통영어독학〉*. 매일신보. 월드와이드웹: https://www.19c.co.kr/news/articleView.html?idxno=6084에서 2023년 1월 19일 검색했음.

모태준. (1997, 1월 13일). *전화로 컴퓨터와 영어회화*. 조선일보. 월드와이드웹: https://newslibrary.naver.com/viewer/index.naver?articleId=1997011300239125001&editNo=1&printCount=1&publishDate=1997-01-13&officeId=00023&pageNo=25&printNo=23597&publishType=00010에서 2023년 1월 12일 검색했음.

문병기. (2006, 6월 7일). *2006 기러기 아빠 실태 보고서*. 동아일보. 월드와이드웹: https://www.donga.com/news/article/all/20060607/8315190/1에서 2021년 11월 20일 검색했음.

박경아. (2003, 7월 16일). *믿을수 없는 학교교육 이민가야 하나*. 동아일보. 월드와이드웹: https://www.donga.com/news/article/all/20030716/0002039999/1에서 2021년 11월 23일 검색했음.

박성환, 황윤정. (2014, 7월 1일). *"감히 연세대 동문 동문 거리는 놈들..."* 한겨레. 월드와이드웹 http://www.hani.co.kr/arti/society/society_general/644939.html에서 2014년 7월 24일 검색했음.

박용근. (1997, 1월 9일). *초등학생 해외 전학붐*. 조선일보. 월드와이드웹: https://newslibrary.naver.com/viewer/index.naver?articleId=1997010900239137001&editNo=1&printCount=1&publishDate=1997-01-09&officeId=00023&pageNo=37&printNo=23593&publishType=00010에서 2023년 1월 12일 검색했음.

박중현. (1995, 9월 12일). *「토익열풍」 갈수록 거세다*. 동아일보. 월드와이드웹: https://newslibrary.naver.com/viewer/index.naver?articleId=1995091200209131004&editNo=45&printCount=1&publishDate=1995-09-12&officeId=00020&pageNo=31&printNo=22965&publishType=00010에서 2023년 1월 12일 검색했음.

배극인, 김광현, 동정민, 이성주. (2005, 10월 5일). *[English divide 영어 격차/下]어른도 아이도 '영어스트레스'*. 동아일보. 월드와이드웹: https://www.donga.com/news/article/all/20051005/0002179584/1에서 2021년 12월 20일 검색했음.

신연수. (1996, 1월 29일). "*꼬마공룡 고고와 영어모험 떠나세요*". 동아일보. 월드와이드웹: https://newslibrary.naver.com/viewer/index.naver?articleId=1996012900209117010&editNo=45&printCount=1&publishDate=1996-01-29&officeId=00020&pageNo=17&printNo=23096&publishType=00010에서 2023년 1월 23일 검색했음.

신원건. (1997, 3월 5일). "*헬로, 잉글리시*". 동아일보. 월드와이드웹: https://newslibrary.naver.com/viewer/index.naver?articleId=1997030500209139005&editNo=45&printCount=1&publishDate=1997-03-05&officeId=00020&pageNo=39&printNo=23470&publishType=00010에서 2023년 1월 12일 검색했음.

신진우, 이예은. (2013, 11월 28일). *수능성적표 받아보니 ... 상위권, 영어 B형서 등급하락 폭탄*. 동아일보. 월드와이드웹: https://web-donga-com.proxy.cau.ac.kr/pdf/pdf_viewer.php?vcid=2013112845A1201에서 2022년 5월 13일 검색했음.

우경임. (2018, 1월 15일). *유치원 영어수업 금지 유예 재검토 ... 또 불쑥정책 혼란*. 동아일보 월드와이드웹: https://web-donga-com.proxy.cau.ac.kr/pdf/pdf_viewer.php?vcid=2018011545A1401에서 2022년 5월 17일 검색했음.

윤석만, 남윤서. (2010, 8월 6일). *'영어 계급사회' 맘이 편하십니까*. 동아일보. 월드와이드웹: https://web-donga-com.proxy.cau.ac.kr/pdf/pdf_viewer.php?vcid=2010080645A1001에서 2022년 5월 10일 검색했음.

윤영신. (1994, 1월 12일). 「*전화영어*」 *바쁜 직장인들에게 인기*. 조선일보. 월드와이드웹: https://newslibrary.naver.com/viewer/index.naver?articleId=1994011200239119012&editNo=1&printCount=1&publishDate=1994-01-12&officeId=00023&pageNo=19&printNo=22571&publishType=00010에서 2023년 1월 12일 검색했음.

윤희각. (2009, 6월 15일). *영남 최대 영어마을 '부산 글로벌 빌리지' 내달 3일 문연다*. 동아일보. 월드와이드웹: https://web-donga-com.proxy.cau.ac.kr/pdf/pdf_viewer.php?vcid=200906154CA1516에서 2022년 5월 6일 검색했음.

이광표 (1997 4월 13일). *어렵고 딱딱한 외국어 만화로 쉽고 재미있게*. 동아일보 월드와이드웹: https://newslibrary.naver.com/viewer/index.naver?articleId=1997041300209117006&editNo=45&printCount=1&publishDate=1997-04-13&officeId=00020&pageNo=17&printNo=23507&publishType=00010에서 2023년 1월 12일 검색했음.

이나연, 정세진, 노시용. (2005, 6월 9일). *중학교 원어민 보조교사 수업 르포*. 동아일보. 월드와이드웹: https://www.donga.com/news/article/all/20050609/0001961452/1에서 2021년 11월 12일 검색했음.

이미경. (1996, 10월 21일). *영어 조기교육 '극성'*. 조선일보. 월드와이드웹: https://newslibrary.naver.com/viewer/index.naver?articleId=1996102100239131009&editNo=1&printCount=1&publishDate=1996-10-21&officeId=00023&pageNo=31&printNo=23518&publishType=00010에서 2023년 1월 12일 검색했음.

이성주. (2005, 10월 3일). *[English Divide영어 격차](上)사회적 지위의 잣대로*. 동아일보. 월드와이드웹: https://www.donga.com/news/article/all/20051003/8234027/1에서 2021년 11월 27일 검색했음.

이승헌. (2008, 1월 30일). *영어전용교사 2만 3000명 2013년까지 새로 뽑는다*. 동아일보. 월드와이드웹: https://web-donga-com.proxy.cau.ac.kr/pdf/pdf_viewer.php?vcid=2008013050A0101에서 2022년 4월 28일 검색했음.

이영신. (1994, 9월 27일). *듣고 보고 즐기며 배운다 영어는 즐겁게*. 조선일보. 월드와이드웹: https://newslibrary.naver.com/viewer/index.naver?articleId=1994092700239136013&editNo=1&printCount=1&publishDate=1994-09-27&officeId=00023&pageNo=36&printNo=22813&publishType=00010에서 2023년 1월 12일 검색했음.

이용재. (1998, 5월 31일). *"기회의 땅으로 가자" 해외취업 열풍*. 동아일보. 월드와이드웹: https://newslibrary.naver.com/viewer/index.nhn?articleId=1998053100209105001&editNo=45&printCount=1&publishDate=1998-05-31&officeId=00020&pageNo=5&printNo=23893&publishType=00010에서 2021년 11월 10일 검색했음.

이인철. (2001, 10월 15일). *영어수업 가능 영어교사 10명중 1명도 안된다*. 동아일보. 월드와이드웹: https://www.donga.com/news/article/all/20011015/0002196214/1에서 2021년 10월 2일 검색했음.

이진영. (2001, 6월 18일). *'수업 개혁' 사실상 실패... 실태와 문제점*. 동아일보. 월드와이드웹: https://www.donga.com/news/article/all/20010618/0001979901/1에서 2021년 10월 18일 검색했음.

임우선. (2006, 10월 24일). *미갱단 출신-마약사범이 영어강사로*. 동아일보. 월드와이드웹: https://www.donga.com/news/Society/article/all/20061024/8364976/1에서 2021년 10월 30일 검색했음.

임재영. (2007, 4월 10일). *제주 대흘초교*. 동아일보. 월드와이드웹: https://web-donga-com.proxy.cau.ac.kr/pdf/pdf_viewer.php?vcid=2007041045A1201에서 2022년 4월 18일 검색했음.

임재영. (2008, 2월 28일). *제주 외국어 상용화 추진*. 동아일보. 월드와이드웹: https://web-donga-com.proxy.cau.ac.kr/pdf/pdf_viewer.php?vcid=2008022840A1511에서 2022년 8월 17일 검색했음.

임재영. (2015, 3월 5일). *제주영어도시 국제학교 만족도 높다*. 동아일보. 월드와이드웹: https://web-donga-com.proxy.cau.ac.kr/pdf/pdf_viewer.php?vcid=2015030540A1711에서 2022년 5월 14일 검색했음.

정승호. (2006, 2월 14일). *광주 '영어마을 1호' 연내 문연다*. 동아일보. 월드와이드웹: https://www.donga.com/news/article/all/20060214/0001727277/1에서 2021년 12월 10일 검색했음.

정영태. (1996, 12월 22일). *어린이 영어 "쉽고 재미있게"*. 동아일보. 월드와이드웹: https://newslibrary.naver.com/viewer/index.naver?articleId=1996122200209117005&editNo=45

&printCount=1&publishDate=1996-12-22&officeId=00020&pageNo=17&printNo=23403&publishType=00010에서 2023년 1월 12일 검색했음.

정위용. (1996, 10월 15일). *영어학원 무자격 외국어강사 판친다*. 동아일보. 월드와이드웹: https://newslibrary.naver.com/viewer/index.naver?articleId=1996101500209147001&editNo=45&printCount=1&publishDate=1996-10-15&officeId=00020&pageNo=47&printNo=23339&publishType=00010에서 2023년 1월 12일 검색했음.

조병래, 윤경은. (1997, 1월 29일). *놀이하듯 즐겁게 귀와 입을 틔운다*. 동아일보. 월드와이드웹: https://newslibrary.naver.com/viewer/index.naver?articleId=1997012900209125001&editNo=45&printCount=1&publishDate=1997-01-29&officeId=00020&pageNo=25&printNo=23438&publishType=00010에서 2023년 1월 12일 검색했음.

조선일보. (1923, 11월 5일). *여자강습소확장*. 조선일보. 월드와이드웹: http://srchdb1.chosun.com/pdf/i_archive/에서 2014년 11월 15일 검색했음.

조선일보. (1925a, 1월 28일). *영어, 음악에 이름난 리화녀학교*. 조선일보. 월드와이드웹: http://srchdb1.chosun.com/pdf/i_archive/에서 2014년 11월 15일 검색했음.

조선일보. (1925b, 4월 5일). *경성 수학원, 수리와 영어를 교수*. 조선일보. 월드와이드웹: http://srchdb1.chosun.com/pdf/i_archive/에서 2014년 11월 15일 검색했음.

조선일보. (1926, 8월 2일). *박, 리량씨 미국류학*. 조선일보. 월드와이드웹: http://srchdb1.chosun.com/pdf/i_archive/에서 2015년 11월 5일 검색했음.

조선일보. (1934a, 3월 24일). *어찌하리까*. 조선일보. 월드와이드웹: http://srchdb1.chosun.com/pdf/i_archive/에서 2014년 10월 14일 검색했음.

조선일보. (1934b, 5월 23일). *조선어, 영어 여학생 웅변대회*. 조선일보. 월드와이드웹: http://srchdb1.chosun.com/pdf/i_archive/에서 2014년 10월 14일 검색했음.

조선일보. (1954, 9월 20일). *영어교육의 긴급문제*. 조선일보. 월드와이드웹: https://newslibrary.naver.com/viewer/index.naver?articleId=1954092000239104001&editNo=1&printCount=1&publishDate=1954-09-20&officeId=00023&pageNo=4&printNo=9816&publishType=00010에서 2023년 1월 9일 검색했음.

조선일보. (1955a, 7월 10일). *진보냐 퇴보냐*. 조선일보. 월드와이드웹: https://newslibrary.naver.com/viewer/index.naver?articleId=1955071000239104031&editNo=1&printCount=1&publishDate=1955-07-10&officeId=00023&pageNo=4&printNo=10109&publishType=00010에서 2023년 1월 9일 검색했음.

조선일보. (1955b, 8월 5일). *구하기 어려운 영어교사*. 조선일보. 월드와이드웹: https://newslibrary.naver.com/viewer/index.naver?articleId=1955080500239102002&editNo=1&printCount=1&publishDate=1955-08-05&officeId=00023&pageNo=2&printNo=10135&publishType=00010에서 2023년 1월 9일 검색했음.

조선일보. (1959a, 1월 26일). *문법을 철저히*. 조선일보. 월드와이드웹: https://newslibrary.naver.com/viewer/index.naver?articleId=1959012600239204020&editNo=1&printCount=1&publishDate=1959-01-26&officeId=00023&pageNo=4&printNo=11402&publishT

ype=00020에서 2023년 1월 10일 검색했음.

조선일보. (1959b, 7월 2일). *영어교육의 반성 영어영문학회 토론회에서*. 조선일보 월드와이드웹: https://newslibrary.naver.com/viewer/index.naver?articleId=1959070200239204007&editNo=1&printCount=1&publishDate=1959-07-02&officeId=00023&pageNo=4&printNo=11559&publishType=00020에서 2023년 1월 9일 검색했음.

조선일보. (1959c, 12월 3일). *바뀌게 된 영어교과서*. 조선일보 월드와이드웹: https://newslibrary.naver.com/viewer/index.naver?articleId=1959120300239204010&editNo=0&printCount=1&publishDate=1959-12-03&officeId=00023&pageNo=4&printNo=11713&publishType=00020에서 2023년 1월 10일 검색했음.

조선일보. (1962, 12월 14일). *대학입학 자격고사의 응시 실태를 보고*. 조선일보 월드와이드웹: https://newslibrary.naver.com/viewer/index.naver?articleId=1962121400239102001&editNo=1&printCount=1&publishDate=1962-12-14&officeId=00023&pageNo=2&printNo=12804&publishType=00010에서 2023년 1월 9일 검색했음.

조선일보. (1981a, 10월 15일). *초등학교 영어교육 환영과 걱정의 현장*. 조선일보 월드와이드웹: http://cdb.chosun.com/search/pdf/i_archive/read_pdf.jsp?PDF=19780514003&Y=1978&M=05에서 2019년 1월 16일 검색했음.

조선일보. (1981b, 1월 22일). *올해도 과밀학급 그대로*. 조선일보 월드와이드웹: http://cdb.chosun.com/search/pdf/i_archive/read_pdf.jsp?PDF=19810122006&Y=1981&M=01에서 2019년 1월 16일 검색했음.

조선일보. (1993, 9월 9일). *어린이 영어교육 비디오-굿모닝하니*. 조선일보 월드와이드웹: https://newslibrary.naver.com/viewer/index.naver?articleId=1993090900239118003&editNo=1&printCount=1&publishDate=1993-09-09&officeId=00023&pageNo=18&printNo=22456&publishType=00010에서 2023년 1월 12일 검색했음.

조선일보. (1995, 7월 31일). *병아리 영어교실*. 조선일보 월드와이드웹: https://newslibrary.naver.com/viewer/index.naver?articleId=1995073100239123006&editNo=1&printCount=1&publishDate=1995-07-31&officeId=00023&pageNo=23&printNo=23100&publishType=00010에서 2023년 1월 12일 검색했음.

조선일보. (1996, 1월 11일). *어머니영어교실 개강*. 조선일보 월드와이드웹: https://newslibrary.naver.com/viewer/index.naver?articleId=1996011100239131009&editNo=1&printCount=1&publishDate=1996-01-11&officeId=00023&pageNo=31&printNo=23253&publishType=00010에서 2023년 1월 12일 검색했음.

조선일보. (1997a, 2월 11일). *게임 즐기며 영어 공부*. 조선일보 월드와이드웹: https://newslibrary.naver.com/viewer/index.naver?articleId=1997021100239140004&editNo=1&printCount=1&publishDate=1997-02-11&officeId=00023&pageNo=40&printNo=23623&publishType=00010에서 2023년 1월 12일 검색했음.

조선일보. (1997b, 7월 21일). *노래로 어린이 영어교육*. 조선일보 월드와이드웹: https://newslibrary.naver.com/viewer/index.naver?articleId=1997072100239138004&editNo=1&printCount=1&publishDate=1997-07-21&officeId=00023&pageNo=38&printNo=23774

&publishType=00010에서 2023년 1월 12일 검색했음.

조선일보. (1997c, 11월 12일). *Hello! 화제의 영어회화 미국인과 전화로 영어회화*. 조선일보. 월드와이드웹. https://newslibrary.naver.com/viewer/index.naver?articleId=1997111200239120004&editNo=1&printCount=1&publishDate=1997-11-12&officeId=00023&pageNo=20&printNo=23880&publishType=00010에서 2023년 1월 12일 검색했음.

조승한. (2021, 2월 5일). *영어 음성 인식률 90% ... 초등학생들 'AI펭톡'으로 영어회화 배운다*. 동아일보. 월드와이드웹: https://web-donga-com.proxy.cau.ac.kr/pdf/pdf_viewer.php?vcid=2021020540A2101에서 2022년 5월 17일 검색했음.

조유라. (2018, 10월 6일). *유은혜 "초등 1,2학년 방과후 영어도 허용 추진."* 동아일보. 월드와이드웹. https://web-donga-com.proxy.cau.ac.kr/pdf/pdf_viewer.php?vcid=2018100645X0401에서 2022년 5월 17일 검색했음.

주성원. (2002, 11월 21일). *김덕기 교수, 조기 영어교육 비판*. 동아일보. 월드와이드웹: https://www.donga.com/news/article/all/20021121/0002258314/1에서 2021년 11월 30일 검색했음.

최원형. (2011, 12월 13일). *영어가 경쟁력? 실생활선 웹 로그인때나 쓰거든요* 한겨레. 월드와이드웹: http://www.hani.co.kr/arti/culture/religion/510014.html에서 2014년 7월 24일 검색했음.

최창봉. (2006, 5월 11일). *조기 유학 2005학년도 15% 급증 '사상 최대'*. 동아일보. 월드와이드웹: https://www.donga.com/news/Society/article/all/20060511/8305871/1에서 2021년 10월 12일 검색했음.

하준우. (2000a, 4월 5일). *초-중교 내년부터 영어로 영어수업 ... 초등 3,4년 중 1대상 첫실시*. 동아일보. 월드와이드웹: https://www.donga.com/news/article/all/20000405/0001829002/1에서 2020년 12월 21일 검색했음.

하준우. (2000b, 1월 13일). *"영어 뒤진 대학생 졸업 못한다" ... 22명 수료장만 수여*. 동아일보. 월드와이드웹: https://www.donga.com/news/article/all/20000112/7499707/1에서 2021년 12월 10일 검색했음.

한겨레. (1989, 8월 30일). *대학입시 93학년도부터 전면 개편*. 한겨레. 월드와이드웹: https://newslibrary.naver.com/viewer/index.nhn?articleId=1989083000289101001&editNo=4&printCount=1&publishDate=1989-08-30&officeId=00028&pageNo=1&printNo=401&publishType=00010에서 2019년 11월 5일 검색했음.

한겨레. (1991a, 4월 11일). *주입·암기식 학습 효과없다 대학수학능력시험 어떻게 대비하나*. 한겨레. 월드와이드웹: https://newslibrary.naver.com/viewer/index.nhn?articleId=1991041100289107001&editNo=4&printCount=1&publishDate=1991-04-11&officeId=00028&pageNo=7&printNo=896&publishType=00010에서 2019년 11월 5일 검색했음.

한겨레. (1991b, 7월 26일). *질과 효율성의 의문*. 한겨레. 월드와이드웹: https://newslibrary.naver.com/viewer/index.nhn?articleId=1991072600289112013&editNo=4&printCount=1&publishDate=1991-07-26&officeId=00028&pageNo=12&printNo=987&publishTyp

e=00010에서 2019년 11월 10일 검색했음.

한겨레. (1992a, 6월 6일). *미국인 영어교사 2학기부터 배치*. 한겨레. 월드와이드웹: https://newslibrary.naver.com/viewer/index.nhn?articleId=1992060600289114008&editNo=5&printCount=1&publishDate=1992-06-06&officeId=00028&pageNo=14&printNo=1254&publishType=00010에서 2019년 10월 5일 검색했음.

한겨레. (1992b, 11월 4일). *고졸 해외유학 신중기해야*. 한겨레. 월드와이드웹: https://newslibrary.naver.com/viewer/index.nhn?articleId=1992110400289110001&editNo=5&printCount=1&publishDate=1992-11-04&officeId=00028&pageNo=10&printNo=1382&publishType=00010에서 2019년 10월 7일 검색했음.

한준상. (2007, 1월 12일). *해외로 떠나는 아이들*. 동아일보. 월드와이드웹: https://www.donga.com/news/article/all/20070112/8395031/1에서 2021년 12월 10일 검색했음.

한현우. (1997, 3월 3일). *초등생 학원 영어과외 금지*. 조선일보. 월드와이드웹: https://newslibrary.naver.com/viewer/index.naver?articleId=1997030300239138001&editNo=1&printCount=1&publishDate=1997-03-03&officeId=00023&pageNo=38&printNo=23642&publishType=00010에서 2023년 1월 12일 검색했음.

홍성철. (1999, 6월 4일). *경시대회 입상자 외국어 우수자 특별전형 늘린다*. 동아일보. 월드와이드웹: https://newslibrary.naver.com/viewer/index.nhn?articleId=1999060400209119001&editNo=45&printCount=1&publishDate=1999-06-04&officeId=00020&pageNo=19&printNo=24213&publishType=00010에서 2020년 12월 27일 검색했음.

홍성철. (2002, 2월 5일). *[우리의 미래 교육에 달렸다/2부 영어열풍의 허와 실]영어 학습 백태*. 동아일보. 월드와이드웹: https://www.donga.com/news/article/all/20020205/0001712330/1에서 2021년 12월 8일 검색했음.

홍성철. (2003, 12월 11일). *['공룡'私교육] 2부 사교육 부작용과 대안 ④공교육 내실있게*. 동아일보. 월드와이드웹: https://www.donga.com/news/article/all/20031210/8009661/1에서 2021년 12월 3일 검색했음.

홍순강. (1997, 10월 16일). *「외국어 카페」 손님 끈다*. 동아일보. 월드와이드웹: https://newslibrary.naver.com/viewer/index.naver?articleId=1997101600209135001&editNo=45&printCount=1&publishDate=1997-10-16&officeId=00020&pageNo=35&printNo=23681&publishType=00010에서 2023년 1월 12일 검색했음.

홍진옥. (2007, 10월 2일). *'영어 몰입교육' 확대 아직 이르다*. 동아일보. 월드와이드웹: https://web-donga-com.proxy.cau.ac.kr/pdf/pdf_viewer.php?vcid=2007100240A3301에서 2022년 4월 25일 검색했음.

홍찬식. (2005, 10월 14일). *연간 유학비용 10조 원의 의미*. 동아일보. 월드와이드웹: https://www.donga.com/news/article/all/20051014/0002194983/1에서 2021년 12월 10일 검색했음.

한국 영어교육 140년사

1판 1쇄 발행 2023년 3월 1일
1판 2쇄 발행 2023년 12월 1일

지 은 이 | 김태영
펴 낸 이 | 김진수
펴 낸 곳 | 한국문화사
등   록 | 제1994-9호
주   소 | 서울시 성동구 아차산로49, 404호(성수동1가, 서울숲코오롱디지털타워3차)
전   화 | 02-464-7708
팩   스 | 02-499-0846
이 메 일 | hkm7708@daum.net
홈페이지 | http://hph.co.kr

ISBN 979-11-6919-097-8 93370

· 이 책의 내용은 저작권법에 따라 보호받고 있습니다.
· 잘못된 책은 구매처에서 바꾸어 드립니다.
· 책값은 뒤표지에 있습니다.

· 이 저서는 2022년 대한민국 교육부와 한국연구재단의 지원을 받아 수행된 연구임
  (NRF-2022S1A6A4038213)

오류를 발견하셨다면 이메일이나 홈페이지를 통해 제보해주세요.
소중한 의견을 모아 더 좋은 책을 만들겠습니다.